한울정치학강좌

개정판
비교정치론강의 2

제3세계의 정치변동과 정치경제

•

김웅진·박찬욱·신윤환 편역

한울
아카데미

개정판 서문

『비교정치론강의 2』 초판이 나온 지 어느 덧 4년이 넘게 흘렀다. 시중에 마땅한 비교정치론 교재가 없었던 까닭에 이 책은 몇 차례 인쇄를 거듭할 수 있었다. 비교정치론, 제3세계정치론, 정치변동론, 정치발전론, 정치경제론 등 많은 비교정치 관련 강의에서 교재로 사용되었고, 대학원 입시를 준비하는 학생들도 이 책을 필독서로 읽어 주었다. 동료학자들도 편역자들의 시도를 격려해 주었고 편집방향에 대해 좋은 의견과 비판을 개진해 주었다. 이 모든 분들에게 깊이 감사드린다.

그러나 편역자들은 이 책을 대할 때마다 결함과 부족함을 발견하고 독자들에게 부끄럽고 송구스러운 마음을 금할 수 없었다. 우선 초판 출판을 서둘렀던 탓에 오역과 오자가 많았고 주석이 후주로 처리되어 있어 독자들의 불편함이 컸을 것이다. 무엇보다도 초판 머리말의 약속에도 불구하고 4년이 넘도록 손을 대지 않은 것은 변명할 길이 없다. 다행인지 불행인지 비교정치학의 탈거대이론화, 지역별·주제별 파편화로 주목할 만한 새로운 연구경향이나 이론이 대두되지 않아 초판은 그런대로 그 유용성을 유지할 수 있었던 것 같다.

1990년대 들어 비교정치 연구경향이 드러 낸 가장 큰 변화는 근대화이론의 부활과 민주화 연구의 심화일 것이다. 지난 10년간 급속히 진행된 사회주의권의 해체와 변화는 자본주의적 산업화와 다원주의적 민주화를 제외한 모든 대안적 발전모형을 시대착오적인 것으로 만들어 버렸다. 이러한 현실의 변화에 힘입어, 과거 여러 급진적 이론들이 즐겨 비판의 표적으로 삼았던 근대화이론이 르네상스를 구가하고 있다. 이와 더불어 민주주의의 민주화 연구도 큰 진척을 보이고 있다. 특히 민주화 이후의 민주주의 체제의 안정과 공고화(consolidation) 연구는 비교정치학에서 가장 인기있는 연구주제로 자리잡았다.

본 개정판에서도 이러한 연구경향의 변화를 담고자 애썼지만 이를 잘 정리한 글을 발견하기가 힘들었고, 또한 지면의 제약과 학부교재의 수준에 맞추다 보니, 처음 생각한 바대로 전면적인 개정을 도저히 시도할 수가 없었다. 그래서 근대화이론을 지나치게 분석적으로 비판했던 거스필드의 글을 제외하고 대신 이 이론을 긍정적으로 재조명한 위아르다의 논문을 포함시켰다. 민주화 연구는 최근 수없이 쏟아져 나오고 있음에도 불구하고 주로 단일 사례연구나 제한된 비교분석에 그치고 있어 이를 종합한 훌륭한 연구는 아직도 때를 기다려야 할 것 같다.

개정판의 편집책임은 편역자들의 전공에 따라 서강대학교의 신윤환이 맡았다. 서강대학교 박사과정의 박은홍은 태국으로의 현지조사가 임박했음에도 불구하고 민주화에 관한 장문의 논문 한 편을 초역해 주었지만 이번에는 싣지 못하게 되어 미안함과 아쉬움이 크다. 서강대학교 박사과정의 김상우는 초판의 오류를 수정하고 위아르다의 논문을 초역하였을 뿐만 아니라, 인도네시아에 체제중인 신윤환을 대신해 출판사와 협의하여 이 책이 제 모양을 갖춰 출판될 수 있도록 하는 등 많은 시간을 할애해 주었다. 마지막으로 논문을 게재하도록 허락해 준 해외의 원저자들과 아무런 대가 없이 번역본을 수정 전재하도록 허락해 준 김진균, 정근식, 염홍철 선생님께 다시 한 번 감사드린다.

1997년 3월

편역자

초판 서문

『비교정치론강의 1』을 출간한 지 6개월만에 그 두 번째 책을 낸다. 『비교정치론강의 2』는 주로 '제3세계'의 정치변동과 정치경제를 주제로 하여 묶었다. 구체적으로는 근대화이론과 그 비판, 혁명이론, 민주화이론, 경제발전과 저발전에 관한 다양한 시각과 분석들을 소개하는 글들을 실었다. 따라서 제3세계정치론, 정치발전론, 정치변동론, 정치경제론 등의 교과목의 교재로 사용될 수 있을 것이다. 또한 한국정치에 적실성이 있는 많은 이론들도 이 책에 담고 있어 한국정치론 강의에 있어 이론 부분을 다루는 데도 도움을 줄 수 있으리라 믿는다.

이 책도 제1권과 마찬가지로 모든 편역자들이 논문의 선정, 번역, 교정 등의 작업에 참여하였으며, 다만 전공에 맞춰 서강대학교의 신윤환이 맡아 편집하였다. 여기에 실린 논문을 선정함에 있어 편역자들은 아래의 몇 가지 점을 고려하였다.

첫째로, 정치발전과 관련하여 가능한 한 새로운 주제와 이론들을 다루고자 노력하였다. 지금까지 정치발전분야는 주로 근대화, 권위주의체제, 혁명, 종속이론 등이 압도해 왔다면, 앞으로는 민주화, 공공정책, 성장이론 등이 주된 관심영역으로 떠오르게 될 것이라고 생각하였기 때문이다. 그러나 기존의 주제와 이론들도 축약된 논문들을 골라 포함시켰다.

둘째로, 제1권의 편집방침과 마찬가지로 비교정치학의 발전에 중요한 전환점을 마련한 대가들을 주로 다루고자 하였다. 립셋, 헌팅턴, 스카치폴, 에반스, 베이츠 등의 논문들을 실었으며, 나머지는 주요 주제에 관한 이론들과 그 흐름을 잘 정리, 평가한 글들로 채웠다.

　이 책에 실린 논문들의 대부분은 편역자들이 번역하였지만 두 편은 기존의 번역을 역자와 출판사의 양해를 얻어 수정하여 그대로 실었다. 이를 전제하도록 허락해 준 김진균, 정근식, 염홍철 교수님께 감사드린다. 또한 초역, 편집, 교정의 전 과정에서 큰 도움을 준 서강대학교 대학원의 김세걸(박사과정)·한규택, 한국외국어대학교의 권의순·김지희, 서울대학교 대학원의 김용복·구갑우(박사과정) 제군에게 사의를 표한다.

　비교연구방법론과 패러다임을 중심으로 엮었던 첫 번째 책이 학부 교재로 사용하기에는 다소 어려운 내용을 다루고 있음에도 불구하고 많은 대학에서 교재로 사용해 준 데 대하여 송구스러운 생각이 앞설 뿐이다. 이는 아마도 이 책의 번역과 편집의 질보다도 마땅한 비교정치 교재가 없음을 반영하는 것으로 편역자들은 알고, 이 작업에 계속 매진하여 계획한 네 권의 시리즈 발간을 완결지어야겠다는 각오를 다진다. 제1권에서 찾아낸 오자와 오역은 곧 나올 개정판에서 고칠 것이고, 제2권에 대해서도 여러분들의 조언과 질정을 바라마지 않는다.

1992년 8월
편역자

차례

개정판 서문 ▶ 3
초판 서문 ▶5

■
제1부 근대화와 정치발전

서론과 해제/ 김웅진 ▶ 13

제1장 근대화 학파의 이론적 시각/ 앨빈 소우 ▶ 17
　　1. 역사적 배경 17
　　2. 이론적 유산 19
　　　　1) 진화이론 20
　　　　2) 기능이론 21
　　3. 사회학적 접근방법 1: 레비의 "상대적으로 근대화된 사회" 25
　　4. 사회학적 접근방법 2: 스멜서의 구조적 분화 27
　　5. 경제적 접근방법: 로스토우의 경제성장단계 30
　　6. 정치적 접근방법: 코울먼의 분화-평등-능력 모델 32
　　7. 이론적 가정과 연구방법 34
　　8. 정책적 의미 38

제2장 정치발전론 재조명/ 하워드 위아르다 ▶ 40
　　1. 정치발전론의 발전과 퇴조 41
　　2. 발전론에 대한 비판 46
　　3. 새로운 대안적 모델들 51
　　　　1) 종속이론 52
　　　　2) 코포라티즘 53
　　　　3) 정치경제학 54
　　　　4) 관료적 권위주의 54
　　　　5) 맑시즘의 부활 55

8

4. 정치발전에 대한 재조명 57
   1) 발전에 작용하는 요인들 58
   2) 민주주의를 선호하는 세계문화 59
   3) 미국외교정책 59
   4) 기존모델의 퇴조 60
   5) 미국의 정치태도의 변화 60
   6) 장·단기적 발전 61
5. 결론과 함의 64

■
제2부 정치변동: 혁명과 민주화

서론과 해제/ 신윤환 ▶ 69

제3장 혁명에 대한 사회구조적 접근/ 테다 스카치폴 ▶ 78
  1. 집합심리학적 혁명이론 80
  2. 체계/가치합의이론 87
  3. 정치갈등론적 시각 93
  4. 구조적 비교사적 접근법의 모색 97
  5. 맑스주의에 대한 평가 103

제4장 제3세계 민주주의에 관한 비교연구/
        래리 다이아몬드·후안 린쯔·세이무어 마틴 립셋 ▶ 107
  1. 연구의 조직 111
  2. 개념, 정의 그리고 분류 115
  3. 민주주의 발전의 촉진요인과 장애요인 120
   1) 정통성과 수행실적 120
   2) 정치적 지도력 127
   3) 정치문화 130

4) 사회구조와 사회경제적 발전 133
5) 결사적 집단의 활동 138
6) 국가와 사회 140
7) 정치제도 143
8) 종족적 갈등과 종교적 갈등 149
9) 군부 151
10) 국제적 요인들 153

제5장 권위주의체제의 유형과 민주화의 경로/ 사무엘 헌팅턴 ▶ 158
1. 권위주의체제들 160
2. 이행과정 171
3. 위로부터의 민주화 175
4. 밑으로부터의 민주화 193
5. 타협을 통한 민주화 202

■
제3부 제3세계의 정치경제: 종속과 성장의 이론

서론과 해제/ 신윤환 ▶ 217

제6장 저발전의 발전/ 앤소니 브루어 ▶ 224
1. 프랑크의 '저발전의 발전'론 227
2. 월러스타인의 세계체제론 233
3. '자본주의'와 '봉건주의': 라클라우의 비판 236
4. 중심부-주변부 관계의 연쇄 240
5. 주변부로부터 중심부로의 잉여이전 244
6. '종속'의 개념 248
7. 요약 252

10

제7장 정부와 농업시장: 아프리카의 사례/ 로버트 베이츠 ▶ 254
　　1. 상품시장의 규제　255
　　　　1) 수출작물　255
　　　　2) 식용작물　259
　　2. 비관료적 형태의 개입　262
　　　　1) 공산품　263
　　　　2) 농업 투입재부문　264
　　　　3) 논의　266
　　3. 공공이익의 대변자로서의 정부　267
　　4. 사적 이익의 대변자로서 정부　270
　　5. 권력유지기관으로서의 정부　276
　　　　1) 농촌지역 선거민의 조직화　277
　　　　2) 농촌지역 반대세력의 해체　278
　　　　3) 정치조직화의 도구로서의 시장　281
　　6. 결론　283

제8장 종속적 발전/ 피터 에반스 ▶ 285
　　1. 다국적기업　293
　　2. 국내자본　297
　　3. 국가　301
　　4. 종속적 발전에 대한 분석　308

제9장 신흥공업국의 경제성장에 대한 이론적 접근
　　성장의 정치경제학: 신고전주의적 시각과 종속론적 시각
　　　　　　　　　　　　　　　　　　/ 스테판 해가드 ▶ 316
　　1. 신흥공업국과 신고전주의의 부활　317
　　2. 종속적 발전　326
　　발전국가의 논리/ 지야 외니스 ▶ 334

제1부
근대화와 정치발전

▷▶ 서론과 해제

김웅진

    정치발전론 혹은 제3세계정치론은 현대 비교정치연구에서 가장 핵심적인 위치를 차지하고 있다. 즉 시각과 견해의 대립·갈등을 통한 비교정치연구론의 이론적 발전은 정치발전연구에 의해 주도되어 왔다 해도 과언이 아니다. 그렇다면 정치발전론은 과연 어떠한 분야인가? 위너(Myron Weiner)가 지적한 바와 같이, 정치발전연구는 정치적 변동을 초래하는 경제사회적·문화적 요인으로부터 시작하여 새로운 제3세계정치체계의 속성, 사회변화과정 속에서 나타나는 정치세력·조직·계급 간의 경쟁과 갈등, 정치참여 에토스의 생성과 욕구의 분출, 국가의 능력과 역할, 불안정과 혁명 등 방대한 스펙트럼을 지닌 주제들을 다루고 있기 때문에, 연구대상의 맥락과 범주라는 측면에서 그 경계선을 명확히 긋기란 실질적으로 불가능하다.[1] 또한 정치발전론은 연구방식에 있어서도 정치학·경제학·사회학·사회심리학·인류학·역사학 등을 모두 포괄한 학제간(學際間) 접근을 시도하고 있는 관계로, 정치학이라는 하나의 학문체계 속에 가둘 수도 없다.[2] 그러나 이와 같은 주제의 산만성과 접근방식의 다양성에도 불구하고 여기에서 소개하려는 이른바 "정통 정치발전론"은 몇 가지의 이

---

1) Myron Weiner, "Introduction," in M. Weiner and Samuel P. Huntington, *Understanding Political Development,* Boston: Little, Brown, 1987, p.xiii.
2) Alvin Y. So, *Social Change and Development, Modernization, Dependency, and World-System Analysis,* Newbury Park, California: Sage, 1990, p.33.

론적 가정을 공유하고 있으며, 바로 이러한 가정이 지닌 가치편견과 독단
으로 말미암아 오늘날에 이르러 많은 비판을 받고 있다.

종속이론이 제3세계 연구의 새로운 시각으로 대두되기까지 정치발전연
구는 근대화 학파(The Modernization School)에 의해 독점되고 있었던 것
이 사실이다. 근대화 학파는 주로 서구의 진화론적 입장과 구조기능론적
입장에 기초하여, 한편으로는 대단히 편협하고 또 한편으로는 지나치게
낙관적인 사회변동이론을 만들어 내었다. 즉, 제3세계는 궁극적으로 발전
할 것이며, 그 과정에서 나타나는 어려움과 난국은 결국 서구적 방식을
통해 해결될 수 있으리라는 것이다. 물론 근대화 학파는 나름대로의 자기
반성과 성찰을 거쳐 초기의 이론적 독단을 어느 정도 극복하였다고 볼 수
있다. 그러나 그 기저에 흐르는 이념적 편견, 즉 근대화는 곧 서구화라는 입
장은 명시적 선언에서 암시적인 가정으로 바뀌었을 뿐, 아직까지도 근대
화 학파에 속한 학자들뿐만 아니라 그들의 이론을 수용한 서구 유럽 및
미국 정치엘리트들의 기본적인 제3세계관을 이루고 있다.

여기 소개하려는 두 편의 글은 근대화이론의 성립·발전과정을 잘 보여
주고 있다.

우선 소우(Alvin So)의 글3)은 근대화 학파의 이론적 전개과정을 대단히
간명하게 정리·요약한 글이다. 소우는 근대화 학파를 제2차 세계대전 이
후 나타난 ① 미국의 초강대국화 ② 세계 공산주의 운동의 확산 ③ 새로
운 제3세계 국가들의 출현이라는 세 가지 역사적 사건의 소산으로 간주하
는 가운데, 그 이론적 갈래를 크게 진화론적 입장과 구조기능적 입장으로
나눈 후 이들을 다시 레비(Levy)와 스멜서(Smelser)의 사회학적 접근, 로
스토우(Rostow)의 경제학적 접근, 그리고 코울만(Coleman)의 정치적 접
근을 통해 조명하고 있다. 소우에 따르면, 근대화 학파는 근대화가 단계적
과정(a phased process)·동질화의 과정(a homogenizing process)·서구화의 과
정(Europeanization, Americanization)이며, 또한 일단 시작되면 결코 되돌
이킬 수 없는 과정(an irreversible process)이라고 주장한다. 그리고 이러
한 근대화과정은 정통성 위기, 침투위기, 통합위기, 분배위기, 일체성 확

---

3) So, op. cit., 1990.

보의 위기 등 일단의 위기에 직면하게 마련이지만, 서구적 정치제도와 절차의 도입·수용(정치제도화), 그리고 서구 국가들의 원조와 지원에 힘입은 지속적인 경제발전과 성장(산업화)을 통해 구조적 분화, 역할의 전문화와 정치문화의 세속화를 달성함으로써 정치체계의 능력을 신장해 나갈 때 이를 극복할 수 있을 것으로 보고 있다. 소우는 이러한 입장이 비단 학계뿐만 아니라 미국의 정부에도 반영되어, 결국 근대화 학파의 이론은 "미국의 개량주의적 해외원조정책"을 정당화하는 도구로서 전락하였다고 지적하고 있다.[4] 한편 두 번째 소개된 위아르다(Howard J. Wiard)의 글[5]은 정치발전론에 대한 최근의 시각을 조망한 것이다. 그는 사회·경제적 발전과 정치발전과의 강력한 상관관계를 주장했던 초기 발전이론은 단기적인 시간의 경과속에선 그 이론적 타당성을 검증받기 어려웠지만, 장기적으로는 실제 경험적으로 일정한 상관관계가 나타나 새롭게 조명될 수 있게 되었다고 주장하고 있다. 이런 경향으로 인해 정치발전론은, 과거 60년대에 비교정치학에서 차지했던 지배적인 분야로의 복귀는 아닐지라도, 정치발전론의 퇴조 이후 등장했던 많은 이론적 논의들(코포라티즘, 정치경제학, 관료적 권위주의론, 종속이론, 네오맑시즘)과 더불어 비교정치학의 하나의 이론적 논의로서 다시금 자리매김할 수 있게 되었다는 것이 위아르다의 논지이다.

근대화이론은 틀림없이 가치편견과 편협성을 지니고 있다. 그러나 근대화이론이 제3세계 정치변동의 상당 부분을 설명할 수 있는 나름대로의 분석도구를 창출해 내었다는 사실을 무시할 수는 없다. 그리고 정치발전 연구의 새로운 시각은 근대화이론의 허점과 오류를 지적하고 개선한다는 차원에서 제시되었다는 사실을 잊어서는 안된다. 어떤 사회과학이론도 완벽한 지식(perfect knowledge)을 제공해 주지 못한다. 모든 이론은 연구대상현상의 특정 면모에 관한 부분적 지식을 담고 있을 뿐이다. 이러한 맥

4) Ibid., pp.36-37.
5) Howard J. Wiarda, "Concepts and Models in Comparative Politics: Political Development Reconcidered—and Its Alternatives," in Dankwart A. Rustow and Kenneth Paul Ericson(eds.), *Comparative Political Dynamics,* N.Y: Haper Collins Publishers, 1991, pp.32-53.

락에서, 정치발전연구는 근대화 학파의 입장과 견해에 대한 엄정한 이해
와 진단으로부터 시작되어야 한다. 근대화 학파의 입장에 관한 문헌은 그
야말로 방대하나, 학습의 편의를 위해 몇 가지 종류의 입문서만을 소개하
면 아래와 같다.

Almond, Gabriel A. 1969, "Political Development:Analytical and Norma-
tive Perspectives," *Comparative Political Studies*, I : 4.

Almond, Gabriel A. and James S. Coleman(eds.). 1960, *The Politics of the
Developing Areas,* Princeton, N.J.: Princeton University Press.

Finkle, Jason L. and Richard W. Gable(eds.). 1971, *Political Development
and Social Change,* New York: Wiley.

Huntington, Samuel P. 1975, "Political Development," in *Macropolitical
Theory, Handbook of Political Science*, vol.3, Reading, Massachusetts:
Addison-Wesley, pp.1-114.

_____. 1971, "The Change to Change, Modernization, Development and
Politics," *Comparative Politics*, III: 3, April.

Weiner, Myron and Samuel P. Huntington. 1987, *Understanding Political
Development,* Boston: Little, Brown.

제1장

근대화 학파의 이론적 시각*

앨빈 소우

1. 역사적 배경

근대화 학파는 제2차 세계대전 이후 발생한 세 가지 중요한 사건의 역사적 산물이었다. 첫 번째 사건은 미국이 강대국으로 부상하게 되었다는 사실이다. 즉 영국, 프랑스 그리고 독일과 같은 서구국가들이 세계대전으로 취약해진 반면 미국은 전쟁을 통하여 더욱 강대해졌고, 파괴된 서유럽을 재건하기 위한 마샬 플랜(Marshall Plan)의 수행과 더불어 범세계적 지도자의 역할을 담당하게 되었다. 실제로 미국은 1950년대를 통해 세계의 모든 문제를 관리하는 책임을 전적으로 떠맡았다. 두 번째로, 단결된 세계공산주의운동의 확산을 지적할 수 있다. 소련은 동유럽뿐만 아니라 아시아에 있는 중국과 한국에 이르기까지 영향력을 확장시켜 나갔다. 세 번째는 아시아, 아프리카 및 라틴아메리카에 있는 유럽 식민제국이 붕괴됨에 따라, 제3세계에 수많은 민족국가들이 탄생하였으며, 이들은 경제성장을 도모하고 정치적 독립을 강화하기 위해 발전의 모델을 찾아 내려 시도하게 되었다. 그러한 역사적 배경하에서 미국의 정치엘리트들이 제3세계의 경제발전과 정치안

---

* Alvin Y. So, "The Modernization Perspective," *Social Change and Development*, Newbury Park, California: Sage Publications, 1990, ch.2, pp.17-37(김웅진 옮김. 초역은 한국외국어대 대학원 정치외교학과 이수형이 담당하였음).

정을 증진시킴으로써 신생국가들이 공산주의진영에 넘어가지 않도록 하기 위해 사회과학자들에게 제3세계 연구를 독려했다는 것은 별로 놀라운 사실이 아니다.[1]

　그리하여 새로운 세대의 젊은 정치학자·경제학자·심리학자·인류학자 그리고 인구통계학자들이 정부와 사립연구재단의 넉넉한 지원에 힘입어 종전에는 황무지에 가까웠던 제3세계 연구에 관련된 박사학위 논문과 학술논문들을 출판하게 되었다. 이처럼 학제간(學際間, interdisciplinary)연구로 특징지어지는 근대화 학파는 1950년대에 기초가 놓여지고 있었다. 즉 근대화 연구는 알먼드(Gabriel A. Almond)의 표현을 빌자면 1960년대 중반까지 '성장산업'의 위치를 차지하고 있었던 것이다.[2]

　근대화 연구는 하나의 학파(school)를 이룬다고 보는 것이 적절하다. 왜냐하면 근대화를 연구하는 학자들은 "나름대로의 자금원, 밀접한 유대와 경쟁, 고유한 학술지와 출판물 시리즈, 공동 책임감과 연대의식, 그리고 추종자들과 주변의 지지자들은 말할 것도 없고 심지어는 이단자들과도 함께 하나의 열정적인 사회운동"[3]을 형성하였기 때문이다. 예로서 사회과학 연구위원회(the Social Science Research Council)는 비교정치 분과위원회(Committee on Comparative Politics)로 하여금 커뮤니케이션 미디어,[4] 관료제,[5] 교육,[6] 정치문화,[7] 정당,[8] 그리고 근대화의 위기[9]를 다루

1) Daniel Chirot, "Changing Fashions in the Study of the Social Causes of Economic and Political Change," in James Short(ed.), *The State of Sociology,* Beverly Hills, CA: Sage, 1981, pp.261-262.
2) Gabriel Almond, "The Development of Political Development," in Myron Weiner and Samuel Huntington(eds.), *Understanding Political Development,* Boston: Little, Brown, 1987, p.437.
3) Chirot, op. cit., 1981, p.261.
4) Lucian W. Pye(ed.), *Communications and Political Development,* Princeton, N.J.: Princeton University Press, 1963.
5) Joseph LaPalombara, *Bureaucracy and Political Development,* Princeton, N.J.: Princeton University Press, 1963.
6) James S. Coleman, *Education and Political Development,* Princeton, N.J.: Princeton University Press, 1965.
7) Lucian W. Pye and Sideny Verba(eds.), *Political Culture and Poltical Development,* Princeton, N.J.: Princeton University Press, 1965.

기 위한 학술회의를 주관하고 그 결과를 프린스턴대학교 출판부를 통해
간행하도록 아낌없이 자금을 지원했다. 또한 ≪경제발전과 문화변동(*Eco-
nomic Development and Cultural Change*)≫이라는 학술지는 근대화 연구의
결과물들을 도맡아 게재하였다.

2. 이론적 유산

근대화 학파는 애당초부터 이론의 정립을 추구하였다. 즉 이들은 제3세
계 국가의 근대화과정을 조명하기 위해 진화이론(evolutionary theory)과
기능이론(functionalist theory) 양자 모두를 채택하였다. 우선 진화론적 시
각은 19세기 서유럽에 있어서 전통주의로부터 근대사회로의 이행을 설명
하는 데 도움을 주었기 때문에, 많은 근대화 연구자들은 이러한 시각이
제3세계 국가들의 근대화과정도 어느 정도는 설명해 줄 수 있다고 생각했
다. 포르테스(Alejandro Portes)[10]와 로즈(Robert I. Rhodes)[11]가 지적하였
듯이, 진화론적 시각은 근대화 학파를 형성하는 데 매우 큰 영향력을 발
휘했던 것이다. 한편 러너(Daniel Lerner), 레비(Marion Levy), 스멜서(Neil
Smelser), 아이젠스타트(Samuel Einsenstadt) 혹은 알먼드와 같은 근대화
학파의 지도급 인사들 대부분이 기능이론의 틀 속에서 교육을 받았기 때
문에, 그들의 근대화 연구는 필연적으로 기능주의적 색채를 역력히 드러
내게 되었다. 따라서 우선 근대화 학파에게 이론적 지침을 제공해 준 진
화이론과 기능이론의 유산을 고찰해 볼 필요가 있다.

---

8) Joseph Lapalombara and Myron Weiner(eds.), *Political Parties and Political De-
velopment,* Princeton, N.J.: Princeton University Press, 1966.

9) Leonard Binder, et al., *Crises and Sequences in Political Development,* Princeton,
N.J.: Princeton University Press, 1971.

10) Alejandro Portes, "Convergencies Between Conflicting Theoretical Perspec-
tives in National Development," in Hubert Blalock(ed.), *Sociological Theory and
Research,* New York: Free Press, 1980.

11) Robert I. Rhodes, "The Disguised Conservatism in Evalutionary Development
Theory," *Science and Society,* 32, 1968.

1) 진화이론

진화이론은 19세기 초엽 산업혁명과 프랑스 대혁명의 여파 속에서 태어났다. 이러한 두 혁명은 구(舊)질서를 붕괴시켰을 뿐만 아니라, 새로운 사회질서를 위한 토대를 마련하였다. 산업혁명은 과학기술의 적용에 힘입어 생산성의 향상, 새로운 공장생산체계의 구축 그리고 세계시장 정복을 초래하였다. 한편 프랑스대혁명은 평등, 해방, 자유 및 대의제 민주주의에 기반을 둔 완전히 새로운 정치질서를 창출하였다. 진화론자들은 이와 같은 사회적·경제적, 그리고 정치적인 질서의 변화를 관찰하는 가운데, 구사회와 신사회의 특징을 표현하기 위해 퇴니스(Tonnies)의 게마인샤프트와 게젤샤프트, 뒤르켐(Durkheim)의 기계론적 결속과 유기체적 결속, 스펜서(Spencer)의 군사사회와 산업사회, 그리고 꽁트(Comte)의 신학적-형이상학적-실증주의적 단계와 같은 여러 가지의 색다른 개념들을 사용하였다.

고전적인 진화이론은 다음과 같은 특징을 가지고 있다.[12] 첫째, 진화이론은 사회변동이 한쪽 방향으로만 전개된다고(unidirectional) 가정하였다. 즉 인간사회는 원시상태에서 보다 진보된 상태로 한 방향을 따라 변동하게 마련이기 때문에 인간진화의 운명은 애당초 예정되어 있다는 것이다. 둘째, 진화과정에 대한 가치판단을 내리고 있다. 다시 말해서, 진화론자들은 최종 단계를 향한 운동은 진보, 인간성, 그리고 문명화를 표상하기 때문에 바람직한 것이라 생각하고 있다. 세 번째로, 사회변동률은 완만하고 점진적이며 단편적이기 때문에 혁명적이라기보다는 진화론적이라는 것이다. 이렇게 본다면 단순하고 원시적인 사회로부터 복잡하고 근대적인 사회로의 진화가 이루어지는데에 수세기가 걸릴 것이다. 근대화 학파의 또 다른 이론적 유산은 탈코트 파슨스(Talcott Parsons)의 기능이론이다.[13] 파슨스가 제시한 개념들, 예로서 체계, 기능적 요건, 항상(恒常)적 평형 그리고 유형변수 따위의 개

---

12) A. Comte, "The Progress in Civilization Through Three States," in Amitai Etzioni and Eva Etzioni(eds.), *Social Change*, New York: Basic Books, 1964.
13) Talcott Parsons and Edward Shils, *Toward A General Theory of Action*, Cambridge, M.A.: Harvard University Press, 1951.

넘들은 수많은 근대화 이론가들의 글 속에서 사용되어 왔다.

2) 기능이론

파슨스는 본래 생물학 교육을 받았으며, 이러한 경험은 그가 기능이론을 정립하는 데 커다란 영향을 끼쳤다. 즉 파슨스는 인간사회는 생물학적 유기체와 비슷한 것이며, 따라서 그러한 맥락에서 연구될 수 있다고 생각하였던 것이다. 이러한 유기체 은유(隱喩, organism metaphor)는 그의 저작들을 이해함에 있어서 관건이 된다.

우선 생물학적 유기체의 여러 구성단위들은 사회를 구성하는 다른 제도들과 일치한다고 말할 수 있다. 마치 눈이나 손과 같은 생물학적 유기체의 구성부분들이 다른 구성부분들과 상호작용하는 가운데 서로 연관성과 의존성을 갖는 것처럼, 경제체제와 정부와 같은 사회제도들은 상호 밀접하게 관련되어 있다. 파슨스는 이런 제도들 사이의 조화로운 조정상태를 표현하기 위해서 '체계(system)'의 개념을 사용한다.

둘째, 생물학적 유기체의 각 부분이 전체를 위해 특정한 기능을 수행하듯이, 각 제도는 사회의 안정과 성장을 위해서 일정한 기능을 수행한다. 파슨스는 모든 사회가 반드시 수행해야만 하는 네 가지의 핵심기능이 있으며, 이러한 기능들이 제대로 수행되지 않는다면 사회는 죽게 될 것이라 주장하면서 이른바 기능적 요건(functional imperatives)의 개념을 제시하였다.

· 환경에의 적응(adaptation): 경제에 의해서 수행됨.
· 목표달성(goal attainment): 정부에 의해서 수행됨.
· 제도들을 서로 연결시킴으로써 나타나는 통합(integration): 법적 기제와 종교에 의해서 수행됨.
· 잠재성[한 세대로부터 다음 세대로의 가치의 유형유지(pattern maintenance)]: 가정과 교육에 의해서 수행됨.

이러한 네 가지 기능들은 AGIL(적응·목표달성·통합·잠재성)이라고 알려진 분석구도를 구성한다.

셋째, 유기체 유추는 또한 파슨스로 하여금 '항상적 평형(homeostatic equilibrium)'의 개념을 정립토록 하였다. 생물학적 유기체는 항상 일정한 안정상태에 놓여져 있다. 그렇기 때문에 만약 구성부분들 가운데 어느 하나가 변한다면, 다른 부분들은 평형을 회복하고 긴장을 줄이기 위해서 적절히 변화할 것이다. 예로서 어떤 생체가 화씨 98.6도의 정상체온을 유지하는 것이 필요하다면, 신체는 바람직한 상태를 유지하기 위해서 아주 높은 온도에서는 땀을 흘리고 아주 추운 온도에서는 떨 것이다. 파슨스에 의하면 사회는 늘 항상성 유지에 필요한 리듬을 지킨다는 것이다. 즉 항상적 평형을 유지하기 위해서 사회제도들은 끊임없이 상호작용한다. 그리하여 어떤 제도가 사회적 변동을 경험할 때, 다른 제도들은 평형을 복구하기 위해서 일련의 작용-반작용을 일으킨다. 이러한 맥락에서 볼 때 파슨스의 사회체계는 정태적·불변적인 것이 아니며, 체계를 구성하는 제도들은 항상 변화·조정되고 있다.

파슨스의 분석구도는 사회가 조화, 안정, 평형 그리고 현상유지를 지향한다는 가정 때문에 보수적 편견을 갖고 있다는 비판을 자주 받아왔다. 이러한 보수적 편견은 유기체 유추가 파슨스의 사고에 끼친 영향의 소산일 것이다. 신체의 왼손이 오른손과 싸울 수 없는 것과 마찬가지로, 파슨스는 사회제도들이 일반적으로 다른 제도들과 갈등관계에 있기보다는 조화로운 관계를 갖는다고 가정한다. 더군다나 생물학적 유기체가 그 자신을 죽일 수 없는 것처럼 파슨스는 사회가 그 속에 존재하는 제도들을 파괴할 수는 없다고 여긴다.

마지막으로, 파슨스는 전통사회와 근대사회를 구별하기 위해 '유형변수'라는 개념을 제시하였다. 유형변수는 지속적·반복적이며 파슨스의 이론적 틀 가운데에서 가장 중요한 체계인 문화체계 속에 깊이 새겨져 있는 핵심적 사회관계이다. 파슨스에 의하면 이러한 유형변수들로는 다섯 세트가 있다.

첫 번째 세트는 감정적 관계(affective relatioship) 대(對) 감정중립적 관계(affective-neutral relationship)이다. 전통사회에서는 사회관계의 양상이 개인적·정서적·직접적(face-to-face)인 성격을 나타내는 경향이 있다. 전통사회에서는 심지어 고용자와 피고용자의 관계양상마저 감정적이다. 즉 고용자들은 피고용자들을 가족처럼 취급하며, 회사사정이 좋지 못하다 해서 그들을 해고하지는 않는다. 반면 근대사회의 사회관계양상은 대개 비개인적·객관적·간접적인 감정중립적 성격을 갖는다. 따라서 근대사회에 있어서 고용자들은 감정중립적 태도로 피고용자들을 대해야 하며, 필요하다면 피고용자들을 해고해야 한다. 그렇게 하지 않을 경우 생산성 하락으로 고통을 당하고 회사들은 이윤을 얻지 못하게 마련이다.

두 번째 세트의 유형변수는 특수한(particularistic) 관계 보편적(universalistic) 관계의 양상이다. 전통사회에서는 사람들이 같은 사회적 범주에 속한 사람들끼리만 교류하는 경향이 있다. 예를 들어 그들은 친척의 회사를 위해서 일하거나 이웃 가게에서 물건을 산다. 또한 그들은 서로 매우 잘 알기 때문에 서로를 특별하게 취급한다. 그들은 다른 사람을 신임하며, 사회적 약속을 지켜야만 한다는 의무감을 갖고 있다. 사업상의 거래를 함에 있어서도 대개 구두계약만으로 충분하다. 반면 인구가 밀집되어 있는 근대사회의 사람들은 낯선 사람과 자주 접촉해야만 하며, 상호작용도 보편적인 규범에 따라 이루어지는 경향이 있다. 예로서 은행의 창구직원들은 수표를 바꾸려는 사람에게 일상적으로 신분증을 요구하며, 필요한 모든 서류를 제출하지 않는 한 절대로 수표를 현금으로 바꾸어주지 않는다. 또한 근대사회에는 사업거래에 있어 당사자들의 권리와 책임을 표시한 명문화된 규칙이 존재한다.

세 번째 유형변수는 집단지향성(collective orientation)-자기지향성(self-orientation)이다. 전통사회에서는 흔히 충성심이 가족, 공동체, 혹은 부족국가와 같은 집합체에서 기인한다. 사람들은 집단의 목표를 달성하기 위해 사사로운 이익을 희생할 것을 요구받는다. 이러한 집단지향성의 강조는 개인적인 혁신, 창조성 그리고 상상력에서 야기되는 사회불안정을 피하기 위한 하나의 수단이다. 그러나 근대사회에서는 자기지향성이 강조된다. 즉 근대사회의 구성원들은 자아를 정립하고, 나름대로의 재능을 계발하며, 자신의 이익을 위해 최선을 다할 뿐만 아니라 가능한 한 어디에서든지 경력을 쌓으라는 격려를 받게 된다. 이처럼 자기지향성을 강조할 경우

개개의 사회구성원들이 활력을 얻게 됨으로써 기술공학적 혁신이 이루어
지고 경제생산성이 향상된다.

네 번째 세트의 유형변수는 귀속본위(ascription)-업적본위(achievement)
이다. 전통사회에서 한 개인은 자신의 귀속적 지위에 따라 평가받는다. 예
를 들어 고용주는 입사 면접시험을 보면서 응시자에게 부모나 친척들의
이름이 무엇인지 묻게 마련이다. 고용여부는 흔히 응시자가 고용자의 가
까운 친구인지 혹은 친척인지에 따라 결정된다. 반면 근대사회의 경우, 한
개인은 자신의 성취도에 따라 평가된다. 즉 신입사원을 뽑는 과정에 있어
서 고용자는 응시자의 자격과 경력에 관심을 두며, 업무평가에 있어서도
첨예한 시장경쟁 때문에 성취업적에 기반을 두게 마련이다. 고용자들은
부적절한 사람들을 고용할 여유가 없다. 왜냐하면 그들을 고용한다면 회
사가 금방 파산할 것이기 때문이다.

다섯 번째이자 마지막 유형변수는 기능적 포괄성(functionally diffused)-
기능적 전문성(functionally specific)이다. 전통사회에 있어서는 대개 역할이
기능적으로 분화되어 있지 않다. 예로서 고용자의 역할은 단지 피고용자
를 고용하는 것에 그치지 않고, 도제(徒弟)관계를 맺음으로써 피고용자를
교육할 뿐만 아니라 더 나아가 보호자의 책임을 떠맡으며 생활 기반을 제
공하는 것까지 포함한다. 물론 이처럼 기능적으로 분화되지 못한 역할은
대단히 비효율적이다. 피고용자들은 숙련된 기술을 습득하기 위해서 수년
을 보내야 하고, 교육은 개인적이고 비체계적이다. 그러나 근대사회에 있
어서 역할은 기능적으로 한정적인 경향이 있다. 예로서 고용자의 역할은
매우 협소하게 규정된다. 즉 피고용자에 대한 고용자의 의무는 제한되어
있고, 상호관계 역시 업무의 영역을 넘지 않는 한에서 이루어진다. 이처럼
고용자와 피고용자는 서로간에 대한 의무가 크지 않기 때문에 효율성과
생산성을 증대시키는 데 더 많은 시간을 쓸 수 있다.

이제 진화이론과 기능이론이 근대화이론의 형성과정에 각기 어떤 영향
을 미쳤는지 보다 상세히 살펴보기로 하자. 그런데 근대화 학파의 특징을
한두마디로 규정하기란 쉽지 않다는 점을 우선 지적해 두고자 한다. 왜냐
하면 같은 근대화 학파라 할지라도 분야에 따라 제기하는 연구문제들이

다르고, 또한 지역연구 전문가들도 나름대로 근대화과정이 나타내는 서로
다른 측면에 초점을 맞추기 때문이다. 따라서 여기에서는 제3세계의 발전
문제에 관한 사회학자·경제학자·정치학자들의 견해를 요약·조명해 보기
위해 네 가지의 근대화이론만을 선택하여 논의하기로 한다.

3. 사회학적 접근방법 I: 레비의 "상대적으로 근대화된 사회"

근대화를 어떻게 정의할 것인가? 왜 근대화가 이루어지는가? 상대적으
로 근대화된 사회는 상대적으로 근대화되지 않은 사회(nonmodernized
society)와 어떻게 다른가? 그리고 제3세계 국가들의 근대화 전망은 어떠
한가? 이러한 것들이 레비(Levy)의 저서가 담고 있는 핵심적인 문제들이
다.14)

먼저 근대화를 어떻게 정의할 것인가? 레비에게 있어서 근대화는 도구
(tools)와 물질적인 힘의 원천들이 사용될 수 있는 범위에 따라 정의된다.
이러한 도구들과 물질적인 힘의 원천이 전혀 없는 사회는 존재하지 않는
다. 그러므로 근대화는 정도의 문제일 뿐이다. 레비는 이와 같은 전제에 기
초하여 근대화된 사회와 상대적으로 근대화되지 않은 사회를 동일한 연장선상의
양극단에 놓음으로써 구분한다. 즉 레비는 영국, 현대 일본 그리고 미국을 상
대적으로 근대화된 사회로 제시하고 반면, 중국, 인도, 트로브리언드 제도
(the Trobriand Islands)를 전근대적인 사회로 간주하고 있다. 그는 더 나
아가 상대적으로 전근대적인 사회들은 사회구조에 관한 한 상대적으로 근
대화된 어떤 사회보다도 공통점을 더 많이 갖고 있다고 주장한다. 예로서
13세기의 영국사회는 오늘날의 영국보다는 트로브리언드 제도의 사회와
더 많은 공통점을 갖고 있을 것이다. 물론 레비는 이러한 비교분석이 "지

---

14) Marion J. Levy, Jr., "Social Patterns(Structures) and Problems of Moderni-
zation," in Wilbert Moore and Robert M. Cook(eds.), *Readings on Social Change*,
Englewood Cliffs, N.J.: Prentice-Hall, 1967.

극히 일반적인 수준"에서 이루어진 것이라는 점을 명백히 밝히고 있다.
　두 번째로, 왜 근대화가 이루어지는가? 레비에 따르면 상대적으로 근대화
된 사회와 상대적으로 근대화되지 않은 사회 간의 접촉이 하나의 요인이 된다. 즉
레비는 근대화를 보편적인 사회적 용매(溶媒)로 간주하고 있다.

　　상대적으로 근대화된 사회유형은 일단 발전되기만 하면 어떤 사회적 맥락을
　통해서이든간에 그것에 접한 사회구성원들 속으로 침투되는 보편적인 경향을
　나타내 왔다…(즉) 이처럼 (근대화된) 유형은 항상 스며든다. 그리고 일단 침투
　가 시작되면 이전에 존재했던 고유한 (전근대적) 유형은 변화하게 마련이다. 그
　리고 그와 같은 변화는 늘 상대적으로 근대화된 유형을 따라가는 방향으로 이루
　어진다.15)

　일반적인 예를 통해 이 개념을 설명해 보자면, 일단 상대적으로 전근대
적인 사회의 구성원들이 미국의 코카콜라와 펩시콜라를 마셔 보았다면
다시는 아무런 맛도 없는 수도물을 마시려 하지 않을 것이라고 말할 수
있다.
　세 번째로, 상대적으로 근대화된 사회는 상대적으로 근대화되지 않은
사회와 어떻게 다른가? 레비에 따르면 전근대적인 사회는 다음과 같은 특
징들을 지닌다. 그것들은 ① 낮은 수준의 전문화, ② 높은 수준의 자급자족성,
③ 전통적인 문화규범, 특수주의, 기능적 포괄성, ④ 화폐유통과 시장경제의 경시,
⑤ 족벌주의와 같은 가족규범, ⑥ 지방에서 도시로의 재화와 용역의 일방적 흐름
등이다. 이와는 대조적으로, 상대적으로 근대화된 사회의 특징은 다음과
같다. ① 높은 수준의 전문화와 사회조직 간의 상호의존성, ② 합리주의적 문화규
범, 보편주의, 기능적 분화와 전문성, ③ 고도의 중앙화, ④ 화폐유통과 시장경제의
중시, ⑤ 독립적인 관료제, ⑥ 도회지와 촌락 간의 재화와 용역의 쌍방적 흐름(아래
<표 1> 참조).
　마지막으로 제3세계 국가들의 근대화 노력은 과연 결실을 맺을 수 있
을 것인가? 레비에 따르면 이러한 국가들은 유리한 점과 불리한 점을 모
두 지니고 있다. 즉 그들은 우선 어디로 가고 있는지 방향을 알고 있으며,

---

15) Ibid, p.190.

<표 1> 근대화된 사회와 전근대적인 사회의 차이

	상대적으로 근대화되지 않은 사회	상대적으로 근대화된 사회
조직의 전문화	낮음: 사회생활의 분절화	높음
조직의 상호의존성	낮음: 높은 수준의 자급자족성	높음
사회관계의 특징	전통·특수주의· 기능적 포괄성	합리성·보편주의· 기능적 전문성
중앙화의 수준	낮음	높음
보편화된 경제적 교환과 시장	경시	중시
관료제와 가족제	가족규범의 우선: 미덕으로서의 연고주의	관료제의 독립성
도시-지방 간의 상호의존성	지방에서 도시로의 재화·용역의 일방적 흐름	지방-도시 간의 재화·용역의 쌍방적 흐름

　발전정책의 기획에 필요한 전문지식, 자본, 기술 그리고 조직유형을 자체 개발하는 비용을 들이지 않고도 (선진국으로부터) 빌어올 수 있고, 불필요한 변동단계들을 뛰어 넘을 수 있다는 이점을 가지고 있다. 레비는 더 나아가 "이러한 것들(근대화)을 이미 달성한 국가들은 (제3세계 국가들에게) 원조를 제공하거나 강권할 가능성이 높다"고 역설하고 있다. 그러나 또 다른 한편으로 신생국가들은 규모의 문제에 부딪히게 마련이다. 즉 이들은 애당초부터 여러 가지 일들을 한꺼번에 감당하기에는 벅찬 큰 규모로 시작해야 한다. 그리하여 자원, 재료, 기술 등을 적절히 전용해야 하는 문제에 부딪히고, 아무리 노력해 보았자 점점 더 뒤처지기만 하는 데에서 비롯되는 좌절감에 빠지기 쉽다. 이처럼 레비는 사회근대화과정 속에서는 항상 많은 사람들이 상처받게 마련이라는 점을 지적하고 있다.

4. 사회학적 접근방법 II: 스멜서의 구조적 분화

　또 다른 하나의 사회학적 접근방법은 구조적 분화(structural differentia-tion)의 개념을 제3세계 연구에 적용한 스멜서(Smelser)의 접근방법이다.[16] 스멜서는 근대화가 일반적으로 구조적 분화를 수반한다고 보았다. 왜냐하면 근대화과정이 진전됨에 따라 여러 가지 기능을 동시에 수행하던 복잡한 사회구조가 각각 하나만의 기능을 담당하는 수많은 전문화된 구조로 나뉘어지기 때문이다. 이처럼 전문화된 구조들은 한데 어울려 분화되기 이전의 구조가 맡고 있던 기능들을 수행한다. 그러나 그러한 기능들은 본래의 구조 속에서 이루어졌던 것보다 새로운 상황 속에서 보다 더 효율적으로 수행된다.

구조적 분화의 고전적인 예로서는 가족제도를 들 수 있다. 과거 전통적인 가족은 한 지붕 아래 친족들이 모여 사는 복잡한 대가족·다세대 구조를 지니고 있었고, 기능 역시 포괄적이었다. 즉 가족은 구성원의 재생산과 정서적 상호지원 기능을 수행했을 뿐만 아니라, 생산(가족농장), 교육(부모를 통한 비공식적 사회화), 복지(연장자 부양) 그리고 종교생활(조상숭배)의 책임까지 담당하였다. 그러나 근대사회가 도래함에 따라 가족제도는 구조적 분화를 겪었으며, 오늘날에 이르러서는 소가족·핵가족이라는 훨씬 단순한 구조를 갖게 되었다. 근대사회의 가족은 또한 과거에 지녔던 기능 가운데 많은 부분을 상실하여 왔다. 즉 고용기능은 기업제도가 대신 떠맡게 되었고, 공식적인 교육제도가 젊은이들에게 학교수업을 제공하고 있으며, 사회복지 등의 책임은 정부가 담당하고 있다. 그리하여 각 사회제도는 하나의 기능을 전문적으로 담당하는 가운데 집단적으로는 구가족구조가 행하였던 기능을 훨씬 더 잘 수행하고 있다. 따라서 근대사회는 종전에 비해 보다 더 생산적이고, 아이들은 보다 나은 교육을 받으며, 가난한 사람들은 더 큰 복지혜택을 입고 있는 것이다.

그러나 스멜서의 분석은 구조적 분화의 개념에만 제한되어 있지 않다. 즉 스멜서는 이로부터 시작하여 다음과 같은 한 가지의 중요한 문제를 제시하였다. 복잡한 제도들이 일단 분화된 다음에는 어떤 현상이 발생하는가? 그는 비록 구조적 분화가 사회제도들의 능력을 증가시켜 왔지만, 또 한편으로 통합(integration)의 문제, 즉 새로 나타난 여러 가지 제도들 사이의 상호작용을 조정하는 문제를 야기시켰다고 주장한다. 한 예로서 전통적 가족제도 속에서는 통합의 문제가 거의 나타나지 않았다. 경제생산과

---

16) Neil Smelser, "Toward a Theory of Modernization," in A. Etzioni and E. Etzioni, op. cit., 1964.

구성원의 보호와 같은 많은 기능들이 가족구조 자체내에서 수행되었다. 어린이들은 가족농장에서 일했고 가족에 의해 보호받았다. 그러나 가족제도가 구조적 분화를 겪게 되자 통합의 문제들이 발생하였다. 즉 오늘날에는 가족제도와 경제제도 사이의 관계를 적절히 조정해야 하는 문제가 있으며, 어린이들은 직업을 찾기 위해 가족제도 밖으로 나가야 한다. 또한 가족제도와 사회보장제도 역시 상호 조정되어야 한다. 왜냐하면 가족제도는 더 이상 가족 구성원이 작업장에서 불공정한 처우를 받지 않도록 보호해 줄 수 없기 때문이다. 이러한 여러 가지 측면에서 구조적 분화는 통합의 문제들을 야기시켜왔다.

스멜서에 따르면, 분화된 구조들을 조정하기 위해서는 새로운 제도들과 역할들이 창출되어야 한다. 예를 들어, 쉽게 직업을 구할 수 있도록 대학의 취업안내처와 신문광고와 같은 새로운 제도들이 만들어져서 가족제도와 경제제도를 연결시켜 줄 필요가 있다. 그리고 고용자들이 피고용자들을 착취하지 못하도록 노동조합과 노동부와 같은 새로운 사회보장조직들이 생겨났다.

그럼에도 불구하고 통합의 문제는 아직까지 만족스럽게 해결되지 못하고 있다. 첫째, 신·구가치의 충돌이라는 문제가 존재한다. 새로운 사회구조는 옛 구조의 그것과 다르거나 혹은 상충하는 가치체계를 갖고 있을 가능성이 크다. 예로서 대학의 취업안내처와 같은 새로운 기관들은 감정중립적 사회양상을 강조하는 반면, 가족은 감정적 관계양상을 강조한다. 따라서 가족이라는 맥락에서 부양된 젊은이들이 생소한 직업안내처와 직장의 가치체계에 적응한다는 것은 쉽지 않다. 둘째, 불균등한 발전(uneven development)의 문제가 있다. 사회제도들은 상이한 비율로 발전하기 때문에 꼭 필요하지만 아직은 존재하지 않는 제도들이 있을 수 있다. 예를 들어 피고용자들이 착취되고 있음에도 불구하고 피고용자들의 이익을 보호하기 위한 노동조합이 없을 수도 있다.

스멜서에 따르면 사회적 소요는 분화된 구조들이 통합되지 못했기 때문에 나타난다. 이러한 소요는 평화적인 선동, 정치적 폭력, 민족주의, 혁명, 또는 게릴라전 등의 형태를 취할 수 있다. 구조적 분화로 인해서 피해를 입은 사람들은 사회적 소요에 참여할 가능성이 대단히 높다. 예로서 제3세계에 있어서 세계시장을 위한 생산은 지역 농촌공동체로부터 추방당한 가난에 찌든 농민집단을 만들어내는 경향이 있는데, 이들은 공산당으로 흡수되게 마련이다.

스멜서는 이러한 구조적 분화, 통합, 그리고 사회적 소요라는 틀을 통해 근대화가 반드시 순조롭고 조화로운 과정은 아니라는 것을 보여 준다. 이와 같은 틀은 제3세계 국가들 속에서 흔히 나타나는 통합과 사회적 소요의 문제를 조망하는 데 도움을 준다고 말할 수 있다.

5. 경제적 접근방법: 로스토우의 경제성장단계

로스토우(Rostow)는 경제성장단계에 관한 한 고전으로 간주되는 책을 저술하였다. 그는 이 책의 대표격 장(章)인 「자생적 성장으로의 도약」[17] 속에서 전통사회로부터 시작하여 고도의 대중소비사회의 도래로 끝나는 경제성장의 주요 5단계가 있다고 주장하고 있다. 이러한 양극(poles)의 중간 지점에 그가 '도약단계'라 칭한 단계가 놓여져 있다.

로스토우는 비행기의 이륙과정을 보고 이러한 생각을 하게 되었을 가능성이 매우 높다. 우선 비행기는 정지상태에 놓여져 있다. 그 다음에 천천히 활주하기 시작한다. 그리고 마지막으로 하늘로 이륙한다. 로스토우는 제3세계 국가들이 발전과정 속에서 비슷한 변동유형을 나타낸다고 보았다. 어떤 제3세계 국가가 사회변동이 거의 없는 전통적 단계에 놓여 있다고 가정하자. 곧 이 나라는 새로운 기업가들이 등장하고, 시장이 확장되며, 산업화가 이루어지는 등 변화하기 시작한다. 로스토우는 이러한 단계를 "도약을 위한 선행조건(preconditions)"이라 부른다. 그러나 이는 단지 말 그대로 선행조건적 단계에 불과하다. 왜냐하면 경제발전이 시작되었다 하더라도 사망률이 감소되고 인구가 증가하기 때문이다. 즉 이와 같은 상황하에서는 늘어난 인구가 경제적 과실의 상당부분을 소비하기 때문에 자생

---

17) W. W. Rostow, "The Takeoff into Self-Sustained Growth," op. cit.

적 경제성장을 위한 역동성은 거의 존재하지 않는다.

그래서 로스토우는 제3세계 국가들이 선행조건단계를 뛰어넘으려면 어떤 자극이 필요하다고 보았다. 그러한 자극들로서는 주요 사회제도들을 재편성하는 정치적 혁명, 산업혁명 당시 나타난 증기기관의 발명과 같은 기술공학적 혁신, 혹은 수출량이나 수출가격을 올리는 우호적 국제경제환경의 조성 등을 들 수 있다. 결국 선행단계를 뛰어넘어 자생적인 경제성장을 이룩하기 원하는 국가는 도약을 하기 위해 다음과 같은 구조를 갖추어야만 한다. 즉 생산투자비를 국민소득의 10% 수준까지 증가시키기 위해 자본과 자원을 동원해야만 한다. 만약 그렇게 하지 못한다면 경제성장은 인구증가율을 따라잡을 수 없다.

그렇다면 생산투자에 필요한 자본과 자원을 어떻게 획득할 수 있는가? 로스토우는 다음과 같은 방법을 제시하고 있다. 첫째, 생산투자비를 압수나 과세를 통해 획득할 수 있다. 예로서 명치유신(明治維新) 당시 일본은 경제자원을 농촌에서 도시로 이전하기 위한 수단으로서 농민들에게 엄청난 중과세를 부과하여 생산투자비를 획득했다. 또한 혁명 이후 러시아에서도 지주의 재산을 몰수하여 그것을 도시에 투자함으로써 생산투자재원을 확보했다. 둘째, 생산투자재원은 은행, 자본시장, 정부공채 발행, 그리고 증권시장과 같은 제도로부터 얻을 수 있다. 이들은 국가자원을 경제분야로 돌리는 데 도움이 된다. 셋째, 해외무역을 이용할 수 있다. 수출을 통해 얻은 해외소득은 외국의 기술과 장비수입을 위한 융자자금으로 사용될 수 있다. 넷째, 지하철 건설과 광산 개발과 같은 직접적 해외 자본투자 또한 제3세계 국가들의 생산투자자원이 될 수 있다.

따라서 중요한 것은 국민소득의 10% 혹은 그 이상이 경제분야로 끊임없이 재투자되도록 하는 것이다. 생산투자는 먼저 주요 제조산업 부문에서 출발하여 여타 부문으로 빠르게 확산될 수 있다. 일단 경제성장이 자동적으로 이루어지게 되면 네 번째 단계, 즉 성숙을 위한 추진단계에 도달한다. 이 단계에 이르면 곧 고용기회의 확대, 국민소득의 증가, 소비수요의 증대 그리고 건실한 국내시장의 형성이 이루어진다. 로스토우는 이러한 최종단계를 "고도의 대중소비사회"라 칭한다.

로스토우는 이상과 같은 5단계 성장모델(전통사회→도약을 위한 선행 조건 확보→도약→성숙을 위한 추진→고도의 대중소비사회)에 기초하여 제3세계의 근대화를 촉진시키기 위한 방안을 찾아내었다. 만약 제3세계 국가들이 당면한 문제가 생산투자에 놓여져 있다면 그 해결책은 자본, 기술 혹은 전문지식의 원조에 놓여져 있다는 것이다. 미국의 정책결정자들은 로스토우의 견해에 동의하는 가운데 원조야말로 제3세계 국가들의 근대화를 지원하는 가장 좋은 방법이라고 여기고 있다. 이에 따라 미국정부는 제3세계 국가들의 경제적 하부구조와 제조업 부문의 발전을 지원하기 위해 매년 수백만 달러를 지원하고 있으며, 또 수많은 미국 기술자들이 제3세계 국가들이 도약단계에 도달할 수 있도록 도와주기 위해 파견된다.

6. 정치적 접근방법:
   코울먼의 분화-평등-능력 모델

코울먼(Coleman)의 정치적 접근방법은 어떻게 보면 스멜서의 사회학적 분석과 비슷하다. 왜냐하면 이들은 모두 논의의 출발점을 분화과정에 두기 때문이다. 코울먼의 분석구도에 있어서 정치적 근대화는 ① 정치구조의 분화, ② (평등 에토스의 확산을 수반한) 정치문화의 세속화, 그리고 이로부터 비롯된 ③ 정치체계의 능력신장을 의미한다.[18]

먼저 코울먼은 정치구조의 분화현상이 근대 정치체계의 역사적 전개과정에 있어서의 지배적이자 실증적인 경향이라는 점을 강조하고 있다. 그는 스멜서와 같이 분화를 진보적 분리의 과정 내지는 정치체계 내에 있어서 역할과 제도의 전문화과정으로 간주하고 있다. 예를 들어, 정치적 분화는 종교로부터 보편적인 법규범의 분리, 종교와 이데올로기의 분리, 그리고 행정구조와 공적인 정치적 경쟁구조의 분리를 포함한다. 이러한 분화

---

18) James S. Coleman, "Modernization: Political Aspects," in David L. Sills(ed.), *International Encyclopedia of the Social Sciences*, vol.10, New York: Macmillan, 1968.

과정이 진전될 때, 보다 큰 기능적 전문성, 구조적 복잡성 그리고 정치제
도 사이의 높은 상호의존성이 나타난다.

둘째, 코울먼은 평등이야말로 근대성의 에토스(ethos of modernity)라고 주
장한다. 근대화의 정치는 평등의 추구와 실현을 지향한다. 그렇다면, 평등
에 관련된 문제로서는 어떠한 것들이 있는가? 코울먼은 그러한 문제들이
보편적 시민권의 명제(분배평등), 정부-시민간의 관계에 있어서 보편적 법
규범의 적용(법적 평등), 정치적·행정적 역할의 충원 및 배분에 있어서 업
적을 우선으로 하는 평가기준의 적용(기회평등), 그리고 시민의 정치참여
(참여평등)의 문제를 포함한다고 보았다.

셋째, 코울먼은 분화와 평등의 추구가 사회체계의 정치적 능력을 신장
시킨다고 단언한다. 즉 그는 근대화를 사회체계의 정치적 능력이 점차 늘어나
는 현상으로 간주하고 있다. 이러한 정치적 능력은 아래와 같은 정치적 기
능의 범주 확장이라는 차원에서 명백히 표출된다.

· 정치공동체의 규모
· 정치적 결정수행의 효율성
· 중앙정부제도의 침투력
· 정치조직들에 의한 이익결집의 포괄성
· 정치조직과 절차의 제도화
· 문제해결능력
· 새로운 정치적 요구와 조직을 수용할 수 있는 능력

마지막으로, 코울먼은 분화와 평등에 대한 요구는 또한 정치체계내에
서 긴장과 분열을 야기할 수도 있다고 경고한다. 즉 코울먼은 스멜서와
마찬가지로 제3세계 국가들이 지속적인 근대화를 이룩하기를 원한다면
반드시 부딪쳐야 하고 또한 극복해야 하는 심각한 '체계발전의 문제
(system development problems)' 혹은 '위기(crises)'를 지적함으로써 정치
적 근대화에 관한 논의를 마감하고 있다. 그는 정치적 근대화에 관한 문
헌을 재검토하는 가운데, 다음과 같은 여섯 가지의 근대화 위기들을 지적

한다.

① 원시적 집단에서 민족으로 충성심을 이전하는 과정 속에서 나타나
는 민족적 일체성의 위기(crisis of national identity)

② 새로운 국가가 당면하는 정치적 **정통성의 위기**(crisis of political
legitimacy)

③ 중앙정부를 통해 사회의 구석구석까지 정책효과를 파급시키는 과정
에서 나타나는 **침투의 위기**(crisis of penetration)

④ 점증하는 국민의 요구를 국가에 전달하는 참여제도가 존재하지 않
을 때 나타나는 **참여의 위기**(crisis of participation)

⑤ 상호 갈등관계에 놓여져 있는 다양한 정치집단 사이의 **통합위기**
(crisis of integration)

⑥ 국가가 경제성장을 도모하지 못하고 국민의 기대를 만족시키기에
충분한 재화, 용역 그리고 가치들을 분배할 수 없을 때 생기는 **분배의
위기**(crisis of distribution)

코울먼에게 있어서 정치체계의 근대화는 체계가 이와 같은 위기에 대
처할 수 있는 능력을 어느 정도 성공적으로 증진시키느냐에 따라 그 수준
이 측정된다.

7. 이론적 가정과 연구방법

앞서 살펴보았듯이, 근대화 학파는 제3세계의 발전양상을 조망하기 위
한 다학제적(多學際的, multidisciplinary) 연구의 성격을 띠고 있다. 그리
하여 각 분야는 나름대로의 방법으로 근대화과정에 관련된 주요 쟁점을
제시하는 데 공헌하고 있다. 즉 사회학자들은 유형변수의 변화와 구조적
분화에 초점을 맞추고, 경제학자들은 생산투자를 증대시킬 것을 강조하
며, 정치학자들은 정치체계의 능력을 고양할 필요성을 부각시킨다.

그러나 이처럼 다학제적인 성격에도 불구하고, 근대화 학파에 속한 학자들은 두 가지의 이론적 가정과 연구방법을 공유하고 있다. 지금까지 대부분의 근대화 이론가들이 이러한 가정과 방법을 확실히 제시하지 못했기 때문에, 여기에서 그것들을 다시 한 번 논의해 보는 것이 도움이 되리라 생각한다.

근대화 연구자들이 공유하고 있는 첫 번째 가정은 유럽적 진화이론에서 도출된 특정한 생각들이다. 진화이론에 따르면 사회변동은 일방적(unidirectional)·진보적·점진적인 성격을 지닌다. 또한 변동하는 사회는 원시적 단계로부터 진보적 단계로 되돌이킴 없이 나아가게 마련이며, 그러한 진화과정 속에서 서로 닮게 된다. 근대화를 연구하는 학자들은 이러한 전제 위에 다음과 같은 이론들을 도출하였다.[19]

(1) 근대화는 단계적 과정(a phased process)이다. 예를 들어 로스토우의 이론은 모든 사회가 거쳐 나가야만 하는 근대화의 단계들을 제시하고 있다. 즉 사회변화는 분명 원시적이고 단순하며 미분화된 전통사회의 단계에서 시작하여 발전되고 복잡하며 분화된 근대화된 사회의 단계에서 끝난다는 것이다. 레비는 이러한 측면에서 전통사회에서 근대사회로 향하는 길을 얼마나 걸어왔는가에 따라 사회들을 비교할 수 있다고 주장한다.

(2) 근대화는 동질화의 과정(a homogenizing process)이다. 근대화는 여러 사회들이 비슷한 성격으로 수렴(收斂)되는 경향을 만들어낸다. 레비가 주장했듯이, "시간이 흐름에 따라 그들과 우리들은 점차 닮아갈 것이다… 왜냐하면 근대화는 사회가 고도로 근대화되면 될수록 더욱 더 서로 비슷한 모습을 갖도록 하는 유형을 취하기 때문이다."[20]

(3) 근대화는 유럽화(Europeanization) 혹은 미국화(Americanization)의 과정이다. 근대화에 관련된 문헌들을 살펴보면, 서유럽과 미국을 바람직한 사회로 여기는 태도를 찾을 수 있다. 즉 이 국가들은 비할 데 없는 경제적 번영과 민주주의적 안정을 누려 왔던 것으로 간주된다.[21] 그리고 이

---

19) Samuel Huntington, "The Change to Change: Modernization, Development, and Politics," in Cyril E. Black(ed.), *Comparative Modernization: A Reader,* New York: Free Press, 1976, pp.30-31.

20) Levy, op. cit., 1967, p.207.

들은 세계에서 가장 선진화된 국가들이므로, 신생국들이 본받으려 하는 모델이 되어 왔다. 이렇게 본다면 근대화는 유럽화 혹은 미국화의 과정일 뿐이며, 실제로 그렇게 정의되는 경우가 많다. 예로서 서유럽과 미국이 고도로 산업화·민주화된 국가이기 때문에, 산업화와 민주주의는 근대화의 표상이 되어 왔다.

(4) 근대화는 되돌이킬 수 없는 과정(an irreversible process)이다. 즉 시작되기만 하면 다시는 멈출 수 없다. 바꾸어 말해서, 제3세계 국가들은 일단 서구와 접촉을 하게 되면 근대화를 향한 역동성을 누를 수 없다. 그리고 비록 변화의 정도는 나라마다 다를지라도 변화의 방향은 모두 같을 것이다. 그래서 레비는 근대화를 제3세계 국가들의 전통적 특성들을 용해시키는 "보편적인 사회적 용매(universal social solvent)"라 부른다.

(5) 근대화는 진보적 과정(a progressive process)이다. 근대화에는 고통이 많이 따르게 마련이나, 결국에 가서는 필연적일 뿐만 아니라 바람직스러운 것이다. 코울먼은 근대화된 정치체계가 전통적 정치체계보다 훨씬 더 뛰어난 민족적 일체성·정통성·침투력·참여성 그리고 분배능력을 가지고 있다고 주장한다.

(6) 마지막으로, 근대화는 긴 과정(a lengthy prnocess)이다. 근대화는 혁명적 변화가 아니라 진화론적인 변화의 과정이며, 수세대 혹은 수세기가 걸려야 완성된다. 즉 근대화의 효과는 시간이 흘러야만 나타난다.

근대화 학파에 속한 학자들이 지니고 있는 또 다른 일단의 가정들은 사회제도들 사이의 상호의존성, 문화적 수준에 있어서 유형변수의 중요성, 그리고 항상적 평형을 통한 내재적 변화과정을 강조하는 기능이론으로부터 도출된 것이다. 근대화론자들은 이러한 파슨스적 시각에 영향을 받아, 근대화의 개념이 다음과 같은 특성을 가진다고 암시해 왔다.

(1) 근대화는 체계적 과정(a systematic process)이다. 근대성(modernity)은 일관성을 지닌 하나의 총체이며 따라서 그 구성인자들이 개별적으로 나타나는 것이 아니라 집합적으로 표출된다.[22] 다시 말해서, 근대화는 산

---

21) Dean C. Tipps, "Medernization Theory and the Comparative Study of Societies: A Critical Perspective," in Black, op. cit., 1976.

업화, 도시화, 동원, 분화, 세속화, 참여 그리고 중앙화를 포함하여 궁극적
으로는 사회적 행위의 모든 측면에 있어서의 변화를 수반한다.

(2) 근대화는 변환과정(a transformative process)이다. 어떤 사회가 근대
화하기 위해서는 종전에 가지고 있던 전통적 사회구조 및 가치가 새로운
근대적 가치체계들로 완전히 대체되어야만 한다. 헌팅턴이 지적하듯이,
근대화 학파는 '근대성'과 '전통'을 필연적으로 비대칭적인 개념이라 생
각한다.23) 그리고 이들은 근대성의 특징을 명백히 규정하고 있으나 전통
성이 무엇을 지칭하는지는 밝히고 있지 않다. 즉 단순히 편의에 따라 근
대적이지 않은 것들은 모두 전통적이라 부르고 있을 뿐이다. 결과적으로
전통(성)은 근대화과정에서 거의 아무런 역할을 하지 않는 것으로 비추어
지며, 더 나아가 근대성에 의해 대치(혹은 완전히 변환)되어야 하는 것으
로 생각한다.

(3) 근대화는 내재적 과정(an immanent process)이다. 근대화는 그 체계
적·변환적인 속성으로 인해 사회체계 속에 변동의 내적 구조를 만들어낸
다. 따라서 일단 어떤 영역에서 변화가 시작되면, 이는 필연적으로 다른
영역에 있어서 그에 상응하는 변화를 초래한다.24) 예를 들어 가족제도가
분화되기 시작하면 경제, 매스 미디어, 경찰제도 등 다른 제도들 역시 분
화와 통합의 과정을 겪게 마련이다. 이러한 내재성의 가정에 따라, 근대화
학파는 제3세계 국가들이 지니고 있는 내적 변화요인에 분석의 초점을 맞
추는 경향이 있다.

이러한 진화론적·기능주의적 가정들에 더하여, 근대화 학파의 구성원
들은 서로 유사한 연구접근방법을 채택하고 있다. 우선 이들은 매우 일반
적이고 추상적인 수준에서 논의를 진행하는 경향을 나타낸다. 왜냐하면 이
러한 학자들은 제3세계의 발전과정에서 나타나는 일반적인 변동유형과
흐름을 찾아내고 또한 앞으로의 보편적 전망을 제시하는 데 연구의 목적
을 두고 있는 관계로, 구체적인 사례들과 역사적으로 특수한 사건들에는

22) Elbaki Hermassi, "Changing Patterns in Research on the Third World," *Annual Review of Sociology,* 4, 1978.

23) Huntington, op. cit., 1976.

24) Hermassi, op. cit., 1978.

별반 관심을 기울이려 하지 않기 때문이다. 즉 이들은 보다 일반적인 통칙을 끌어내기 위해서 전통사회-근대사회의 대비와 같은 파슨스의 이념형(理念型) 모델에 따라 자신들의 주요 논점을 제시한다. 그 다음 이러한 양분법적 이념형의 특징들을 지수화(指數化 indexing)하는 데 주로 노력하고 있다(앞의 <표 1>을 참조할 것).

한편 팁스(Tipps)[25]는 근대화 학파가 상정하고 있는 분석의 단위(units of analysis)와 관련하여, 비록 명시적으로 드러나지는 않지만 이들이 민족국가(national territorial state)에 상당한 이론적 중요성을 부여하고 있다는 사실을 지적하고 있다. 즉 근대화의 개별적 구성인자들은 산업화이든 구조적 분화이든 어떠한 방식으로 개념화되든간에 국가적 수준에서 작동하는 변화의 원인으로 간주되고 있는 것이다. 따라서 근대화이론은 기본적으로 민족국가의 변동이론이라고 할 수 있다.

8. 정책적 의미

근대화이론은 단지 학문적 탐구에 불과한 것만은 아니다. 근대화이론은 원래 제2차 세계대전 이후 미국이 새롭게 떠맡은 세계적 리더십에 상응하여 구성되었으며, 따라서 중요한 정책적 의미를 가지고 있다. 먼저, 근대화이론은 '전통적' 사회와 '근대화된' 사회 간의 비대칭적 권력관계를 묵시적으로 정당화해 주고 있다.[26] 미국은 근대화·선진화된 국가이고 제3세계 국가들은 전통성을 벗어나지 못한 후진국이므로 후자는 전자의 지침에 따라야만 한다는 것이다.

둘째, 근대화이론은 제3세계에 있어서 공산주의 세력의 위협을 근대화의 문제로 인식한다. 만약 제3세계 국가들이 근대화되기를 원한다면 미국이 걸어왔던 길을 따라 움직여야만 하고, 따라서 공산주의와는 결별해야 한다는 것이다. 근대화이론은 제3세계 국가들이 이러한 목표를 달성할 수 있도록

---

25) Tipps, op. cit., 1976.
26) Ibid.

돕기 위해 경제발전, 전통적 가치의 대체, 그리고 민주정치적 절차의 제도
화를 제안한다.

셋째, 근대화이론은 미국의 "개량주의적 해외원조정책"을 정당화하는 데 일조
해 왔다.[27] 즉 제3세계 국가들이 근대화되기 위해서 새로운 가치를 더 많
이 수용하고 또한 생산투자를 보다 더 확대해야 한다면, 미국은 정책자문
관들을 파견하고, 기업의 해외투자를 부추기며, 차관뿐만 아니라 다른 여
러 가지 종류의 원조를 제공함으로써 이들을 지원할 수 있다는 것이다.
팁스가 지적한 바와 같이 비록 모든 근대화 이론가들이 팽창주의의 옹호
자는 아니더라도, "백악관, 국방성, 혹은 국무성 정책결정자들의 심사를
뒤틀어 놓은 근대화 문헌"은 찾아볼 수 없다.[28]

---

27) Chirot, op. cit., 1981, p.264; David Apter, *Rethinking Development: A Moderni-
    zation, Dependency, and Postmodern Politics,* Newbery Park, CA.: Sage, 1987,
    p.23.
28) Tipps, op. cit., 1976, p.72.

▌제2장▐
정치발전론 재조명*

하워드 위아르다

　지난 20~30년간 비교정치학의 발전과정을 돌이켜 보면, 하위분야의 지배적인 개념 및 모델들이 범세계적인 실제사건, 미국의 태도와 분위기의 변화(결코 전부라고 할 수는 없지만 대부분의 비교정치 관련 문헌이 미국에서 저술되었다), 그리고 보다 상위의 정치학분야에서 전개된 지적·방법론적 혁신들과 매우 밀접하게 관련되었다는 사실에 놀라지 않을 수 없다. 이는 비교정치학이 하나의 극적인 위기나 지역에서 다른 위기나 지역으로 거의 매일, 그리고 종종은 아주 변덕스럽게 옮아가는 톱뉴스의 뒤를 정확히 따라갔다는—가능성을 부인할 순 없다 해도—말은 아니다. 그러나 비교정치학이 어떤 지역이나 이슈 또는 어떤 학문적 접근법에 우선순위를 부여할 것인가를 결정하는 데 도움을 주는 여론이나 엘리트 의견의 장기추세를 반영하는 경향은 분명히 있다. 이와 같은 우리의 관심과 우선순위상의 변화는 또한 비교정치학분야와 지난 수십년간 변화해 온 강조점, 연구 우선순위, 개념적 시각 등에도 영향을 미쳐 왔다.

　본 글의 목적은 비교정치학이 어떻게 초기의 형식적·법적 접근법(for-

---

　* Howard J. Wiarda, "Concepts and Models in Comparative Politics: Political Development Reconcidered—and Its Alternatives," in Dankwart A. Rustow and Kenneth Paul Ericson(eds.), *Comparative Political Dynamics,* N.Y: Haper Collins Publishers, 1991, pp.32-53(신윤환 옮김. 초역은 서강대 대학원 정치외교학과 김상우가 담당하였음).

mal-legal approach)에서 보다 활력적이고 실제 '비교적인' 학문으로 발전해 왔는가를 보여 주고, 정치발전자들의 흥망성쇠를 추적하며, 정치발전론을 대체했던 접근법들을 검토하고, 비교정치학의 분열현상을 분석하며, 비교정치학의 현재상황(특히 정치발전론의 복귀)을 평가하기 위해 지난 30년간 비교정치학의 발전과정과 각 접근법들의 상호관계를 폭넓게 추적코자 하는 것이다. 또한 우리는 비교정치학이 광범위한 국가·국제·문화·정치환경들과 어떻게 상호작용했으며 또 어떻게 그런 환경의 한 부분이 되는가를 보여 주고자 한다. 최근 미국─그리고 아마도 범세계적인─정치와 정책형성이 갈수록 분열, 단절, 혼란에 빠지듯 비교정치학도 이러한 경향을 따르는 듯 하다. 따라서 다음과 같은 의문이 제기된다. 즉 이런 새로운 동요와 비일관성, 그리고 단절은 비교정치학의 비극적 상황을 보여 주는 징후인가, 아니면 지적 건강함과 활력의 징표인가?[1]

1. 정치발전론의 발전과 퇴조

전통적인 비교정치학은 일반적으로 지역편중적이고 형식적인 법·제도적 접근법이었다고 간주된다. 이는 매크리디스(Roy Macridis)가 1955년 영향력 있던 그의 소책자에서 제기했던 비판이다.[2] 법률가들과 형식주의자들에 의해 지배되었던 과거의 접근법보다는 새로운 정치학 접근법에 영향을 받았던 그는 신세대 비교론자를 대표하면서 비형식적이고 동태적 측면, 즉 여론, 이익집단, 정당, 과정변수, 투입기능, 정책결정, 변화과정 등에 초점을 두는 비교정치학을 원했다. 그가 제안한 접근법은─곧 지배적으로 된 바─세계적(global)이라고 할 수 있는 요인들에 대응하는 것이었는데, 이들 중 가장 중요한 것은 1940년대 및 50년대의 냉전과 1950년

---

1) 이런 주제에 대한 보다 초기의 논의는 Howard J. Wiarda(ed.), *New Directions in Comparative Politics,* Boulder, Colo.: Westview Press, 1985; new edition, 1991 참고.
2) Roy Macridis, *The Study of Comparative Government,* New York: Random House, 1955.

대 후반 및 1960년대 초 수많은 신생국의 출현이었다.

필자가 보기에 이런 3가지 사건들—보다 동태적인 비교정치학, 냉전, 신생국—간의 관계는 아직까지도 적절히 분석된 것 같지는 않다.[3] 일부 미국관료 및 소수의 학자들은 신생국을 다루는 일련의 연구문헌을 냉전 목적상 미국이 외교정책을 통해 신생국을 통제·지배하는 데 필요한 수단으로 간주했고, 다른 학자들은 발전이론들을, 순수한 학문적 접근으로서 발전을 이해하고 아마도 그를 고무시키기 위한 방법으로 보았지 조작의 수단으로 보진 않았다. 필자가 추측하기론 다수라고 생각되는 또 다른 학자들은 개발도상국의 정치를 분석하고 그 형성을 돕는 이론과 미국의 냉전전략 간의 다양한 상호관계를 주시했으며 두 요인 간의 양립불가능은 결코 인식하지 않았고 그 둘을 보완적이거나 동시에 추구해야 할 가치를 지닌 목표로 간주하였다.

1960년대까지 정치발전론은 비교정치학에서 지배적인 접근법이 되었다. 일부 학자들은 여전히 더욱 전통적인 제도적 접근법에 매달렸고 또 일부는 여전히 서유럽에 대한 훌륭한 저술을 펴냈지만, 개발도상국이야말로 분명 주된 연구활동의 대상이었다. 특히 케네디의 대통령 당선, 신생국을 단순한 분석대상이 아니라 발전이 이룩되어야 할 곳으로 믿고 이를 위해 노력하게 된 평화봉사단(the Peace Corps)의 창설, 발전을 더욱 구체적이고 실현 가능한 프로그램으로 만들려는 미국 국제개발국(U.S. Agency for International Development)의 성장, 중남미와 제3세계에 관심을 기울이면서 미국정부의 발전노력을 지원하고 재삼 냉전적 사고를 강조했던 '진보를 위한 동맹(the Alliance for Progress)'의 대두 등이 정치발전론의 유행을 북돋웠다.[4]

발전에 대한 접근법들과 주요 저자들 간에는 다양한 변이가 존재하는

---

3) 이를 분석하려는 유용하지만 여전히 불완전한 노력으로는 Irene I. Gendzier, *Managing Political Change; Social Scientists and the Third World,* Boulder, Colo.: Westview Press, 1985가 있다.

4) 정치발전연구가 시작되고 번영을 누린 '정치문화'에 대한 논의는 Gabriel Almond, *Political Development : Essays in Heuristic Theory,* Boston: Little Brown, 1970의 서문 참고.

데, 그것은 시간의 경과에 따라 우리의 기억에서 희미해지고 비판의 편의
상 모든 '발전론자(developmentalists)'들을 함께 뭉뚱그리려는 기도에 의
해 가려졌던 차이점들이다. 우선 학문 간 차이점이 있는데 로스토우(Wal-
ter W. Rostow)[5]와 힐브로너(Robert Heilbroner)[6]같은 경제학자의 다분
히 결정론적인 접근법이 있고, 보다 사회학적이면서 역시 나름대로 결정
론적인 도이치(Karl W. Deutsch)[7], 레비(Marion Levy)[8], 립셋(Seymour
Martin Lipset)[9] 등의 접근법이 있으며, 필자의 판단으론 더욱 정교하고
섬세한 파이(Lucian W. Pye)[10], 앱터(David E. Apter)[11], 와이너(Myron
Weiner)[12] 등의 정치학적 접근법이 있다.

정치학자들 내부에도 중요한 차이가 존재했다. 파슨스(Talcott Parsons)
의 구조기능주의와 유형변수[13]를 채택했던 알먼드는 사회과학연구협의회
의 비교정치분과(Social Science Research Council Committee in Compar-
ative Politics, 이하 SSRC/CCP)를 주도하였고, 그와 코울만(James S. Cole-
man)의 1960년 저서 『개발도상국의 정치(The Politics of the Developing Ar-
eas)』[14]는 비교정치학의 획기적인 연구서가 되었으며, 발전론적 접근법을

5) Walter W. Rostow, *The Stages of Economic Growth: A Non-Communist Manifesto,*
Cambridge: Cambridge University Press, 1960.
6) Robert Heilbroner, *The Great Ascent,* New York: Harper & Row, 1963.
7) Karl W. Deutsch, "Social Mobilization and Political Development," *American
Poitical Science Review,* 55, September 1961, pp. 493-514.
8) Marion Levy, *The Structure of Society,* Princeton, N.J.: Princeton University
Press, 1952.
9) Seymour Martin Lipset, "Some Social Requisites of Democracy: Economic De-
velopment and Political Legitimacy," *American Political Science Review,* 53,
March 1959, pp.69-105.
10) Lucian W. Pye, *Aspects of Political Development,* Boston: Little, Brown, 1966.
11) David E. Apter, *The Politics of Modernization,* Chicago: University of Chicago
Press, 1965.
12) Myron Weiner(ed.), *Modernization,* New York: Basic Books, 1966.
13) Talcott Parsons, *The Social System,* Glencoe, Ill.: Free Press, 1951; Parsons and
Edward A. Shills(eds.), *Toward a General Theory of Action,* Cambridge, Mass.:
Harvard University Press, 1951.
14) Gabriel A. Almond and James S. Coleman(eds.), *The Politics of the Developing
Areas,* Princeton, N.J.: Princeton University Press, 1960.

택한 가장 영향력 있는 저작으로 보인다. SSRC/CCP는 비교정치학의 지
배집단으로15) 1960년대에 프린스턴 대학 출판부를 통해 정치문화·정당
등의 영역에서 새로운 지평을 여는 일련의 저작들을 펴냈다.16)

그러나 모든 정치발전론자가 알몬드의 견해나 접근법을 공유한 것은
아니었다. 심지어 SSRC/CCP내에서조차 모든 학자가 알몬드처럼 구조기
능주의와 유형변수에 매료된 것은 아니었다. 게다가 초기의 지역전문가들
은 알몬드가 사과와 오렌지를 비교하고 있는 것이며, 문화적으로 다양한
전 세계 정치체제를 하나의 포괄적인 체계 안에 몰아넣으려는 그의 노력
을 작위적이고 그릇된 것이라고 믿었다. 이들은 또한 『개발도상국의 정
치』에서 알몬드가 행한 장구하고 이론적인 서론에 뒤이은 특정 지역연구
들을, 이들 지역에 대한 이해로 적합하지 않고 따라서 지역에 대한 이해
를 오히려 방해하는 일반범주를 강요하려는 시도로 보았다.

대학원 세미나나 기타 비공개적인 학술회의 등 외곽으로부터의 비판도
만만치 않았고, 동시에 SSRC/CCP의 일부 학자도 파슨스-알몬드류의 접
근법에 의존하지 않고 독자적인 연구를 추구하고 있었다. 또 다른 학자들

15) SSRC/CCP의 약사(略史)에 관해서는 Committee on Comparative Politics, "A
Report of the Activties of the Committee, 1954~1970," Social Science
Research Council, New York, 1970, 등사판 참고.
16) 정치발전론에 관한 SSRC 시리즈문헌은 다음과 같다. Almond and Coleman,
Politics of the Developing Areas; Lucian W. Pye(ed.), *Communications and Political
Development,* Princeton, N.J.: Princeton University Press, 1963; Joseph LaPal-
ombara(ed.), *Bureaucracy and Political Development,* Princeton, N.J.: Princeton
University Press, 1963; Robert E. Ward and Dankwart A. Rustow, (eds.), *Pol-
itical Modernization in Japan and Turkey,* princeton, N.J.: Princeton University
Press, 1964; James S. Coleman(ed.), *Education and Political Development,* Prince-
ton, N.J.: Princeton University Press, 1965; Lucian W. Pye and Sidney Verba
(eds.), *Political Culture and Political Development,* Princeton, N.J.: Princeton Uni-
versity Press, 1965; Joseph LaPalombara and Myron Weiner(eds.), *Political
Parties and Political Development,* Princeton, N.J.: Princeton University Press, 19
66; Leonard Binder, James S. Coleman, Joseph LaPalombara, Lucian W. Pye,
Sidney Verba, and Myron Weiner(eds.), *Crisis and Sequences in Political Develop-
ment,* Princeton, N.J.: Princeton University Press, 1971; Charles Tilly(ed.), *The
Formation of the National States in Western Europe,* Princetin, N.J.: Princeton
University Press, 1975.

은-이 점에선 특히 포커(Guy Pauker)를 고려할 수 있는데-파슨스주의 자임을 천명하면서 개발도상국 연구를 시작했지만, 현지조사를 통해 유형 변수의 무용성에 대한 확신을 갖고 돌아오기도 하였다. SSRC/CCP의 일부 학자들은 알몬드만이 유형변수를 실제 채택하여 그것에 열정을 보인 그 집단의 유일한 인물이라고 회고했다.[17]

그러나 발전론의 변화와 성장, 개조와 수정의 가능성을 무시해서도 안된다. 예컨대 정치발전에 대한 하버드-MIT 합동세미나[JOSPOD: Joint (Harvard-MIT) Seminar on Political Development]의 구성원인 캠브리지 학자들은 지난 25년간 매년 새로운 발전 관련 주제를 탐구했으며, 그 과정에서 새로운 개념을 개발하거나 기존 개념을 세련화해 왔다.[18] 그와 동시에 SSRC/CCP의 다른 성원들도 발전에 대한 그들의 이해를 넓혀 왔다.[19] 게다가 발전론적 관념과 개념으로 무장한 젊은 대학원생들은 1960년대 초와 중반에 제3세계에서 직접 조사한 후, 결국 그들 선생들로 하여금 견해를 수정하게끔 만든 학위논문을 작성하여 돌아왔다. 결국엔-비록 SSRC/CCP의 구성원은 아니었지만-헌팅턴(Samuel P. Huntington)같은 동 학파내의 비판자들은, 사회경제적 근대화와 정치발전은 함께 진행되며 상호의존적이고 후자는 전자에 의해 자동적으로 추인된다는 견해에 도전하면서, 초기발전이론에 대한 결정적인 비판을 제기했다.[20]

따라서 우선 요구되는 것은 발전이론을 잘 가려내는 것이다. 사실 새롭게 읽혀지고 고려할 가치가 있는 일련의 문헌들이 존재한다. 발전론자들은 획일적인 '학파'가 아니며, 주요 주창자들이 쟁점들에 대해 모두 한결같지는 않았다. 오히려 시작부터 미묘한 차이와 다양한 견해 및 접근법, 그리고 풍부한 학식과 사고가 있었다. 발전론은 너무 자주 포괄적인 경멸을 받으며 무시되었고 주요 인물들은 하나의 무정형적 범주로 뭉뚱그려

---

17) Almond, "Introduction," *Political Development*.

18) 이런 작업에 대한 20년간의 평가와 분석에 대해서는 Myron Weiner and Samuel Huntington(eds.), *Understanding Political Development*, Boston: Little, Brown, 1987 참고.

19) 특히 우수한 논지는 1968년 *Comparative Politics*의 권두사.

20) Samuel P. Huntington, *Poltical Order in Changing Socities*, New Heaven, Conn.: Yale University Press, 1968.

졌다. 돌이켜보면 일부 발전론적 충동이 우리를 그릇된 방향으로 이끈 듯
한 것도 사실이지만, 개발도상지역에 대한 초기의 관심은 풍부한 통찰력
과 광대한 문헌을 제공해 주었다. 개발도상 연구자에게 놀라울 정도로 유
용한 기반이 되는 정보를 제공해 주는 발전론적 문헌들이 지금 정도의 관
심밖에 받지 못하는 것은 부끄러운 일이다.

이와 관련된 또 하나의 요인은, 다음 항에서 분석될 발전론에 대한 비
판이 전체 이론의 사고와 연구에 반드시 적용되는 것이 아니라 발전론의
가장 취약한 일부 저작에만 적용될 수 있다는 것이다. 발전론에 대한 비
판은 발전학파의 패러다임 창시자로 간주되는 알몬드, 립셋, 로스토우 같
은 학자의 저술에 대해 가장 강력하게 가해졌다. 그러나 그들의 저작들
중 몇몇 구체적인 저작들은 비판하기에 매우 쉬운 표적이 되었던 것 같다.
나아가 필자는 그들의 저작이 발전이론 전체를 대표한다고 확신할 수는
없다. 발전론분야는 너무 풍부하고 다양해서, 일부 주요 저자가 한계를 넘
어 쉽게 비판될 수 있는 진술을 하거나 모델의 보편성을 과장했다고 해서
전체 문헌을 모조리 무시할 수는 없는 것이다.

2. 발전론에 대한 비판

1960년대 전반에 걸쳐 발전론은 비교정치학의 지배적 접근법이었다.
비록 일부 비교정치학자들이 다른 견해에 입각해서 계속 저술을 하기도
했지만, 정치발전 패러다임은 지배적이었고 당시로서는 학문적으로 가장
자극적인 접근법으로 보였다. 요컨대 연구보조금과 연구기회 등의 형태로,
자금과 가장 권위있는 출판통로(World Politics, 프린스턴대학 출판부)가 존
재했던 분야였으며, 정치발전이 미국의 제3세계 외교정책의 주요한 목표
로 채택되었기 때문에 정책에 영향을 미칠 기회가 존재했던 분야였다.

그러나 궁극적으로 발전론에 대한 비판이 다양한 방향에서 제기되기
시작했고[21] 누적된 비판의 영향은 강력한 것이었다—너무 강해서 작금의

---

21) 그런 비판은 다음을 참고하라. Sidney Verba, "Some Dilemmas in Comparative

대학원생들은 그 비판에 아주 익숙하나, 이들은 원저작을 거의 알고 있지 않으며 더이상 읽지도 않고 기왕에 다루는 경우에도 세미나 등에서 일회적 검토를 통해 간단히 처리해 버리는 경향이 있다.

다음은 정치발전론에 대한 주요 비판항목이다.

첫째, 정치발전론은 편견이 많으며 자민족 중심적이고, 서구의 발전경험에 바탕을 두고 있어 비서구지역에 적용하기엔 그 효용이 의심스러우며, 불완전하게 서구화된 지역에도 단지 제한된 효용만을 갖는 논의라고 비판된다. 그리스·로마적인, 또는 성경과 같은 사회·정치적 교훈을 결여하고 있고 봉건주의 및 자본주의의 경험이 없으며 서구문화사적 경험을 결여한 사회에 서구적 발전모델을 적용하는 것은 부적절하거나 빈약한 유용성만을 갖는다는 것이다.22)

둘째, 서구에서 전개된 것과 동일한 발전의 시점, 순서, 단계가 오늘날 개발도상국에서는 반복될 수 없다는 주장이다. 시점에 관해서는, 20세기 후반에 발전을 시작한 국가들은 19세기에 발전을 시작한 국가와는 다른

Research," *World Politics,* 20, October 1967, pp.111-127; Mark Kesselman, "Order or Movement: The Literlature of Political Development as Ideology," *World Politics,* 26, October 1973, pp.139-153; Philip H. Melanson and Lauriston R. King, "Theory in Comparative Politics: A Critical Appraisal," *Comparative Political Studies,* 4, July 1971, pp.205-231; Geoffrey K. Roberts, Comparative Poltics Today," *Government and Opposition,* 7, Winter 1972, pp.38-55; Sally A. Merrill, "On The Logic of Comparative Analysis," *Comparative Political Studies,* 3, January 1971, pp.489-500; Robert T. Holt and John E. Turner, "Crises and Sequences in Collective Theory Development," *American Political Science Review,* 69, September 1975, pp.979-995; R. S. Milne, "The Overdeveloped Study of Political Development," *Canadian Journal of Political Science,* 5, December 1972, pp.560-568; Philip Coulter, "Political Development and Political Theory: Methodological and Technological Problems in the Comparative Study of Political Development," *Policy,* 5, Winter 1972, pp.233-242; Ignany Sachs, "The Logic of Development," *International Social Science Journal,* 24, no.1, 1972, pp.37-43.

22) A. H. Somjee, *Parallels and Actuals of Political Development,* London: Macmillan, 1986; Howard J. Wiarda, *Ethnocentrism in Foreign Policy: Can We Understand the Third World?,* Washington D.C.: American Enterprise Institute for Public Policy Research, 1985.

문제에 직면하게 되며 순서에 관해서는, 예컨대 제3세계에서는 급격한 도
시화가 산업화에 선행할 수 있었지만 서구에서는 반대의 경우가 나타났
고 단계에 있어서, 서구의 경우 자본주의가 봉건주의에 뒤이어 나타난 반
면 제3세계에서는 양자가 종종 혼재되어 있다는 것이다. 요컨대 서구의
발전경험—중간계급의 정치적 행태, 군부의 직업화, 인구학적 변화, 근대
성 또는 그 이행의 다른 주요지표 등—이 제3세계에 적용될 때는 재검토
되어야 하고 재개념화되어야 한다는 것이다.[23]

셋째, 현재 개발도상국이 직면한 국제적 맥락은 초기 발전국의 그것과
는 사뭇 다르다는 것이다. 이 요인은 1960년대에 거의 전적으로 국내의
사회·정치적 변화에만 초점을 맞춘 대부분의 발전론적 문헌들이 무시한
측면이었다. 기실 자율적으로, 그리고 완전히 고립되어 발전한 국가는 거
의 없으며 오히려 현재의 개발도상국들에는 종속관계, 국제분쟁, 동맹과
블록, 다국적 활동, 그리고 기호·통신·여행의 '세계문화[world culture: 파
이(Lucian Pye)의 용어]' 등과 같은, 분명 초기 근대국가들보다 훨씬 복잡
한 국제관계망이 존재하고 있다. 이런 국제적 연계는 정치발전에 관한 어
떤 이론에서든 고려되어야 할 요인이다.[24]

넷째, 정치발전론은 종종 전통제도의 역할을 잘못 진술했다는 비판이
다. 많은 정치발전문헌에서 전통제도는 시대착오적인 것으로 치부되어,
근대화가 진행됨에 따라 일찌감치 사라지거나 파괴될 운명에 처하는 것
으로 간주되었다. 그러나 대부분의 근대화도상국들에서 전통제도는 근대
화에 압도되기보다는 오히려 지속성과 유연성, 항구성과 변화에 대한 적
응성을 보여 왔다. 이런 제도들은 근대화의 여과기(filters), 심지어는 근대
화의 동인(agent)으로 봉사해 왔던 것이다. 따라서 전통과 근대의 관계에
대한 훨씬 더 복잡한 이해가 요구된다는 것이다.[25]

23) Reinhard Bendix, "Tradition and Modernity Reconsidered," *Comparative Studies in Society and History,* 9, April 1967, pp.292-346; S. N. Eisenstadt, *Post-Traditional Societies,* New York: Norton, 1974.
24) Fernando Enrique Cardoso and Enzo Faletto, *Dependency and Development in Latin America,* Berkeley: University of California Press, 1978.
25) Lloyd I. Rudolph and Susanne Hoeber Rudolph, *The Modernity of Tradition,* Chicago: University of Chicago Press, 1967.

다섯째, 초기 정치발전론은 개발도상국으로 하여금 그릇된 기대를 갖게 했고 비현실적인 목표를 설정케 했다는 비판이다. 알몬드의 초기 기능주의적 범주는 충분히 상식적이고 비서구 중심적인 것으로 보였지만, 실제관행에서는 '규칙판정(rule adjudication)'은 독립적인 사법부를 의미하는 것으로 간주되었고 정당과 독립적인 입법부가 요구되었으며 이런 제도들을 결여한 국가들은 너무 자주 '역기능적(dysfunctional)'이라고 규정되었다. 따라서 발전문헌들은 종종 개발도상국에서 작동하는 정치과정을 왜곡·탈절시켰고, 이론상 훌륭해 보이지만 일시적인-마치 정당과 같은-포템킨마을식 제도(Potemkin village-like institutions)를 창출했으며, 자체적으로 생존가능한 전통제도를 파괴해 버렸다는 것이다.[26]

여섯째, 정치발전론은 제3세계를 억압하고 '속박하려는(in chains)' 미국의 냉전전략의 한 부분이라는 비판이다. 이와 관련해 2가지 사항을 지적할 필요가 있다. 첫째는 노골적인 냉전전략적 사고를 지닌 자[27]와 보다 순수하게 발전을 분석하고 종종은 신생국의 발전에 기여하고자 하는 학자 간의 구별이다. 그러나 사실 정치발전론을 전개한 대부분의 학자들은 이 두 가지 목적을 모두 갖고 있었으며 양자 사이에 모순을 발견하지 않았다. 이들은 발전을 선호했고 미국과 제3세계 모두의 열망과 이해가 동시에 성취될 수 있다고 생각했다. 이는 두 번째 문제로 바로 이어지는데, 다수의 초기 발전론자들은 당시 소련을 봉쇄하고 공산주의로부터 개발도상국을 보호할 필요성을 느낀 미국의 일반적인 태도를 공유하고 있었다. 그러나 그들 모두가 거의 보편적으로 동의한 방식은, 개발도상국을 억압하거나 묶어두려는 것은 아니고 대신 그들의 발전을 자극하고 생존할 수 있도록 도와주며, 경제성장과 정치적 제도화를 촉진하여 공산주의적 호소에 개발도상국 스스로 대항할 수 있도록 만드는 것이었다. 분명 초기 발전론적 분석에는 냉전적 동기가 있었지만 그 목표는 제3세계를 억압하려는 것이 아니고 오히려 사회·경제·정치적으로 건설하는 것이었다.[28]

26) Somjee, *Parallels*; Wiarda, *Ethnocentrism*.
27) Max M. Millkan and Walt W. Rostow, *A Proposal: Key to an Effective Foreign Policy*, New York: Harper & Row, 1957; Gendzier, *Managing Political Change*.
28) 이런 해석은 급진적 비평가의 해석과는 사뭇 다른 것이다.

　일곱째, 정치발전론은 개발도상국에 직접적인 피해를 유발하는 것으로 비판되었다. 정치발전에 대한 관심은, 때때로 매우 생존력 있고 문화·사회적 응집력을 제공하며 제3세계 국가들의 근대적 형태로의 이행에 도움을 줄 수도 있는 제3세계내 토착제도를 파괴하거나 제거해 버리는 효과가 있었다. 기실 제3세계의 많은 지식인과 정부지도자들은 스스로가 발전론적 시각과, '전통'으로부터 '근대'로의 일견 불가피해 보이는 진행도식을 수용했기 때문에 전통제도들(가족과 후견관계, 씨족과 부족집단 등)은 발전을 위해 제거되어야만 했고, 이는 개발도상국에게 최악의 결과를 가져다 주었다. 그들의 전통제도는 대대적으로 파괴되었고 근대제도는 미숙하고 불완전하게 수립되었으며 따라서 제3세계는 발전이 아니라 정치·제도적 진공상태로 남게 되었다.[29]

　정치발전론에 대한 마지막 비판은 초기 정치발전론자들 자체가 정치적으로 언제나 능숙하지는 않았다는 점이다. 정치발전운동 내부에 지도권에 대한 경쟁과 SSRC/CCP 구성원의 지도부에 대한 불만이 있었다는 것이다. 이런 경쟁과 반감은 30년이 지난 지금까지도 강하게 느껴진다. 정치발전론을 수용하는 견지에서 가장 중요한 것은, 최소한 10년간 동 분야를 지배해 왔던 SSRC/CCP가 적절한 수의 신규 성원들을 받아들이고 그들과 다른 여타 비교론자들의 연구성과와 개념을 흡수할 정도로 충분히 자신의 기반을 넓히지 못했다는 것이다. 1960년대가 진행될수록 SSRC/CCP의 저작들은 동일한 편집자와 논자들로만 한정되었다. 신선한 자극과 새로운 관념이 거의 유입되지 않았다는 사실은, 발전론자들과 마찬가지로 중요하고 가치있는 사항을 진술할 수 있었던 다른 많은 비교론자들의 불만을 유발했고 이들 중 다수는 발전론에 대한 비판의 선봉이 되었다.

　정치발전론에 대한 이러한 비판들은 강력한 것이며 동시에 매우 파괴적인 것이었다. 1960년대 말까지 이런 비판들이 확산되었고 다른 요인들도 함께 작용하고 있었다. 이제 개발도상국에 대한 많은 사례연구가 저술되었으며 그 발견들은 발전론의 이론적 가정들을 의문시하는 것이었다.

---

29) Huntington, *Political Order*; A. H. Somjee, *Political Capacity in Developing Societies*, New York: St. Martin's Press, 1982.

헌팅턴은 사회·경제적 근대화와 정치발전이 함께 진행되는 것이 아니고 서로 상충되게 작용할 수 있다고 주장하면서 기존 발전론을 강력히 비판했다. 한편 베트남전은 발전론에 또 다른 타격을 가했는데, 그것은 정치발전에 대한 일부의 그릇된 강조가 미국에게 재앙을 가져다 줄 수 있다는 실례로 이 전쟁이 제시되었기 때문이다. 게다가 일부 초기 발전이론가들은 베트남전의 지지자, 심지어는 '설계사(architects)'로 간주되기까지 했다.

또한 세대적인 요인들도 관련되었다. 요컨대 정치발전론은 한 세대의 학자가 주로 이끌었는데, 1960년대 말에 와서는 선배들에 대해 비판적이거나 단순히 다른 사고를 가진 신세대 학자들이 등장했다는 것이다. 이 요인은 정치발전론의 종말을 초래한 최종 이유와 관련되는데, 그것은 유행과 환상(fad and fancy)이었다. 정치발전론은 부분적으로 1960년대 초반의 산물이요, 케네디 행정부, 진보를 위한 동맹(Alliance for Progress), "당대의 평화봉사단적 분위기(the Peace Corps mood of the time: 알몬드의 표현임)"와 같은 열정주의의 산물이었지만 1960년대 후반에 이르러 그러한 정신과 문헌은 전반적으로 명멸해 버린 것이다. 그 때쯤 종속이론, 코포라티즘, 정치경제학, 관료적 권위주의, 맑시즘의 부활 등 새로운 접근법들이 출현하고 있었다.

3. 새로운 대안적 모델들

정치발전론을 지탱했던 합의의 퇴조로 다양한 접근법들이 전면에 등장했다. 부분적으로 이런 변화는 발전론의 논리적·방법론적 결함과 관련되었으며 또 다른 부분에서는 사회전반의 광범위한 변화에 기인한다. 일부 학자는 1960년대 발전론의 몰락과 미국의 사회·외교정책적 합의의 퇴조 사이에 유추를 이끌어 내고, 뒤이은 10여년간 비교정치학에서 나타난 다양한 접근법의 발흥을 사회전반에 점증하는 분열, 심지어는 파편화 현상과 관련시키려는 유혹에 빠지기도 했다. 그러나 그러한 전반적인 결론은 현재 시점에서 정당화될 수는 없을 것이다.

비교정치학에서 나타난 과거 합의의 퇴조를 애석해할 필요는 없다. 정치발전론에는 주요한 문제점이 있으며(There are), 새로운 접근법 대부분은 비교정치학의 발전에 기여한 것들이다. 그러나 발전론이 그러하듯 이러한 새로운 접근법들 대부분에는 더욱 정교한 논의와 더불어 '천박한(vulgar)' 형태 또한 존재하며 따라서 이를 가려낼 필요가 있다. 나아가 이런 새로운 접근법들은 1980년대까지 이어져 오다 대체되기 시작했다. 그렇다면 무엇이 이들을 대체하고 있는가? 또 비교정치학의 미래는 무엇인가? 아래에서는 이런 점들을 검토해 볼 것이다.

1) 종속이론(Dependency Theory)

종속이론은 발전론에 대한 전반적인 불만과, 특히 발전론이 국제적 또는 '종속'이라는 변수, 예컨대 제3세계가 거의 통제할 수 없는 국제시장의 힘, 다국적기업, 그리고 국외 미대사관의 공작 등과 같은 변수를 무시했다는 비판에서 직접 성장했다.[30] 물론 현재 세계는 복잡한 상호의존관계와 함께 종속관계가 존재한다. 그리고 우리 모두는 미국 및 여타 국가의 대사관과 다국적기업 같은 다양한 초국가적 행위자들이 때때로 타국의 국내문제에 간섭한다는 점을 인식하고 있다. 그러므로 종속이론을 이용하는 기교는, 제3세계 국가 내부에서 활동하거나 또는 그들의 운명을 통제하는 국제행위자의 역할을 조명하기 위해 실용적으로 종속이론을 이용하려는 논자[31]와, 미국에 타격을 가하기 위해 일반적인 맑스주의 또는 맑스-레닌주의적 시각에서 이데올로기적 무기로 종속이론을 이용하려는 자[32]를 구분하는 것이다. 세련된 종속이론은 유용한 분석도구가 될 수 있다. 그러나 보다 천박한 이데올로기적 종류의 그것은 순전히 정치적 도구

---

30) Cardoso and Faletto, *Dependency and Development*.
31) 좋은 예는 Theodore H. Moran, *Multinational Corporations and The Politics of Dependence,* Princeton, N.J.: Princeton University Press, 1974일 것이다.
32) Andre Gunder Frank의 *Capitalism and Underdevelopment in Latin America,* New York: Monthly Review Press, 1967.

로 보아야 한다.

2) 코포라티즘(Corporatism)

코포라티즘적 접근법도 마찬가지로 발전론에 대한 불만에서 발생했고, 발전론과 종속이론이 적절하게 설명하지 못했던 정치현상을 조명하고자 했다. 코포라티즘내에선 2개의 학파가 초기에 등장했다. 하나는 코포라티즘을 자유주의나 맑시즘과 같은 정치적 인식의 한 일반적 유형으로 보는 것이다. 이는 그 지역의 특별한 역사와 전통 때문에 이베리아-라틴계열 문화권 국가(필리핀 포함)에 특히 강한 영향을 미쳤던 것 같다.[33] 두 번째 견해는 코포라티즘을 특별한 지역·문화적 친화력이 없으며, 사회의 여러 구조들과 국가 간의 일정관계를 함축하는, 따라서 다양한 정치체제(re- gime)에 존재하는 일반적인 정치체계의 한 모델로 간주했다.[34] 그러나 이런 견해들이 양립할 수 없다고 인식할 필요는 없다. 이런 두 가지 시각은 서로 대립적인 접근법으로 간주하기보다는 상호관련시키면 유용하게 이용될 수 있다.[35]

코포라티즘적 특징은 현재 모든 정치체제에서 다양하고 서로 상이한 형태로 존재한다. 그러나 그런 편재성으로 인해 설명틀로서 코포라티즘의 효용은 감소되었다. 그 결과 코포라티즘은 종속이론과 다른 운명에 시달려 왔다. 코포라티즘이론은 완전하거나 충분한 설명은 아니지만 비교정치학에 기여한 접근법으로 채택되었고, 그런 후 비교정치학은 다른 접근법으로 옮겨가 버렸던 것이다. 요컨대 코포라티즘은 논쟁의 결과로 대체된 것은 아니고 - 일부에서는 여전히 간헐적인 논쟁을 계속하고 있지만 - 이

---

33) Charles W. Anderson, *Review in American Political Science Review,* 72, no.4, December 1978, p.1478; Howard J. Wiarda, "Toward a Framework for The Study of Political Change in The Iberic-Latin Tradition: The Corporative Model," *World Politics,* 25, January 1973, pp.206-235.

34) Philippe C. Schmitter, "Still the Century of Corporatism?" *The Review of Politics,* 36, January 1974, pp.85-131.

35) Howard J. Wiarda, *Coporatism and National Development in Latin America,* Boulder, Colo.: Westview Press, 1981.

접근법의 채택으로 말미암은 어떤 학문적 권태로 인해 설 자리를 잃어 버렸던 것이다.36)

3) 정치경제학(Political Economy)

정치발전론에 대한 초기 저작은 대개 정치경제적 변수를 무시해 왔다. 그것은 부분적으로 1950년대 정치발전론이 처음 형성되었을 당시엔, 사회과학 간의 장벽이 오늘날보다 더욱 높았고 학제 간 연구가 제대로 평가받지 못했기 때문이다. 또한 부분적으로는 발전연구가 이전에는 경제학자와 사회학자에 의해 주도되었고, 한편 새롭게 등장한 발전문헌에선 정치적 변수의 자율성이 의식적으로 강조되었기 때문이기도 했다. 더 나아가 일부 발전이론의 냉전사고적 기원을 감안하면(로스토우가 1960년 그의 저서에 "*A Non-Communist Manifesto*"란 부제를 붙인 것을 상기하라), 발전론에서는 맑시즘과 쉽게 혼동될 수 있는 정치경제적 설명을 의식적으로 피하려 한 듯 하다.

그리고 종속이론과 유사한 문제가 정치경제적 접근법에도 존재한다. 섬세하고 세련된 학자에게는37) 정치경제학이 유용하고 통찰력을 제공할 수 있는 것이지만, 덜 세련된 학자나 그것을 그런 식으로 의식적으로 이용하고자 하는 자들에게 정치경제학적 접근법은 매우 상이한 수준의 정교함을 갖춘 맑스주의적 해석으로 점차 함몰되어 가는 경향이 있다.

4) 관료적 권위주의(Bureaucratic-Authoritarianism)

관료적 권위주의도 위의 접근법들과 같이 발전론에 대한 동일한 실망

---

36) 이에 관한 확고하고 균형잡힌 논의는 Wiarda가 편집한 *New Directions*에 수록된 Douglas Chalmers, "Corporatism and Comparative Politics"에 있다.

37) David Cameron, "The Expansion of the Public Economy: A Comparative Analysis," *American Political Science Review*, 72, December 1978, pp.1243-1261; Douglas A. Hibbes and Heino Fassbender(eds.), *Contemporary Political Economy*, Amsterdam and New York: North Holland, 1961.

에서 등장했고, 특히 1960년대와 1970년대 초 중남미에서 분출한 군사쿠
데타를 설명하려 했다. 관료적 권위주의라는 용어는 아르헨티나, 브라질,
칠레, 페루, 우루과이 등의 보다 새롭고 제도화된 군부정권을, 과거의 개
인적인 까우디요(caudillo: (준)군사집단의 두목, 중남미제국의 독립전쟁
당시 등장한 준제도적인 군벌을 말함ㅡ역자) 군사정권과 구별하기 위해
사용되었다.[38]

　관료적 권위주의는 유용한 용어인데, 그것은 실제로 중남미의 새로운
권위주의정권이 과거의 그것보다 더욱 관료적이고 제도화된, 그리고 더욱
'발전된' 것이기 때문이다. 문제는 이와 같이 유용한 이론적 기여를 한 관
료적 권위주의론이 수입대체라는 중남미 성장전략의 위기를, 관료적 권위
주의의 결정적 원인으로 지적하고, 그럼으로써 입증되기 어려운 일종의
경제결정론으로 전락하고 만 복잡한 주장을 통해 설명하려 했다는 점이
다.[39] 여기서 검토한 많은 접근법들처럼 관료적 권위주의론은, 그 이데올
로기적 측면을 탈색하고, 또 유용하지만 부분적인 설명만을 시도하면서
단일의 포괄적인 이론적 지위까지는 오르지 않은 것으로 간주되는 한(그
런 소극적인 의미에서ㅡ역자), 의미있는 이론적 기여를 했다 할 것이다.

5) 맑시즘의 부활

　주지하다시피 봉건주의에서 자본주의로의 이행에 관해선 일반적인 맑
스주의 패러다임이 유용한 설명을 제공했다는 것은 거의 모든 학자가 인
정하는 바이다. 맑스주의적 설명은 개발도상국이 그러한 이행과정에 있다
는 사실 때문에 학문적으로 개발도상국에서 인기가 있었다. 그러나 이 접
근법이 갖는 문제는 그것이 자본주의로부터 다음 단계로의 이행을 설명
하기 위해 사용될 때, 또 그 이론과 잘 부합되지 않는 특정집단(교회, 군

---

38) Guillermo O'Donnell, *Modernization and Bureaucratic-Authoritarianism: Studies in South American Politics,* Berkeley: Institute of International Studies, University of California, 1973.

39) David Collier(ed.), *The New Authoritarianism in Latin America,* Princeton, N.J.: Princeton University Press, 1979.

부 등)에 적용될 때, 그리고 그것이 유연한 설명도구로서보다는 엄격한 이데올로기적 처방으로 사용될 때 발생한다.[40] 게다가 사회주의국가들은 맑스주의가 효율적이고 생산적인 경제를 제공하는 데는 유용한 지침이 아님을 발견했고 따라서 이들 국가의 지식인들은 거의 전적으로 맑스주의를 포기했으며, 한때 맑스주의에 매료되었던 개발도상국들도 더이상 이 이론에 매력을 느끼지 않는다. 현재 맑스주의와 (특히) 맑스-레닌주의는 권력의 획득, 공고화, 유지를 위한 공식으로서 가치를 부여받은 것처럼 보인다. 그러나 정치적 자유나 경제적 효율성을 얻기 위한 방법으로선 더이상 가치를 부여받지 못하고 있다.

이상의 많은 새로운 설명들은 비교정치학에 유용한 기여를 했고 상당수가 지금까지 성공적으로 상위 사회과학분야들에 통합되었으며 널리 수용되었다. 그러나 이들은 불완전하고 부분적인 설명만을 제공했으며 정치발전론적 접근법과 마찬가지로 탄생, 성장, 포섭, 동화 또는 점진적 사멸의 주기를 겪었다.

다른 저서에서[41] 필자는 정치발전론적 접근법에 존재했던 합의의 소멸과 위의 여타 경쟁적인 접근법들의 출현이 필연코 비교정치학의 발전에 불건전한 징조인 것만은 아니라고 주장한 바 있다. 다양한 접근법의 존재는 건강한 토론과 자극을 제공하고 우리와 비교정치학이 존재하는 방법론적·정치적 현실을 반영한다. 그러므로 필자는 그 저서에서 언급한 것처럼 세 가지 연구 우선순위를 제안하는데, 개별 접근법들의 지속적인 세련화, 이러한 '이론의 섬들(islands of theory)'을 서로 연계하려는 노력, 그리고 보다 넓게는 이런 이론들로부터 나온 요소들을 포괄하는 더욱 폭넓은 종합을 지속적으로 시도하는 작업이 그것이다. 여기에 필자는 네 번째 임무를 추가하고자 한다. 그것은 정치발전론적 접근법의 부활 문제를 검토하고 그 부활을 시사할 수도 있는 새로운 정치현상들을 이해하는 것이다.

---

40) 우수한 접근법 가운데 Ronald Chilcote, *Theories of Comparative Politics: The Search for a Paradigm,* Boulder, Colo.: Westview Press, 1981이 있다.
41) Wiarda, *New Directions*의 결론 참고.

4. 정치발전에 대한 재조명

1960년대 초 중남미에서 민주발전에 대한 주요한 실험이 행해졌을 때, 민주주의, 발전, 평화, 그리고 안보가 서로 밀접하게 관련될 것이라는 부푼 희망이 존재했다. 그런 상관관계에 대한 학문적 정당화는 당시의 발전론적 문헌, 특히 로스토우, 립셋, 도이치 등의 저작에서 제시되었다. '도약(take-off: 이륙)'단계에 관한 유명한 항공술적 은유를 사용하면서 로스토우는 유럽과 미국의 경험에 근거하여, 국가가 경제적으로 발전할수록 그 국가는 중간계급적이고 다원주의적이며 민주적이고 안정적이고 사회적으로 정의롭고 평화롭게 되는 경향이 있다고 주장했다.[42] 립셋과 도이치는 당시 선구적인 논문에서 문자해독률, 사회적 동원, 경제발전 등과 민주주의 간의 밀접한 상관관계를 주장했다.[43] 이런 연구들에서 분명한 외교정책적 교훈도 얻어 냈는데, 그것은 미국이 개발도상국들로 하여금 더욱 문맹률을 낮추고 윤택하며 중간계급 중심적으로 만들면 이들 국가는 결과적으로 더욱 민주화되고 공산주의적 호소에 더욱 잘 대항할 수 있으리란 것이었다.

그러나 상관관계가 인과관계를 의미하는 것은 아니며, 1960년대 다른 다수의 개발도상국과 마찬가지로 중남미에서 분출한 군사쿠데타로 인해 민간민주정부는 권좌에서 내몰렸다. 높은 문자해독률과 사회적 동원은 민주주의와 안정을 낳은 것이 아니고, 격변과 결국엔 군사정권하의 억압을 낳았을 뿐이다. 중간계급은 안정과 민주주의의 보루가 아니라 심각하게 분열되었고 매우 보수적이었으며 종종은 민간민주주의자들로부터 권력을 찬탈하도록 군부를 고무했다는 것이 증명되었다. 1970년대 말에 이르면 어떤 상관관계도 별 상관성이 없어 보였다. 민주주의는 붕괴되었고 20개 중남미국가 중 17개국이 군사권위주의 통치하에 있었다. 따라서 발전론은 거부되었으며 영향력을 잃어버렸다. 그리고 새로운 탈발전론적 해석(종속이론, 코포라티즘, 맑스주의적 설명, 관료적 권위주의론)이 전성기를

---

42) Rostow, *Stages of Economic Growth*.
43) Lipset, "Some Social Requisites"; Deutsch, "Social Mobilization."

구가하게 되었다.[44]

　그러나 1970년대 말 이후 한국, 필리핀, 중국 등과 같이 다양한 국가가 획기적인 민주화에 착수했고, 중남미에서는 10년 전의 상황과는 정반대로 21개 국가 중 18개국, 그리고 남미인구의 90% 이상이 민주주의 통치하에 있거나 민주화 도상에 있었다. 단기간에 발생한 이런 이행은 경이로움 그 자체였다.

　결국 이런 현상은 비교정치학분야에서 완전히 새로운―'민주주의 이행(Transition to Democracy)'에 관련된―접근법과 일련의 문헌들[45]을 낳게 했을 뿐 아니라, 우리로 하여금 과거에 기각했던 발전론적 접근법을 재고하고, (아마도) 그것을 다시 부활시키게끔 하고 있다. 이와 관련하여 최소한 다음 6가지 요인에 대한 관심이 요구된다.

1) 발전에 작용하는 요인들

　지금까지 우리는 30여 년의 발전경험을 갖고 있다. 1960년대처럼 이제 더이상 우리의 논의를 개념적·이론적 수준에 제한할 필요는 없다. 이제 우리는 다소 한계가 있긴 하지만 발전에 무엇이 작용하고 있는지 알고 있으며, 풍부한 역사적 사례와 세련된 비교연구를 보유하고 있고, 무엇이 실패한 발전전략이며 무엇이 성공적인 발전전략인지를 알고 있다. 수많은 증거가 시사하는 바는, 발전에 작용하는 것은 민주주의, 대의제도, 개인·집단적 안전, 개방시장, 사회적 근대화, 안정된 정부, 평화적이고 온건한 변화―이는 모두 립셋, 로스토우 등 초기 발전이론가들이 필요조건으로

44) Howard J. Wiarda(ed.), *The Cotinuing Struggle for Democracy in Latin America*, Boulder, Colo.: Westview Press, 1979.
45) Enrique A. Baloyra(ed.), *Comparing New Democracies: Transition and Consolidation in Mediterranean Europe and the Southern Cone*, Boulder, Colo.: Westview Press, 1987; Guillermo O'Donnell, Philippe Schmitter, and Laurence Whitehead(eds.), *Transitions from Authoritarian Rule*, Baltimore: Johns Hopkins University Press, 1986; Larry Diamond, Juan J. Linz, and Seymour Martin Lipset (eds.), *Democracy in Developing Countries*, vol.4, Boulder, Colo.: Lynne Rienner, 1988~1990.

제시한 것이다—라는 결론이다.46)

2) 민주주의를 선호하는 세계정치문화

파이(L. Pye)에 의해 처음 제시된 '세계정치문화(world political cul-
ture)'라는 개념은47) 부정확하고 경험적으로 입증하기 어려우며 또 항상
그러할 것이다. 그럼에도 불구하고 지난 10년간 총체적(cosmic)이라고 불
릴만한 획기적인 전환이 발생했다는 사실엔 의심의 여지가 없다.

이제 더이상 아무도 코포라티즘, 관료적 권위주의, 유기체적 국가 또는
맑스-레닌주의의 성격을 띤 정치체제를 원하지 않는다. 또한 아시아, 소련
및 동유럽, 중남미 등지에서 민주주의에 우호적인 정서가 압도하고 있으
며, 중남미에서 실시된 여론조사에 의하면 거의 모든 국가에서 총인구의
90% 이상이 민주주의를 선호하고 있다. 글라스노스트와 페레스트로이카
는 공산주의정권내에 정치적 개방과 민주주의라는 분명 20세기 말 가장
근본적인 전환 중 하나를 창출해 냈고, 세계도처에서 권위주의정권—한
연구가 "우호적인 폭군(friendly tyrants)"으로 명명한48)—들이 권좌에서
물러났다. 비록 정확하지 않은 측정이라 해도 민주주의를 선호하는 혁명
이 전 세계를 휩쓸기 시작했다는 것은 분명한 사실이다.

3) 미국외교정책

대부분의 민주주의 이행은 내적 요인의 산물이며 단지 부차적으로만
외적 요인이 작용한 결과이다. 그럼에도 불구하고 중요한 시기에 몇몇 주
요국가에서는 민주주의에 우호적인 미국의 정책 또한 중요한 영향을 미

---

46) Peter berger, *The Capitalist Revolution,* New York: Basic Books, 1986; Howard
    J. Wiarda(ed.), *The Relations Between Democracy, Development, and Security: Impli-
    cations for Policy,* New York: Global Economy Action Institute, 1988.
47) Pye, *Aspects of Political Development.*
48) Daniel Pipes and Adam Garfinkle, *Friendly Tyrants,* Philadelphia: Foreign
    Policy Research Institute, forthcoming.

쳤다. 전통적으로 미국은 윤리·도덕적 이유로, 그리고 그렇게 하는 것이 국익에 이롭다는 실용적인 이유로 민주주의와 인권에 대한 강력한 지지를 표명해 왔다. 가장 최근의 노력은 인권을 강조했던 카터 대통령 시절에 시작되었고, 인권은 미국의 나약함이 아니라 강력함에서 나온다는 믿음과 민주주의에 더욱 초점을 두었던 레이건 대통령 시절에도 계속되었다. 인권과 민주주의 외교정책 일정은 양당의 지지를 얻었고, 미래 미국의 어느 행정부라도 이런 요소없이 성공적인 외교정책을 수행할 수 있을 것이라고는 상상하기 힘들게 되었다.49)

4) 기존모델의 퇴조

주요 설명모델(코포라티즘, 맑스-레닌주의, 관료적 권위주의론)들은 대체로 그 이론적 역할을 다했고―일부는 부분적으로 비교정치학에 흡수되었다―이들 모델들이 기초한 정권들 또한 불신받거나 전복되었다. 쿠바, 니카라과, 소련은 더이상 생명력 있는 모델로 간주되지 않는다. 또한 페루의 '나세르주의적(Nasserist: 진보적이고 민족주의적인)' 군부정권, 브라질의 장군들, 포르투갈과 스페인의 코포라티즘적 정권도 더이상 존재하지 않는다. 구'모델'의 종말이나 배척, 그리고 민주주의의 부활은 발전론적 패러다임이 결국엔 추천받을 수 있는 그 어떤 요소를 보유했다(한다)는 느낌을 갖게 했다.50)

5) 미국의 정치태도의 변화

베트남, 워터게이트, 70년대 미국의 상대적 퇴조, 그리고 카터시절의

---

49) Howard J. Wiarda, *The Democratic Revolution in Latin America: Implications for Policy*, New York: Twentieth Century Fund, Holmes and Meier, 1990.

50) 중남미에서 과거의 보다 급진적인 좌·우파 모델의 기각과 종말에 관한 논의는 Howard J. Wiarda, *Latin America at the Crossroad: Debt, Development and the Future*, Boulder, Colo.: Westview Press for the Inter-American Development Bank, 1987 참고.

'불안(malaise)'이후 미국에서는 세계에 아무 것도 제공할 것이 없다는 의식이 강했다. 미국의 자신감은 국내외 사건들에 의해 침식되었다. 그러나 1980년대 경제가 회복되고 이어서 호황에 이르자 미국인의 자신감도 되살아나기 시작했다. 아마도 미국이 결국엔―최소한 여타 대부분의 국가에 비해―그리 나쁜 곳은 아니며 나머지 세계에 여전히 제공할 게 많다는 의식이 생겨난 것이다. 이런 의식에 가해질 수 있는 비판은 많지만, 서구문화적 전통의 민주적·문명적 가치를 강조하면서, 발전론적 자민족중심주의에 대한 초기의 비판과 지배적인 문화상대주의 입장과 대조적으로, 서구문화는 실제로 다른 문화(예컨대 이란문화)보다 민주적이고 인간적이며 더욱 문명화된 것이라고 주장했던 앨런 블룸(Allan Bloom)의 저서는 분명 공감을 불러일으켰다.[51]

6) 장·단기적 발전

지난 10년간 제3세계 많은 지역에서 성취되었던 민주화, 발전, 그리고 근대화는 우리로 하여금 이러한 새로운 상황의 견지에서 립셋과 로스토우류의 이론을 재평가하도록 요구하고 있다. 립셋과 로스토우, 그리고 발전론적 접근 및 동 학파 전체는―종종은 우리가 이미 언급한 바와 같은 정당한 이유로―1960년과 70년대에 철저한 불신을 받았다. 립셋과 로스토우 및 그들의 추종자들, 그리고 미국 정부관료들은 존재하지도 않은 민주주의와 발전 간의 인과적 관계를 구축하려 했고, 서유럽과 유럽적 경험에 그들의 발전이론을 너무 과도히 의존하였으며, 발전이론과 그에 입각한 정책을 그릇된 방향으로 이끌면서 너무 단순하게 발전을 묘사하는 경향이 있었다.

그러나 이제 우리는 립셋과 로스토우(그리고 그들 학파)가 단기적으로는 틀렸지만, 장기적으로는 옳았음이 증명될 수 있음을 고려해야 한다. 즉

---

51) Allan Bloom, *The Closing of the American Mind: How Higher Education Has Failed Democracy and Impoverished the Souls of Today' Students,* New York: Simon & Schuster, 1987.

-초기 발전론자들 스스로 지적했듯이-발전과 민주주의 간에 필연적, 자동적, 인과적 관련이 없다 할지라도, 무시할 수 없는 경향, 상관관계 및 장기적 관계가 있다는 점은 부인할 수 없다. 따라서 무엇을 취하고 또 버릴 것인가를 찾기 위해 초기 발전문헌을 진지하게 재검토해야 할 필요가 있다. 사실 10년 전 우리가 추측했던 것보다 취할 가치가 있는 것들이 더 많을 것임에 틀림없다.[52]

예를 들면 1960년대에 우리는 민주주의와 중간계급규모 간에 필연적인 상관관계는 없다고 배웠다. 실로 많은 국가에서 민주주의 전복 음모를 꾸민 것은 중간계급이었던 것이다. 그러나 1980년대 군부권위주의에 대한 반대를 이끌고 여타 모델을 시도해 본 결과, 결국 민주주의가 훨씬 낫다고 확신하게 된 것 또한 중간계급이었다. 다른 지표들을 이용하면 더욱 많은 상관관계들이 파악된다. 예컨대 군부는 1960년대보다 더욱 직업주의화되었고 민주주의에 더욱 우호적으로 되었으며, 문자해독률이 높아지면서 민주주의도 확산되었다. 또한 오늘날 제3세계가 처한 우울한 상황에도 불구하고, 지난 30년간 이들 지역에서 꾸준히 경제발전이 진행되었고 그와 더불어 민주주의에 대한 열망도 증가했다. 결국 1960년대에는 상호연관되지 않았던 관계가 지금은 매우 관련이 있는 듯 보이는 것이다.[53]

이런 강력한 상관관계로 보건대, 립셋과 로스토우 및 여타 학자가 너무 낙관적이어서 단기적으론 오류를 범했지만 장기적으로는 그들의 상관관계(그리고 그것에 동반된 예측들)는 옳은 것으로 이미 증명된 것 같다. 1960년대 10년은 발전론자들의 가설이 적절히 검증되기엔 너무 짧은 기

---

52) Ronald Scheman(ed.), *The Alliance for Progress—Twenty-five Years After,* New York: Praeger, 1988과 1986년 10월 27~29일간 페루 리마에서 국제평화학회(International Peace Academy)와 페루 국제관계학센터(the Peruvian Center for International Studies) 주최로 열린 중남미 지역개발협력 및 분쟁의 평화적 해결을 위한 회의(the Conference on Regional Cooperation for Development and the Peaceful Settlement of Disputes in Latin America)에 제출된 Howard J. Wiarda의 논문 "Development and Democracy: Their Relationship to Peace and Security," 그리고 보다 초기의 논의에 대해선 Apter의 *Politics of Modernization* 참고.

53) 두드러진 연구는 Diamond, Linz, and Lipset, *Democracy in Developing Countries.*

간이었다. 더욱 세련된 발전론은 발전이 장기적인 과정이고 전환기는 말
그대로 매우 혼란스러운 시기이며 발전도상에 많은 좌절이 있을 수 밖에
없음을 일찍이 인정했다. 1990년대에 이르면 장기간에 걸친 관찰과 발전
에 대한 경험 결과, 발전론의 상관관계와 가정들이 더욱 유망해 보이기
시작했다.

아시아와 중남미에서 민주주의의 기초는 1960년대보다 더욱 확대·공
고화되었으며 전망도 밝아졌다. 중간계급은 확대되었고 부가 축적되었으
며 관료기구는 훌륭히 교육되었고 동시에 발전에 대해서도 더욱 풍부한
경험을 갖게 되었다. 결사 및 제도활동이 성장해 더욱 공고화되었고 문맹
률은 격감하고 광범위한 사회적 변동은 다원주의를 낳았으며 군은 더욱
잘 교육되었고 직업주의적이 되었다. 1인당 소득은 높아졌고 더 많은 사
람이 높은 교육수준에 이르렀으며 사적 부분은 점점 확대되어 더욱 적극
적이 되었다.[54] 이런 변화들은, 대부분의 개발도상국에서 보여 주는 작금
의 민주주의에 대한 개방이, 현재로선 인기를 누리지만 다음 단계의 위기
가 닥칠 땐 새로운 쿠데타의 시기를 겪게 된다는 단순한 주기적 현상 그
이상이 될 것을 의미하는 것이다. 1960년대 시민사회가 약하고 많은 국
가가 비로소 발전에 착수했을 때에는, 권위주의체제가 어떤 이에게는 가
능한 대안으로 보일 수도 있었을 것이다. 그러나 발전과 다원주의가 진행
됨에 따라, 최소한 더욱 제도화되고 경제적으로 성장한 국가에서는 새로
운 군사쿠데타 가능성이 훨씬 적어 보인다.

지난 30년간 발전적 변화는 매우 근본적인 것으로서, 많은 국가들이 발
전과 민주주의에 기초한 보다 안정된 미래를 기대할 수 있을 뿐 아니라,
관련과정은 우리로 하여금 더욱 새롭고 긍정적인 견지에서 발전론의 주
요 전제를 재검토하도록 요구하고 있는 것이다.

---

54) 가장 구체적인 보고로는 *Democracy in Latin America: The Promise and The Challenge Special Report no. 158,* Washington, D.C.: Bureau of Public Affairs, U.S. Department of State, 1987가 있다.

5. 결론과 함의

1960년대 발전론적 접근법의 퇴조, 불신, 종말 이후 비교정치학분야는
더욱 파편화되었다. 비교정치학을 지배하는 하나의 접근법도, 전체 또는
대부분의 학자가 동의할 수 있는 승인된 이론적 지식체계도 없다. 이것은
정치학 일반내에서, 그리고 미국 자신 또는 아마도 전 세계적으로 증대되
는 분절화 추세를 반영하는 것으로 추측된다. 그런 문제에 대한 궁극적인
해답이 무엇이든간에, 비교정치학내에 독립된 하위부문들이 있으며, 이들
각각은 독자적인 주창자, 이론, 그리고 연구과제를 보유하고 있다. 한편
연구과제와 이론의 '섬들'이 존재하는데, 이들 다양한 하위분야 간의 연
계를 구축하려는 제한된 시도가 있을 뿐이며 전체적으로 비교정치학분야
에 통일성을 제공할 중심구조와 이론은 거의 없다 할 것이다.[55]

1960년대 비교정치분야 전반을 지배했던 통일성은 가까운 장래에 회
복될 것 같지 않다. 그리고 그러한 통일성이 바람직한 것인지에 대해서도
필자는 확신이 없다. 1960년대에 정치발전론을 중심으로 존재했던 통일
성은 귀중한 새로운 통찰력과 접근법들을 제공하는 데 기여했을진 모르
지만, 그것은 또한 우리를 잘못된 길로 들어서게 했고 발전론적 접근법에
적절히 부합되지 않는 것으로 보이는 접근법과 현상에 대해서는 우리를
무지하도록 만들었다. 필자가 보기에 비교정치학분야는 오히려 1970년대
에 전면에 등장한 여러 접근법과 시각에 의해 매우 풍요로워졌다.

그런 접근법들은 대대적으로 번영했고 그들의 귀중한 기여는 비교정치
학에 흡수되었다. 우리는 새롭고 광범위한 사회·정치적 변화의 시대, 현
저한 민주주의 이행의 시대에 살고 있다. 이런 변화들은, 한때는 전부였다
가 사양의 길을 걸었던 발전론을 재삼 고려할 가치가 있고 더욱 각광받을
만한 것으로 보이게 했다. 발전론은 1960년대 말과 70년대보다 장기적
시각에서 훨씬 유망해 보인다. 서구중심주의나 편견, 맹목성 등을 떨쳐낸
발전론과 그 패러다임은 우리가 다시 한 번 유용하게 연구할 수 있는 풍
부한 이론 및 통찰력, 그리고 세련된 문헌을 보유하고 있다. 현 시점에서

---

55) Wiarda, *New Directions in Comparative Politics*, Coclusion.

발전론적 접근법이 1960년대 비교정치학에서 누렸던 중심적 위치를 재탈
환할 것으로 보이진 않지만(너무 많은 것이 변했고, 우리와 비교정치학도
그러하다), 분명한 것은 여기서 개관한 주요 접근법들 중 하나―그것에 다
른 섬들(다른 접근법들―역자)과 본토(상위의 비교정치학―역자)를 이어
줄 임무가 주어지게 될 또 다른 '이론의 섬들' 중 하나―로 그 위치를 재
정립할 수 있다는 것이다.

제2부
정치변동: 혁명과 민주화

▷▶ 서론과 해제

신윤환

　　제2부 정치변동편에서는 혁명과 민주화에 관한 세 편의 논문만 소개한다. 정치변동이라면 의당 다양한 정치체제의 다양한 변화, 즉 혁명과 민주화뿐만 아니라 군사쿠데타, 권위주의체제의 등장과 몰락 등도 해당하는 것이지만, 여기에서는 학문적·역사적 추세와 지면의 제약을 고려하여 혁명과 민주화만 다루기로 하였다.

　　1970년대 중반부터 진행된 민주화는 1980년대 들어 라틴아메리카와 동아시아로 확산되었고 1990년을 전후해서는 동구와 구소련의 붕괴에서 절정을 이루었다가 최근에는 아프리카, 동남아시아까지 번져가고 있어, 민주주의야말로 가히 전 세계적인 정치체제의 모형이자 이념이라 부를 수 있게 되었다. 따라서 본 정치변동편은 민주화에 특히 강조점을 두어, 민주화이론의 두 흐름을 대표하는 두 논문을 편집 없이 실었다.

　　동구권의 변화와 잔존하는 현존사회주의체제의 위기에도 불구하고 혁명은 여전히 많은 정치이론가와 실천가들의 이상, 환상, 혹은 미련으로 남아 있다. 대부분의 혁명이 그 과정에 있어 수많은 실패와 희생을 수반하였고 그 결과에 있어 실망과 좌절을 가져다 주었지만, 혁명이 주는 현실적이고 도덕적인 매력은 평등한 사회, 자유로운 체제를 지향하는 이들의 가슴 속에 영원히 남아 있을 것이다. 다만 최근에는 혁명의 사례가 희소함을 반영하여, 이 책에서는 기존의 혁명이론을 종합적으로 정리하고 평가한 스카치폴(Theda Skocpol)의 글 한 편만 수록하기로 하였다.

  군사쿠데타가 여전히 체제변동의 주된 수단이긴 하지만, 이것이 풍미하던 1960년대에 비해 대폭 줄어 들었고 무엇보다도 최근의 연구를 찾아보기가 힘들어 여기서는 다루지 않았다. 아쉬운 바는 권위주의체제의 등장과 변화에 관한 글을 싣지 않았다는 것이다. 권위주의는 위에서 언급한 최근의 민주화추세에도 불구하고 지구상에 존재하는 더 많은 나라들이 채택하고 있는 체제이다. 특히 관료적 권위주의(bureaucratic-authoritarianism) 등장을 독창적으로 설명한 오도넬(Guillermo O'Donnell)의 연구나 권위주의체제의 몰락을 이론화한 린쯔(Juan Linz)와 스테판(Alfred Stepan)의 연구 등은 정치변동에 관련하여 주목할 만한 연구라 하겠다.

  스카치폴의 혁명이론은 그 창의성보다 기존의 이론을 종합하여 혁명의 원인, 과정, 결과 전반에 걸쳐 분석하고자 하였다는 점에서 강점이 발견된다. 스카치폴은 우선 기존의 이론을 집합심리학적 이론, 체계/가치 합의이론, 정치적 갈등이론, 맑스주의 이론 등으로 대별하여, 많은 면을 할애하여 비판적으로 검토하고 있다. 처음의 세 이론은 방법론적인 측면에서 "인간행동이나 사회과정 일반에 관한 추상적이고 연역적인 가설에 의해서 직접적으로 혁명을 설명"하는 오류를 범하고 있어 실제로 혁명이 성공 또는 실패하는 요인을 비교사적 방법에 의해 찾아가는 경험적 이론으로 볼 수 없다고 비판한다. 또한 이 이론들은 그 분석범위에 있어서도 혁명에 참여하는 개개인들이나 집단의 정신상태, 가치, 이데올로기, 상대적 권력이나 영향력 등 주관적이고 의도적인 요소에만 치중하는 '주의주의적(voluntarist)' 설명에 불과하다고 스카치폴은 공격한다. 따라서 이러한 이론들은 혁명주체, 세력, 계급 등의 출현과 활동을 가능하게 한 역사적이고 사회구조적인 상황을 무시하거나 과소평가하고 있다는 비판을 면하기 힘들다.

  반면 맑스주의류의 연구들에서는 '생산양식의 역학'과 사회경제적 계급 간의 갈등을 주요 변수로 다루어 주의주의적 이론들의 약점을 어느 정도 극복하고 있기는 하지만, 경제적 모순을 넘어서 정치적·군사적 모순을 고려하고 있지 못하고, 생산양식의 규정력을 기계론적으로 과다하게 인정하고 있으며, 방법론에 있어 경험적으로 검증되지 않은 연역적으로 도출한 이론에 그 기반을 두고 있기 때문에, 혁명의 실사례들에서 나타나는 역동성, 다양성, 일탈성을 제대로 파악해내지 못하는 한계를 스카치폴은 지적하고 있다. 맑스주의는 특히 그 이론적 목적에 지나치게 집착한 나머지 '국가의 중심적 역할'과 농민의 혁명적 역량을 과소하게 평가하는 오류를 범하고 있다는 것이다.

스카치폴은 다른 글(Skocpol, 1979)에서 자신의 혁명에 대한 접근법을 다음의 세 가지로 요약하고 있다. 첫째, 구조적 관점이다. 이는 혁명주체들이 창출해 낼 수 없는, 오히려 이들의 출현과 세력확장을 가능케 하는 객관적 상황을 중시하는 것이다. 둘째로, 국제적·세계사적 맥락의 중요성을 강조한다. 기존의 이론들은 혁명적 변화를 겪고 있는 일국의 상황과 일국내의 집단간·계급간 갈등에만 관심을 쏟고 있으나, 많은 혁명들의 성공이 자본주의의 세계적 확산과정 속에서, 국가체계들 간의 군사적 경쟁 속에서, 특히 세계전쟁과 국제분쟁의 후유증 속에서 성취되고 있다는 사실에 주목한다면 국제적·세계사적 맥락에 대한 분석은 매우 중요한 작업이다. 마지막으로 국가의 자율성과 능력이다. 국가는 혁명상황에 놓여 있는 여러 집단이나 세력과 동일한 차원의 힘을 가진 단순한 하나의 행위자에 불과한 것은 아니다. 국가는 혁명적 갈등의 주된 목적이고 대상이며, 국가 자체만의 정통성, 역사, 관료, 제도, 무엇보다도 폭력을 독점적으로 소지하고 행사하는 자율성을 가진 조직체로 인식되어야 한다는 것이다. 그 자율성에는 통상 많은 구조적·도구적 제약이 따르는 것이 사실이지만, 혁명적 위기와 같은 특수상황에서는 그 제약성을 넘어설 수 있는 잠재력을 지니고 있다고 주장한다. 또한 스카치폴은 프랑스, 러시아, 중국의 혁명을 분석함에 있어 비교사적 방법(comparative historical method)을 사용함으로써 사회변동연구에 이 방법의 유용성을 높인 공적도 인정받고 있다(『비교정치론 강의 1』의 스카치폴과 소머즈의 글 참조).

비교정치에 있어 민주화란 주제는 전 세계적인 민주화 추세와 관련하여 많은 관심을 끌고 있는 주제이다. 사실상 민주주의에 관한 연구는 정치학과 그 기원을 같이 한다고 보아야 할 정도로 유구한 역사를 가지고 있다. 고대 그리스의 정치철학자로부터 최근 사회민주주의 옹호자에 이르기까지 민주주의의 문제는 정치학의 핵심을 차지하고 있는 것이다. 다만 2차대전 이전의 민주주의에 관한 연구는 몇몇 중요한 예외가 발견되기는 하지만 규범론적이고 사상사적인 연구에 대체로 국한되어 있었다. 그러다가 2차대전이 전체주의에 대한 서구민주주의체제의 승리로 끝나고 전후 냉전체제가 지속되면서 이상이나 이념으로서가 아닌 현실적인 체제로서의 민주주의에 대한 연구가 본격화되기 시작한다.

여기에 실린 다이어몬드, 린쯔와 립셋의 글은 안정된 민주주의의 조건에 관한 연구의 최근작이다. 특히 립셋(Seymour Martin Lipset)은 일생을 바쳐 안정된 민주주의를 지속한 나라들이 보여 주는 정치, 경제, 사회, 문화적 특성을 연구해 오고 있다. 립셋의 주된 관심은 가장 장구하고 안정된 민주주의의 역사를 가진 서구민주주의에 한정되어 있었으나, 1980년대 이후 린쯔(Juan Linz) 및 다이어몬드(Larry Diamond)와 공동작업하에 제3세계 나라들의 민주화조건에 관한 연구로 자신의 관심영역을 높이고 있다.

이 책에 소개하고 있는 세 사람의 공동연구논문은 약 10년에 걸쳐 26인의 각국의 전문가들이 참여한 제3세계 민주주의에 관한 연구 중 10사례를 뽑아 분석, 종합, 일반화한 것이다. 안정된 민주주의를 유도하는 조건으로서 정통성과 경제적 성과, 정치지도자, 정치문화, 사회구조와 사회경제발전, 결사활동, 국가와 사회와의 관계, 정치제도, 종족 및 지역갈등, 군부의 역할, 국제적 요인 등을 차례대로 검토하고 있다. 이 조건들의 수가 너무 많고 각 조건이 단정적이지 못한 까닭에 여기서 상세히 기술할수는 없지만 중요한 몇가지만 열거해 보면, 정치엘리트와 주된 사회집단및 계층에 널리 확산된 민주적 신념과 가치, 문화 및 사회제도의 민주적 권위구조, 독립이전의 민주정치에 대한 경험, 참정권의 확대보다 선행된 정치적 경쟁의 자유, 분산된 사회경제적 불평등, 교육받은 중산층과 자율적인 토착부르주아지의 존재, 농지의 비교적 균등한 배분상태, 문화적 동질성 혹은 특정 소수의 하위문화집단에 의해 지배되지 않은 하위문화구조, 비집중적·분산적·횡단적인 하위문화의 균열 혹은 협의제적 기재의 존

재, 당파적 정치나 사회계급으로부터 자율적이면서 능력 있고 직업정신이
투철한 관료집단, 국가의 경제개입에 대한 제한, 중앙집권적이지 않은 국
가권력, 특정 계급이나 종족집단에 의해 장악되지 않은 군부, 과다하게 파
편화되지 않은 정치체계, 상호간에 이념적·사회적 간격이 멀지 않은 정당
들, 강력하고 독립적인 사법부와 언론, 부패하지 않고 유능하며 협의와 타
협에 능한 정치지도부, 비교적 평등하고 지속적인 경제성장, 외세개입이
나 외부적 군사위협의 부재, 민주주의체제를 가진 선린국의 존재 등이다.

다이어몬드, 린쯔와 립셋의 연구는 민주화를 경험하고 있는 대부분의
제3세계 국가들을 대상으로 하고 있고, 다양한 요인들을 포괄적으로 검토
하고 있다는 점에서 민주주의와 민주화 연구에 기여한 공적은 부인하기
가 힘들다. 그러나 그와 같은 경향의 연구가 드러내는 한계 또한 분명하
다. 러스토우(Dankwart Rustow, 1970)는 립셋류의 연구를 '기능이론
(functional theory)'으로 명명하면서, 이러한 이론들은 민주체제의 안정
또는 민주화와 '상관관계'를 보이는 경제, 사회, 문화적인 '선결조건들'을
나열하고 있을 뿐, 조건들간의 인과적 관련성이나 이러한 전제조건들이
정치적 결과에 이르는 민주화 과정 자체에 대한 분석은 해내지 못하고 있
다고 비판하였다. 한편 근대화이론을 비판하는 이들은 이러한 이론이 가
지고 있는 보수성, 이분법, 서구중심적 사고 등을 꼬집고 있다.

민주화과정을 중시하는 '생성이론(genetic theory)'은 1980년대 이후
폭발한 제3세계의 (재)민주화에 관심을 집중시키면서 크게 발전하였다.
오도넬(Guillermo O'Donnell), 슈미터(Philippe C. Schmitter), 화이트헤
드(Laurence Whitehead), 쉐보르스키(Adam Przeworski) 등으로 대표되는
일군의 학자들은 권위주의체제의 위기로부터 민주주의 정부가 들어서기
까지의 과정 속에서 출현하는 정치세력들간의 상호관계를 중시한다. 이들
은 민주화과정에 참여하는 제 계급, 집단, 세력, 정당들이 나름대로의 이
념, 이해관계, 전략들을 가지고 경쟁하고 타협한 결과의 산물이 민주주의
이며, 이들 행위주체, 이해관계 및 전략, 그리고 경쟁과 타협과정을 분석
하는 것이 민주화이론의 주요 과제라는 것이다.

여기에 소개하는 민주화에 관한 다른 한 편의 논문의 저자 헌팅턴

(Samuel P. Huntington)을 생성이론가라고 단정하기는 힘들다. 그러나 이 글은 헌팅턴의 저작들이 통상 그러했듯이(Huntington, 1968) 기존연구들에 자신의 작업을 곁들어 종합한 것으로 주로 민주화과정에 대한 분석에 초점을 맞추고 있어, 앞의 다이어몬드, 린쯔와 립셋의 분석에 잘 대비되는 연구로 볼 수 있을 것이다. 또한 이 논문은 1970년대 중반 이후의 최근의 민주화, 즉 '제3의 민주화 물결'을 분석하고 있다는 점에서 제3세계논의와 관련이 깊고 또 다이어몬드 등의 연구와 그 연구대상에서 정확히 일치하고 있다.

헌팅턴은 우선 민주화 유형을 '위로부터의 민주화(transformation),' '아래로부터의 민주화(replacement),' '타협을 통한 민주화(transplacement)'로 구분하여 각 유형을 민주화로 이행 이전의 권위주의체제의 유형과 연관짓고 있다. 일대일의 대응관계가 없고 예외가 존재하기는 하지만, 군부권위주의체제는 대체로 위로부터의 민주화나 타협을 통한 민주화을 이루기가 쉬우며, 또 이 두 유형의 민주화는 아래로부터의 민주화보다 훨씬 더 일반적이라는 사실을 발견해 내고 있다. 이는 민주화에 관한 통념에 재고를 요구하는 발견으로서, 민주주의는 급진적 혁명을 통해서보다는 점진적 개혁을 통해 달성되고, 또한 군부에 대한 도전이나 군부의 배제를 통해서보다는 군부의 주도하에 또는 군부와의 타협을 통해 더 안정적이고 확실하게 추진될 수 있다는 것이다.

헌팅턴은 연구의 초점을 생성이론가들과 마찬가지로 이행과정에 맞추고 있다. 이 과정에 참여하는 세력을 크게 민주화세력과 민주화반대 세력으로 나누고 각각을 정부와 반대파에서 찾아본다. 정부내에서 보수파, 자유주의자, 민주화 찬성론자(개혁파)가 존재하고, 반정부세력 내부에는 민주적 온건파와 급진적 극단주의자로 나누어진다. 이들간의 세력관계는 위에 든 세 가지 유형에 따라 각각 상이하다. 위로부터의 민주화에서는 정부가 반대파보다 강력하고 정부내에서는 개혁파가 더 큰 세력을 가지고 있는 경우이다. 이 경우에는 '복고적 정당성'이 유지되고 개혁은 권위주의 체제의 기존제도 안에서 이루어지며, 반민주보수파에 대해서는 안전과 이익을 보장하는 등 교묘한 전략이 개혁파에 의해 동원된다. 개혁파는 다른 한편으로 반정부세력 중 온건파를 지원·배양하고, 국민의 지지층을 확보한다.

아래로부터의 민주화의 경우에는, 권위주의체제의 정통성의 결여, 경제적 실정, 부패, 인권탄압 등 체제의 약점을 반정부세력이 효과적으로 이용할 때 가능하다. 이 경우 반정부세력은 비폭력적이고 실용주의적인 온건파가 주도하여 대안적인 정부를 이끌 수 있는 포용성과 능력을 보이고, 권위주의 체제로부터 군부, 재계지도자, 중산층 전문직업인, 종교지도자, 정당지도자 등 구체제 지지세력을 자기편 쪽으로 끌어들인다. 이 유형의 민주화의 사례들에서는 외국, 특히 미국의 지지와 영향력, 모든 반정부세력의 단결, 카리스마를 가진 민주지도자의 역할, 선거를 통한 신속한 대체정부의 수립 등도 중요한 요인으로 작용하고 있다.

타협을 통한 민주화는 폴란드, 체코슬로바키아, 한국의 사례를 그 전형으로 볼 수 있다. 이 유형의 민주화에서는 말 그대로 협상과 타협이 핵심인바, 정부와 반정부세력내에서 협상의 불가피성이 확산되고 대결파가 입지를 잃으며, 양 온건파가 협상에 대한 공동의 이해관계에 있다는 인식을 뚜렷이 하고 협상의 기회를 제때 그리고 재빨리 포착하는 경우에 성공한다. 정부내 개혁파는 강경파를 고립시켜 정부내 주도권을 장악하고, 군부와 정보기관으로부터 협상에 대한 지지를 받아내고, 구정치세력들의 안전을 보장해 주고, 반정부협상파의 위상, 권위, 절제능력을 높여주며, 때에 따라서는 비밀협상을 통해 의견을 조정하기도 한다. 그리고 반정부세력들은 필요한 경우에는 군중을 동원하지만 너무 빈번하거나 과격한 경우에는 역효과가 나타난다. 항상 온건하고 책임감이 있어야 하며 모든 쟁점에 대하여 양보할 태도가 되어 있지만 자유·공정선거에 대해서만은 굳건한 입장을 취한다.

이상에서 소개한 두 편의 논문은 뚜렷한 인식론·방법론적 차이에도 불구하고 상호보완적인 요소를 많이 찾아볼 수 있다. 기능이론은 안정된 민주주의를 창출하고 유지시키는 일종의 '하부구조'에, 그리고 생성이론은 민주화로의 이행을 위한 정치적 전략에 더 많은 관심을 보이고 있다. 전자가 정치적 조건뿐만 아니라 문화, 사회, 경제분야를 폭넓게 관찰한다면,

후자는 정치분야를 주로 조망한다. 또한 기능이론이 민주화과정이전의 시기와 이후의 시기의 장기간을 다루는 반면, 생성이론은 변혁기의 단시간을 집중적으로 분석한다.

기능이론과 생성이론은 나름대로의 약점도 노정하고 있다. 기능이론은 러스토우의 비판처럼 민주화에 관한 이론이라기보다는 민주주의의 조건에 관한 연구인 까닭에 일국의 민주화 여부나 민주화전략의 분석에 도움을 주지 못한다. 또한 기능이론은 인과관계의 파악보다도 상관성의 발견에 만족하는 까닭에 제시된 조건이 어떻게 구체적이고 필연적으로 민주주의를 가져오는가에 대한 설명이 취약하다. 반면 생성이론은 민주화로의 이행중에 있는 나라들의 분석에는 적실성을 갖지만, 안정된 권위주의체제의 민주화 가능성을 전망함에는 기능이론이 오히려 더 유용하다 할 것이다. 그리고 생성이론이 인과관계를 밝히는 데 그 이론적 목적을 두고 있다고 주장하지만, 행위주체들에 대한 범주설정이나 전략에 대한 기능적 역할부여에 있어 다분히 결과론적이고 자의적인 기준밖에 가지고 있지 못하다. 생성이론적 관점에 선 연구들은 아직도 충분히 축적되지 못하고 사례연구가 대종을 이루어, 일반이론화의 수준에 이르기에는 미흡한 실정이다.

모두에 언급하였듯이 제3세계에 있어 민주화는 최근의 추세이고 아직도 진행중에 있다. 특히 1990년을 전후한 동구권의 민주화에 대한 연구는 이제 막 쏟아져 나오는 단계에 있다. 따라서 민주화는 앞으로 더욱 활발히 연구될 것이고, 아직 총체적 평가를 내리기에는 시기상조라 할 것이다.

혁명과 민주화에 관해서는 수많은 사례연구들이 있지만, 다음의 문헌목록에서는 주로 이론적 발전에 기여한 글들만 수록한다.

Diamond, Larry, Juan J. Linz, and Seymour Martin Lipset(eds.). 1989, *Politics in Developing Countries*, vol.4. Boulder and London: Lynne Rienner Publishers.

Huntington, Samuel P. 1968, *Political Order in Changing Societies,* New Haven: Yale Univ. Press.

_____. 1984, "Will More Countries Become Democratic?" *Political Science Quarterly*, 99, Summer.

_____. 1991, *The Third Wave: Democratization in the Late Twentieth Century,* Norman: University of Oklahoma Press.

Lenin, V.I. 1902, *What Is To Be Done?* Beijing: Foreign Language Press.

_____. 1917, *The State and Social Revolution.*

Linz, Juan. 1978, *The Breakdown of Democratic Regimes: Crisis, Breakdown, and Reequilibrium,* Baltimore and London: The Johns Hopkins Univ. Press.

Lipset, Seymour Martin. 1981, *Political Man: The Social Bases of Politics,* expanded ed. Baltimore: Johns Hopkins Univ. Press.

Moore, Barrington, Jr. 1966, *The Social Origins of Dictatorship and Democracy: Lord and Peasant in the Making of the Modern World,* Boston: Beacon Press.

O'Donnell, Guillermo. 1973, *Modernization and Bureaucratic-Authoritarianism: Studies in South American Politics,* Berkeley: Institute of International Studies, Univ. of California.

O'Donnell, Guillermo, Philippe C. Schmitter, and Laurence Whitehead (eds.). 1986, *Transitions from Authoritarian Rule: Prospects for Democracy,* vol.4, Baltimore and London: The Johns Hopkins University.

Popkin, Samuel. 1979, *The Rational Peasant: The Political Economy of Rural Society in Vietnam,* Berkeley, Los Angeles, London: Univ. of California Press.

Poulantzas, Nicos. 1976, *The Crisis of Dictatorship: Portugal, Greece, Spain,* London: New Left Books.

Rustow, Dankwart. 1970, "Transition to Democracy," *Comparative Politics,* vol.2.

Scott, James C. 1976, *The Moral Economy of the Peasant: Rebellion and Subsistence in Southeast Asia,* New Haven: Yale Univ. Press.

Skocpol, Theda. 1979, *States and Social Revolutions: A Comparative Analy- sis of France, Russia, and China,* Cambridge et al.: Cambridge Univ. Press.

Wolf, Eric. 1968, *Peasant Wars of the Twentieth Century,* New York et al.: Harper & Row.

▌제3장▐
혁명에 대한 사회구조적 접근*

테다 스카치폴

혁명을 설명하는 작업은 사회과학에 대하여 하나의 독특한 과제를 제기한다. 이 작업의 성공 여부는, 유형화된 집단갈등과 전체 사회의 급격한 변혁이 본질적으로 일치하게 되는 복잡하고 대규모적인 사건들에 관하여 가설을 세울 방법을 발견하는 데 달려 있다. "한 사회의 지배적 가치와 신화, 정치제도, 사회구조, 지도자집단, 그리고 정부활동 및 정책의 급격하고 근본적이며 폭력적인 국내적 변동"[1]을 야기시키는 밑으로부터의 계급적 격변과 함께 전체 사회의 정치적 갈등이 발생하는 사회혁명이, 물론이 작업의 가장 어려운 사례에 해당된다. 확실히 이 정의에 명확하게 딱맞아 떨어지는 역사적 사건들은 거의 없다. 다만 1789년의 프랑스혁명, 1917년의 러시아혁명, 1911년에서 1936년에 걸친 멕시코혁명, 그리고 1911년에서 1949년에 걸친 중국혁명이 가장 명확한 사례에 해당된다. 많은 사람들은, 그렇게 실제적 보기들이 거의 없는 사회혁명은 이론적 주목을 받을 만한 가치가 없다고 주장하기도 한다. 그러나 사회혁명의 거대한 충격과 지속적인 역사적 중요성은 그것이 일반적으로 드문 일이라는 사

---

* Theda Skocpol, "Explaining Revolutions: In Quest of a Social Structural Approach," in Lewis A. Coser and Otto N. Larsen(eds.), *The Uses of Controversy in Sociology*, N.Y: The Free Press, 1976(김진균, 정근식 옮김).

1) Samuel P. Huntington, *Political Order in Changing Societies,* New Haven: Yale University Press, 1968, p.264.

실을 상쇄하고도 남을 만큼 충분한 의미를 가진 것이어서, 사회혁명은 사회과학이 설명해야 할 적절한 대상이 되는 것이다.

　무엇이 혁명을 설명하는가? 왜 혁명은 주어진 시대의 특정 사회들 속에서만 나타나고(혹은 나타날 수 있으면서) 다른 사회나 그 사회의 다른 시기에는 발생하지 않는가? 겉으로 나타난 성과만을 보면 최근 미국의 사회과학은 이 질문에 대하여 충분한 대답을 제공할 수 있어야 한다. 왜냐하면 혁명을 설명하려는 이론들이 지난 15년 동안, 마치 만발한 수백 가지의 꽃들처럼 잇따라 쏟아져 나왔기 때문이다. 혁명 그 자체나 명백히 혁명을 포함한다고 간주된 보다 포괄적인 현상들을 설명하려는 최근의 시도들은, 대부분 다음의 세 가지 주요 접근방식들 가운데 하나에 속한다고 할 수 있다. ① 집합심리학적 이론(aggregate-psychological theories)은 정치적 폭력이나 저항운동에 참여하는 사람들의 동기라는 관점에서 혁명을 설명하려고 한다. ② 체계/가치합의이론(systems/value consensus theories)은 혁명을 사회체계상의 극심한 불균형에 따른 이데올로기적 운동의 폭력적 반응으로서 설명하려 한다. ③ 정치적 갈등이론(political conflict theories)은 정치권력을 목표로 하여 경쟁하고 있는 조직화된 집단과 정부 사이의 갈등이 주된 관심사가 되어야 한다고 주장한다.

　그러나 최근의 혁명에 대한 사회과학적 이론들은 사실 혁명을 해명하거나 설명하지 못하고 있다는 것이 이 논문에서 주장하려는 핵심이다. 기존의 이론들과 이 논문의 기본적 차이점은─광범위한 의미에 있어서─방법론적인 것이기도 하고 실재에 관한 것이기도 하다. 실재적인 측면에서 보면, 기존의 이론들은 주어진 구체적인 역사적 상황에 처해 있는 특정한 복합사회 속에서의 제도적 발달유형에 관한 가설이 아니라, 반란을 일으키는 대중들의 정신상태나 의식적인 혁명적 전위들의 출현에 대한 가설을 통해서 혁명의 발생을 설명하려고 한다는 것이 가장 곤란한 점이다. 방법론적으로는, 혁명이 실패하였거나 일어나지 않았던 부정적 경우들과 혁명이 발생하였던 몇 개의 긍정적 경우들을 체계적으로 비교함으로써 가설들을 귀납적으로 정립하고 검증하기 위한 비교사적 연구를 하는 것이 아니라, 인간행동이나 사회과정 일반에 관한 추상적이고 연역적인 가설들에 의해서 직접적으로 혁명을 설명하고, 수많은 분석단위들을 토대로 하여 그 가설들을 통계적으로 검증하려 한다는 데 가장 큰 문제점이 있다. 따라서 나는 혁명을 적절하게 설명할 수 있는 진보가 사회과학에서 이루어지려면—사회심리학적 설명방식과 보편주의적 연역적 설명방식에서 벗어나서 구조적이고 비교사적인 접근방식을 지향하는—주요한 이론적 방향의 재조정이 필요함을 주장하고자 한다.

1. 집합심리학적 혁명이론

집합심리학적 이론가들은 "모든 정치현상들과 마찬가지로, 혁명은 인간의 마음 속에서 시작된다"[2]고 가정하고 있으며, 따라서 인간의 심리적 동기의 역할을 다룬 여러 이론들로부터 설명력을 찾아내려 한다. 이 이론들 중 몇 가지[3]는 여러 가지의 인지심리학 이론에 의존하고 있다. 그러나 혁명에 대한 가장 유력하고 충분히 발전된 형태의 집합심리학적 설명은 "불만이 폭력적 갈등의 근본적 원인이라는 표면상 자명한 전제로부터"[4] 출발하며, 좌절을 그것의 인지된 동인에 대한 폭력적인 공격행동과 연결시키는 심리학적 이론의 도움을 빌어서 이 전제를 해명하려고 한다. 데이비스(James Davies), 파이어아벤트 부부(Ivo and Rosalind Feierabend), 네스볼트(Nesvold), 거어(Ted Robert Gurr)는 이 접근법을 지지한 중심인물들이었다. 거어의 저작 『인간은 왜 반란하는가(Why Men Rebel)』는 좌절-

---

2) David C. Schwartz, "Political Alienation: The Psychology of Revolution's First Atage," in Ivo K. Feierabend, Rosalind Feierabend and Ted Rebert Gurr(eds.), *Anger, Violence, and Politics,* Englewood Cliffs, N.J.: Prentice-Hall, 1972, p.58.

3) James A. Geschwender, "Explorations in the Theory of Social Movements and Revolutions," *Social Forces,* 42, 1968; Harry Eckstein, "On the Etiology of Internal Wars," *History and Theory,* 4, 1965; David C. Schwartz, "A Theory of Revolutionary Behavior," in James C. Davies(ed.), *When Men Revolt and Why,* New York: Free Press, 1971; Schwatz, "Political Alienation: The Psychology of Revolution's First Stage," *Anger, Violence, and Politics,* 1972.

4) Ted Reobert Gurr, "The Revolution-Social-Change Nexus," *Comparative Politics,* 5, 1973, pp.359-392.

공격이론(frustration-aggression theory)에 기초한 복합적 모델 중에서 대표적으로 가장 정교하고 세련된 것이다. 따라서 혁명을 집합심리학적으로 설명하려는 접근방식에 대한 논의에 있어서 우리는 좌절-공격이론, 특히 거어의 입장을 집중적으로 다룰 것이다.

좌절-공격이론가들은 혁명을 기본적으로 어떤 정신상태에 의해서 유발된 폭력적이고 불법적인 정치적 행동의 하나로 '파악하는' 경향이 있다. 따라서 거어는 '정치적 폭력'을 설명하고자 한다. 그에 의하면 정치적 폭력이란,

> 한 정치적 공동체 내부에서 정치체제 및 그 체제의 집권자들뿐 아니라 경쟁하는 정치적 집단을 포함하는 행위자들, 혹은 그 체제의 정책에 대한 모든 집합적인 공격을 의미한다. 이 개념은 폭력을 실제적으로 사용하거나 사용한다는 위협을 그 공통적 속성으로 갖고 있는 일련의 사건들을 의미한다. … 이 개념은 일반적으로 폭력을 통해서 성취된 근본적인 사회정치적 변동으로 정의되고 있는 혁명을 포괄한다. 또한 그것은 게릴라전, 쿠데타, 반란 및 폭동을 포함한다.[5]

이러한 이론적 초점을 갖게 하는 실질적 관심사는 다음에서 명백하게 드러난다.

> 그러한 모든 행위들은 두 가지 의미에서 정치체계를 위협한다. 정치학이론의 측면에서 본다면, 그것들은 국가에 귀속된 폭력의 독점에 도전한다. 기능적 관점에서 본다면, 그것들은 정상적인 정치적 과정을 방해할 것이며 그 정도가 지나치게 되면 정상적인 정치적 과정들을 파괴할 것이다.[6]

분명히 거어는 특히 혁명이 가져오는 사회 전체적 변동의 크기나 종류에는 관심이 없고, 다른 종류의 사건들도 공유하고 있는 측면인 혁명의 '파괴성'만을 설명하는 데 관심을 가진다. 그는 이러한 집합적 사건들을

---

5) Gurr, *Why Men Rebel,* Princeton, N.Y.: Princeton University Press, 1970, pp.3-4.
6) Ibid., p.4.

다른 사건들로부터 구별시켜 주는 결정적 속성으로서 하나의 행동유형, 즉 '불법적 폭력에의 의존'에 초점을 맞추고 있다. 따라서 이러한 초점은 "인간의 공격성의 원천에 관한 심리학적 이론에 주의를 집중시키는 중대한 이론적 결과"[7]를 낳는다.

그러나 그 드러난 내용에 있어서 거어의 이론이 주로 심리학적인 것은 아니다. 왜냐하면 그는 궁극적으로는 자신의 심리학적인 논리에 따라 집합적인 정치적 폭력의 잠재력을 발생시키고 집중시키고 이끌어가는 역할을 할 수도 있는, 많은 상호연관된 사회적 조건들을 상세히 기술하는 데 집중적 노력을 기울이고 있기 때문이다. 상대적 박탈감―"인간의 가치기대(사람들이 스스로 정당하게 소유할 권리가 있다고 믿는 재화와 삶의 조건)와 인간의 가치능력(사람들이 스스로 도달하거나 유지할 수 있다고 생각하는 재화와 삶의 조건) 사이의 인지된 불일치"[8]―은 정치적 폭력의 잠재력을 표출하는 좌절적 상태로 기술된다. 상대적 박탈감은 사회가 변동을 경험할 때마다 사람들 속에서 어느 정도 생성된다고 상정되고 있다. (그러나 결국 좌절-공격이론가들은 상대적 박탈감을 발생시키는 너무 많은 서로 다른 종류의 사회상황들을 제시하기 때문에,[9] 회의적인 관찰자라면 상대적 박탈감에 기인하는 불만을 어떤 주어진 시대나 장소에 있는 특정 사회의 특정 집단에게 귀속시킬 수 없는 것이 아닌가 하는 의문을 품게 된다). 상대적 박탈감에 기인하는 불만이 일단 생성되면, 그것 때문에 발생하는 집합적 정치폭력의 크기와 형태는, 상대적인 박탈감이 사회 속에서 사람들 사이에 퍼져 있는 범위와 강도 및 정치적 폭력의 일반화된 잠재력의 구체적인 표출을 조정하고 규제하는 여러 가지 매개변수들의 효과에 따라 달라진다. 거어가 제시하는 중요한 매개변수들 중에는, 현존하는 권위의 정당화 정도 및 불만을 표현하기 위한 정치적 폭력에의 참여가 규범적으로 용인되는 정도와 같은 문화적 조건들, 체계의 집권자들에 대항하는 반대자들의 조직력의 정도와 같은 제도적 조건들이 포함된다.[10]

---

7) Gurr, "Psychological Factors in Civil Violence," *World Politics*, 20, 1968, p.247.

8) Gurr, *Why Men Rebel,* 1970, p.13.

9) Ibid., ch.3-5 참조.

그러나 상대적 박탈감은 여전히 전략적인 설명변수이다. 왜냐하면 그 것은 매개적 조건들에 의해서 완전히 억압될 수는 없는 좌절을 발생시키기 때문이다. 게다가 매개변수들이 끼칠 수 있는 영향들은 모두, 이미 상대적 박탈감을 경험하고 있는 행위자들에게 그것들이 미친다고 간주되는 심리적 충격의 관점에서 평가되며, 바로 이 점이 사회적 조건들의 영향에 관한 거어의 모든 결론들을 특징짓는 경향이다. 예컨대 거어는 강압적 억압이 정치적 폭력을 더욱 악화시킬 것이라는 결론을 내린다. 이것은 그가 정부의 강압을 '정치적 폭력'으로 간주하기 때문이 아니라(그는 결코 '정치적 폭력'으로 간주하지 않는다. 처음부터 그는 정의(定義)에 의해서 정부의 행위들을 배제한다), 오히려 만약 정부의 강압이 극도로 강력한 것이 아니거나 완전히 일관된 것이 아니며 비효과적인 것이라면, 반대자들의 좌절 수준을 높일 뿐이고, 그들로 하여금 더욱더 폭력을 사용하게끔 할 뿐이라고 생각하기 때문이다.[11]

거어의 전체적 모델 속에서 특히 혁명은 '대중'과 사회의 주변적 '엘리트'에게 동시에 영향을 미치고, 그리하여 폭력에의 광범위한 참여와 폭력의 의도적인 조직화를 가져오는 광범위하고 강력한 상대적 박탈감에 대한 단순한 반응일 뿐이라고 설명된다. 거어에 의하면, 대중들에게만 국한되어 있는 상대적 박탈감은 '소란'만을 불러일으킬 뿐이다. "합리화하고 계획하며 자신과 타인들의 불만을 효과적으로 이용할 수 있는 능력은, 보다 숙련된, 고도의 교육을 받은 사회성원들―엘리트 지망자들―속에서 가장 흔하게 존재할 것이기"[12] 때문이다.

경험적 증거에 비추어 보면, 좌절-공격이론들은 얼마나 타당한가? 상대적 박탈감 이론가들은 자신들의 정치적 폭력이론을 검증하기 위해서 여러 국가로부터 많은 자료를 수집하였다. 특히 주목할 만한 것은 거어[13]와

10) Ibid., ch.6-9 참조.
11) Ibid., ch.8 참조.
12) Gurr, "Psychological Factors in Civil Violence," *World Politics*, 20, 1968, p.276.
13) Gurr, "A Causal Model of Civil Strife: A Comparative Analysis Using New Indices," *American Political Science Review*, 27, 1968.

파이어아벤트 부부[14]의 노력이다. 언뜻 보기에, 이 연구에서는 '상대적
박탈감'이 전 세계 많은 국가들의 정치적 폭력을 뚜렷하게 예측해 주는
것으로 나타난다. 그러나 거어와 파이어아벤트 부부는 자신들의 핵심적
설명변수들을 직접적으로 조작화(operationalization)하지 않았다. 데이비
스가 적절히 주장한 바와 같이, 상대적 박탈감 이론들의 정확한 검증은
이상적으로는 "한 특정 사회에서 일정한 기간에 걸쳐서 사람들의 정신상
태-보다 정확하게는 분위기-를 평가할 것"[15]을 필요로 하지만 거어와
파이어아벤트 부부는 이런 접근방식을 취하지 않았다. 자신들이 스스로
인정하고 있듯이, 그들의 연구는 제2차 세계대전 이후의 수많은 국가들에
대한 "구조적·생태학적 지표들을 이용함으로써 심리학적 변수들을 측정
하는 간접적 방법을 사용한다."[16] 따라서 독자들은 증거에 대한 그들의
이론적 해석을 각자 나름대로의 생각에 따라 받아들일 수밖에 없다.

   수많은 연구자들은 상대적 박탈감/좌절-공격이론의 중심적 학자들이
제시한 것보다 더 직접적으로 그 이론을 검증할 수단을 고안하였으나, 이
외부적 연구자들은 정치적 폭력을 설명하는 이러한 접근방식에 대한 경
험적 증거를 거의 발견하지 못했다. 칠레의 빈민촌 거주자들의 특징과 상
황 및 태도에 관한 조사자료를 이용하였던 포르테스(Alejandro Portes)[17]
는, 박탈과 좌절의 객관적 혹은 주관적 지표들과 "경제적·정치적 질서를
전복하기 위한 정당한 수단으로서의 혁명과 혁명적 폭력"을 기꺼이 받아
들이겠다는 단호한 입장 사이에는 전혀 아무런 관계도 존재하지 않는다
는 것을 발견하였다. 거어가 추천한 주관적 박탈감의 지표인 캔트릴의 자

---

14) Ivo K. Feierabend and Rosalind L. Feierabend, "Systemic Conditions of Polit-
    ical Aggression: An Application of Frustration-Aggression Theory," *Anger, Vio-
    lence, and Politics,* 1972.

15) James C. Davies, "Toward a Theory of Revolution," *American Sociological Re-
    view,* 27, 1962, pp.17-18.

16) Ivo K. Feierabend, Rosalind L. Feierabend, and Ted Robert Gurr(eds.), op. cit.,
    p.121.

17) Alejandro Portes, "On the Logic of Fost-Pactum Explanations: The Hypoth-
    esis of Lower-Class Frustrations as the Cause of Leftist Radicalism," *Social Forces,*
    50, 1971, p.29.

아정착욕구척도(Cantril's Self-Anchoring Striving Scale)를 사용한 정치적 태도 조사에서 포르테스와 비슷하게 멀러(Edward Muller)도, 상대적 박탈감에 강력한-혹은 조금이라도-직접적인 영향력을 미친다고 간주되거나, 체제의 정당성·비정당성에 관한 믿음과 같은 요인에 대한 영향력을 통해서 정치적 폭력의 가능성과 간접적으로 연결될 수 있는 중요한 선행조건으로서 상대적 박탈감을 파악하는, 정치적 폭력의 설명방식에 대한 긍정적 증거를 거의 발견하지 못하였다. 상대적 박탈감은 정치적 폭력의 가능성을 예측할 수 있는 여러 지표들 중 가장 가치가 없는 것으로 밝혀졌다.[18]

마지막으로 스나이더(David Snyder)와 틸리(Charles Tilly)는 상대적 박탈감의 객관적 지표들을 이용한 연구를 하였으며, 여러 시대에 걸친 여러 유형들을 검토함으로써 거어와 파이어아벤트보다 발전된 면을 보여 주었다. 1830년에서 1960년에 걸친 프랑스에서의 시계열 자료를 이용해 스나이더와 틸리[19]는, 집합적 폭력사건들의 숫자와 그 참여자 수의 변화를 식료품가격, 공산품가격 및 공업생산 수준의 지표로부터 예측하려 하였다. 그들은 거어, 데이비스, 파이어아벤트 부부의 가설과 조작화에 기초한 여러 가지 모델들을 검증하였지만 의미있는 관계를 전혀 발견하지 못하였다.

예컨대 럽사(Lupsha)[20]와 멀러[21] 등의 몇몇 사람은 좌절-공격이론의 결함이 보다 명백하게 드러나는 것을 인식하고, 정치적 폭력에 의존하려는 개인들의 자발적인 의지는, 사회 속에 넓게 퍼져 있는 이상이나 관행과 일치하지 않는 도덕적 기준에 대한 그 개인들의 몰입에 의해서 보다 잘 설명될 수 있을 것이라고 제안하였다. 거어 자신도 '정당화(legitimation)'를 상대적 박탈감과는 무관한 중요한 '정신상태(state of mind)' 변수로서 받아들였다. 의식의 도덕적 차원에 주의를 기울임으로써 개인들의

---

18) Edward N. Muller, "A Test for a Partial Theory of Potential for Political Violence," *American Political Science Review*, 66, 1972, p.54

19) David Snyder and Charles Tilly, "Hardship and Collective Violence in France, 1830-1960," *American Sociological Review*, 37, 1972, pp.520-532.

20) Peter A. Lupsha, "Explanation of Political Violence: Some Psychological Theories Versus Indignation," *Politics and Society*, 2, 1971, pp.89-104.

21) Muller, op. cit.

정치적 지향에 관한 보다 유력한 이론을 만들어 낼 수 있을지라도, 심리학적 차원에 기초한 모든 이론화가 정치적 폭력의 집합적 유형이나 혁명을 적절하게 설명할 수는 없을 것이다.

왜냐하면 모든 집합심리학적 이론의 근본적인 문제점은, 그 이론이 개인들의 집합에 귀속된 주관적 지향들에 관한 가설에 다소간 직접적으로 의존하여 사회과정을 설명하려고 하기 때문이다. 그러한 이론적 전략은 설명되어야 할 사건들이 개인적 행동의 직접적 표현으로 인식되고, 그리하여 '정치적 폭력'에 초점이 두어지는 한에 있어서만 겨우 표면적으로라도 그럴 듯하게 보일 수 있을 것이다. 그러나 혁명, 쿠데타, 반란 심지어는 폭동까지도 무정형의 집합이 아니라, 집합적으로 동원되고 조직화된 집단들이 그들을 다른 동원된 집단들과 갈등관계에 있게끔 하는 목표를 획득하기 위해 노력하는 과정에서 폭력에 참여하게 되는 사건들이다. 게다가 여러 유형의 정치적 폭력을 분류하고 명칭을 붙이는 일반적 기준은, 정치적 폭력에 참여한 사람들이 보다 숙련되고 선견지명이 있는 사람들(엘리트)인가, 혹은 감정적이고 근시안적인 사람들(비엘리트)인가라는 문제가 아니라, 행위자들의 사회구조적 위치와 정치적 갈등과정에 의해서 야기된(혹은 그렇지 못한) 사회정치적 결과들이다. 무엇보다도 혁명은 개인 행동의 어떤 동질적인 유형이 단순하게 극단적으로 표현된 것이 아니다. 오히려 혁명은 서로 다른 상황에 처해 있고 동기화도 다른—그리고 적어도 최소한도로 조직화된—집단을 포함하는 갈등이 전개되는 복합적 상황이며, 한 정체의 폭력적 파괴에 그치는 것이 아니라 새로운 사회정치적 질서를 출현시키는 것이다. 따라서 좌절-공격이론가들이 설사 정치적 폭력에 대한 개인적인 성향이나 모든 유형들이 합쳐진 순수한 집합적 결과를 설명할 수 있을지라도—그리고 위에 인용된 연구들은 그들이 이것조차 할 능력이 없음을 보여 준다—그들은 여전히 혁명이나 어떤 다른 독특한 형태를 띤 정치적 갈등의 원인에 대해 우리에게 새로운 것을 밝혀주지 못한다고 결론지을 수 있다.

포르테스는 좌절-공격이론에 대한 비판에서 "개인적 태도들의 총합이나 부분적 합계로부터 구조적 변혁의 발생을 추측하는 것은 사회 및 사회구조에 대한 소박한 합산적 이미지(a naive additive image)를 받아들이는 것이다"[22]라고 쓰고 있다. 이와는 대조적으로, 혁명을 설명하는 또 다른 두 개의 주요 접근방식들은 집합심리학적 접근의 결점들을 바로잡기 위해서 사회구조적 논리를 사용한다. 그리하여 체계/가치합의 이론가들은 왜 혁명이 발생하며 혁명은 무엇을 가져오는가에 관한 가설을 균형된 사회체계라는 이론적 모델로부터 이끌어 낸다. 그리고 정치적 갈등 이론가들은 자신들이 정치적으로 조직화된 모든 사람들에게 중심적인 것이라고 간주하는 집단적 정치과정의 모델로부터 정치적 폭력과 혁명에 관한 가설들을 이끌어 낸다. 그러나 이 두 접근방식들이 사회구조적 시각에서부터 출발을 하더라도, 결국 그것들은 혁명의 근원을 기본적으로 사회심리학적으로 설명하는 것으로 끝을 맺고 있다. 왜 이러한 일이 일어나게 되었는가를 살펴보자.

2. 체계/가치합의이론

대중의 불만(mass discontent)이 좌절-공격 이론가들에게는 혁명을 설명하는 데 결정적 요인인 데 반해, 체계/가치합의 이론가들에게는 체계의 위기(systemic crises), 특히 혁명적 이데올로기가 핵심적인 요인들이다. 개략적으로 말하면, 혁명에 관한 체계/가치합의론적 시각은 무엇보다도 사회학자 파슨스(Talcott Parsons),[23] 그리고 한때 그의 제자였던 티리아키안(Edward Tiryakian)[24]과 스멜서(Neil Smelser)[25]를 포함하는 수많은 이론가들이 취하고 있는 입장이다. 그러나 이 시각을 특히 정치적 혁명의 설명에 가장 완벽하고 적절하게 적용하였던 것은 1966년에 발행된 정치

---

22) Portes, op. cit., p.28.

23) Talcott Parsons, *The Social System,* New York: Free Press, 1951, ch.9.

24) Edward Tiryakian, "Model of Societal Change and Its Lead Indicators," in Samuel Z. Klausner(ed.), *The Study of Total Societies,* Garden City, N.Y.: Doubleday Anchor, 1967, pp.69-97.

25) Neil Smelser, *Theory of Collective Behavior,* New York: Free Press, 1963.

학자 존슨(Chalmers Johnson)의 『혁명적 변동(*Revolutionary Change*)』이었다. 존슨이 제시하는 주장을 검토해 보자.

존슨에게 혁명이란, 보통 폭력을 제한하는 기능을 하는 "시민적 사회관계 속에 폭력을 개입시키는 특별한 종류의 사회변동"[26]이다. 그리하여 거어와 마찬가지로 존슨도 폭력을 혁명에 대한 자신의 정의에 있어서 중심적인 것으로 파악한다. 그러나 존슨은 폭력을 파괴를 향한 감정적 충동으로서가 아니라, 파괴와 함께 전체 사회의 재구성을 포함하는 변동을 성취하기 위한 합리적 전략으로 간주한다.[27] 따라서 그는 혁명의 분석과 설명이 일정한 사회구조이론에 준거하여 이루어져야 한다고 주장한다. 그러나 존슨이 준거점으로 삼고 있는 사회학이론이 파슨스의 체계이론이라는 사실은 치명적인 것이며, 사회통합과 변동에 관한 이러한 이론적 시각 때문에 존슨은 혁명적 변동에 대한 사회심리학적 설명으로 되돌아갈 수밖에 없다.

파슨스류의 학자들과 같이 존슨도 정상적인 사회 혹은 위기가 없는 사회는, 사회의 핵심적 가치지향들—사회화 과정을 통해 내면화되어 그 사회 대부분의 정상적인 성인 구성원들의 개인적인 도덕적 기준과 현실규정의 기준이 되어 버린 가치지향들—을 규범과 역할을 통해 표현하고 구체화하는, 내적으로 일관된 일련의 제도들로서 인식되어야 한다고 가정한다.[28] 그러므로 한 사회의 지배적인 세계관과 개인들의 개별적 지향은 서로 아주 유사하며, 모든 객관적인 사회구조적 위기는 지배적인 세계관의 붕괴와 대안적인 사회적 가치지향을 구체적으로 표현하는 이데올로기의 출현 및 대중적 수용 속에 자동적으로 반영된다는 결론이, 사회적 통합의 기초에 관한 위와 같은 개념으로부터 도출된다. 존슨은 파슨스의 사회적 통합이론이 갖고 있는 이러한 논리적 결과들을 주저없이 받아들인다.

따라서 존슨에 따르면, 한 사회의 위기는 그 사회의 가치나 환경이 시간적으로 심각하게 불일치할 때마다 나타난다. 위기의 원인은 내적 혁신

---

26) Chalmers Johnson, *Revolutionary Change*, Boston: Little, Brown, Lefebvre, Georges, 1966, p.1.
27) Ibid., p.57.
28) Ibid., ch.2-4 참조.

(특히 가치나 테크놀로지의 혁신)이든지 또는 외부적 영향이나 침입일 수
있다.[29] 그러나 그 원인이 무엇이건 위기는 항상 사회구성원들이 지향의
상실(disorientation)을 경험하면서 심화된다. "불균형체계의 가장 일반화
된 유일한 특징은, 가치들이 존재에 대한 받아들일 만한 정의와 설명을
더이상 제공하지 않는다는 것이다."[30] 결과적으로 '개인적 불균형'이 광
범하게 경험되고, 이전의 가치합의의 관점에서 이제까지 '일탈적인 것'으
로 간주되었던 개인적·집단적 행동이 증가한다.

　바로 이 순간에, 대안적인 혁신적 가치지향을 중심으로 한 이데올로기
적 운동들이 결합하고 수많은 추종자들을 끌어모으기 시작할 때 비로소,
그리고 바로 그렇기 때문에 혁명적 상황은 나타난다.

　　…집단 간에 결정적 분열을 일으키는 역동적 요소는 이데올로기이다. 이데
　올로기가 없다면 청년범죄자 집단, 종파(宗派), 극단적 애국회와 같은 일탈적
　인 하위문화집단들은 동맹을 형성할 수 없을 것이며, 특정 집단들로 하여금 이
　러한 결사체를 형성하게끔 했던 체계의 긴장은 사회구조에 직접적으로 영향을
　미치지 못하고 결국 해소될 것이다.[31]

　그러나 존슨에 따르면 혁명적 상황이 완전히 성숙하더라도, 혁명이 실
제로 성공할 것인가의 여부는 무엇보다도 합법적 권력당국이, 가치와 환
경의 "재조화(resynchronization)를 향하여 움직일 수 있는 체계의 능력과
그 체계 자체에 대한 비일탈적 행위자들의 신뢰를 유지시켜 줄" 정책들을
발전시킬 자발적 의사와 능력이 있는가에 달려 있다.[32] 왜냐하면 즌슨은
권력당국이－이론적으로 말하면－위기와 혁명의 필요성을 회피하기 위해
서 기존의 가치와 제도들을 수정할 수 있다고 주장하기 때문이다.

　권력당국이 '재조화'의 정책을 시행하려고 하지만 성공적 혁명을 방해
하기 위해서 부득이하게 강압에 의존할 수도 있다. 그러나 존슨은 이것이
전적으로 우연적인 상황이며 오랫동안 지속될 수는 없는 것으로 파악한

29) Ibid., ch.4 참조
30) Ibid., pp.72-73.
31) Ibid., p.81.
32) Ibid., p.91.

다. 그는 자신이 "일련의 조건들이 아니라 개별적 사건들"로 간주하는 여러 가지의 '가속인자(加速因子)'가 "억제에 기초한 체계의 거짓된 통합을 어느 때든 깨뜨릴 수 있다"[33]고 주장한다. 그는 이렇게 말한다.

우세한 힘이 폭력의 폭발을 늦출 수는 있다. 그러나 기마순경들에 의해서 유지되는 분업체계는 더이상 가치공유자의 공동체가 아니며, 그러한 상황―예컨대 오늘날(1966)의 남아프리카―에 있어서 혁명은 내재적인 것이어서, 다른 조건들이 변화하지 않는다면 반란은 불가피한 것이다.[34]

존슨은 '권력당국'이 합의된 사회규범과 가치에 의해서 필연적으로 정당화된다고 간주하기 때문에, 강력하고 효율적인 정부가 오랜 기간 혁명적 경향들을 억압할 수 있다는 것―예컨대 15년 동안 남아프리카에서 지배적이었던 상황[35]―을 결코 인정하려 하지 않는다. 존슨이나 다른 체계/가치합의 이론가가 그런 가능성을 인정한다면, 물론 그것은 혁명을 설명하는 이러한 접근방식의 토대가 되는, 사회적 통합과 역동성에 대한 기본적인 '가치합의적' 모델을 의심하는 것이 될 것이다.

요약하면, 존슨은 집합심리학자들과 마찬가지로, 정부가 혁명을 회피하려면 그 시민들을 만족시켜 주어야 한다고 믿는다. 존슨에게 특이한 점은, 충족되어야 하는 것이 단지 시민들의 관습적인 혹은 획득된 욕구가 아니라 그들의 내면화된 가치기준이라는 점이다. 게다가 좌절-공격 이론가들의 경우 혁명운동이 불만층들의 분노를 표현하기 때문에 성공하는 것과 꼭 마찬가지로, 체계/가치합의 이론가들에게 있어 혁명운동은 지향 상실자들(the disoriented)을 새로운 사회적 가치에 몰입할 수 있게 해 주기 때문에 성공한다. 이 두 경우에, 기본적으로 사회심리학적으로 혁명을 설명하는 방식은, 사회질서와 변동에 관한 합의론적 이미지―하나는 암묵적이고 공리주의적이며 다른 하나는 명시적이고 도덕주의적이다―에 근거하

33) Ibid., p.99.
34) Ibid., p.32.
35) H. Adam, *Modernizing Racial Domination: South Africa's Political Dynamecs*, Berkeley and Los Angeles: University of California Press, 1971.

고 있다.

기본적으로 사회심리학적인 이러한 설명방식은 또한 좌절-공격이론보다 더 큰 경험적 타당성을 갖고 있다고 증명된 적도 없다. 자신들의 이론을 보다 엄밀하게 경험적으로 검증하기 위한 수단으로서 티리아키안[36]과 존슨[37]은 '혁명적 잠재력' 혹은 체계의 '불균형'을 나타내는 지표들의 구체적 구성요소를 제시하였다. 그러나 지금까지 상대적 박탈감 이론가들처럼, 자신들의 이론을 범국가적으로 검증하기 위해서 이 지표들이나 다른 지표들을 체계적으로 이용했던 체계/가치합의 이론가는 전혀 없었다.

보다 중요한 것은, 다음의 직접적인 두 개의 질문을 제기하면서 역사적 자료들을 진지하게 다루었던 체계/가치합의 이론가가 전혀 없었다는 사실이다. 즉 실제로 혁명은 대안적인 사회적 가치들에 몰입한 엘리트와 대중으로 구성된 이데올로기적 운동에 의해서 일어나는가? 그리고 강력한-성공한 혁명에 있어서의 이데올로기적 운동만큼 강력하였거나 그보다 더욱 강력한-이데올로기적 운동이 존재하였지만 상당한 시간이 경과한 이후에도 혁명이 발생하지 않았던 경우들도 있는가?

이러한 단순한 질문들이 진지하게 제기되었다면, 그 질문에 대한 대답은 혁명에 대한 그럴듯한 설명으로서 체계/가치합의이론을 지금쯤은 없애버렸을 것이다. 제3세계에 있어서 '사회체계의 불균형' 및 기존의 권력당국과 질서의 정당성을 의심하는 이데올로기적 운동들이 많이 있지만, 실제로 혁명이 일어났던 경우는 드물다. 역사상 어떤 성공적인 혁명에서도 혁명적 이데올로기를 공유한 대중에 기초한 운동이 어떤 의미에서건 혁명을 정말로 '만들었다'고 주장할 수 없었다는 것을 지적하는 것이 보다 설득력 있을 것이다. 실제로 어떤 경우에는 혁명적 이데올로기와 카리스마적 지도자들이 혁명적 위기 이전이나 그 기간 동안 급진적 전위대들의 연대감을 결집시키는 데 도움을 주었으며, 그 이후 새로운 국가조직의 수립을 크게 촉진시켰다. 그러나 이데올로기적 감화를 받은 거대한 대중적 추종자들을 갖고 있던 전위대들은 차치하고라도, 그러한 전위대들은 자신

36) Tiryakian, op. cit., pp.92-95.
37) Johnson, op. cit., p.132.

들이 이용하였던 근본적으로 정치·군사적인 혁명적 위기들을 결코 스스
로 만들어 내지는 않았다. 체계/가치합의론적 혁명이론이 제시하는 것과
는 반대로, 프랑스혁명에서 1788년부터 1789년의 혁명적 위기가 출현함
으로써 초기의 혁명적 이데올로기를 명확히 표현하였고 또 그것을 광범
위하게 수용하도록 하였던 것이다.38) 러시아혁명의 경우, 볼셰비키들은
1917년 중엽 이전까지 수많은 분파로 나누어진 소규모의 지식인 집단에
불과하였으나, 1917년 중엽 전쟁으로 인한 짜르 정부의 붕괴를 통해 갑
작스럽게 정치적 권력증대와 대중조작에 유리한 기회를 잡게 되었다. 중
국혁명과 멕시코혁명의 경우, 혁명적 정치공백기간 동안 경쟁엘리트들 간
의 투쟁 속에서 마침내 승리한 이데올로기적 운동들은 구체제가 1911년
에 붕괴하였을 때는 아직 존재하지도 않았었다.

　더구나 전형적으로 농민들－지금까지의 혁명적 드라마에 있어서 가장
중요한 하층민들－은 결코 '혁명적' 방법으로 사고하거나 행동하지 않았
다. 농민들이 가장 거대한 사회혁명의 추진력을 제공하였을지라도, 그들
은－그리고 종종 도시빈민들까지도－특정한 혹은 지방적인 전통적 가치
와 목표를 위해서 싸웠다. 트로츠키가 통찰력 있게 표현한 바와 같이, "대
중은 사회의 재구성에 관한 미리 준비된 계획을 갖고 혁명에 참여하는 것
이 아니라, 더이상 구체제를 참을 수 없다는 격렬한 감정을 갖고 참여한
다."39) 그들이 단호하게 거부하는 것은 구체제의 전체적 구조와 가치가
아니라 구체제의 구체적 상황이다. 그리하여 농민들은 국왕과 전통적인
반(反)귀족적 신화의 이름으로, 또는 공동체의 정의라는 전통적 이상(理
想)에 호소하여 지주의 재산을 빼앗음으로써 혁명을 일으키는 데 도움을
주었던 반면에,40) 도시노동자들은 낮은 식료품가격41)이나 공장에 대한
노동자의 통제42)와 같은 보다 직접적인 목표들을 성취하기 위해 스스로

---

38) George V. Taylor, "Revolutionary and Nonrevolutionary Contest in the Cahiers
　　of 1789: An Interim Report," *French Historical Studies,* 7, 1972, pp.479-502.

39) Leon Trotsky, *The Russian Revolution*(1932), selected and edited by F. W.
　　Dupee, Garden City, N.Y.: Doubleday Anchor, 1959.

40) Georges Lefebvre, *The Great Fear of 1789,* New York: Pantheon, 1973.

41) George Rude, *The Crowd in the French Revolution,* New York: Oxford Univer-
　　sity Press, 1959.

투쟁하는 과정에서, 온건한 혁명적 엘리트와 급진적인 혁명적 엘리트 간에 국가권력을 쟁취하기 위한 투쟁에서 성립된 균형을 무너뜨렸다.

3. 정치갈등론적 시각

집합적 폭력과 혁명을 설명하는 과정에서, 집합심리학적 이론가와 체계/가치합의 이론가 모두 불만이나 지향상실에 초점을 맞추고 제도적이고 조직적인 요인들을 매개변수의 역할로 전락시키고 만다. 그러나 내가 정치갈등론적인 시각이라고 부르는 입장을 취하고 있는 저자들(Oberschall, Overholt, Russell, Tilly)은 오히려 정치적 목표를 위한 조직화된 집단갈등의 역할이 강조되어야 한다고 주장한다. 이 새로운 출발점에 대해 가장 명백하고 저술이 많은 대변자는 틸리(Charles Tilly)이다. 게다가 혁명에 관한 그의 예비적 저술들은 이러한 시각 속에 아직도 남아 있는 내적 모순들을 보여 주고 있다.

정치갈등론적 시각은 주로 정치적 폭력을 불만이나 사회적 해체의 관점에서 설명하는 접근방식에 대한 비판적 반응을 통해서 발전되었다. 틸리에 따르면 거어, 데이비스, 존슨, 스멜서와 같은 이론가들은, 기본적으로 정치적 폭력이 동원된―즉 자원을 통제하며 조직화된―집단과 통치권력 사이의 정치적 갈등이라는, 어디서나 존재하는 과정의 부산물이라는 점을 보지 못하였다는 것이다. 틸리는 이 이론가들이 "개인적 태도나 사회체계 전체의 조건에 자신들의 이론화와 연구를" 집중시켰다고 비난하면서 다음과 같이 주장한다.

혁명과 집합적 폭력은, 인민들 속에 널리 퍼져 있는 긴장과 불만을 표출하기 위해서가 아니라 인민들의 중심적인 정치과정으로부터 직접적으로 나타나는 경향이 있다. … 현존하는 정부에 대한 동원된 여러 집단의 특정한 주장과 반대요구는 이 집단의 일반적인 만족이나 불만보다 더 중요하며, 권력구조내

---

42) Paul H. Avrich, "Russian Factory Committes in 1917," *Jahrbucher fur Geschichte Osteuropas*, 11, 1963, pp.161-182.

의 기존의 지위에 대한 요구들이 또한 중요하다.[43]

따라서 틸리는 '정치적 갈등'을 주된 관심으로 삼는다. 그리고 그는 정부(강압의 주요 수단들을 통제하는 조직체)와 정치적 조직체 구성원 및 도전자들을 포함하는 권력 경쟁자들을 그 주요 구성요소로 하는 일반적 모델의 도움을 받아 정치적 갈등을 분석할 것을 제안한다.[44] 이 모델과 집단의 동원능력과 기회, 그리고 동원된 경쟁자들을 억압할 수 있는 정부의 능력 및 기회 등에 영향을 미쳤던 사회구조적 조건과 유럽의 역사적 추세에 관한 몇몇 귀납적 일반화를 이용해, 찰스(Charles), 루이스(Louise), 리처드(Richard), 틸리는 최근에 『반란의 세기(The Rebellious Century)』에서, 프랑스, 이탈리아 그리고 독일에서의 100년(1830∼1930) 동안 자신들의 접근방식이 집합적인 정치적 폭력형태 변화에 관한 전체적 유형들을 불만이론이나 사회적 해체이론들보다 더 잘 이해할 수 있음을 입증하였다.

그러나 틸리가 정치적 폭력을 설명하려는 경쟁적인 접근방식들을 비판, 반박하고 나서 혁명들을 특징짓고 상세히 설명하려는 자신의 시도로 되돌아왔을 때, 우습게도 그는 상대적 박탈감과 이데올로기적 전향에 관한 낡은 가설에 의존하는 것으로 끝을 맺고 있다. 이러한 일이 발생하는 이유는, 그가 혁명의 가능한 원인들에 대해 검토를 시작하기 전에 겉보기에 순수한 전(前)이론적 선택을 했기 때문이다. 비록 틸리가 혁명은 아마도 몇 가지 상대적으로 독립된 과정들이 집중되어야만 발생할 수 있는 복합적 사건임을 강조하고 있지만, 그는 계급갈등과 사회변동의 측면을 무시하고 있으며, 정치적 주권을 둘러싼 투쟁이라는 한 측면만을 분석적·설명적 관심사로 삼고 있다. 틸리는 내란, 국제적 정복, 민족적 분리주의 운동과 마찬가지로 혁명도 단순히 복수의 주권이 존재하는 상황으로 인식하

43) Charles Tilly, "Does Modernization Breed Revolution?" *Comparative Politics*, 5, 1973, pp.425-447.

44) Tilly, "Revolutions and Collective Violence," in Fred I. Greenstein and Nelson W. Polsby(eds.), *Handbook of Politican Science*, vol.3, Reading, Mass.: Addison·Wesley, 1975, pp.53-55.

고 있다.

   이전에 단일주권의 통제 아래 있던 정부가 둘 또는 그 이상의 별개의 정치
적 조직체에 의해 효과적이고 경쟁하는 상호배타적인 주장의 대상이 될 때 혁
명은 시작된다. 단일주권을 갖고 있는 정치적 조직체가 정부에 대한 통제권을
다시 획득하게 되면 혁명은 끝나게 된다.[45]

여기에서 우리는, 이 접근방식이 틸리의 마음에 드는 이유는 그것이 정
치적 폭력의 분석을 위해서 이미 틸리가 발전시킨 집단갈등모델로부터
일반화하는 것을 가능하게 하기 때문이라는 것을 충분히 알 수 있다. 즉
혁명은 경쟁자들이 인민에 대한 궁극적인 정치적 주권을 위하여 경쟁하
는 집단갈등의 한 특수한 경우로 인식될 수 있기 때문이다. 그러나 만일
혁명적 상황을 보다 특별하게 만들어 주는 것이 경쟁하는 집단들의 투쟁
대상인 목표가 갖는 특별한 성격이라면, 혁명에 관해서 설명되어야 할 필
요가 있는 것은, 이러한 특별한 목표를 성취하려고 의도하는 경쟁자들의
출현과 그들의 호소이다. 그리고 혁명의 원인들을 제시해야 할 지점에 이
르면, 사실 틸리는 혁명적 경쟁자들의 출현과 그들의 추종자들의 증가를
설명하기 위해서 사회심리학적 가설에 의존한다. 존슨을 그대로 모방하여
틸리는 이렇게 단언한다. 잠재적 경쟁자들은 "천년왕국 종파, 급진적 세
포조직, 또는 권력적 지위로부터 물러난 사람들의 형태로 항상 존재하고
있다. 진정한 문제는 그러한 경쟁자들이 언제 증가하고 동원되는가 하는
것이다."[46] 틸리는 카리스마적 개인과 사회집단의 성쇠를 가능한 설명변
수로 제시한다. 그러나 그는 한 요인이 특별히 중요하다고 지적한다.
   새로운 이데올로기, 세계가 어떻게 움직이고 있는가 하는 새로운 이론,
새로운 신조의 정교화는 혁명적 상황에 이르는 두 개의 길, 즉 완전히 새
로운 경쟁자들의 출현과 기존의 경쟁자들이 혁명적 목표에 몰두하는 것
의 본질적 부분이다.[47]

---

45) Ibid., p.519.
46) Ibid., p.525.
47) Ibid., p.526.

혁명적 경쟁자들의 주장에 대한 상당수 피지배민의 몰입에 대해, 틸리는 "거어, 데이비스, 스멜서가 행한 유형의 태도분석이 가장 커다란 힘을 발휘하는 경우는, 이러한 종류의 몰입의 확대 및 축소를 설명할 때"[48]라고 제시한다. 불만은 중심적 설명요인으로 다시 나타나며 종속변수는 이제 폭력적 행동이 아니라 혁명적 엘리트, 연합 혹은 조직을 옹호하는 묵종(默從)으로 바뀌었을 뿐이다.

정치갈등론적 시각에는 또 다른 긴장이 남아 있다. 한편으로 조직화된 정치적 활동이 강조되기 때문에 국가가 중심적인 것이 된다. 틸리는 국가의 구조적 변혁이 대부분의 폭력적인 정치적 갈등이 일어날 기회와 자극을 제공하였으며, 국가의 기구들이 폭력의 가장 능동적인 사용자이고, 전쟁은 강제능력에 대한 충격과 지배당하는 인민에 대한 정부의 요구에 영향을 미침으로써 "혁명과 중대한 관련을 맺고 있다"[49]고 주장한다. 그러나 다른 한편으로 틸리가 혁명을 규정하는 특징으로서 복수주권을 강조했다는 것은—이것은 분명히 부주의에 의한 것이다—국가의 역할을 평범하게 만들어 버린다. 국가는 자기 자신의 힘이나 약점에 의해 혁명적 상황의 출현 여부를 결정할 수 있는 것으로 간주되지 않는다. 그 대신 국가는 하나 이상의 완성된 혁명적 조직체 또는 세력과 어느 정도 대등한 입장에서 국민의 지지를 얻기 위해 경쟁하는 조직체로 묘사된다. 사회의 구성원들은 정부를 지지할 것인가 또는 혁명적 조직체를 지지할 것인가를 자유롭고 신중하게 선택할 능력이 있는 것으로 간주되고 있으며, 그들의 선택은 혁명적 상황이 전개될 것인가의 여부를 결정하는 것으로 묘사된다. 이와 같이 틸리에 따르면,

　　과거에 묵종하던 국민들이 정부와 정부에 대한 통제권을 주장하는 대안적 조직체로부터의 절대로 양립할 수 없는 요구에 직면해서, 대안적 조직체를 따를 때 혁명적 순간은 도래한다. 그들은 과거에 자신들이 복종하였던 기존 정부의 금지에도 불구하고, 대안적 조직체에 세금을 바치고 그 조직체의 군대와 관료들을 충원할 인적 자원을 제공하며, 그 조직체의 상징을 존경하며, 시간을

---

48) Ibid.
49) Ibid., pp.532-537.

내서 서비스를 제공하고 기타 다른 자원들을 공급해 준다. 복수주권이 존재하기 시작한 것이다.[50]

요컨대 정치갈등 이론가들은 체제 또는 사회체계를 파괴하거나 전복시키는 혁명적 행동에 직접적으로 몰입하는 불만에 찬, 지향을 상실한, 혹은 도덕적으로 분노하고 있는 사람들이라는 개념을 명백히 거부하지만, 그럼에도 불구하고 그들은 혁명의 원인에 관하여 대체로 사회심리학적인 시각을 견지하고 있다. 왜냐하면 그들은, 불만에 찬 혹은 이데올로기적으로 전향한 사람들로부터 사회적 지지를 얻으려는 호소를 통해서 정부조직에 도전하는, 조직화된 의식적 혁명가들이라는 이미지를 여전히 보유하고 있기 때문이다.

4. 구조적·비교사적 접근법의 모색

우리가 지금 막 검토했듯이, 혁명에 관한 여러 주요한 시각들이 서로 충돌하는 현상을 한 걸음 뒤로 물러서서 살펴본다면, 가장 두드러진 사실은 이 세 가지 접근방식들의 내용적 토대를 이루는 전체적 혁명과정의 이미지가 똑같다는 점이다. 이 공통된 이미지에 따르면, 첫째로 사회체계나 인민들 속의 변화 또는 그것들에 영향을 미치는 변화는 불만, 사회적 지향상실 혹은 새로운 집단과 집합적 동원의 가능성을 낳는다. 그리고 나서 현존하는 정부, 더 나아가 전체 사회질서를 의식적으로 전복시키려 하는 -이데올로기와 조직의 도움을 받은- 광범위한 기반을 가진 의도적인 운동이 나타난다. 마지막으로 혁명운동은 '권력당국'이나 '정부'와 끝까지 싸우며 만일 승리할 경우, 자기 자신의 통제권, 권위 혹은 사회적 변혁의 계획을 수립하는 데 착수한다. 어느 누구도 이제까지 전혀 의심하지 않는 것은, 혁명 발생의 기본적 조건이 기존 정치 또는 사회질서의 전복을 목표로 하여, 지도자와 추종자가 결합된 의도적인 노력을 통해 사회나 국민

50) Ibid., pp.520-521.

으로부터 출현하는 것이라는 주장이다. 이러한 이미지에 집착하면 사회구조적 설명을 지향하는 이론들조차도 자연히 사회심리학적 설명으로 교묘하게 변화된다. 왜냐하면 그것은, 혁명의 설명에 있어서 핵심적인 쟁점으로서 사람들의 감정과 의식-불만 및 근본적으로 저항적인 목표와 가치-에 분석자의 주의가 필연적으로 집중하도록 하기 때문이다.

그러나 이러한 혁명운동 이미지의 토대가 되는 사회질서와 사회변동에 관한 가정들은 사실상 내적으로 상호모순적이다. 만일 사회의 핵심적 제도들의 안정이, 이 제도들이 자신들의 욕구를 충족시켜 주지 못하거나 자신들의 가치와 일치하지 않을 때에는 주저없이 지지를 철회하고 재조정(readjustment)을 강요할 수 있는 사람들의 자발적 지지에 정말로 의존하는 것이라면, 혁명은 끊임없이 일어날 것이고-한때 제퍼슨이 주장하였듯이 아마 각 세대마다-만약 개혁운동이 조정의 전형적 메커니즘이라면 혁명은 전혀 일어나지 않을 것이다. 다른 한편으로-일반적 사회질서이건 특수한 형태의 사회질서이건-사회질서가 가치합의나 그 구성원들의 만족에 의존하지 않는다면, 즉 소수의 다수에 대한 제도화된 지배가 지배적인 현상이라면, 혁명은-기존의 이론적 시각들에 의하면, 혁명은 그러한 상황에서 특별히 '필요한 것'이고 일어날 가능성이 있는 것이지만-사람들이 변동에 대한 분명한 계획을 중심으로 결합하고 그 계획의 실행을 성취하려고 하는 자유주의적 개혁운동의 유형에 따라 발전될 가능성이 거의 없다. 왜냐하면 제도화된 지배의 정상적인 활동은 이데올로기적으로나 행동적으로나 혁명에 헌신하고 있는, 완전히 성숙한, 잘 조직된, 광범위한 지지를 받는 운동의 출현을 분명히 방해할 것이기 때문이다. 그러한 운동은 국가, 계급 그리고 지배의 정상적 유형의 위기가 발생한 이후에야 비로소 나타날 수 있을 것이며, 따라서 그러한 위기를 발생시키는 것은 혁명을 설명하기 위해서 먼저 설명되어야 할 중요한 사실 중의 하나이다.

게다가 모든 혁명적 위기에 있어서, 서로 다른 상황에 처해 있고 서로 다른 동기를 가진 여러 관련 집단들은, 그들이 처음에는 예측하지 못했거나 의도하지 않았던 결과들을 궁극적으로 발생시키는 다양한 갈등의 복합적 전개과정 속에 참여하게 된다. 역사가 우드(Gordon Wood)가 주장

한 바와 같이,

> 인간의 동기가 중요하지 않다는 것은 아니다. 참으로 그것은 혁명을 포함한 사건들을 만든다. 그러나 인간의 목표, 특히 혁명에 있어서 인간의 목표는 너무나 많고 다양하며 상호모순적이기 때문에, 그 목표의 복잡한 상호작용은 어느 누구도 의도하지 않았거나 예측할 수 없었던 결과를 낳는다. 최근의 역사가들이 혁명을 가져오는 이러한 '근본적인 결정요인'과 '비인격적이고 냉혹한 힘'에 관하여 비난하는 투로 이야기할 때, 그들이 지칭하는 것은 바로 이러한 상호작용과 그 결과들이다. 이러한 '힘'을 설명하지 않는, 바꿔 말하면 행위자들의 의식적인 의도에 대한 이해에만 단순히 의존하는 역사적 설명은 따라서 한계를 갖는 것이다.[51]

혁명이론의 타당성은, 분석가가 주어진 역사적 사례들을 통해, 혁명 참여자들의 관점을 초월하여 혁명이 일어났던 상황과 혁명이 진행되었던 과정 속에서 비슷한 제도적·역사-환경적 유형들을 발견할 수 있는 가능성과 필요성에 따라 좌우된다.

혁명의 설명은, 총체적으로 인식된 혁명적 상황의 출현과 혁명에 참여하는 서로 다른 상황에 처해 있는 집단들의 다양하게 동기화된 행위의 복합적이고 우연적인 결합—한 주어진 집단이 아무리 '핵심적인' 집단일지라도, 그 집단의 원래의 의도와는 전혀 일치하지 않는 전체적 변동을 가져오는 결합—을 문제로 삼아야 한다. 우리는 특정한 사회적·제도적 관계 속에서의 집단이 상호관련되어있는 상황과 역동적인 국제적 영역 속에서 사회 간의 상호관계를 동시에 주목해야만 그러한 복잡성을 이해할 수 있다. 그러한 비개인적이고 비주관적인 관점—개인, 지위, 집단 사이의 제도화된 관계의 유형을 강조하는 관점—을 취하는 것은, 일반적 의미에서 사회역사적 현실에 대한 구조적 시각이라고 부를 수 있는 관점을 통해 연구하는 것이다.

그러면 그러한 사회구조적 준거틀에 대한 일반화된 신념으로부터 혁명에 관한 설명적 가설들을 실제적으로 어떻게 발전시킬 것인가? 우리는,

---

51) Gordon Wood, "The American Revolution," in Lawrence Kaplan(ed.), *Revolutions: A Comparative Study*, New York: Vintage Books, 1973, p.129.

사회가 어떻게 통합되어 있으며 혁명과정은 어떠한 모습을 하고 있는가
에 관한 매우 일반적인 개념으로부터, 모든 시대와 장소 그리고 모든 유
형의 사회정치적 질서에서 가능하고 비슷하다고 인식된 어떤 일반적 혁
명과정에 대한 일반적인 명제를 연역하려는 시도로 직접 뛰어들어야 하
는가? 이러한 종류의 연역적 일반화 전략은 오늘날 사회과학에서 유행하
고 있으며, 최근의 모든 혁명이론가들은 이러한 접근방식을 취해 왔다. 예
컨대 거어, 존슨 그리고 틸리는 개인적이건 집합적이건, 보편적 실체 내부
에서 발생하는 일반적 과정의 관점에서 직접 혁명을 기술하고 설명하려
하였다. 즉 인간집단의 좌절과 정치적 폭력을 발생시키는 상대적 박탈감,
사회체계의 가치 재정의(再定義)를 일으키는 긴장, 그리고 정치에서의 복
수주권의 발생과 그 해결이 이론적 초점이었다.

　　그러나 혁명과 같은 현상을 설명하려 할 때, 이러한 연역적 일반화의
이론구성 전략은 세 가지 문제점을 안고 있다. 첫째, 너무 일반적인 이론
적 명제들은, 현재 사회과학의 이론적 발달수준을 염두에 둔다면, 있는 모
습 그대로는 아닐지라도 매우 간단하게 1차원적으로 특징지을 수 있는 현
상들을 설명하는 데 있어서만 가장 큰 효과가 있는 것 같다. 그러나 사실
상 누구나 동의하는 바와 같이, 혁명은 그 성격상 복합적이고 다차원적이
다. 둘째, 혁명을 설명하는 데 있어서 사회구조적 접근방식을 취한다면,
우리는 실제로 다양한 특정 형태의 사회들의 관점에서 이론을 만들어야
한다. 왜냐하면 이제까지 알려진 모든 종류의 사회들을 총괄하여 그 사회
들의 정치적 제도나 사회경제적 제도에 관해서 말한다는 것은 거의 혹은
전혀 의미가 없기 때문이다. 게다가 오늘날까지 성공한 모든 혁명들은 하
나 또는 그와 다른 종류의 농업국가에서 발생했으며, 군집사회 혹은 부족
사회로부터 발전된 산업국가에 이르는 모든 종류의 사회의 혁명을 설명
할 수 있다고 가정되는 이론을 발전시키기 위해서 이 사실을 무시하는 것
은 아무 이득도 없는 일이다. 농업국가의 과거의 혁명에 관한 연구 결과
들을 일반화하여 이를테면 산업사회에서 미래의 혁명 가능성을 추측하기
위해 보다 효과적인 방법은, 농업적인 사회정치적 구조의 혁명적 변혁 속
에서 직접적으로 확인할 수 있는 인과적 유형들의 가능한 기능적 등가물

(等價物)이나 대안물들을 찾아 보려고 노력하는 것이다. 셋째, 근본적으로
연역적인 일반화를 추구하는 방법은 혁명을 설명하는 데 있어서 전혀 현
실적 의미를 갖지 못한다. 왜냐하면 엄밀한 정의에 따르면 혁명이 일어났
던 경우는 소수에 지나지 않을 뿐이며, '혁명' 개념의 기원이 암시하는 바
와 같이 이 모든 경우도 세계사의 지난 몇백 년간에 걸친 '근대화'의 시대
에 일어났던 것이기 때문이다.[52] 실제로 국내적 수준뿐 아니라 국제적 수
준에서도 작용하고 있는 근대화의 경향들-예컨대 상업화와 산업화, 국민
국가와 유럽의 국가체계의 등장-은 혁명의 원인과 결과에 본질적으로
연결되어 있었다. 물론 혁명의 복합적이고 중첩된 과정들을 파헤치는 데
도움을 받으려면, 연구자는 인간행동과 사회과정 일반에 대해 이용할 수
있는 모든 통찰력을 이용해야 하며 또 그럴 능력이 있어야 한다. 그러나
혁명과정 자체는 부분적으로는 보편적이 아닌 특별한 사회정치적 구조에
독특한 것으로, 그 나머지 부분에 있어서는 특정한 종류의 세계사적 상황
에 대해 특수한 것으로 가정되어야 한다.

  혁명들이 그 사례가 너무 적고 특수한 세계사적 발전과 연결되어 있다
는 바로 그 이유 때문에 혁명 자체는 '기술적 역사가들(narrative histo-
rians)'에 의해서만 연구되어야 하며 사회과학자는 보다 일반적 현상들에
관한 이론을 만들어야 한다고 주장하는 비판이 바로 이 시점에서 나타날
수 있다. 그러나 그처럼 단호한 반응은 불필요한 것이다. 혁명은 '이론적
주제'로 취급될 수 있다. 혁명에 관하여 귀납적으로 일반화하고 혁명의
원인과 결과에 관한 가설들을 증명하기 위해서, 우리는 몇몇 국가의 역사
적 궤적을 비교 단위로서 선택하는 비교사적 방법(comparative historical
method)을 사용할 수 있다. 사회과학에 있어서 오랜 훌륭한 역사를 갖고
있는 이 방법에 따르면, 우리는 부수변이(concomitant variation)를 찾아

52) Arthur Hatto, "'Revolution': An Inquiry into the Usefulness of an Historical
    Term," *Mind*, 58, 1949, pp.495-517; Karl Griewank, "Emergency of the
    Concept of Revolution," in Bruce Mazlish, Arthur D. Kaledin, and David B.
    Ralston(eds.), *Revolution: A Reader,* New York: Macmillan, 1971, pp.13-17;
    Hannah Arendt, *On Revolution,* New York: Viking Press, 1965, ch.1; Hunting-
    ton, op. cit., ch.5.

내고, 우리가 설명하고자 하는 현상이 존재하는 경우와 그 현상이 존재하지 않는 경우를 대조하며, 다른 한편으로는 가능한 한 비슷한 긍정적 사례와 부정적 사례를 대조함으로써 이 과정에서 외재적 변이를 가져올 수 있는 근원을 가능한 한 많이 통제한다.53)

변수들은 너무나 많고 구체적 사례들이 충분하게 존재하지 않을 때 필연적으로 의존해야 하는 다변수 분석방법으로서의54) 비교분석은, 국가적인 정치적 갈등과 발전에 관심이 있고, 세계적 맥락의 변수들이 국가적 발전에 미치는 엄청난 영향력을 민감하게 의식하고 있는 거시사회학자가 이용할 수 있는 유일한 과학적 도구이다.55) '내부적' 유형과 '외부적' 상황이 서로 결합하여 변화하는 것이라면, 혁명과 같은 현상의 분석은 각각 소수의 구체적 사례들만을 포함하면서 주의깊게 규정된 범주들에 대해서만 의미를 가질 것이다. 과거의 '자연사가들(natural historians)'56)의 관행과는 대조적으로, 탐구중인 현상의 원인에 관한 가설들이 그 현상이 발생하지 않았던 경우들과 비교될 수 있도록 모든 연구에 있어서 긍정적 사례와 부정적 사례가 모두 포함되어야 한다.57) 결국 구체적 사례들은 연구되고 있는 문제들이나 검증되고 있는 가설들에 따라 서로 다른 여러 방법으로 분류·재정리될 수 있으며, 그리하여 역사적으로 민감한 비교들을 증가

53) Ernest Nagel(ed.), *John Stuart Mill's Philosophy of Scientific Method,* New York: Hafner, 1950; William Sewell, "Marc Bloch and the Logic of Comparative History," *History and Theory,* 6, 1967, pp.208-218; Smelser, "Alexis de Tocqueville as a Comparative Analyst," in Ivan Vallier(ed.), *Comparative Methods in Sciology,* Berkeley and Los Angeles: University of California Press, 1971, pp.19-47; Smelser, "The Methodology of Comparative Analysis," 1966(미발표); Arend Lijphart, "Comparative Politics and the Comparative Method," *American Political Science Rewiew,* 65, 1971, pp.682-693.
54) Smelser, "The Methodology of Comparative Analysis," 1966; Lijphart, Ibid.
55) Terence K. Hopkins and Immanuel Wallerstein, "The Comparative Study of National Societies," *Social Science Information,* 6, 1967, pp.25-58 참조.
56) Lyford Edwards, *The Natural History of Revolution,* Chicago: University of Chicago Press, 1927; Crane Brinton, *The Anatomy of Revolution,* New York: Norton, 1938.
57) Theda Skocpol, "France, Russia, and China: A Structural Analysis of Social Revolution," *Comparative Studies in Society and History,* 18, 1976.

시킴으로써 우리는 역사적 발전과 세계적 맥락이 무관한 것이라고 감히
주장하는 연구들보다 훨씬 더 풍성한 결과를 얻을 수 있을 것이다.

5. 맑스주의에 대한 평가

언뜻 보기에, 혁명을 설명함에 있어 역사적 사실에 기초한 사회구조적
접근방식의 필요성을 충족시켜 주는 것으로 생각되는 확고부동한 이론적
인 전통—맑스주의—이 이미 존재한다. 혁명에 대한 맑스주의적 설명은
많은 점에 있어서 모범적이다. 첫째, 맑스주의자들이 고수하는 혁명과정
의 일반적 이미지는 혁명적 위기를 발생시키는 데 있어서 사회구조적 모
순의 중요성을 강조한다.

> 그 어떤 일정한 발전단계에서 사회의 물질적 생산력은, 기존의 생산관계 혹
> 은—동일한 것의 법적 표현에 불과하지만—지금까지의 물질적 생산력의 활동
> 을 규제하는 틀이었던 소유관계와 갈등을 일으키게 된다. 이 관계는 생산력 발
> 전의 형태로부터 생산력의 질곡으로 변화한다. 그러면 사회혁명의 시대가 도
> 래한다.[58]

둘째, 이론적 목적 때문에 맑스주의자들은 모든 혁명들이 똑같은 것은
아니라고 가정한다. 그 대신 맑스주의자들은 생산양식이 '봉건적' 또는
'부르주아적'인가에 따라 '부르주아'혁명과 '사회주의'혁명을 구분하며,
혁명이 일어났던 여러 특정 사회들의 생산력 및 생산관계와 계급구조의
구체적 분석을 통해서 각 유형에 속한 혁명의 특별한 변형들을 구별한다.
끝으로 항상 맑스주의자들은 혁명이 대규모적인 사회변동의 보다 광범위
한 과정과 본질적으로 연결된 것이라고 간주한다. 왜냐하면 그들은 혁명
의 원인과 결과가 사회경제적 발전과 직접적으로 연결되어 있다고 주장
하기 때문이다.

---

58) Lewis S. Feuer(ed.), *Marx and Engels: Basic Writings on Politics and Philosophy*,
   Garden City, N.Y.: Doubleday Anchor, 1959, pp.43-44.

　더구나 최근에는 혁명에 관한 매우 귀중한 몇 개의 사회역사적 연구들이, 맑스주의로부터 도출된 이론적 준거틀을 사용하고 있는 미국의 사회과학자들에 의해서 저술되었다. 베링턴 무어(Barrington Moore, Jr.)의 『독재와 민주주의의 사회적 기원(*Social Origins of Dictatorship and Democracy*』(1966), 그리고 울프(Eric R. Wolf)의 『20세기의 농민전쟁(*Peasant Wars of the Twentieth Century*』(1969)은 맑스주의적 개념과 가설을 확대하여 농업국가들의 혁명을 분석하였다. 무엇보다도 무어와 울프는, 농업계급들 특히 한편으로는 지주들, 다른 한편으로는 농민공동체들이 농업국가가 자본주의적 발전의 영향을 받게 됨에 따라 나타나는 사회적·정치적 격변의 결과에 영향을 미치는 집합적 행위에 언제 어떻게 참여할 것인가를 결정하는 역사적·사회구조적 조건들에 관한 획기적인 가설들을 발전시켰다. 농민반란은 사회혁명의 모든 역사적 경우에 있어서 핵심적 역할을 하였기 때문에, 무어와 울프가 이룩한 발전은 역사적으로 지향된 모든 사회구조적 혁명이론으로 통합될 수 있고 또 그렇게 되어야 한다.

　그럼에도 불구하고 맑스주의로부터 도출된 혁명과정의 이론들을 경험적으로 검증된 엄밀한 설명으로 생각하여 무비판적으로 받아들여서는 안된다. 그 이유는 다음과 같이 말할 수 있다. 생산양식을 변화시키고 서로 다른 생산양식들을 구분시켜 주는 계급투쟁을 발생시키는 사회경제적인 발전에 의해서 혁명이 일어난다고 주장하는 맑스주의적인 근본적 설명도식은, 실제 역사적 혁명들의 전체적 논리를 밝혀 내지 못하고 있다. 그리하여 프랑스, 러시아, 멕시코, 중국의 혁명에 있어 지배층뿐 아니라 농민과 도시하층민의 역할은 여러 집단들의 계급적 위치를 자세히 분석하지 않는다면 이해될 수 없는 것이지만, 이 혁명들에 있어서 핵심적으로 중요하였던 정치적 갈등은 계급적 관점만 가지고는 이해될 수 없다. 마찬가지로 혁명의 원인과 결과가 생산양식과 그 역할을 모른다면 이해될 수 없는 것이지만, 혁명적 상황에는 경제적 '모순'뿐 아니라 정치적·군사적 모순도 관련된다. 생산양식들을 나란히 배열하는 것—프랑스와 멕시코혁명의 봉건적 생산양식/부르주아 생산양식, 러시아와 중국혁명의 부르주아 생산양식/사회주의적 생산양식—도 이 혁명들이 발생시킨 변혁의 특징을 전혀 적절하게 파악하지 못하는 것이다.

  맑스주의로부터 자극을 받은 연구자들은, 혁명중에 나타나는 계급갈등과 집단갈등을 밝히는 데 있어서 기존의 개념적 범주들을 그대로 적용하거나 수정하는 데 만족하였으며, 긍정적 사례들 속에서 확인된 공통적 유형을 그와 비슷한 부정적 사례들의 증거와 비교해 보는 비교사적 방법을 사용하여 혁명의 원인에 관한 맑스주의적인 주장들을 실제 경험적으로 검증한 것은 아니었다. 그 결과 그들은 이론적 목적 때문에 혁명에 있어서의 국가의 중심적 역할을 과소평가할 수 있었다. 혁명의 원인을 설명하는 데 있어서 경제적 발전과 계급모순이 이론적으로 항상 강조되었으며, 국가조직을 장악하고 있는 정치지도자들이 국제적 압력과 국내 상층계급의 정치적 반대 및 하층계급의 반란에 대처할 수 있는 능력이 종종 기술되기는 했지만, 그러한 정치적 능력에 체계적으로 영향을 미칠 수 있는 사회구조적 조건을 밝혀 보기 위해서 그 능력을 이론적으로 검토한 적은 전혀 없었다. 맑스주의적 학자들은 국가의 강도와 그 구조 및 국가조직과 계급구조의 관계를 지칭하는 인과적 변수들이 계급구조와 경제발전의 유형만을 지칭하는 변수들보다, 성공한 혁명의 경우와 실패한 혁명의 경우, 혹은 혁명이 전혀 일어나지 않은 경우를 훨씬 잘 구별할 수 있다는 것을 알지 못하였다. 게다가 혁명의 결과를 특징짓는 것에 있어서 맑스주의적 지향을 가진 학자들은 계급구조의 변화와 심지어는 매우 장기적인 경제발전까지도 강조하지만, 군대와 행정조직 같은 국가조직의 구조와 기능 및 국가와 사회계급의 관계에 있어서 때때로 훨씬 더 현저하고 직접적일 수 있는 변화들을 사실상 무시한다. 그리고 이것은 그들이 비혁명적 국가 발전유형으로부터 혁명을 구분시켜 주는 독특한 정치적·제도적 변동을 밝혀 내지 못하였다는 것을 의미한다.

  이 논평의 여러 주장들을 요약하면, 나는 새로운 이론적 전략-혁명을 설명하는 맑스주의적 접근방식과 비슷하지만 실질적 강조점이 다른, 역사적 사실에 기초한 사회구조적 설명방법과, 현대의 사회과학자들이 이상으로 삼고 있는 통계적 기술과 유사하지만 단지 소수의 사례밖에 없을 때 많은 변수들을 취급하기 위해서 특별히 조정된, 가설검증의 비교사적 방법을 종합하는 전략—을 통해서만 혁명을 설명하는 데 있어서 실질적인 진보가 이루어질 수 있다고 주장한다. 한편으로는, 위대하고 영속적인 거시이론적 전통의 특징인 이론적 이해와 역사적 관련성을 융합하고, 다른 한편으로는 엄밀한 가설검증에 대한 현대 사회과학의 관심을 결합시킴으로써, 혁명 연구가들은 혁명을 설명하려는 이 분야의 노력을 오랫동안 괴롭혀 왔던 추상적이고 현실과 무관한 이론화와 경험적 부적절성이라는 두 가지 위험을 피할 수 있는 것이다.

▌제4장▐
제3세계 민주주의에 관한 비교연구*

래리 다이어몬드, 후안 린쯔, 세이무어 마틴 립셋

이 책의 10개국 사례연구는 더 좋은 표현이 없어 '개발도상국'으로 지칭되는 아프리카, 아시아, 라틴아메리카, 중동지역에서 선택된 국가들의 정치발전을 분석하고 있다. 우리는 정치체제의 진화와 변동을 폭넓게 분석하면서도, 현시대의 뚜렷한 정치적인 쟁점으로 일컬어지는 '민주주의를 위한 투쟁'이라는 특정의 정치발전문제에 초점을 맞춘다. 우리는 공통의 이론적 주제로부터 시작하여 민주주의가 매우 다양한 문화적·역사적인 토양에서 발전되고 정착되었는지의 여부, 왜 그리고 어느 정도 그러한지를 설명하고자 한다.

이러한 사례들이 나온 26개국의 대규모 비교연구는 개발도상지역에서 강렬한 민주주의 열정이 분출된 시기에 수행되었다.[1] 1970년대 중반 그리스, 포르투갈, 스페인 등 서유럽의 최후의 독재국가를 와해시킨 민주화운동은 라틴아메리카 전 지역을 휩쓸었다. 그 후는 10년 동안에 대부분의

---

* Larry Diamond, Juan J. Linz, Seymour Martin Lipset(eds.), *Politics in Developing Countries: Comparing Experiences with Democracy,* Boulder and London: Lynne Rinner, 1990, pp.1-37(박찬욱 옮김).

1) 26개국 사례연구를 모두 보려면 다음을 참조. Larry Diamond, Juan J. Linz, and Seymour Martin Lipset(eds.), *Democracy in Developing Countries*, 제2권, *Africa*; 제3권, *Asia*; 제4권, *Latin America*, Boulder, CO.: Lynne Rienner Publishers, 1988 and 1989. 이 연구사업의 이론과 결론을 포함하고 있고, *Persistence, Failure, and Renewal*이라고 부제가 붙여진 제1권은 같은 출판사에서 근간될 예정이다.

라틴아메리카 군사독재가 잇달아 붕괴되거나 퇴진하였고, 관료적 권위주의 정권이 더 오래 지속될 것이라는 예측은 빗나갔다. 1980년대 말에 이르러서는 칠레에서 민주주의로의 이행이 거의 완료되었으며, 중국에서의 민주화운동과 소련에서의 민족자치와 정치자유화에 대한 점증하는 요구, 그리고 동유럽 전체에서 공산통치의 갑작스런 붕괴로 인하여 세계는 뒤흔들렸다. 이러한 사태발전은 거의 동질적으로 보이는 공산세계내에서도 민주주의로의 이행에는 다양한 길-위로부터의 개혁에서 협상, 개인적(군주적) 통치와 공산주의가 결합된 루마니아 정권의 폭력적 붕괴에 이르기까지-이 있음을 보여 주었다.[2]

동아시아에서의 민주주의 진보는 극적인 이행을 한 필리핀과 남한에서 명백히 나타났으며, 대만과 태국에서도 점진적이지만 상당한 정도의 움직임이 있었다. 구영령 남아시아 통치지역인 파키스탄은 민주주의로의 이행을 완료했으며, 인도는 심각하고 지속적인 민주제도에 대한 도전을 경험하였고, 스리랑카는 종족 간의 내전에 휩싸였다.

또한 새롭게 독립국 지위를 획득하고 민주체제를 수립하는 것이 어려운 아프리카 국가들 사이에서도 민주주의의 등장과 회복의 몇몇 징후들이 있었다. 예를 들어 우간다는 민주주의와 인권을 성취하기 위하여, 수십 년간의 무정부상태, 전제적 권력, 내전상황을 종식시키기 위한 투쟁을 전개하였다. 강력한 탄압-1990년경에 다소 줄어들기는 하였지만-에도 불구하고, 남아프리카 공화국의 흑인과 유색인종들은 인종차별이 없는 민주주의를 쟁취하기 위하여 점점 강력해지는 노조운동을 포함하는 다양한 형태의 비폭력적 행동을 지속적으로 전개하였다. 나이지리아는 지방정부 선거와 두 개 정당의 형성으로 시작하여 지방과 주, 그리고 연방수준에서 정당참여의 선거를 단계적으로 실시함으로써, 군사통치로부터 민주주의로 이행하기 위한 상세한 일정을 확정하였다. 북아프리카의 튀니지와 알제리에서는 1980년대 말에 정치자유화의 과정이 시작되었으며, 이집트에

---

2) 비록 대규모의 비교 연구사업에 공산세계의 사례가 포함되지는 않지만, 동유럽의 최근 체제변동은 진행중인 민주화과정의 유형과 그 성공가능성을 설명하기 위해 우리가 고려하는 변수-역사적 전통, 정치문화, 국가-사회관계, 그리고 체제유형을 포함하는-의 현시성을 보여 준다.

서는 부분적으로 경쟁적이고, 부분적으로 자유로운 정당체계가 유지되고 있다.

1980년대에는 인권에-자신의 정부를 민주적으로 선택하며, 정치적 원칙과 견해를 표현하고 그것에 따라 조직을 결성할 수 있는 권리를 포함하는-대한 국제적 관심이 전례없이 고조되었다. 고문, 실종, 그리고 다른 심각한 인권침해가 더욱 만연되었지만, 그러나 그것은 훨씬 체계적으로 폭로되고 전 세계적으로 비난받았기 때문에, 절차의 번거로움과 지연이 있음에도 불구하고 개인의 인격과 더불어 양심과 표현의 자유를 보호하여 주는 민주적 제도의 중요성을 새롭게 인식하게 되었다. 권위주의적 체제가 민주주의라는 수사적이고 헌법적인 가면으로 스스로 위장하거나, 적어도 민주주의를 점진적으로 달성할 목표로 천명할 필요가 있을 정도로 전 세계적으로 민주적 규범의 성장이 현저히 관찰되었다.

1980년대 민주주의의 세계적인 진보는 역사적인 이념적 경쟁자의 붕괴로 인해 뒷받침되었다. 2차대전 기간에 중요한 세력으로서 파시즘은 파괴되었다. 맑스-레닌주의는 가혹한 탄압, 명백한 경제적 실패, 그리고 현존 공산주의체제의 혁명적 이상주의의 상실 등으로 그 매력이 쇠퇴되고 있다. 멕시코, 유고슬라비아, 그리고 나세르와 같은 좀더 제한적인 유사사회주의나 대중동원 모델도 또한 그 빛을 잃고 있다. 군부체제 또한 정치적·사회적 문제를 시정하기 위해 잠정적으로 개입한다는 명분을 넘어서는 이념적 합리화와 정당화가 일반적으로 결여되어 있다. 중요하지만 아직도 불확실한 예외적인 경우인 이슬람근본주의 국가를-이슬람이 주요하거나 지배적인 종교인 인도네시아로부터 서부아프리카까지 세계의 많은 부분을 차지하고 있는-제외하고는, 민주주의는 오늘날 광범한 이념적 정당성과 매력을 가진 유일한 정부모델이다.

민주주의를 왜 연구하는가라는 규범적인 질문이 1960년대보다 1990년대 초에 훨씬 덜 논쟁적이고 문제가 되지 않는다는 사실은 현재의 세계가 정치적으로, 지적으로 변하고 있다는 징조이다. 그럼에도 불구하고 과거의 역사적인 주기는 1990년대에도 민주주의의 퇴보와 심지어 그에 대한 확신의 새로운 위기가 도래할지도 모른다는 경각심을 불러일으킨다. 몇몇 비판론자들은 정치적 민주주의는 잘못된 문제라고 주장하며 개발도상국이 직면한 생존과 정의의 문제보다 훨씬 더 긴박한 쟁점이 있을 수 있는가라고 반문한다. 다른 사람들은 우리의 주제 선택이 민주주의에 대한 잘못된 가치 편견을 무심코 드러낸다고 주장한다. 그들은 다음과 같이 묻는다(혹은 확언한다). 우리의 연구가 밝혔듯이, 만약에 몇몇 사회에서 우리의 (자유주의적) 의미에서 규정되는 민주주의가 그렇게 많은 장애물을 극복하여야 성취될 수 있다면, 그것을 위해 투쟁할 가치가 있는가? 혹은 고려할 만한 민주주의에 대한 대안들이 존재하지 않는가?

우리는 여기서 명백히 정부체계로서의 민주주의에 대한 우리의 편향을 언급하고자 한다. 어떠한 민주주의자라도 이러한 질문은 심각한 의미를 가진다. 전자의 비판은 경제적·사회적 권리가 시민적·정치적 자유보다도 더욱 중요하게 간주되어야 된다고 주장한다. 반면에 후자의 주장은 더 높은 선을 위한 것이라는 명분하에 민주적 반대자를 억압하기 위해 폭력적인 방법을 사용할 권리를 어떤 형태나 경우의 권위주의적 지배에 허용한다는 것을 의미한다. 우리는 이러한 규범적인 전제 어느것도 지지하지 않는다.

만약에 통치자의 이익보다도 전체의 목적을 위하며 인권을 존중할 준비가되어 있는—고문과 무차별한 폭력을 삼가고, 비록 반자유주의적이지만 미리 알려진 법률을 적용하는 데 있어 적절한 절차와 공정한 재판을 제공하고, 형무소에서 인간적인 조건을 유지하는—다수의 비민주적인 정부가 존재한다면(현재나 과거에서), 우리는 이러한 반론에 대하여 대답하기 어려울지도 모른다. 그렇지만 비민주적인 정권은 이러한 두 가지 요구들을 충족시키지 못한다. 그리고 전체에 대한 강한 이데올로기적 집착과 인권에 대한 예민한 관심을 공개적으로 천명한 정부들조차 종종 점차로 편협해지고 전제적이고 억압적이 된다. 비록 이러한 추세 또한 반전될 수 있음에도 불구하고 그러하다.

권위적인 통치자들이—그것이 민간정권이건 군사정권이건, 또는 관료적이건 카리스마적이건—전체적인 목적을 위해 노력하는 경우에도, 왜 우리는 그들의 집합적인 선의 개념이 사회의 다른 집단의 개념보다 더 우월

하다고 가정해야 하는가? 우리가 하나의 이데올로기적 개념이 역사이성
의 표현-참되고 필연적인-이라는 점을 전적으로 확신할 때에만, 우리는
민주주의보다 더 좋은 것으로 이러한 권위주의적인 대안을 허용치 않을
수 없을 것이다. 이렇게 하는 것은 자유와 인간의 삶에 있어서 어떠한 희
생과 매우 엄청난 비용을 정당화한다. 그런데 민주주의는-상대주의와 관
용 (절대적인 진리를 확신하는 사람들을 동요시키는) 때문에, 그리고 자유
롭게 (4년이나 5년마다 그들의 마음을 바꿀 수 있는 기회가 있으므로) 폭
력의 행사 없이 결정하는 보통사람들의 합리성과 지혜에 대한 '믿음'으로
인하여-여전히 더 나은 선택으로 보인다.

1. 연구의 조직

개발도상국에서의 민주주의에 대한 정치적·지적인 관심이 성장했음에
도 불구하고, 전세계적으로 민주정부의 등장, 부흥(정착), 그리고 공고화
를 촉진하거나 방해하는 요인에 대한 이해에는 커다란 간극이 존재한다.
이 책에 수록된 글들은 한 국가가 겪는 민주주의 경험의 전역사를 다루고
있다. 즉 민주정부의 수립, 붕괴, 회복 그리고 공고화; 민주주의의 지속,
위기, 권위주의, 그리고 쇄신의 시기; 그리고 이 양자 사이의 모든 모호한
국면과 동요 등이 그것이다. 우리는 각 국가의 과거의 문화적 전통을 고
려하였고, 식민지 경험(관련되는 경우에)을 분석하였으며, 그리고 2차대
전 이후의 발전에 특별한 강조를 하면서 독립이후의 전체 역사를 고려하
였다. 대부분 다른 연구들은 제한된 기간과 특별한 과정에 초점을 맞추기
위하여 각 국가의 역사를 수평적으로 나누지만(대개 민주주의의 공고화와
안정의 현상을 무시하면서),3) 우리는 한 국가가 겪는 정치발전의 전반적

---

3) 이러한 결점은 아렌트 레이파트의 창조적이고 진취적인 다음의 연구에서 어느
   정도 극복된다. *Democracies: Patterns of Majoritarian and Consensus Government In
   Twenty-One Countries,* New Haven, CT.: Yale University Press, 1984. 그렇지만
   레이파트의 초점은 주로 정치구조에 맞추어져 있고, 비교범위도 선진 산업국가
   의 지속적이고 안정된 민주주의로 제한되어 있다.

인 경로를 설명하기 위하여 역사적 국면을 수직적으로 절단한다.

이러한 역사적 접근은 대단히 풍부한 내용을 담을 수 있지만, 방법론적인 문제를 가지고 있다. 특히 역사적 접근은 시간적으로 동떨어진 선행요인들이－혹은 이것으로부터 파생되는 특징들이－후세에도 작용하고, 민주주의의 실패와 성공에 책임이 있다는 점을 명확히 보여줌이 없이 오늘날 정치양상의 유형을 그러한 선행요인에 귀속시킬 위험성이 있다. 이러한 위험을 극복하기 위해서는 각 사례 연구자는 해당국가가 겪은 민주정부와 비민주적인 정부의 주요한 경험을 기술하고 각 체제의 구조, 성격, 그리고 특징적인 긴장과 갈등을 포함하여 그 나라의 정치사를 개괄한다. 그리고 각 체제(특히 민주체제)의 운명을 설명한다. 왜 그 체제가 유지되었고, 실패하였으며, 그렇게 전개되었는가, 그리고 후속체제들은 왜 그리고 언제 그렇게 나타났는가, 마지막으로 각 필자들은 전체적으로 그 나라의 민주정부의 실패 혹은 성공의 정도를 결정하는 데 있어서 가장 중요하였던 요인들에 대한 이론적인 판단을 요약하여 제시한다. 그리고 각 필자가 도출하고자 하는 어떠한 정책적 의미에 따라 민주주의의 전망도 고려한다. 각 나라의 전반적인 경험은 안정적이고 공고한 민주주의로부터 민주주의의 실패 혹은 부재에 이르는 이념형의 6점 척도에 따라 평가된다.[4] 그렇지만 독자들은 사례연구에서 각 국가의 경험이 압축되어 고찰되고 있음에 유의해야 한다. 이것은 희망하건대 더 광범한 연구를 진작시킬 것이다.

이 책에서의 사례들은 개발도상국에 있어서 광범위한 문화적 차이들을

---

4) 구체적으로 이 척도상의 점수는 다음과 같다. ① 높은 성공(high success): 현재는 제도화가 심화되고 안정적인 민주주의를 가진, 안정적이고 중단되지 않은 민주통치, ② 점진적 성공(progressive success): 한 번 혹은 그 이상의 붕괴나 심각한 중단을 겪은 후 상대적으로 안정된 민주주의로 견고화됨, ③ 유보적 성공(mixed success): 민주적이지만 불안정함(즉 민주주의가 붕괴와 권위적 통치를 거친 후 회복되었으나 아직 공고화되지 못한 경우), ④ 유보적 성공: 부분적 혹은 준민주주의(mixed success-partial or semidemocracy), ⑤ 실패 그러나 가망성(failure but promise): 민주통치가 붕괴되었지만, 그러나 회복하기 위한 상당한 정도의 압력과 전망이 존재, ⑥ 실패 혹은 부재(failure or absence): 민주주의는 상당한 기간동안 기능하지 않았으며, 가까운 장래에도 그러할 전망이 거의 없는 경우.

포괄한다. 즉 라틴아메리카의 기독교사회인(대부분이 가톨릭인) 브라질, 칠레 그리고 멕시코; 독특한 힌두교문화를 포함하여 다양한 전통이 혼재된 인도; 대부분이 이슬람 사회인 세네갈과 터키(이 국가들의 세속화는 역사적으로 민주화과정과 연결되어 있다); 불교도가 대부분인 태국; 불교, 유교, 기독교가 혼합되어 있는 남한; 다종족국가인 짐바브웨; 알리 마즈루이가 기독교, 이슬람, 그리고 아프리카의 전통종교 및 문화의 3층적인 유산이라 명명한 주요한 사례인 나이지리아 등이 그것이다.

우리의 세계에서 가장 복잡하고 다루기 어려운 문제 중의 하나는 민족국가의 이상을 충족시키는 종족적, 언어상 그리고 문화적으로 동질적인 사회와, 민족국가의 이상과 통상적으로 결부되는 통합 및 동일성의 결여로 국민형성 혹은 국가건설의 어려운 과제에 직면하여 있는 다종족 다언어 사회 사이의 긴장이다. 심지어 대규모의 강제된 인구이동(인구의 파멸은 아니었지만)이 있기 전에 유럽에서도 대부분의 국가가 민족국가 이상을 충족시키지 못하였다. 그리고 유럽이외의 지역에서는 더 적은 수의 국가가 그 이상을 만족시켰다. 거의 모든 아프리카나 아시아 국가들은 그 모형에 부합하지 않는 듯하다. 그리고 단지 소수의 라틴아메리카 국가만이(이 책에서는 칠레) 그 모델을 충족시키는 것으로 보인다. 브라질과 멕시코 같은 나라들은 정복자의 후예와 유럽에서의 이주민뿐만 아니라 풍부한 인디언 인구(위의 인종과 다양하게 혼합되어 있는)와 흑인노예의 후예들을 포함한다. 남한과 터키(쿠르드족과 같은 오랜 기간 고통을 받아온 약간의 중요한 소수민족이 존재하지만)는 비교적 동질적인 국가의 목록에 추가될 수 있다. 나머지 사례들은 종족적으로 문화적으로 분열된 사회에서의 민주주의 문제들과 관련된다. 인도나 나이지리아와 같이 매우 두드러진 몇몇 사례에서는, 문화적 분열이 정치적 상처와 유혈이라는 값비싼 대가를 치르게 했고 정치적 안정과 민주주의의 미래를 지속적으로 위태롭게 한 갈등을 발생시켰다.

거의 모든 나라들이 공유하고 있는 경험은 과거에 외부의 제국주의 세력에 의하여 지배를 받은 역사가 있다는 것이다. 단지 터키와 태국만이 계속해서 독립을 유지하였으며, 태국에서만 전근대적인 전통왕조의 지속

성이 발견된다. 따라서 우리의 연구는 다음과 같은 의문에 대해 답하기에
는 충분하지 않은 사례들을 취급하고 있다: 정복과 식민지배의 역사적 상
처를 가진 나라와 대조적으로 토착국가에 의한 통치의 연속적인 정당성
이 근대화와 긍극적으로는 민주화를 촉진하는가?

국가규모와 민주주의의 상관관계에 대한 질문을 제기한 사람들을 위해
서,5) 우리의 26개국 대규모 연구에는 가장 큰(가장 인구가 많은) 민주주
의 국가-인도-와 가장 작은 몇 개 국가가 포함되고 있다. 일반적으로
거대국가는 지역간 교차비교를 위해 폭넓은 관심을 받고 있기 때문에, 우
리는 본 연구의 사례를 선정하는 데 있어서 거대국가를 선호하는 경향이
있었다. 불행히도 이러한 경향은 흥미롭고 이론적으로 유익한 사례로서
유별난 민주주의의 성공(코스타리카, 우루과이, 보츠와나) 혹은 위기(스리
랑카)의 경험이 있는 몇몇 작은 국가를 배제하게 하였다. 그 사례로 선택
된 주요 국가들은-정치적 영향력과 모델로 기능할 능력을 가진-각 지
역에서 중요한 위치를 점하고 있으며 어떠한 사람들은 아제국주의라고도
말하기 때문에, 이러한 근거로 우리의 선택이 정당하다고 생각한다.

과거 민주주의나 준민주주의 경험이 없거나 자유를 확대할 전망이 결
여되어 있는 나라를 의도적으로 배제한 것을 제외하면, 우리의 연구는 개
발도상국에서의 거의 모든 유형의 민주주의 경험을 포괄한다. 1980년대
에 이르러 이 책에서의 몇몇 사례들은 중요한 유보조건에도 불구하고 민
주적인 것으로 분류될 수 있다(인도, 터키, 남한). 몇몇 사례는 준민주적이
며 각기 다른 방향으로 나아가고 있다(태국은 보다 민주주의적으로 나아
가고 있으며, 짐바브웨는 더 나쁜 방향으로 나아가고 있다). 그리고 칠레
와 나이지리아는 민주주의로 이행을 시작한 권위주의 군부정권이다. 칠레
는 국민에 의해 선출된 민간 대통령에게 권력을 이양중이며(그러나 아직
충분하게 군부의 특권을 폐지하지 못했다; 1990년 현재-역자), 나이지리
아는 1992년 10월이 되어야 같은 상황에 이르게 되는 일정이 계획되어
있다. 인도에서는 비록 지난 20여 년 동안에 민주적 제도와 문화적인 요

---

5) Robert A. Dahl and Edward Tufte, *State and Democracy*, Standford CA.: Stan-
   ford University Press, 1973를 참조.

인이 약화되기는 했지만, 민주주의는 40여 년 동안(1975년부터 1977년까지 인디라 간디의 비상통치기간만을 제외하고) 지속되어 왔다. 터키, 브라질, 남한 그리고 현재의 칠레에서의 민주주의는 권위주의 통치의 오랜 고통의 시기가 지난 뒤에야 혹은 터키처럼 민간-민주체제와 군부체제간에 불안정한 교체를 거듭한 후에야 최근에 회복되었다. 이러한 체제변동의 주기를 거치면서, 터키는 태국이나 나이지리아보다 일반적으로 더 오래되고 더욱 성공적인 민주주의의 경험을 지니게 되었다. 그런데 태국에서 1977년의 마지막 성공적인 쿠데타로부터 점차 역사적·정치적인 간격이 커진다는 사실은 태국이 안정된(아직 충분히 민주적이지는 않다 해도) 의회주의체제의 제도화로의 순조로운 도상에 있을 것이라는 것을 시사할 수도 있다.

2. 개념, 정의 그리고 분류

민주주의는 개인, 이데올로기, 패러다임, 문화 혹은 상황에 따라 다양한 의미를 지닐 수 있다. 민주주의라는 말이 다양하게 사회적·경제적·정치적으로 추구하는 바람직한 목적상태를 의미하기 위하여 또는 기존의 여러 가지 구조를 스스로 규정하고 정당화하기 위하여 사용된다는 사실은 현시대의 정치적 분위기를 반영하는 것이다. 따라서 연구하고자 하는 것이 정확히 무엇인지를 가능한 한 상세하게 밝힐 필요가 있다.

이 책에서 민주주의라는 용어는 서로 관련되어 있는 경제체계와 사회체계와는 별개이며 분리되어 있는 정치체계를 의미하는 것으로 사용된다. 사실 소위 "경제적·사회적 민주주의"의 문제는 정부구조의 문제와는 분리되어 있다고 주장하는 점이 우리의 접근의 특징적인 측면이다. 그렇지 않으면 민주주의에 대한 정의상의 기준은 너무 광범위할 것이며 현상에 대한 연구가 매우 어려울 정도로 경험적인 현실은 너무 협소해질 것이다. 또한 경제적·사회적 차원이 개념적으로 정치적 차원과 명백히 구분되지 않는다면, 정치적 차원의 변이가 다른 차원의 변이와 어떻게 관련되어 있는지 분석할 방법이 없다. 무엇보다도 우리는 민주주의가 본래 목적으로서의 가치있는 것−따라서 연구할 가치가 있다는−이라는 명백하고 솔직하게 표출되는 신념에서 정치적 민주주의의 개념을 구별한다.

그러면, 이 책에서는 민주주의는−혹은 로버트 다알이 다두제라고 명명한−세 가지 필요조건을 충족시키는 정부체계를 의미한다. 즉, 폭력의 사용이 배제되면서 정부권력내의 모든 효과적인 지위를 획득하기 위해서 개인과 조직된 집단(특히 정당)들이 규칙적인 간격으로 전개하는 의미있고 광범위한 경쟁이 존재하는 것; 주요한 (성인) 사회집단이 배제되지 않고 적어도 규칙적이고 공정한 선거를 통하여 지도자와 정책을 선택함에 있어서 "매우 높은 포용적인" 수준으로 정치참여가 이루어지는 것; 정치적 경쟁과 참여의 순수성을 보장하기에 충분한 수준의 시민적 그리고 정치적 자유−표현의 자유, 언론의 자유, 조직 결사와 참여의 자유 등이 확보되는 것이다.[6]

이러한 정의는 그 자체에 있어서는 명약관화하지만 적용에 있어서는 많은 문제를 제기한다. 예를 들어 이러한 기준을 대체로 만족시키는 나라들도 만족시키는 정도가 다르다는 것이다(그리고 어떠한 나라도 완벽히 만족시키지는 못하며 이것이 다알이 다두제라고 부르기를 선호한 이유이다). 스펙트럼상의 민주주의 쪽에서도 인민의 통제와 자유의 정도에 있어서 차이가 있음을 설명해 주는 요인들도 탐구해볼 만한 문제이지만, 이것은 이 책에서 관심을 갖는 문제와는 다른 것이다. 그러므로 우리는 대개 이 문제를 우회하게 된다. 우리는 왜 각 나라들이 정도의 차이는 있으나 민주적 정부체계를 발전시키고, 공고히 하며, 유지하고, 상실하며, 그리고 재수립하는가 혹은 그렇지 못하는가를 알아보고자 한다. 이러한 제한된

---

6) Robert A. Dahl, *Polyarchy: Participation and Opposition,* New Haven, CT.: Yale University Press, 1971, pp.3-20; Joseph Schumpeter, *Capitalism, Socialism and Democracy,* New York: Harper and Row, 1942; Seymour Martin Lipset, *Political Man*, expanded and updated ed., Baltimore, MD.: Johns Hopkins University Press, 1981, p.27; Juan Linz, *The Breakdown of Democratic Regimes: Crisis, Breakdown and Reequilibration,* Baltimore, MD.: Johns Hopkins University Press, 1978, p.5.

초점마저도 개념적인 문제를 제기한다.

　민주적인 것과 비민주적인 것 사이의 경계는 희미하고 불완전하며 정치체계에 있어서는 이를 넘어서는 훨씬 넓은 범위의 변형이 존재한다. 우리는 이러한 변형이 되풀이하여 야기하는 분류의 어려움을 쉽게 인정한다. 심지어 우리가 정치적·법적·그리고 헌법적인 구조만 고찰할지라도, 몇몇 사례들은 민주적인 것과 덜 민주적인 것 사이의 경계 위의 어딘가에 위치하는 것으로 나타난다. 이러한 모호성은 자유로운 정치활동, 조직 및 표현의 제약 때문에 그리고 군사정권의 정치적 특권이 상당히 잔존해 있기 때문에 정치체계가 겉으로 드러나는 것보다 실제로 훨씬 덜 민주적이라는 사실로 해서 더욱 복잡해진다. 모든 사례에 있어서, 우리는 체제를 평가하고 분류하기 위해 실제에 진지한 관심을 기울였다. 그러나 이것은 여전히 어려우며 어떠한 측면에서는 자의적인 판단을 하였다. 예를 들어 태국과 짐바브웨가 오늘날 완전한 민주주의로 간주될 수 있는 것인지에 대한 결정에는 미묘한 차이와 애매모호함이 가득 실려 있다. 심지어 1985년 민간 대통령 선거후에 일반적으로 민주적이라고 추정하였던 브라질 같은 나라에서도, 알프레드 스테판(Allfred Stepan)은 정부에 참여하고 자율적인 권력을 행사하는 군부 특권의 정도가 브라질을 "비민주주의 범주의 가장자리에" 위치시킨다고 경고하였다.[7] 1989년 12월에 대통령 직접 선거가 실시됨에 따라, 민주화 이행은 이제 완료된 것으로 생각되지만 민주주의를 공고히 하는 심각한 문제는 남아 있다.

　우리는 덜 민주적인 체계 사이에 다양한 등급의 차별을 인정함으로써 다소 그 문제를 완화시켰다. 시민의 자유에 대한 간헐적인 침해나 지나치지 않은 일시적인 투표부정은 특정 국가를 광의의 민주주의로 분류되는 자격을 박탈하지 않는 반면에, 진정한 권위주의적 체제에서 발견되는 것보다는 더 많은 정치적 경쟁과 자유를 허용하지만 정당하게 '민주적'이라고 명명되는 것보다 그렇지 못한 나라들은 별도로 범주화할 것이 요구된다. 따라서 우리는 다음과 같은 나라들을 준민주주의적이라고 분류한다. 즉

---

7) Alfred Stepan, *Rethinking Military Politics: Brazil and Southern Cone,* Princeton, N.J.: Princeton University Press, 1988, p.123.

선출된 공직자의 효과적인 권력이 제한되거나, 혹은 정당의 경쟁이 제한
되거나, 혹은 선거의 자유와 공정성이 부분적으로만 허용되기 때문에 선
거의 결과가 경쟁적이기는 하지만 대중의 선호로부터 상당히 이탈되어
있는 나라들, 혹은 시민적·정치적 자유가 제한되어 있어서 어떠한 정치적
정향과 이익이 스스로 조직되거나 표출되기가 불가능한 나라들이다. 세네
갈, 짐바브웨, 그리고 태국은 그 방식과 정도가 다르지만 이러한 분류에
적합하다(예를 들어 과테말라와 온두라스와 같이 선거가 실시되지만 아직
도 심하게 군부가 지배하는 체제에도 이러한 분류가 적합하다).

　　반대정당은 합법적이지만 만연되어 있는 선거부정과 빈번한 국가폭력
을 통하여 권력 경쟁의 실제적인 기회가 부정되는 패권적 정당체계는 훨
씬 더욱 제한적이다. 멕시코에서 이러한 체계가 제도혁명당(PRI)의 지배
하에서 오랫동안 지속되었지만, 그러나 1980년대의 정치개혁과 특히 19
88년의 선거에서 좌·우의 반대당 모두의 전례없는 득표는, 다니엘 레비
(Danial Levy)가 그의 논문에 논의한 바와 같이, 멕시코의 체계를 '준민주
주주의'로서 재분류하는 것을 정당화시킨다.

　　분류척도의 더 아래로 내려가면, 권위주의적 체제는 시민적·정치적 자유
의 수준에서 자유주의체제보다 훨씬 더 억압적이고, 정당(혹은 지배정당
을 제외한 모두를) 그리고 거의 모든 형태의 정치조직과 경쟁을 금지함으
로써 심지어 다원주의조차 덜 허용한다. 실제적인 행동에 세심한 주의를
기울이게 되면 우리는 사이비민주주의라 부르는 권위주의적 체제의 부분
집합을 별도로 구분할 수도 있다. 사이비민주주의에서는 다당제 선거경쟁
과 같은 공식적인 민주적 정치제도의 존재가 권위적 지배의 현실을 은폐
(종종 부분적으로는 정당화)한다. 중앙아메리카는 그러한 체제하에서 오
랫동안 유지되어 왔다. 이러한 유형의 체제는 어떤 측면에 있어서 패권체
제와 중복되지만, 이것은 제도화가 덜 되어 있고, 전형적으로 더욱 개인화
되고 강압적이며 불안정하다.

　　민주적인 겉치레를 벗겨놓으면, 권위주의적 체제는 독립적이고 비판적
인 정치적 표현과 조직을 허용하는 정도에 있어서 많은 차이가 있다. 체
제가 허용하는 수준에 따라 판단하여 보면, 우리는 기예르모 오도넬(Guil-

lermo O'Donnell)과 필립 쉬미터(Philippe C. Schmitter)가 명명한 'dicta-blandas,' 즉 자유화된 독재정치와 'dictaduras,' 즉 개인과 집단행동에 훨씬 더 작은 공간을 허용하는 더 가혹한 독재를 구별할 수 있다.[8] 그 사회의 집단들이 되풀이하여 요구하는 것-이것은 정권이 허용하는 것과 중복될 수도 있고 그렇지 않을 수도 있다-의 수준에 따라 분류하여 보면, 민주적 압력이 강력한 권위주의적 상황과 민주적 압력이 미약한 권위주의적 상황을 구별할 수 있다. 이 책의 사례를 선택하는 데 있어서, 우리는 전자로 편향되었다.

마지막으로 전체주의체제가 있다. 이 정권은 가장 기본적인 정치적, 시민적 자유를 완전히 부인하며 모든 형태의 자발적인 사회적·정치적 조직을 억압할 뿐만 아니라 체제에 대한 시민들의 적극적인 충성을 요구한다.[9] 1980년대 말엽 대부분의 세계 공산주의정권이 쇠퇴, 붕괴, 혹은 적어도 부분적인 자유화가 일어난 후에는 전체주의의 구분이 더이상 현저한 것인지 논쟁의 여지가 많다. 그럼에도 불구하고 전체주의적 유산은 전체주의 이후의 시기에도 뚜렷한 방식으로 민주화의 가능성과 조건을 형성한다. 그리고 1984년에는 공산주의로부터 급박한 이행의 가능성이 희박하게 보였기 때문에, 우리는 대규모 비교연구에서 모든 이러한 체계를 제외하였다.[10]

우리 연구의 종속변수는 민주주의뿐만 아니라 안정성과도 관련되어 있다. 즉 안정성이란 특히 비정상적으로 강렬한 갈등, 위기 그리고 긴장의

---

8) Guillermo O'Donnell and Philippe C. Schmitter, *Transitions from Authoritarian Rule: Tentative Conclusions about Uncertain Democracies,* Baltimore, MD.: Johns Hopkins University Press, 1986.

9) 지적인 차원에서 권위주의체제와 전체주의체제의 구분은 오랜 역사를 갖고 있다. Juan Linz, "Totalitarian and Authoritarian Regimes," in Fred I. Greenstein and Nelson W. Polsby(eds.), *Handbook of Political Science*, Reading, MA.: Addison-Wesley, 1975, vol.3, pp.175-411.

10) 공산주의로부터 민주주의로의 이행 가능성과 조건은 동유럽의 경우에 매우 다르다. 특히 헝가리, 체코슬로바키아, 폴란드, 그리고 동독 같이 과거에 다원주의적 정당 전통을 가지고 있었고, 공산체제가 소련군대의 지원에 과도하게 의존하던 국가들이 그러하다. 공산주의로부터 이행에 대한 비교연구를 할 시점에 다달았다.

시기 등을 거치면서 시간의 경과에 따라 민주 혹은 다른 체제가 보여 주는 지속성과 내구성을 의미한다. 안정적인 체제는 높은 수준의 인민적 정통성을 향유할 가능성이 크면서 뿌리깊게 제도화되고 공고화된 체제이다. 부분적으로 안정적인 체제는 충분히 안전하지도 않으며, 절박한 붕괴의 위험에 처하여 있지도 않다. 이들의 제도는 아마도 어느 정도의 깊이, 융통성, 그리고 가치를 획득하였지만, 그러나 심각한 도전 속에서 안전하게 지속됨을 확신할 정도로 충분하지는 않다. 불안정한 체제는 정의상, 극도의 불확실성과 긴장의 시기에 붕괴나 전복될 가능성이 매우 높은 체제이다. 최근에 민주정부를 회복한 체제를 포함하여 신생체제는 대체로 이 범주에 속한다.

3. 민주주의 발전의 촉진요인과 장애요인

1) 정통성과 수행실적

모든 정부는 어느 정도 폭력과 동의의 혼합에 의존하지만, 민주주의는 그 안정성을 피치자 다수의 동의에 의존한다는 점에 있어서 독특하다. 정당성과 민주주의의 안정성이 밀접하게 결합되어 있기 때문에 정의가 어디서 끝나고 이론화가 어디서 시작되는지를 알기가 어렵다. 거의 예외없이 기존의 대부분의 민주주의 이론은 민주주의의 안정성이 민주적 체계의 정통성에 대한 엘리트와 대중의 광범위한 신념을 요구한다는 것을 강조한다. 즉 민주주의가 최선의 정부형태이며(혹은 '최소의 악'), "결점과 실패에도 불구하고 현존의 정치제도가 수립할 수 있는 다른 어떠한 제도보다 더 좋으며," 따라서 민주체제는 도덕적으로 볼 때 복종을 요구할 ― "필요하다면, 강제력을 사용하더라도," 세금을 징수하고 징병하며, 법을 만들고 그것을 집행하는―자격이 있다는 것이다.[11]

---

11) Linz, *Breakdown of Democratic Regimes*, pp.16-17; Lipset, *Political Man*, p.64; Dahl, *Polyarchy*, pp.129-131.

민주주의의 정통성은, 민주주의가 가장 안정적이고 확고할 때에는, 사회의 모든 수준에 있는 정치문화에 뿌리박고 있는 고유의 가치관으로부터 나온다. 그러나 그것은 또한 (특히 민주주의의 초창기에는) 민주체제의 경제적인 그리고 정치적인 — "시민질서의 유지, 개인의 안전, 분쟁의 판결과 중재, 결정하고 집행하는 데 있어서 최소한의 예측가능성"을 통하여 — 업적에 의하여 형성된다.12) 역사적으로 체제가 사람들이 원하는 것을 제공하는 데 더욱 성공적일수록, 체제의 정통성은 더욱 확대되고 깊이 뿌리를 내리는 경향이 있다. 즉 오랫동안의 성공적인 업적수행에 따라 그 체제는 위기와 도전에 더욱 잘 견딜 수 있는, 광범위한 수준의 정통성을 구축할 가능성이 크다.13) 그렇지만 아르투로 발렌주엘라가 칠레의 사례로 보여주었듯이, 그렇게 오랫동안 축적된 민주주의의 정통성이 체제붕괴로부터의 면제를 부여하는 것은 아니며, 그것은 무능한 지도력, 잘못된 선택, 그리고 낡은 정치제도의 결합에 의해 매우 빠른 속도로 소진될 수 있다.

정통성이 매우 결여되어 있는 체제는 현재의 업적에 더욱 더 불안정하게 의존하게 되며 경제적·사회적 침체기에는 붕괴되기가 쉽다.14) 이것은 특히 낮은 효율성과 낮은 정통성의 상호작용을 경험하는 그들의 경향에 비추어 개발도상국의 민주적인 체제 — 비민주적인 체제는 물론이고 — 에 있어서 특별한 문제가 되어왔다. 만연된 빈곤과 근대화에 따른 긴장이 결합됨으로써, 낮은 정통성을 가지고 출발한 체제는 효과적으로 업적을 수행하기가 어렵고, 그리고 특히 경제성장에서 효율성이 결여된 정권은 정통성을 형성하기 어렵다는 것을 알게 된다. 우리의 연구 및 다른 연구들은 민주체제의 경제적 업적과 그 체제가 유지될 가능성을 너무 결정론적으로 연계시키지 않도록 경고한다. 그럼에도 불구하고 이러한 연계는 명확하며 이해할 수 있는 것이다.

우리의 연구에서 좀더 성공적인 민주주의 국가들은 경기후퇴, 인플레이션, 그리고 부패의 문제를 탈피하지는 못하였지만, 상대적으로 안정된

---

12) Linz, *Breakdown of Democratic Regimes,* p.20.

13) Lipset, *Political Man,* pp.67-71.

14) Ibid., pp.64-70; Dahl, *Polyarchy,* pp.129-150; Linz, *Breakdown of Democratic Regimes,* pp.16-23.

경제성장을 일반적으로 경험하였으며 이것이 정통성을 제고시켰다. 이것은 종종 건전한 정책에 의한 것이 아니라 높은 시장성을 가진 자연자원의 혜택에 기인한 것이다. 그러나 이러한 의존의 위험성이─그리고 종종 의존과 병행하는 것으로 생산능력을 높이기 위한 저축과 투자를 멋대로 인기영합에 따라 무시하는 것이─빈번히 발견된다. 예를 들어 이러한 것은 베네수엘라에서 석유수입이 줄고 수십년간의 재정적자와 초과차용 때문에 카를로스 안드레스 페레즈 대통령이 긴축조치를 부과하자 1989년초 대중들이 폭동을 일으킨 사태에서 잘 드러났다.[15]

그렇지만 안정적으로 성공적인 경제적 업적의 중요한 결정요인은 정책이다. 보츠와나는 거대한 천연자원과 높은 수준의 외국원조로부터 혜택을 받았지만, 그러나─외자를 유치하는 데 기여했던─신중한 정책과 효과적인 관리가 그 발전의 실적 근저에 깔려 있다. 나머지 아프리카 열대지역에서 행하였던 것과는 달리, 국가의 정책이 농업수출품(이 경우에는 가축) 생산자를 질식시키지 않았다. 국가는 신중하게 기본적인 하부구조에 투자를 하고 엘리트는 정치적·행정적 부패를 효과적으로 방지해 왔다. 국영기업(Parastatals)은 효율적으로 관리되었고 교육, 주택, 의료 및 기타 사회복지에 국가가 투자하고 가뭄에 따른 기아를 구제하기 위해 아주 효과적인 식량배급 프로그램을 개발하며 그리고 공식부문에서의 임금을 개선하는 등 성장을 분배하는 데 노력이 집중되었다.[16] 이러한 업적들은, 나이지리아와 아프리카의 다른 지역에 있는 소위 민주공화국에서 경제의 활력을 앗아간 비대화되고 약탈적인 국가구조, 만연된 부패, 그리고 잘못 계획되고 서투르게 시행된 발전정책과 뚜렷하게 대조된다.

물질적 진보를 가져오는 데에 성과가 보잘것 없었다고 흔히들 생각하지만, 인도는 실제로 점진적이지만 중요한 사회경제발전을 이루어 왔으

15) 그러한 민중주의적 정치전략이 베네수엘라의 민주적 제도에 초래한 문제에 대한 통찰력을 얻으려면 다음을 참조할 것. Anibai Romero, "The Political Culture of Democratic Populism: The Case of Venezuela," in Larry Diamond(ed.), *Political Culture and Democracy in Developing Countries,* forthcoming.

16) John D. Holm, "Botswana: A Paternalistic Democracy," in Diamond, Linz, and Lipset(eds.), *Democracy in Developing Countries: Africa,* pp.196-199.

며, 만약에 지난 30년간에 인구가 8억으로 두 배로 늘지 않았더라면, 훨씬 더 형편이 좋았을 것이다. 요티린드라 다스 굽타가 관찰한 것과 같이, 독립이후 인도는 "식량의 자급자족으로 이끄는 농업생산의 부분적인 혁신을 경험하였고, 국가가 필요로 하는 대부분의 생산품을 생산하는 산업화의 구조를 발전시켰고, 교육받은 사람과 기술자들의 공급을 확대했으며 …, 세계에서 가장 낮은 수준으로 인플레이션을 지속적으로 억제해 왔으며, 그 과정에서 외채위기를 피할 수 있는 수준의 자력갱생과 지불능력을 확보하였다." 이러한 주장에 대한 광범한 증거가 <표 1>에서 발견될 것이다. 이 표는 인도가 1960년대 중반부터 지속적으로 이룩한 안정적인 경제적·사회적 성과들을 보여 주는데, 인도는 인플레이션과 해외차관을 억제하면서(인도는 국민총생산에서 차지하는 비율로 보면, 해외부채 부담은 이 책의 10개국 중에 가장 낮았다), 교육과 기대수명과 같은 중요한 사회적 지표들을 –저소득국가들에서는 가장 높은 수준으로– 향상시켰다. 높은 수준의 빈곤과 불평등은 매우 비효율적인 공공부문을 합리화해야 할 필요성과 더불어 존재하지만, 한 세대에 있어서 중간계급의 규모를 극적으로 확대하였던 이러한 경제적 신중성과 안정적인 발전은 인도 민주주의의 유지에 기반이 된 것 가운데 제대로 인식되지 못한 것 중의 하나일 것이다. 정치에서와 마찬가지로 경제정책에 있어서 일관성, 신중성, 그리고 온건성은 민주적 안정에 도움이 되는 것으로 나타난다. 콜롬비아에서는 절충적이고 실용적이며 비교조적인 경제정책이 1957년 민주주의로의 이행에 뒤따르는 저인플레이션의 안정된 경제성장을 낳았다. 비교적 초기에 수입대체에서 수출진흥으로 부분적인 경제의 재조정을 태동시킨 콜롬비아의 탄력성과 실용주의는 칠레, 아르헨티나, 페루, 우루과이의 경제를 그렇게 황폐시켰던 수입대체화에서의 비참한 경험들과 –민중주의와 급진적 신자유주의 사이에서– 정책이 급격하게 선회하는 것을 피할 수 있게 하였다.[17]

---

17) Jonathan Hartlyn, "Colombia: The Politics of Violence and Accommodation," in Diamond, Linz, and Lipset(eds.), *Democracy in Developing Countries: Latin America*, pp.310-311.

<표 1> 발전 지표(1965~1987<a>)

	칠레		브라질		멕시코	
	1965	1987	1965	1987	1965	1987
(1) 시민적 정치적 자유, 1975 & 1989<b>	12	7	8	4	7	7
(2) 인구(단위: 백만), 1966 & 1987	8.7	12.5	86.5	141.4	44.9	81.9
(3) 인구증가율, 1965~1980 & 1980~1987	1.7	1.7	2.4	2.2	3.1	2.2
(4) 예상 인구증가율, 1987~2000		1.4		1.8		1.9
(5) 예상 인구(단위: 백만), 2000 & 2025	15	19	178	234	105	141
(6) 1인당 GNP(US $)<c>, 1996 & 1987	740	1310	280	2020	490	1830
(7) 연평균 성장률(1인당 GNP, 백분율), 1965~1987		0.2		4.1		2.5
(8) 연평균 GDP 성장률, 1965~1980 & 1980~1987	1.9	1	9	3.3	6.5	0.5
(9) 연평균 인플레이션율, 1965~1980 & 1980~1987	129.9	20.6 85	31.3	166.3	13	68.9
(10) 도시인구의 비율(백분율)<d>	72	17	50	75	55	71
(11) 농업종사 노동인구의 비율, 1965 & 1980	27		49	31	50	37
(12) 출생 후 예상수명						
남자	56	68	55	62	58	65
여자	62	75	59	68	61	72
(13) 유아사망률(천명당)	103	20	105	63	82	47
(14) 초등학교 취학률, 1965 & 1986<e>	124	110	108	105	92	114
(15) 중등학교 취학률, 1965 & 1986	34	70	16	36	17	55
(16) GNP 대비 총외채율(백분율), 1970 & 1987	25.8	89.4	8.2	29.1	8.7	59.5

<표 1>에서 보여지듯이, 신중하고 지속적인 경제정책과 인플레이션, 재정적자 및 해외차관에 대한 통제에-수출증진에 대한 특별한 강조와 함께-대한 강조로 태국에서는 인상적인 경제성장 을 낳았는데, 매년 9~ 10%로 성장하여 1990년대 초에 세계에서 가장 역동적인 경제 중의 하나로 기록되었다. 부패와 불평등의 문제가 악화되는 동안에도, 태국에서는 급속한 경제성장으로 1960년대, 1970년대, 1980년대 동안에 남한과 대만에서 성장하였던 바와 같은 민주화지향의 동일한 사회세력을 많이 조성하였다. 즉 자발적이고 (점점 정치적으로 각성된) 기업가적이고

전문적인 중간계급(사회과학자와 지식인을 포함하는)의 확대, 제조업으로 노동인구가 이동하는 것에 따른 도시부문의 분화와 조직화, 그리고 인구와 정보와 이념의 아주 폭넓은 순환을 초래하는 문맹퇴치, 교육, 그리고 통신에서의 진보 등이다. 또한 남한의 사례에 대한 한승주의 설명처럼, 이러한 변화는 정치적 자유화를 바라는 인구를 증가시키며, 선진 산업 민주

<표 1> 계속

	터키		인도		태국		남한		나이지리아		세네갈		짐바브웨	
	1965	1987	1965	1987	1965	1987	1965	1987	1965	1987	1965	1987	1965	1987
(1)	5	6	5	5	8	5	11	5	10	11	11	7	11	10
(2)	31.9	52.6	498.8	797.5	32	53.6	29.5	42.1	60	106.6	4	7	4.5	9
(3)	2.5	2.3	2.3	2.1	2.9	2	2	1.4	2.5	3.4	2.5	2.9	3.1	3.7
(4)		1.9		1.8		1.5		1		3		3.1		3
(5)	67	90	1010	1365	65	82	48	56	157	286	10	20	13	22
(6)	310	1210	90	300	150	850	130	2690	70	370	210	520	220	580
(7)		2.6		1.8		3.9		6.4		1.1		-0.6		0.9
(8)	6.3	5.2	3.7	4.6	7.2	5.6	9.5	8.6	6.9	-1.7	2.1	3.3	4.4	2.4
(9)	20.7	37.4	7.6	7.7	6.3	2.8	18.8	5	13.7	10.1	6.5	9.1	6.4	12.4
(10)	34	47	19	27	13	21	32	69	17	33	33	37	14	26
(11)	75	58	73	70	82	71	55	36	72	68	83	81	79	73
(12)	52	63	46	58	53	63	55	66	40	49	40	46	46	56
	55	66	44	58	58	66	58	73	43	53	42	49	49	60
(13)	165	76	151	99	90	39	64	25	179	105	172	128	104	72
(14)	101	117	74	92	78	99	101	94	32	92<f>	40	55	110	129
(15)	16	44	27	35	14	29	35	95	5	29<f>	7	13	6	46
(16)	14.7	46.6	14.7	15.1	4.6	29.6	20.3	20.7	3.4	109.8	11.9	68.3	15.5	36.2

주: <a> 각 항목마다 표시가 되어 있지 않은 경우 수치는 1965년과 1987년에 해당된다.
   <b> 시민적 정치적 자유는 1부터 7까지의 종합점수로서 각각 측정된다. 1은 가장
      자유로운 것이며 7은 가장 자유롭지 않은 것을 의미한다. 5점 이하(정치적 자
      유권에서는 2점 이하)는 '자유,' 6점부터 11점까지는 '부분적 자유,' 그리
      고 12점에서 14점까지는 '부자유'로 간주된다.
   <c> 매년 1인당 GNP는 미국달러의 경상가격으로 표시된다. 그러므로 1966년과
      1987년 수치의 비교는 (미국의) 인플레이션을 통제하지 않은 것이다.
   <d> (UN 자료로부터 얻은) 이 측정치는 국가마다 상이한 도시에 대한 정의에 기
      초하고 있으므로 국가간 비교는 신중히 해석되어야 한다.
   <e> 초등교육이 의무화되어 있는 나라에서는 그 국가의 표준적인 초등학교 재학
      연령보다 적거나 많은 학생들이 있기 때문에 총 취학률이 100%를 초과할 수
      도 있다.
   <f> 1983년 수치
출처: World Bank, *World Development Report 1983, 1987, 1989*, New York, Oxford
University Press, 1983, 1987, 1989; *World Bank, World Tables 1987*, 4th ed.,
Washington, D.C: World Bank, 1987; 그리고 정치적 시민적 자유의 평가에 관해서는
Raymond D. Gastil, *Freedom in the World: Political Rights and Civil Liberties 1987 ~1988*,
Lanham, MD.: University Press of America, 1988과 *Freedom at Issue 112*, January-
February 1990. 후자에 관해서는 Freedom House의 허가를 받았음.

주의국가들과의 접촉 및 교환을 증가시키며, 그리고 사람들이 자신의 이
익을 추구하기 위해 자발적으로 조직화하는 데 필요한 자원과 기술을 향
상시킨다.[18]

  이러한 변화는 왜 권위주의체제(특히 군부체제)가 민주적 체제와 달리

그 정통성을 위한 동일한 지속적인 혜택을 성공적인 경제업적으로부터 끌어내지 못하는가를 이해하는 데 도움을 준다. 민주적 체제와는 달리 대부분의 권위적 체제는 본래 권력조직에 대해 갈채나 칭찬을 받지 못한다. 반면 그들의 권력독점과, 정치적·시민적 자유에 대한 제한과 억압은 더 높은 선(경제성장, 사회주의, 이슬람사회, 유토피아)을 획득하기 위한 것일 때만 사람들에 의해 수용된다. 그러므로 이러한 체제들은,

> 너무나 명백한 정통성 모순에 직면한다. 만약에 그들이 어떠한 업적을 달성하지 못한다면, 그들은 정통성을 상실할 것이다. 왜냐하면 업적이 그들의 권력을 유지하기 위한 유일한 정당화이기 때문이다. 그렇지만 남한이나 페루에서와(발라스코의 개혁적 군사통치 아래서) 같이 사회경제적 발전을 수행한다면, 그들은 스스로의 존립을 종식시키지 않고서는 결코 만족시킬 수 없는 대중들의 요구와 참여를 실현하겠다는 정치적인 목적에 대중들의 열망을 다시 집중시키는 경향이 있다. 마찬가지로 만약에 그들이 권력장악을 정당화하였던 결정적인 위협이나 도전(예컨대 전복, 테러리즘, 정치폭력)을 해결하는 데 성공한다면, 시간이 지남에 따라 새로운 도전과 이해를 가진 세대가 그들을 없애도 되는 것으로 만드는 것처럼, 그들은 불필요하게 되고 적응력의 결핍 때문에 존립의 의미를 상실한다.[19]

동시에 민주주의국가는 또한 독특한 취약성을 가지고 있다. 그 중 하나는 권위주의체제보다도 민주적 체제의 정통성이 특별히 부패의 부식적인 효과에 약하다는 것이다. 이것은 부분적이지만 경쟁적인 선거, 독립된 사

18) 급속한 사회경제적 변화가 궁극적으로 어떻게 대만에서의 민주화에 기여하였는가에 대한 분석과 증거를 보려면 다음의 논문을 참조할 것. Tun-jen Cheng, "Democratizing the Quasi-Leninist Regime in Taiwan," *World Politics*, 41, no.4, July 1989, 특히 pp.480-483; Tun-jen Cheng and Stephan Haggard, "Regime Transformation in Taiwan: Theoretical and Comparative Perspectives," in Cheng and Haggard(eds.), *Political Change in the Republic of China on Taiwan*, forthcoming; 그리고 민주화가 정치문화에 미치는 효과에 관해서는 Ambrose Y. C. King, "A Non-Paradigmatic Search for Democracy in a Post-Confucian Culture: The Case of Taiwan, R.O.C.," in Diamond(ed.), *Political Culture and Democracy in Developing Countries*.

19) Larry Diamond, "Beyond Authoritarianism and Totalitarianism: Strategies for Democratization," *The Washington Quarterly*, 12, no.1, Winter 1989, p.150.

법부, 의회내의 반대세력, 그리고 자유언론을 가지고 있는 자유의 조건 아
래에서 부패는 권위주의에서보다 훨씬 더 드러나기 쉬울 것이기 때문에
그러하다. 부패가 민주적인 정치계급 전체로 규모가 넓어지고 확대되면—
예를 들어 가나와 나이지리아에서 반복되어 일어났던 것처럼—특정 정치
인이나 정당의 자격을 상실시키기보다는 정치체계 전반의 정당성을 박탈
한다. 더욱이 권력을 추구하는 주요한 동기로서 정치적 부패가 널리 퍼지
면(국가가 경제생활을 지배하기 때문에), 정치과정이 정책에 관한 논쟁보
다는 권력을 위한 투쟁으로 환원되고, 유권자들(또는 적어도 후견망 외부
의 대부분)의 냉소적이고 냉담한 반응을 유발하여 선거과정을 오염시킨
다. 이러한 만연된 부패는 또한 경제발전을 침식하고, 군부가 선거로 구성
된 정부를 축출하는 것을 정당화하기 위하여 내세우는 주요한 주장 중의
하나이다. 비록 군부 자체의 부패가 멀지않아 비슷하거나 더 커질 것이지
만.[20]

2) 정치적 지도력

우리의 이론적 정향이 민주주의의 전망에 대해 다양한 구조적 요인들
의 중요성을 상당히 강조한다고 하더라도, 이것이 결코 전적으로 결정적
인 것은 아니다. 우리가 이미 살펴보았듯이, 경제적일 뿐만 아니라 정치적
으로 체제의 수행실적과 생존능력은 부분적으로 정치 지도자들이 그들에
게 주어진 구조적인 환경의 제약내에서 결정하는 선택과 정책의 결과이
다. 심지어 구조와 제도들, 특히 정치적인 것들은 정치지도자들의 행동과
선택에 의하여 형성된다. 구조적 환경이 더욱 제약적이고 불리할수록, 정
치적 지도력은 민주주의의 생존을 위해 더욱 더 능숙하고, 혁신적이며, 용
기있고, 민주주의에 대한 확신이 있어야 한다. 비록 장애요인이 엄청난 곳

---

20) 신생민주주의 국가나 다시 민주주의가 회복된 국가는 특히 이러한 면에서 취약
하다. 예를 들어 코라손 아키노가 이러한 광범위한 타락을 통제할 수 없었다는
점이—비록 그녀의 정직하고 존중할 만한 의도에도 불구하고—1989년 그녀의
정치적 지지기반을 침식하는 중요한 요인이었을 뿐만 아니라 그해 말 필리핀의
민주적 정치체계를 거의 와해시켰던 쿠데타에서도 중요한 요인이었다.

에서도 민주주의의 붕괴는 불가피한 것이 아니라 취약한 지도력과 잘못된 선택에 의해 촉진되는 것이다.[21]

이 책에서 우리는 비효율적이며, 허약하고, 종종 과격하고 비타협적인 정치적 지도방식이 칠레, 브라질, 터키, 남한, 태국, 나이지리아 등에서 민주정부의 붕괴에 기여하였던 방식을 제시할 것이다. 이러한 사례 중에 몇몇에서는 구조적 조건이 열악했다고 주장할 수도 있으나, 종종 요구되었던 경제적 개혁이나 제도개선을 수행하지 못한 정치가들의 잘못에 부분적으로 기인했다. 확실히 발렌주엘라와 에르군 오즈버둔은 칠레(1973)와 터키(1980)의 민주정부 붕괴에 정치지도자들의 오산과 비타협적인 태도가 얼마나 많이 기여했는가를 보여 준다.

우리는 또한 후안 린쯔가 민주적 체계에 대한 '충성심'이라고 명명했던, 정치지도자들의 강력한 민주적 신념의 중요성을 알고 있다. 민주적으로 충실한 지도자들은 권력 추구를 위해 폭력과 불법적이거나 비헌법적인 수단을 사용 또는 위협하는 것을 거부한다. 그리고 다른 참여자의 반민주적인 행위를 용서하거나 관용하지 않는다.[22] 나이지리아의 사례는 선거폭력과 부정, 암살, 선동 그리고 만연된 정치적 부패가 어떻게 제2공화국의 ─ 제1공화국의 붕괴에 크게 기여한 양극화된 종족 갈등이 없었음에도 불구하고 ─ 정통성을 손상시키고 붕괴시켰는지를 보여 준다. 인도의 경우에서는 1975년에 비상통치의 선언뿐만 아니라 그가 다시 권력에 획득한 1980년 이전이나 이후에 있어서 권력의 집중화와 개인화를 유발하는데 있어 민주적 가치에 대한 인디라 간디의 모호한 태도가 핵심적인 역할을 하였다는 것을 보여 준다. 아프리카나 아시아 지역에서, 민주제도의 침식이나 파괴는 필리핀의 마르코스, 남한의 이승만, 가나의 엔크루마, 우간다의 오보테와 같이 선거에 의해 선출되었지만 자기과장적이고 권위주의

21) Juan J. Linz and Alfred Stepan(eds.), *The Breakdown of Democratic Regimes*, vol.4, Baltimore, MD.: Johns Hopkins University Press, 1978.

22) Linz, *Breakdown of Democratic Regimes*, pp.27-28. 민주주의의 붕괴 혹은 유지에 있어서 폭력과 테러의 역할과 그에 대한 정당의 반응에 관한 광범위한 증거를 보려면 다음을 참조할 것. G. Bingham Powell, Jr., *Contemporary Democracies: Participation, Stability, and Violence*, Cambridge, MA.: Harvard University Press, 1982, pp.155-170.

적인 정치지도자들의 행동에 의한 것이었다. 이러한 사실들은 민주정부의 붕괴-행정부나 군부쿠데타에 의한-에는 "선거를 통해 선출된 지도자들에 의한 민주적 신념의 포기"가 흔히 선행된다는 빙햄 포웰(G. Bingham Powell, Jr.)의 일반화를 확인시킨다.[23]

물론 지도력이 모두 부정적인 것은 아니다. 개발도상국에 있어서 유연하고, 적응력이 있으며, 타협을 할 줄 아는 합의적 지도력이 민주발전에 뚜렷하게 기여하였다. 이 점은 간디와 네루 그리고 국민회의(Congress)의 훌륭한 지도자들 아래 있었던 인도에서 제도형성의 초기단계에 확인되었다. 시의적절한 판단과 약간의 정치적 용기를 보여 준 남한의 노태우와 대만의 장경국에 의한 적응력 있고 분별력 있는 정치지도력은 최근 두 나라에서 민주화로의 변화에 부분적으로 기여했음을 인정할 수밖에 없다. 또 크리스천 코울론이 밝혔듯이, 세네갈 정치가 좀더 민주적 다원주의와 경쟁으로 나아가는데 있어서 레오폴드 셍고르와 압도우 디오우프 개인의 지도력에 의한 결정과 기술이 중요했다. 콜롬비아와 베네수엘라에서의 민주주의는 경쟁하는 정당지도자들이 과거에서 교훈을 얻고, 경쟁을 넘어서서 권력을 공유하는 데 합의한 창조적인 타협의 결과로 성취되었다.[24] 발렌주엘라는 칠레에서 19세기 초에 민주주의가 도입되고, 무질서한 변화와 성장의 시기에 민주주의가 적용하고 확대되며, 그리고 1930년대 대공황시기에도 민주주의가 유지되도록 하는 데 있어서, 민주적 태도를 지니고 미래상을 제시할 수 있었던 유능한 정치적 지도력이 얼마나 중요했는지를 보여 준다. 멕시코의 사례연구에서 레비는 다른 하나의 필연적인 귀결을 제시하면서 비민주적인 가치를 신봉하는 능숙하고 효과적인 정치적 지도력이 수십 년 동안 비민주적인 체제의 안정성에 어떻게 지속적으로 공헌하였는지를 보여 준다.

---

23) Ibid, p.174.

24) Daniel H. Levine, "Venezuela: The Nature, Source, and Future Prospects of Democracy"; Hartlyn, "Colombia," in Diamond, Linz, and Lipset(eds.), *Democracy in Developing Countries: Latin America*, pp.247-290, pp.291-334.

3) 정치문화

체제의 수행실적에 있어서 하나의 중요한 차원은 갈등을 관리하는 것
이다. 아리스토텔레스까지 거슬러 올라가는 오랜 이론적 전통에서, 세이
무어 마틴 립셋이 논의한 바와 같이 "안정적 민주주의는 경쟁하는 정치세
력들 사이에 비교적 완화된 긴장이 요구된다."[25] 이와 더불어 민주체제는
유별나게 높은 정도의 효과성이 요구된다. 민주적 체제는 경쟁과 갈등이
제도화되어 있는 체계이기 때문에, 경쟁이 적의로, 갈등이 혼란으로 허물
어지는 것을 경험하기가 각별히 쉽다. 만약 정치적 자유와 경쟁이 극단주
의, 양극화, 그리고 폭력으로 추락되지 않는다면, 갈등을 어떤 행동반경
안으로 포용할 수 있는 기재가 있어야 한다. 이러한 측면에서 가장 중요
한 요인들 중의 하나가 정치문화, 즉 엘리트와 대중 모두에게 확산되어
있는 정치에 관한 신념과 가치들이다.

다원주의적 혹은 자유주의적 전통에 입각해 있는 이론가들은 안정적인
민주주의에 결정적인 것으로서 여러 신념과 가치를 규정한다. 즉 민주주
의의 정당성에 대한 믿음; 반대되는 정당, 신념, 그리고 선호에 대한 관용;
정치적 반대자와 타협하려는 의지, 그리고 이것의 바탕이 되는 실용주의
와 유연성; 정치적 환경에 대한 최소한도의 신뢰와 특히 정치적 경쟁자들
사이의 협력; 정치적 입장과 정당 일체감에서의 중용; 정치적 토론에서의
예의, 그리고 정치적 효율성과 참여－정치적 신민형(정치적 권위에 충성
하는)과 원시형(전통적이고 비정치적인 일을 추구하는 개인과 관련되는)
이란 두 개의 다른 역할이 부가되어 조화된－등이다.[26] 특히 초기에 다알
은 이러한 정치엘리트 사이의 민주적 문화의 중요성을 강조하였다.

25) Lipset, *Political Man*, pp.78-79.
26) Gabriel A. Almond and Sidney Verba, *The Civic Culture*, Princeton, N.J.:
    Princeton University Press, 1963; Sidney Verba, "Conclusion: Comparative
    Political Culture," in Lucian W. Pye and Sidney Verba(eds.) *Political Culture
    and Political Development*, Princeton, N.J.: Princeton University Press, 1965,
    pp.512-560; Dahl, *Polyarchy*, pp.129-162; Lipset, *Political Man*; Seymour
    Martin Lipset, *The First New Nation*, New York: W. W. Norton, 1979, part
    3.

우리의 대규모 연구는 이러한 민주적 문화의 추정된 특징이 민주정부의 안정성과 밀접한 상관관계가 있다는 증거를 제공한다. 가장 강력하고 안정적인 민주국가는 또한 가장 민주적인 정치적 가치와 신념을 지니고 있는 것으로 나타난다. 베네수엘라의 대중신념에 대한 설문조사 자료는 선거의 정당성, 공개적인 반대, 그리고 비판의 자유와 같은 기본적인 민주원리와 "정치체계로서 민주주의에 대한 강력한 지지를 지속적으로 보여준다." 더욱이 농민과 정치지도자들은 공통적으로 정치에서의 신중함, 타협 그리고 화해의 필요성을 강조하고 있다.[27] 비슷하게 코스타리카의 설문조사 자료도 엘리트와 대중 모두가 민주제도와 그리고 타협과 합의를 위해 노력하는 것에 폭넓은 지지를 보여 주고 있다. 특히 정치엘리트들은 폭력을 거부하고, 항의와 대립에 대해 중용과 화해로써 반응한다. 또한 코스타리카는 많은 측면에서 세계에서 가장 발전된 민주국가와 상응하는 유난히 높은 수준의 대중의 정치참여, 이익, 의식 등을 보여 준다.[28]

개발도상국에서 민주주의의 성공은 민주적 가치의 성장뿐만 아니라 그 국가의 역사적·문화적 전통의 뿌리까지 거슬러 올라간다. 다스 굽타는 1세기전 인도의 국민의회가 수립될 때부터, "절차에 대한 민주적 규칙, 반대자에 대한 관용, 갈등적인 요구의 화해 등이 참여자를 위한 정치교육의 일부분이 되었다"고 지적하고 있다. 이러한 자유주의적 전통은 조정, 타협, 비폭력에 대한 간디의 강조로 더욱 심화되었다. 보츠와나에서는 공공토론, 공동체적 합의, 그리고 비폭력의 정치문화가 민주주의의 안정성에 주요한 기반이 되었다. 존 홀름은 이것의 기원을 크고틀라(kgotla)라는 인민협의와 합의추구의 문화적 전통에서 찾고 있다. 이것은 지배정당이 "모든 새로운 정책을 지방에서 실시하기 전에 크고틀라로써 지역공동체와" 협의하는 관행을 통해 확대되어 왔다.[29]

한 국가에서 정치문화의 양면성은 또한 민주주의 경험의 양면성과 연

---

27) Levine, "Venezuela," pp.278-279.

28) John A. Booth, "Costa Rica: The Roots of Democratic Stability," in Diamond, Linz, and Lipset(eds.), *Democracy in Developing Countries: Latin America,* pp.402-404.

29) Holm,"Botswana," p.195.

관되어 있다. 에르군 오즈버둔이 지적하고 있듯이, 터키는 국민이 선거에
의하여 뽑은 정부의 정통성에 대한 강한 합의와 국가유기체론의 지속적
인 경향—오트만 통치로까지 거슬러 올라가는—의 양자로 갈려져 있다.
이것이 분열에 대한 엄청난 두려움, 정치적 반대자와 개인적 일탈행동에
대한 불관용, 그리고 정치를 절대주의적 견지에서 파악하는 경향을 팽배
시킨다. 이러한 가치의 행동적인 표현은 터키에서의 명백한 민주주의 붕
괴로 두드러지게 나타났다. 또한 래리 다이아몬드의 분석에서 보여 주듯
이, 나이지리아는 민중적이고 책임성 있는 정부와 더불어 정치적 자유에
대한 광범위하게 심화된 태도와 관용과 타협을 지향하는 약한 경향 사이
에서 균열되어 있다. 이러한 모순은 두 번씩 정치적 혼란, 폭력, 그리고
민주주의의 붕괴를 낳았다. 두 나라에서의 이러한 문화적 경향은 부분적
으로는 위압적인 국가에 의해 형성되었다.

　코울은 세네갈의 '혼합된' 정치문화와 준민주주의적 성격의 체제사이
의 조응을 보여 준다. 세네갈의 전통적인 정치문화는 "토론과 정치적 게
임을 지향하는 성향"을 가진 권위주의적 가치와 군주의 권위에 대한 헌법
적 제한과의 균형을 이루었다. 자유주의적인 서구문화의 영향은 민주주의
의 방향으로 압력을 주게 되지만, 무시되고 소외된 하층계급에서의 민주
주의에 대한 지지결여와 권위주의적 이슬람 교리에 대한 엘리트층의 점
증하는 관심에 의하여 약화되고 있다. 차이-아난 사무다바닛은 태국에서
거듭되는 군부의 정치개입이 자유와 참여보다 "국가안보, 안정과 질서"에
더 높은 가치를 부여하며, 압력집단과 갈등을 혐오하는 군부의 민주주의
관에서 부분적으로 비롯된다는 것을 시사한다. 또한 마시풀라 시톨레가
역설하듯이, 독립 이후 짐바브웨의 불안정하고 폭력적인 민주정치는 민주
제도의 원칙을 인정함에도 불구하고, 해방투쟁의 비관용적·폭력적·명령
적인 문화의 상처들이 잔존하는 정치문화에 상당부분 기인한다.

　한 국가의 정치문화가 강력한 민주적인 조류를 보이면, 권위주의체제
가 그 지배를 제도화하는 것을 매우 어렵게 만들 것이다. 나이지리아에서
독재통치가 불안정한 기원은 부분적으로 인민의 정치적 자유에 대한 헌
신에까지 거슬러 올라갈 수 있다. 어떠한 군사정권이라도 민선민간정부에

게 권력을 이양할 확실한 일정을 제시하지 않는 한 권력을 오래 유지하는 것이 불가능하다. 필리핀에서도 권위주의적 통치가 실제로 장기적으로 결코 받아들여지지 않았다. 왜냐하면 예를 들어 인도네시아와 태국과는 대조적으로 필리핀은 민주적인 가치와 전통을 존중하기 때문이었다.[30] 우루과이에서도 군부가 권위주의적 통치를 영속시키는 데 실패한 것은 "군대에까지 침투한 민주적인 정치문화의 끈질긴 활력과 권위주의적인 담화에 대한 냉담한 분위기"에 부분적으로 기인하는 것이었다.[31] 이러한 유사한 현상이 칠레에서도 관찰된다.

4) 사회구조와 사회경제적 발전

민주적인 정치문화의 긍정적인 효과는 사회적·정치적 양극화 가능성을 최소화하는 사회구조에 의해 강화된다. 특히 많은 이론가들에 의하면 사회경제적 발전은 개인 및 집단이 정치과정에 참여하는 방식을 근본적으로 변화시킨다고 주장된다. 더 많은 경제적 안정과 광범한 교육기회를 낳는 경제발전이 선진 수준에 도달하면, 사회경제적 불평등을 감소시키고, 하층계급의 상대적 박탈감과 불의의 감정이 완화하여 극단주의적인 정치의 가능성은 줄어들 것이라고 가정된다.[32] 또한 국가의 부가 증대되면, 정치이론에 있어서 중용, 관용, 그리고 민주주의라는 개념과 오랫동안 연관되었던 중간계급이 확대되는 경향이 있다.[33]

지난 30여 년 동안, 대다수의 계량적 분석은 사회경제 발전과 민주주의 사이에 긍정적인 관계가 있다는 명제를 뒷받침하였다. 현재의 이론적 측면에서 훨씬 흥미있는 질문은 그 상호관계가 성립하는가보다는 시간이

---

30) Karl Jackson, "The Philipines: The Search for a Suitable Democratic Solution, 1946~1986," in Diamond, Linz, and Lipset(eds.), *Democracy in Developing Countries: Asia*.

31) Charles Gillespie and Luis Eduardo Gonzales, "Uruguay: The Survival of Old and Autonomous Institutions," in Diamond, Linz, and Lipset(eds.), *Democracy in Developing Countries: Latin America*, p.223.

32) Lipset, *Political Man*, p.45.

33) Ibid., p.51; Dahl, *Polyarchy*, p.81.

경과됨에 따라 어떻게 그 관계가 나타나는가 하는 것이다. 사무엘 헌팅턴
이 주장하듯이, 근대성이 점차적으로 민주주의의 안정성을 가져오는 경향
이 있는 반면에 근대화 과정은 불안정을 가져올 것이다. 즉 "사회적·경제
적 변화ㅡ도시화, 교육과 문자해득의 증가, 산업화, 대중매체의 보급ㅡ는
정치의식을 폭넓게 만들고, 정치적 요구를 증가시키며, 정치참여를 확대
한다."34) 정치제도는 증가되는 (점차 자발적인) 참여를 통합하기 위하여
확대되고 적응할 수 있어야 한다. 그렇지 않으면 제도는 붕괴될 위험성이
있다. 따라서 이 관계는 다음과 같은 개연적인 말로써 잘 정립된다. "국가
가 경제적으로 발전하면, 이행 혹은 선택의 영역으로 이동하고 있는 것으
로 생각된다. 이 영역에서는 전통적인 지배의 형태가 유지되기가 점점 어
렵게 되고, 새로운 유형의 정치제도가 점차 복잡해지는 사회의 요구를 집
약하기 위하여 필요하다."35) 선택된 새로운 제도가 민주적인지 그렇지 않
은지는ㅡ그리고 민주적인 경우에는 이 민주적인 제도가 유지될 수 있을
것인지는ㅡ여러 다른 요인들에 달려 있다.

　권위주의의 통치 아래에서 급속한 경제발전이 가져온 가장 일반적이
고 아마도 장기적으로 가장 중요한 결과는 민주주의에 기여하는 압력과
사회구조적 조건을 창출한다는 점이다. 이러한 점은 역사적 시기와 그
정도는 다르지만, 브라질, 코스타리카, 도미니카공화국, 페루, 태국, 대
만, 남한 등에서 사실이었다. 여기에 덧붙여, 페루와 특히 (훨씬 일찍)
대만에서는 민주주의를 위한 중요한 토대가 토지개혁과 다른 조처에 의
하여 마련되었는데 그러한 조처들은 사회경제적 불평등을 감소시켰고,
반(半)봉건적 관계를 폐지하였으며, 그리고 중요한 중농계급을 창출하였
다(그러나 페루의 개혁은 충분히 광범위하게 지속되지 못하였기 때문에,
빈곤과 지역간, 계급간 불평등이 온존되었고 이것이 민주주의의 미래를
위협하였다). 비슷하게도 남한에서는 급속한 성장이 수반한 사회적 개혁
과 저임금집단의 상당한 복지증진이 정치의식을 향상시키고 민주적 반

---

34) Samuel P. Huntington, *Political Order in Chaning Societies,* New Haven, CT.:
　　Yale University Press, 1968, p.5.
35) Samuel P. Huntington, "Will More Countries Become Democratic?" *Political
　　Science Quarterly,* 99, no.2, Summer 1984, p.201.

대를 강화하였다. 물론 필리핀이나 아이티에서처럼, 낮은 혹은 마이너스 성장은 권위주의 정권을 불안정하게 만들고 붕괴시키는 데 기여했다. 그러나 이러한 조건하에서 일어난 변화는 민주주의의 미래에 그렇게 좋은 징조는 아니다.

  사회경제적 불평등 비교연구들에 따르면, 민주주의와 사회경제적 평등이 상관있다라는 명제는 지지된다. 특히 누적적이고 심화된 불평등은 민주주의의 취약한 기반이 된다. 역사적으로 도미니카 공화국, 페루, 대부분의 중앙아메리카를 포함하는 다수의 라틴아메리카에 있어서 이러한 불평등은 민주주의를 불안정하게 만든 요인이었다. 코스타리카에서는 대조적으로 역사적으로 하신엔다 농업과 대규모 토지소유가 부재하였으며 노동력이 부족하여 농촌임금을 높게 유지시켜 주었기 때문에, 평등주의적 사회문화와 민주주의의 발전을 조장하는 데 중요한 도움을 주는 것으로 존 부스가 "계급 간의 상호의존성"이라 부르는 현상을[36] 초래하였다.

  아마도 가까운 장래에 브라질보다 불평등이 민주주의에 매우 예민하고 긴급한 문제가 될 나라는 없을 것이다. 브라질에서는 전 인구중 가장 부유한 10%가 세계은행의 자료가 보고되는 다른 어느 나라보다도 전체수입의 높은 비율(약 50%)을 통제하고 있다.[37] 볼리바르 라모우니에르에 의하면, 불평등을 줄이는 데 뚜렷하게 실패한 것이 민주체계를 약화시키고 1964년의 붕괴를 가져온 중요한 구조적 요인이었다. 또한 그는 지난 4반세기 동안 브라질의 도시화가 더욱 진전되었고 사회적으로 더욱 동원되었기 때문에—군사통치 아래서 놀라울 정도의 전체적인 경제성장률에도 불구하고 소득의 불평등과 어느 정도의 절대적인 빈곤이 악화되는 동안—부의 '분산화'는 민주주의의 공고화를 위해 긴급한 것이 되었다고 주

---

36) Booth, "Costa Rica," pp.389-391.
37) World Bank, *World Development Report 1989*, New York: Oxford University Press, 1989, table 30, pp.222-223. 비교자료에 대한 더 광범한 논의를 보려면 다음을 참조할 것. Larry Diamond and Juan J. Linz, "Introduction: Politics, Society, and Democracy in Latin America," in Diamond, Linz, and Lipset(eds.), *Democracy in Developing Countries: Latin America*, pp.40-41.

장한다. 그러나 절대적 빈곤을 감소시키는 것은 아마 정치적으로 지속되기 어려운 장기간의 정책집행을 요구하는 반면, 토지개혁과 같이 불평등을 감소시키는 정책은 단기적으로 심각한 정치위기를 불러일으킨다. 잠재적으로 양극화된 불평등의 결과는 최근의 브라질에서 도시노동자의 전투성과 쟁의의 확대, 농촌의 폭력적인 토지갈등, 그리고 1989년 12월 대통령선거의 결선투표에서 자유시장 옹호자인 페르난도 콜로르 드 멜로에 이어 2위를 한 노동자 지도자 루이스 이나시오 다 실바(룰라)를 포함하여 선거에서 민중주의적이고, 급진적인 후보에 대한 지지의 증가 등으로 확인되었다.

인구증가   민주주의의 성과와 전망을 평가하는 데 있어서 흔히 간과되어온 사회경제적 문제는 급속한 인구증가의 문제이다. <표 1>에서 제시되었듯이, 더욱 향상된 생활수준과 여성을 위한 사회경제적 기회의 개선으로 출생률이 낮아지는 추세이지만, 그럼에도 불구하고 인구증가율은 아시아, 라틴아메리카, 특히 아프리카의 대부분의 지역에서 여전히 높게 나타난다. 비록 1980년대 브라질, 멕시코, 터키, 태국, 인도(거의 가까이) 등에서 처럼 연평균 인구증가율을 2% 이하로 낮춘다고 하더라도, 인구는 35년이나 그 이내에 배가될 것이다. 나이지리아, 짐바브웨, 그리고 몇몇 아프리카국가에서처럼 연평균 인구증가율이 3.5% 정도에 다다르면, 인구가 배가되는 기간은 20년 정도로 줄어들 것이다. 이러한 높은 증가율을 가진 국가에서의 연령구조는 전형적으로 15세 이하가 인구의 40~50% 정도로서 어린이와 청소년들쪽으로 편중되어 있다.38) 따라서 거기에는 양육되고, 교육을 받아야 하며, 궁극적으로는 어떻게든지 유급으로 고용되어야 하는 매우 많은 수의 피부양 인구들이 있을 뿐만 아니라, 이러한 어린이들이 점차 자기의 자녀를 낳을 때 충분히 감지할 수 있는 잠재적인 인구증가의 계기가 존재한다(비록 사회, 경제, 문화적 조건이 그때에는 1부부당 2자녀 비율 정도의 인구증가율로 바뀐다고 하더라도).

---

38) Michael P. Todaro, *Economic Development in the Third World*, 2nd ed., New York: Longman, 1981, p.165.

이러한 급속한 인구증가의 정치적 결과는 전적이지는 않지만, 경제적 결과로부터 거의 나온다. 인구가 급속히 증가하는 정도에 따라 한 국가의 연 경제성장은 개인의 생활수준을 개선시키는 데 보다는 늘어난 인구에게 양육, 교육, 의료혜택 등을 기존의 수준으로 제공하는 데 흡수된다. 따라서 실질생활 수준에서 1인당 소득향상과 서비스의 개선은 국민소득의 총체적 증가가 이루어진 훨씬 뒤에 가능해진다. 매년 증가되는 인구는 절대적인 수치로 보면 매우 많다. 최근 증가율에 비추어 보면, 나이지리아와 브라질은 매년 3백만 이상이 증가되고, 터키와 태국에서는 매년 백만 이상, 인도에서는 1천 6백만 이상의 인구가 매년 늘어난다. 그리고 이들 국가에서는 점점 도시화가 진전되기 때문에, 이렇게 증가된 인구들은 도시로 몰리게 된다. 경제성장이 이러한 젊은층에게 적당한 교육, 훈련, 직업 그리고 기회를 제공하기에 충분하다면, 정치적 안정은 영향을 받지 않을 것이며, 인구증가율은 선진국에서 발견되는 좀더 다루기 쉬운 수준(1%나 그 이하로)으로 떨어질 것이다. 그러나 우리의 사례 중에는 남한만이 10년 이내에 그러할 것으로 예상되며 출생률은 칠레나 태국에서도 이런 낮은 수준에 접근할 것이 예상된다(<표 1> 참조). 다른 7개국 사례에서는 향후 10년 이내에 인구증가가 약 2%나 그 이상에 머물게 되어 각 체계들이 해결하기에는 큰 압박이 되는 경제적·정치적 요구와 기대를 폭발시킨다. 가난한 사람들은 자녀의 장래를 위해 제공할 수 있는 것이 적은 반면에 일반적으로 출생률이 더 높기 때문에 이러한 문제는 심한 경제적 불평등에 의해 더욱 악화된다.

만약 현재의 가정들이 바뀌지 않는다면, 초래되는 경기침체, 좌절 그리고 정치적 소요 등이 경제적 실정의 탓이라 비난을 받을 것이지만, 이것을 촉진시키는 요인으로서 급속한 인구증가를 간과해서는 안된다. 만약 이러한 개발도상국들이 안정된 민주정부를 유지하고 공고히 하기 위한 적절한 기회를 갖게 될 만큼 인구증가율이 충분히 낮아져야 한다면, 가족계획과 주민의 의식을 고양하기 위한 국가계획이―여성과 빈민을 위한 의료혜택 및 교육개선을 위한 노력과 더불어―급속히 촉진되어야 한다.

5) 결사적 집단의 활동

알렉시스 드 토크빌까지 거슬러가는 이론적 저작과 경험적 증거는 모두 안정된 민주주의에는 다원적이고, 자발적이며, 열정적으로 조직된 시민사회의—민주주의의 이익을 표출하고 실천하는 부가적인 통로를 제공해주면서 국가권력을 제한하고 균형을 잡아줄 수 있는—중요성을 강하게 논증하고 있다. 풍부한 결사활동은 정치참여를 자극하고 시민의 능력을 증진시키고, 정치지도자들을 충원하고 훈련시키며, 민주적 체계에 대한 헌신을 강화하는 데 있어 정당의 역할을 보완할 수 있다.[39] 과거 수십 년 동안에 가장 성공적인 민주주의의 경험을 겪었던 26개의 연구대상국 중 인도, 코스타리카 그리고 베네수엘라 3개국에서는 자생적이며 점차 세련된 자발적인 결사체들의 활력있는 조직망이 민주주의의 안정성과 견고함의 중요한 토대가 되었다.

1세기 전 식민통치에 대항한 민족주의 운동의 초창기부터, 인도의 민주주의는 언어개혁, 법률개혁, 교육근대화, 언론자유의 수호, 시민의 자유, 그리고 여성의 권리를 지향하는 다수의 자발적인 결사들이 존재하였기 때문에 활기를 띠게 되었다. 오늘날에는 강력한 노동조합, 농민, 학생 그리고 기업가 조직들이 종종 정당과 연합을 하기도 하지만, 또한 자신의 이익을 추구하기 위해 자율적으로 행동하며, 이러한 정치적 자율성은 결사내 새로운 지도층이 경제적인 문제에 더 큰 강조를 두면서 증대되었다. 또한 다스 굽타는 오늘날 인도의 상황은 사회적·정치적 개혁을 위한 적극적인 캠페인에 "다양한 정당, 단체, 관련된 대중들을 결합시키는" 쟁점지향적인 운동의 광범위한 조직망으로 충만되어 있다고 언급한다. 사실 인도에서는 공식적인 정치제도가 20여 년 전에 약화되었기 때문에, 결사체 활동이 점차 민주적인 표출과 책임성의 제고를 위한 핵심적인 자원이 되고 있다.

조직의 활동이 두텁고, 제도화되어 있으며, 자율적인 곳에서는 1985～1986년 필리핀에서 극적으로 확인되었듯이, 권위주의 통치를 잠식하고

39) Levine, "Venezuela," pp.279-280.

효과적인 민주화 압력을 낳을 것이다. 인구의 95%가 가톨릭을 믿고 있는 필리핀에서는, 가톨릭교회는 마르코스가 집권 20여 년 동안 포섭할 수 없었던 유일한 제도였으며, 정부의 탄압과 권력남용에 대항할 수 있는 중요한 원천이었음이 증명되었다. 또한 법률가, 지식인 그리고 학생들의 조직은 민주주의에 대한 열망을 생동감있게 유지시키는 데 기여하였으며 현대적인 기업가 조직의 중요한 일부와 더불어, 마르코스 독재정권을 붕괴시켜 버렸던 국민적 동원에 교회와 함께 참여하였다. 1970년대와 1980년대의 라틴아메리카에서 가톨릭교회는 전제정치에 대항하고, 사회정치적 다원주의를 수호하는 데 비슷한 역할을 수행하였다. 남한에서의 개신교회는, 훨씬 작지만 여전히 영향력이 있는 가톨릭교회와 더불어 권위주의 통치를 종식시키기 위한 운동에 정당성을 부여하고 고무시키는 역할을 수행하였다. 정치적 자유와 다원주의를 위한 투쟁에서 종교제도가 가진 이점은 종교가 거의 정의상 가지고 있는 특별한 도덕적 정당성이지만 또한 국가로부터 보상과 자원을 추구하는 다른 이익집단들보다는 종교집단이 성격상 분명히 정치적으로 훨씬 자기이익에만 집착하지 않는다는 점에서도 유리한 것이다.

　나이지리아에서는 1970년대에 권위주의 통치를 유지하려는 노력과 부하리장군의 군부체제(1984~1985)시기에 그 억압적인 성격을 강화하기 위한 노력들은 언론, 법조협회, 학생집단, 노동조합, 기업조직, 그리고 지식인과 여론지도자들의 감시와 조직적인 힘에 의하여 좌절되었다. 이러한 집단들이 권위주의적 법령에 대한 인민대중의 저항을 조직하였는데 이로써 부하리를 실각시킨 쿠데타의 계기가 주어졌다. 또한 이 집단들은 자유롭고 책임성있는 정부수립을 위해 부하리를 이은 군부지도자, 이브라힘 바방기다에게도 유사한 압력을 가하였다. 이렇게 단호하고 광범위하게 조직된 시민사회가 아마도 1992년에 퇴진한다는 군부체제의 공개적인 약속을 가능케 한 가장 중요한 세력일 것이다. 좀더 일반화시키면 사하라 이남의 아프리카지역은 자율적인 결사체 활동이 증대된 결과로써 어떤 국가에서는 경이롭기까지 한 희망적인 비공식적 참여의 개화를 경험하였다. 비록 이러한 발전이 늘어나는 국가권력의 남용과 나오미 카잔(Naomi

Chazan)이 "사회로부터의 국가의 이탈"이라고 명명한 현상에 반응하여
생겨났을지라도 이것은 민주주의의 중요한 의미가 있다. 많은 인민 대중
조직은 "의미있는 정치참여를 위한 소규모의 공간," 권력순환과 교체를
위한 헌법적인 수단, 의사결정에서의 협의과정, 그리고 "정보수집과 의사
소통의 혁신적인 수단"을 제공하여 준다.40) 전체적으로 이러한 집단은 정
보에 민감하고 유능하며 깨어 있는 시민을 창출하며, 밑으로부터 민주적
인 정치과정을 재건하기 위한 주요한 수단이 된다.

　　강력한 자율적인 결사활동이 민주주의를 지탱하거나 조장하기 때문에,
활발한 자발적인 단체와 이익집단이 부재하거나 조합주의적 국가에 의해
조직이 통제되는 것은 권위주의 통치를 강화시키고 민주주의의 발전을
가로막는다. 우리의 연구에서 이에 대한 고전적인 사례는 멕시코일 것이
다. 레비가 지적하듯이, 멕시코는 대중조직(특히 농민과 노동자 조직)이
패권적인 집권당에 의해 포섭되어 있어서 권위주의체제의 안정화에 중요
한 기반이 되고 있다. 따라서 조합주의적 통제에서 벗어나 있는 노동투쟁
이나 다른 대중운동이 현재의 민주화투쟁에서 핵심적이다. 태국과 다른
많은 아시아국가에서도 국가의 조합주의적 통제로 인하여, 자율적인 단체
활동의 발전과 결국 민주주의의 발전이 저해되고 있다.

　6) 국가와 사회

　　민주주의 이론에서 핵심적인 문제 중의 하나는 권력담당자들이 국민의
요구에 부응하고 책임을 지도록 국가권력을 어떻게 제한할 것인가 하는

---

40) Naomi Chazan, "The New Politics of Participation in Tropical Africa,"
　　Comparative Politics, 14, no.2, January, 1982, pp.174-176. 사회로부터 국가의
　　이탈, 그리고 이어지는 국가로부터의 사회의 이탈에 대한 분석은 다음을 참조.
　　Naomi Chazan, "Ghana: Problems of Governance and the Emergence of Civil
　　Society," in Diamond, Linz, and Lipset(eds.), *Democracy in Developing Countries:*
　　Africa, pp.93-140. 이 문제에 대해 이론적이고 비교적인 논의는 다음 논문을 참
　　조. Victor Azarya and Naomi Chazan, "Disengagement from the State in
　　Africa: Reflections on the Experience of Ghana and Guinea," *Comparative Studies*
　　in Society and History, 29, no.1, 1987, pp.106-131.

것이다. 이러한 이유 때문에 다원주의적이고 독립적인 단체활동의 필요성에 많은 강조가 주어진다. 그러나 민주주의가 유지되려면, 다른 요인과 더불어 국가와 사회의 관계가 균형을 이루어야 한다. 국가가 너무 강력하고 자율적이 되어서도 곤란하지만, 만약에 국가가 너무 미약하거나 쉽게 침투된다면 집단이 기대하는 사회재와 경제재를 제공하지 못하거나 집단간에 상충하는 요구에 직면하여 질서를 유지하는 것이 불가능할 것이다. 국가관료는 선출된 정치인에 의한 민주적 통제를 받아야 하지만, 동시에 상대적인 자율성과 연속성이 있어야 정당정치인들의 시혜와 부패의 가능성과 절대적이고 자의적인 권력을 의미있게 견제할 수가 있다.

태국과 남한과 같은 아시아의 몇몇 국가들의 민주주의에서는 시민사회에 비해 억압적 국가와 관료기구의 권력이 과대하다는 것이 문제가 되어왔다. 지난 반세기 동안, 태국에서는 고도로 중앙집중화된 관료의 지배가 -점차 뚜렷이 부상하는 군부와 더불어-강력하고 자율적인 이익집단, 촌락결사체, 그리고 정당의 발전을 가로 막았다. 이러한 자발적인 조직이 나타나기 시작하였을 때, 그 조직들은 대중매체, 농촌발전, 시민교육 등을 포괄하는 광범한 사회부문으로 통제를 넓혀가는 관료와 군부에 의해 포섭되거나 압도당한다. 남한에서도 비슷한 역사적 과정이 유사한 결과를 낳으며 진행되었다. 독립적인 시민조직들이 미약하였기 때문에 군부와 관료가 지속적으로 개입과 통제를 할 수 있는 기회와 명분이 주어졌다. 사회경제적 발전으로 자율적 이익에 대한 새로운 조직적 자원과 계기가 주어지게 되면서, 1980년대 후반에는 이러한 추세가 태국과 남한에서 약화되기는 하였다. 그러나 정보의 유통, 다양한 이익집단의 표출과 조직에 대한 국가의 조합주의적 통제를 폐지하는 것이 이 사회의 철저하고 지속적인 민주화를 위해 중요한 선결과제로 남아 있다.

개발도상국에서 민주적 정치를 침식하는 경제와 사회에 대한 국가 지배의 강력한 경향이 국가-사회관계의 가장 중요한 차원의 하나이다. 사하라 이남의 아프리카 최저발전지역에서는 이러한 경향은 가장 강력하다. 왜냐하면 이 지역에서는 국가가 사회경제적 자원과 보상을 광범위하게 소유하고 있고 조정하기 때문에 경제적 축적과 기회의 사적인 수단에 의해서 균형이 잡히기 않기 때문이다. 따라서 사회적 상승이동과 사적인 부의 축적은 국가의 통제를 획득하고 유지하거나 적어도 국가에 접근하는 것에 달려 있다.41) 이것은 경쟁하는 정당이나 후보에 패배하리라고 기꺼이 생각하지 않을 정도까지 정치권력의 유리한 점을 더욱 강화한다. 그 결과는 비관용, 절망, 폭력, 사기의 정치로서 제로섬 게임이다.42)

비대해진 아프리카국가 정치의 제로섬 성격은 세네갈과 같은 나라에서 독립 이후 지배정당과 엘리트들이 권력을 독점하려는 충동을 강하게 유발시켰고, 세네갈의 지배정당인 사회당의 지도자들이 야당에게 완전히 자유롭고 공평한 권력경쟁의 기회를 허용하는 것을 꺼리고 있는 현재의 상황을 설명하는 데 도움을 준다. 대부분 국가의 부가 정부와의 계약, 공직, 허가증, 개발사업, 그리고 국가의 다른 시혜 등에 의하여 중재되는 나이지리아의 경우, 이러한 점이 제1공화국과 제2공화국의 붕괴를 가져온 주요한 원인이었다. 에르군 오즈비둔은 공기업이 전산업생산의 절반을 생산할 정도로까지 확대되었던 터키에서도 유사한 결과가 나타났음에 주목한다. 사회의 자원토대에 비해 훨씬 광범한 자원에 지배정당이 접근할 수 있다는 점과 국가자원을 배분하는 데 있어 정치계급에게 큰 권한을 부여하는 시혜적인 전통으로 인하여, 터키에서는 권좌에서 물러나면 매우 비싼 대가를 치르지 않을 수 없도록 만들었다. 이것은 민주체제를 되풀이하여 불안정하게 만든 정치적 양극화와 타협의 기피를 초래하는 데 기여하였다. 또한 국가주의는 아프리카와 아시아에서 종족적인 정치갈등을 심화시켰다. 예를 들어 스리랑카의 경우, 국가는 가장 큰 고용주이기 때문에 종족투쟁의 이해관계를 심화시켰고, 조정(그리고 민주주의의 재균형)을 더욱 어렵게 만들었다.43)

경제와 사회에 대한 국가의 지나친 통제는 또한 두 가지 중요한 측면에

41) Richard L. Sklar, "The Nature of Class Domination in Africa," *Journal of Modern African Studies,* 17, no.4, December 1979, pp.531-552.

42) Larry Diamond, "Class Formation in the Swollen African State," *Journal of Modern African Studies,* 25, no.4, December 1987, pp.567-596.

43) Urmila Phadnis, "Sri Lanka: Crises of Legitimacy and Integration," in Diamond, Linz, and Lipset(eds.), *Democracy in Developing Countries: Asia*, pp.143-186.

서 민주체제의 업적을 감소시킬 수 있다. 이미 암시되었듯이, 이것은 부패를 조장한다. 그리고 거대한 공공부문과 광범한 국가보조금 및 국가통제가 경제효율성을 가로 막으며, 활발한 경제성장에 장애가 된다는 증거들이 전세계적으로 축적되고 있다. 이것은 국가소유가 자본과 노동의 큰 낭비를 낳고 부패를 조장하며 적자와 비능률로 심하게 허덕이는 국영기업을 산출하여 성장의 잠재력이 억제되고 있는 인도에서 점점 명백해지고 있다. 다른 많은 나라들, 특히 터키, 멕시코, 나이지리아, 세네갈, 필리핀, 그리고 아르헨티나 등에서도 비슷한 문제가 존재한다. 경제에 대한 국가통제를 대단히 축소시켜 왔고, 국내와 국외의 시장세력에 경제를 개방하였던 라틴아메리카의 국가가-칠레-1980년대 말에 가장 건실한 경제성과를 보여 주었다는 점은 우연의 일치가 아니다. 그 알찬 경제업적은 인접국가나 심지어 독재에 대항한 대부분의 민주적 반대세력에게 모두 잘 알려진 사실이다.

그렇지만 포괄적인 결론을 이끌어내는 데에는 조심해야 한다. 코스타리카, 보츠와나, 그리고 우루과이와 같은 나라에서처럼 광범한 국가의 경제소유가 민주주의를 위해 그렇게 파괴적인 결과를 가져오지 않았던 사례도 존재한다. 그런데 이러한 각 나라들은 철면피한 당파적 남용과 만연된 부패로부터 국가를 절연시키는 경향이 있는 제도적 장치나 사회문화적 전통을 (유럽의 사회민주주의 국가에서처럼) 가지고 있다.

7) 정치제도

헌법구조와 정당구조는 민주정치체계의 갈등규제 능력을 형성하는 데 중요한 역할을 수행한다. 이러한 정치구조의 조건들은 안정된 민주주의를 위해 내재적으로 필수적이지는 않지만, 사회적 문화적 및 경제적 조건들이 덜 유리하게 되면 특히 중요하게 된다.

정당과 정당체계 정치학자들은 안정적인 민주주의에 적합한 이상적인 정당의 수에 대해 오랫동안 논쟁을 하였다. 립셋은 양당체계가 다양한 이

해를 집약하고, 조정하며, 완화시킬 가능성이 가장 큰 체계이다고 간주한
다. 왜냐하면 다당체계에서는 소수정당들이 그들의 제한된 기반을 공고히
하고 동원하기 위해 비타협적이고 이데올로기적인 호소를 하지만, 이와
대조적으로 양당체계에서는 각 정당이 포괄적인 정치적 호소를 할 수밖
에 없기 때문이다.[44] 그렇지만 양당체계는 상호교차적인 균열이 요구된
다. 만약에 양당의 균열이 종족문제나 종교문제와 같은 다른 누적적인 균
열과 동시에 발생한다면, 이것은 양극화를 더욱 심화시켜 민주주의의 붕
괴와 시민투쟁을 가져온다.[45] 이러한 분류 대신에 린쯔와 지오바니 싸르
토리(Gioranni Sartori)는—유의미한 정당이 5개 미만인—온건 다당제와
민주주의의 붕괴 가능성이 증대되는 극단적이고 분극화된 다당제를 구분
하고 있다.[46] 그러나 29개의 민주주의 국가에 대한 통시적인 경험적 분석
을 통하여 포웰은, 만약 극단적인 정당들이 의미있는 지지를 획득하는 것
이 불가능하다면 수많은 정당들이 특유의 사회집단과 강한 연계를 보여
주는 '대의적인' 정당체계가 민주주의의 안정성에 기여할 수 있다고 주장
한다. 왜냐하면 이 정당체계는 잠재적인 불만집단을 합법적인 정치로 편
입시키는 것을 촉진하기 때문이다.[47]

이상적인 정당의 수에 대해 단일의 일반적인 규칙을 도출하는 것은 어
려우며 권장할 사항도 아니다. 왜냐하면 정당의 수는 사회구조와 그와 연
관된 제도적 장치들에 따라 중요한 방식으로 달라지기 때문이다. 정당체
계는 대의뿐만 아니라 갈등조정을 위한 핵심적인 제도적 도구이기 때문
에, 가장 중요한 점은 사회문화적 조건과 부합하고 일관된 연관을 갖는

44) Lipset, *First New Nation*, pp.307-308.
45) Ibid., pp.308-310; Linz, *Breakdown of Democratic Regimes*, p.24.
46) Linz, Breakdown of Democratic Regimes, pp.25-27; Giovanni Sartori, *Parties and Party Systems: A Framework for Analysis,* Cambridge: Cambridge University Press, 1976, pp.131-140. 이 시각에 따르면, 어떤 정당이 의미를 갖는다는 것은 연립정부를 구성하는 데 있어서 잠재적으로 쓸모가 있다거나 아니면 정치적으로 "협박할 수 있는 힘"을 갖고 있어야 한다. 분극적 다원주의는 극단적인 다당주의뿐만 아니라 반체제 정당, 무책임한 야당, 정당간의 과도한 흥정 및 이념적 분화를 포함한다.
47) Powell, *Contemporary Democracies*, pp.154-157, 206, 222-223.

방식으로 나타나야 한다는 것이다. 따라서 만일 헌법이 양당제도를 - 단순 다수와 단기명에 의하여 한 선거구에서 1인의 의원을 선출함과 동시에 대통령제를 실시하면 두드러지게 나타나듯이[48] - 도입하도록 규정되어 있으면, 연방제 또는 나이지리아의 사례에서와 같이 정당이 초종족적인 조직, 기반 및 상징을 갖출 것을 규정하는 특정법률 등 상호교차하는 균열로 이끄는 제도적 유인책을 마련해야 마땅하다. 만약에 '대의적' 체계를 추구한다면, (의회제에서) 비례대표제가 선거의 수단이며, 상호교차적 균열을 조장하는 것은 덜 절박한 관심이 된다.[49]

우리의 26개국 연구는 광범한 사회적·이데올로기적 기반을 가진 양당혹은 소수정당체계가 안정된 민주주의에 도움이 된다는 명제를 뒷받침한다. 가장 안정된 5개의 민주주의체계 중에 2개국(베네수엘라와 코스타리카)은 깊은 사회적 균열이 없이, 광범한 다계급정당으로 구성된 양당체계이다. 그리고 2개국(인도와 보츠와나)은 지배정당이 넓은 범위의 종족적·사회적 이익을 집약하고 통합하는 일당우위체계이다(비록 1989년 12월에 국민의회당이 실각하여 인도의 정당체계는 붕괴된 것으로 보이지만). 1개국(파푸아뉴기니아)은 2개의 정당이 지배적인 온건다당제 국가이다. 확실히 많은 수의 정당이 분립하는 것은 - 역사적으로 파키스탄과 인도네시아뿐만 아니라 태국에서도 발생했지만 - 민주주의의 불안정성과 붕괴와 관련되어 있다. 이는 그러한 정당체계가 린쯔와 사르토리가 주장하였던 분극화된 다원주의의 조건으로 나아가기 때문만이 아니라 그러한 체계에서는 정당이 불충분하게 제도화가 되어 있기 때문이다.

---

48) Maurice Duverger, *Political Parties: Their Organization amd Activity in the Modren State*, New York: John Wiley and Sons, 1954, pp.217-218; Lipset, *First New Nation*, pp.307-308; Powell, *Contemporary Democracies*, pp.82-83.

49) 물론 선거제도는 다른 결과도 초래한다. 어떤 결과들은 물론 의도하지 않은 것이다. 1구1인 단순다수의 선출방법은 인도의 국민의회당과 같은 지배정당이 불균형비율의 의석을 갖도록 할 수 있다. 따라서 이 제도는 지배정당이 실제의 지지수준을 초월하여 정치권력을 크게 확장하도록 한다. 최소의 또는 보다 적은 왜곡효과와 함께 의석을 배분하고 군소정당이 훨씬 용이하게 대표되게 하기 때문에 많은 사람들은 비례대표제가 본질적으로 보다 민주적이라고 여긴다. 그러나 의회에 진출하는 군소정당들이 극단적인 투쟁계획을 갖고 또한 지배정당이 되지 못한 주요정당을 위협하는 능력을 갖추게 되면 결과는 비민주적일 수 있다.

　민주주의를 위해서는 정당의 수뿐만 아니라 헌팅턴이 제시한 일관성, 복잡성, 자율성 그리고 적응성의 기준과 같은 제도화 정도도 중요하게 고려되어야 한다.[50] 우리의 26개국 연구 중에서 적어도 하나, 점차적으로는 둘이나 둘 이상의 정당이 정책과 강령선호에 대한 실질적인 일관성, 조직적 응집성과 규율, 내부구조의 복잡성과 깊이, 지도자 개인이나 국가 또는 사회적 이익으로부터의 자율성, 변화하는 조건에 적응하는 능력—새로운 세대와 신진집단을 통합하는—등을 발전시켰던 곳에서는 대개 민주주의가 상당한 내구성과 생명력을 보여 주었다. 인디라 간디하에서 정당권력의 개인화와 정당조직의 쇠퇴가 1960년대 중반 이래 민주제도의 전반적인 퇴락을 반영하고 고조시켰던 것처럼, 인도에서는 국민의회당이 초기에 제도화를 심화시켜 민주주의의 공고화의 중요한 기반이 마련되었다. 마찬가지로 칠레 정당들의 강점도 수십 년 동안 민주주의의 안정에 기여하였다. 그런데 칠레 민주주의의 붕괴는 제도적 타락에서 기인한 것이 아니라 정당들간의 관계가 분극화되어 초래되었다. 브라질에서는 1950년대 중반에 시작된 정당체계의 '탈제도화'가 주요정당을 분절 또는 분열시키고 변화하는 경제적·사회적 세력에 대응하여 활용하는 능력을 침식하였다. 이것이 라모우니에르가 주장하였듯이, 1964년 민주주의의 붕괴에 크게 기여하였다.

　태국은 극단적인 정당의 분절화가 정당과 정당체계의 제도적 취약성과 어떠한 연계를 형성하는지 생생히 보여 준다. 1946년과 1981년 사이 태국의 정치무대를 거쳐간 정당이 143개였기 때문에, 정치엘리트는 강력한 대중지지의 기반을 형성하고 정치적 이익을 표출·집약·동원하며 새로운 이익을 정치과정에 통합하고 정책을 혁신하는 데 있어 서로 협조하는 것이 불가능하였다. 결과적으로 이러한 많은 기능을 군부와 관료가 대신 수행하였으며, 이것은 독립적인 민주세력의 형성을 더욱 어렵게 만들었다. 태국에서 과거 민주화를 위한 시도(특히 1974~76년 체제)가 실패하는 데 있어서, 정당체계의 취약성과 파편화는 가장 결정적인 요인이었다. 그리고 1988년 선거에서 15개 정당이 의석을 획득한 사실에서 보는 바와

50) Huntington, *Political Order in Changing Societies*, pp.12-24.

같이, 그것은 현재에도 민주주의를 충분히 발전시키고 견고하게 하는 데 장애로 남아 있다.

견고한 민주주의를 위해서는 상당히 안정적이고 운영이 잘 되는 정당체계의 공고화가 부분적으로 요구된다. 민주주의를 회복하기 위한 두 개의 중요한 조치로서 터키에서는, 군부가—1980년 민주주의를 붕괴시킨 전형적인 분극적 다원주의 조건을 방지하려고—의회의 안정다수를 확보하고, 원심적인 경향을 차단하는 양당 혹은 3당체계를 조성하려는 조처(의회에서 대표되기 위한 최저 10% 득표선; 극단적·종교적·분리주의적 정당의 금지)를 채택하였다. 또 나이지리아 군부는 새로운 3공화국에서 단지 두 개의 정당만이 존재하여야 한다고 의무적으로 규정하였다. 1989년에 군부의 인정을 받기 위해 경쟁한 정당 중에 어느 정당도 나이지리아 군사통치위원회의 마음에 들지 않았기 때문에, 군사통치위원회는 한걸음 더 나아가 두 개 신생정당의 창당을 명령하는 전례없는 조처를 취하였다.51)

헌법구조 대통령제는 미국에서는 세계에서 가장 오래되고 가장 성공적인 민주주의 경험과 연관되어 있지만, 개발도상지역에서 대통령제의 역사는 몇 가지 특징적인 문제들을 보여 준다. 첫째, 대통령제는 행정부에 권력과 정통성을 집중시키는 경향이 있고, 이것은 권력분립과 견제와 균형이 잘 정립되어 있지 않은 초기의 민주주의 국가들에는 해로울 수도 있다. 둘째, 대통령제는 '승자독식'의 권력배분 때문에 "정치게임들이 잠재적인 갈등을 안고 있어 민주적 정치를 제로섬 게임으로 만드는 경향이 있다."52) 셋째, 임기가 고정되어 있는 대통령제는 경직된 결과를 낳는다. 국민이 심

---

51) 외국모델을 모방하지 않겠다는 바방기다 대통령의 공언에도 불구하고 2개의 신생정당은 사회민주당과 국민공화당이라고 명명되었다. 군부는 국가선거위원회가 여러 개의 후보정당들로부터 신청을 받아 민주당과 공화당의 당헌과 강령을 집대성하도록 임무를 부여하였다. 나이지리아인은 자신들의 선택에 따라 당원이 될 수 있도록 유도되었고 정당지도자들은 지방수준에서부터 시작하는 연속적인 선거를 통해 뽑히도록 되었다.

52) Juan J. Linz, "The Perils of Presidentialism," *Journal of Democracy*, 1, no.1, January 1990, p.56.

지어 수년 동안 대중의 신뢰와 지지를 완전히 상실한 정부에 매달리게 할 수도 있다.

의회제의 이점은 그것이 지니는 보다 큰 유연성에 있다. 대중의 지지를 상실한 집행책임자는 임기를 마치기 전에 공직에서 교체될 수 있다. 연합은 중요한 정치적 분열을 가로질러서 형성될 수 있으며, 이것은 제로섬 게임보다 나은 방향으로 나아가면서 정치적 쟁점과 정치적 운명의 변화에 따라 재형성될 수 있다. 연합은 훨씬 많은 수의 정당들과 연관되어 있기 때문에, 의회제는 중요계급이나 인종집단과 일체감을 각각 갖는 두세 개의 중요 정당들 간의 분극화를 조장할 가능성이 다소 덜하다. 더욱이 대통령제에서 연합은 전형적으로 선거 후에도 지속될 유인이 거의 없는 반면-종종 분열될 실질적인 유인은 있다-의회제의 다당체계에서 정당들은 지지하지 않을 경우 붕괴될 수 있는 정부를 지지할 책임을 지닐 수밖에 없다.53)

이와 같은 이점에 대한 이론적 주장은 대개 서유럽 의회민주제의 경험과 몇몇 라틴아메리카, 특히 칠레의 비참한 경험과 관련이 있다. 발렌주엘라는 고도로 분화되고 경쟁적인 다당제와-이 체제는 선거에 의한 다수세력을 낳을 수 없기 때문에 협상과 연합 형성이 필수적이다-권위가 집중되고 제로섬의 결과를 낳고, 임기가 고정된 대통령제 사이에 조응성이 결여되어 있음을 보여 준다. 양자의 모순관계는 피할 수도 있었던 1973년의 민주주의 붕괴로 귀결되어 "아옌데시대에 비극적 절정에 이르렀다." 1980년대 후반에는 대통령제의 마비적 경직성이 브라질과 페루에서 명백하게 드러났다. 즉 자신의 계획이 파국으로 끝나고 자신에 대한 정치적 지지가 사라진 대통령들이 심화되는 경제적·정치적 위기를 효과적으로 대처할 능력이 거의 없이 남은 임기를 절름거리며 수행할 수밖에 없었다.

또한 우리는 민주주의에 있어서 강력하고 독립적인 사법부의 중요성을 강조한다. 강력한 사법부는 민주적 헌법의 보루가 되어 그것의 정직성-

---

53) 이러한 논점에 대한 전면적인 분석에 대하여는 Ibid., pp.51-69를 참조할 것. 그리고 이 논문은 아르투로 발렌주엘라와 후안 린쯔가 의회제정부 대(對) 대통령정부에 관하여 편집한 근간 단행본에서 확대되어 수록된다.

그리고 정치적 자유와 적법한 절차―과 민주적 정통성의 원천으로서 우월성 모두를 보호할 수 있다. 보다 일반적으로, 사법부는 법의 지배의 궁극적인 보증인이고 따라서 민주주의의 기본적인 전제인 피치자에 대한 치자의 책임성을 담보한다. 인도에서 권위주의의 비상시기 동안, "포위되고 부분적으로 '장악된' 대법원조차 의회가 통과시켰지만 헌법의 '본질적인 성격'을 훼손할 수 있는 헌법개정을 위헌이라고 판단하였다."54) 유사하게도 짐바브웨에서는 독립적이고 성숙한 사법부는 인권과 민주주의가 점증하는 억압하에 있을 때 이를 방어하는 중요한 역할을 때때로 해 왔다.55)

8) 종족적 갈등과 종교적 갈등

우리의 대규모 연구에서 도출된 강력한 일반화 중의 하나는 국가권력의 과도한 집중화가 민주주의에 초래하는 위험이다. 중요한 인종적 균열이나 지역적 분열이 있는 곳에서는 다음과 같은 관계가 이제 자명하고 통칙이 되었다: 권력을 분산하고 중앙에서 지방으로 이양하는 규정의 부재는, 특히 종족적·지역적 불평등이 있는 곳에서 종족간 반목, 폭력적 갈등, 심지어는 분리주의적 압력을 조장한다. 이러한 것들은 결국 민주주의에 해악이 된다.

분리주의 압력은 이중적 위협을 수반한다. 이것은 자율성, 연방주의, 혹은―극단적인 경우에는―분리된 국가로서의 지위 등과 같은 정치적 수단에 의해 해결되지 않는다면, 강제적으로 권위를 부과하고 민주적 통치를 타락시키거나 붕괴시킬 수 있다. 다른 한편으로는 민주적 중앙정부가 분리주의의 위기를 발생시킨 비효율성과 그것에 대한 해결능력의 부족 때문에 의문시되어 군부개입의 통로를 열게 된다. 상이한 방법과 상이한 정도로, 이러한 위험들이 최근 몇 년간 페루와 스리랑카에서뿐만 아니라 인

54) Richard L. Sklar, "Developmental Democracy," *Comparative Studies in Society and History,* 29, no.4, October 1987, p.694.
55) Ibid., p.695.

도, 필리핀, 수단(1989년 민주화 실험의 실패에 결코 적지 않게 기여한) 등에서 민주적 체제를 위협하고 손상시켰다. 역사적으로 이러한 위험들은 1960년대 나이지리아에서 최초의 민주주의 시도의 실패에서 분명히 나타났다. 그리고 비록 인도는 종교, 언어, 지역적 일체감—카스트와 계급구성에 의해 분화되고 교차된—등의 다양하고 복합적인 특징으로부터 어느 정도는 혜택을 받고 있다고 하더라도, 다양한 인종 집단(특히 시크교도와 회교도)들을 전국가적 통치체로 통합하거나 적어도 다양성을 조화하고 관리하기 위한 어느 정도의 안정적인 방식을 최근까지 발견하지 못한 것이 불안정의 주된 원천이 되었다. 인도의 경험에서 다스 굽타가 도출한 다음과 같은 결론은 더 많은 증거에 의해 입증된다. "종족의 지도자들이 권력을 공유할 수 있도록 될 때 그들은 대체로 체제의 규칙에 따라 행동하지만," 그러나 국가가 배제와 탄압으로 종족적 동원에 반응할 때는 폭력이 곪아 터지게 된다.

다원주의 사회에서 민주주의는 연방제도뿐만 아니라, 적절히 균형잡힌 구조를 요구한다. 나이지리아 제1공화국이 실패하고 내전으로 치달은 주된 이유는 한 집단의 정치적 헤게모니를 보장하는 동시에 주요한 3개 종족집단의 분열을 구체화한 3지역 연방체제의 극심한 부적합성에 있었다. 대조적으로, 제2공화국의 19개 주의 연방구조는 나이지리아의 많은 종족집단에게 훨씬 큰 정치적 안전을 부여하기 위한 점진적 접근이었고, 또한 어느 정도는 종족성을 교차적으로 단절하는 것이었다. 더욱이 거의 일당지배가 지속되는 상황하에서 연방제도가 야당에게 체제내적인 이해관계를 부여하고 신진집단이 참여할 기회를 확대하도록 기능해 온 인도에서처럼, 나이지리아의 연방제도는 선거경쟁에 걸린 이해관계를 분산시키고 그럼으로써 중앙으로의 집중을 감소시킨다.

분권화가 민주주의에 중요하다는 것은 종족적·지역적 균열을 관리하기 위한 것만이 아니기 때문이다. 권력집중은 그 속성상 민주주의를 손상시키는 경향이 있고 우리의 몇몇 사례에서 알 수 있듯이 민주화의 중대한 장애가 된다. 멕시코에서는 중앙집권화와 강력한 대통령제는 일당지배의 중요한 지주이고 민주개혁을 추구하는 집단의 중요한 표적이 되어왔다.

터키에서는, 국가의 중앙집권화는—지방자치 전통의 부재와 지방 행정기
관의 중앙정부에 대한 의존에서 반영되듯이—중앙정부의 통제에 걸려 있
는 이해관계를 증폭시켰고 이것은 선거투쟁에서 폭력과 비관용의 경향을
강화했다. 태국에서는, 고도로 중앙집권화된 국가 관료들이 민주정치에
대한 냉소와 회의를 명백히 드러냈다. 세네갈에서는 고도로 중앙집권화된
국가가 대중의 관심에 무책임하며 대중들의 국가에 대한 접근이 어렵다
는 점이 지리적으로 고립되고 문화적으로 소외된 카사만스 지역에서 때
로 폭력적인 저항운동에 불을 질렀을 뿐만 아니라 전국적으로 준민주적
인 체제의 정통성을 훼손했다. 대조적으로, 지역발전과 봉사에 관한 실제
적인 권력을 갖는 민선된 지방의회는 민주적 활력의 중요한 원천이 될 수
있다. 이 점은 보츠와나에서 보여졌는데 여기서는 몇몇 지방의회를 야당
이 통제하여 중앙에서의 지속적인 일당지배의 영향을 어느 정도 완화하
고 체제에 대한 참여를 고양시켰다.

9) 군부

우리 연구의 대부분 국가에서 민주주의가 위협받고 있으며, 과거에는
"국가이익을 수호하고 규정하는 특권세력"으로 스스로 간주한 군부세력
에 의해 전복된 경험이 있었다.[56] 그렇지만 군부가 정치적인 변수로부터
동떨어져 있는 것이 아니다. 전형적으로 군부의 역할 확대는, 군부가 질서
를 유지하는 것이 점차 요구되고 스스로를 국가의 유일한 구원자로 간주
하는 정도까지 부패가 만연하고 경기가 침체되며 민주제도가 제대로 기
능하지 못함으로써 유도된다. 여기에서 고려된 국가 가운데 군부쿠데타에
의해 민주주의 붕괴를 경험한 거의 모든 곳에서 이러한 개입은 명백한 정
치적, 때로는 경제적 위기 이후에 나타났다: 이것은 1964년의 브라질,
1973년의 칠레, 1960년과 1980년의 터키(그리고 1971년의 '준쿠데타'),

---

56) Carlos H. Waisman, "Argentina: Autarkic Indusrialization and Illegitimacy,"
   in Diamond, Linz, and Lipset(eds.), *Democracy in Developing Countries: Latin
   America*, pp.59-110.

1961년의 남한, 1976년의 태국, 그리고 1966년과 1983년의 나이지리아 등의 군사쿠데타에 있어서 사실이다. 군부의 규모, 자율성, 직업적 교리, 그리고 역할 인식 등은 개입을 쉽게 할 수 있는 정도를 결정할 수 있으나 그것만으로서 민주주의 붕괴의 독립적 원인이 되지 않는다.

이것은 정치과정의 외부적 요인들이 군부의 개입성향을 형성하지 않는다는 것을 의미하지 않는다. 외부 공산주의의 위협, 혹은 자생적 폭동에 대한 공산주의자의 지원에 대한 인식 등이 라틴아메리카뿐만 아니라 태국과 특히 남한에서 '국가안보'를 지키기 위하여 개입하고 통치하려는 군부의 자세를 강화시켰다. 사실상 남한사회의 '군사적' 특성은 한승주가 설명하듯이 권위주의적 통치로 이끄는 정치환경을 창출하는 중요한 요소이다. 그렇지만 현재의 문제는 수십 년 동안 반복되는 정치개입으로 더 낮은 수준의 시민적 역기능에서도 장차 군부가 개입할 가능성을 더 높이는 방향으로 많은 장교의 심리적 태도나 군부의 공식적인 역할에 대한 인식 그리고 군부조직을 형성해 왔다는 것이다(아르헨티나에서 1987~88년간에 걸친 4차례의 쿠데타 시도가 이 점을 확인해 준다).

스테판이 지적했듯이, 일단 군부역할의 확대가 일어나면, 그것은 다수의 공공정책 분야가 선출된 민간인에서 무책임한 군부통제로 넘어가는 것처럼, 민주주의의 안정성뿐만 아니라 정당성을 감소시키면서 지속되고 진전해간다. 따라서 새롭게 재건된 민주주의 국가들은 군부의 역할을 외부방어로 재정립하고; 국가, 정치체계, 심지어 시민사회 등 광범위한 (군사부문과 비군사부문) 분야를 통제하거나 영향을 미치는 군부의 특권을 축소하고; 엄밀한 군사기능에까지 민간의 통제를 확립하는 것이 불가피하다. 이러한 조치들은 스테판이 강력히 주장했듯이, "민주적인 권력부여"를 요구한다. 이 과정에 의해, 민간학자들과 정책 전문가들이 군사와 정보 관련분야에 대한 신뢰할 만한 전문성을 획득하고, 입법부가 군사 및 정보 체계에 대한 효과적이고 일상적인 감시능력을 발전시키고, 민주적 국가지도자들은 갈등조정에 군부의 개입을 제한하고, 군부 본래의 전문적 능력을 고양시키고, 민간통제를 위한 효과적인 절차를 확립하기 위하여 "제대로 구상되고 정치적으로 주도된 전략"을 수행한다.57)

10) 국제적 요인들

1970년대에 학계를 지배했던 한 이론적 움직임으로서 다양한 종속이론가들은 민중동원에 대한 정치적 배제와 억압이 국제적 분업에서의 주변적 지위와 경제발전의 종속적 성격이 낳은 불가피한 부산물이었다고 주장했다.[58] 이 책의 사례 연구가들은 이 가정을 거부하고 정치발전과 체제변동의 과정이 주로 내적인 구조와 행위에 기인하는 것으로 본다. 그럼에도 불구하고 식민통치, 문화의 확산, 외국으로부터의 전시효과 등을 포함하는 다양한 국제적 요인들에 의해서 구조가 어떻게 역사적으로 형성되었는가를 인식하고 있다.[59]

식민지 유산을 설명하려면 자생적인 규범과 모델을 형성하는 데 강한 영향을 미친(특히 아프리카에서) 식민지국가의 권위주의적이고 국가주의적인 성격뿐만 아니라, 프랑스와 특히 영국의 식민주의자들에 의해 전달된 자유주의적이고 민주적인 가치들을 포함시켜야 한다. 후자는 인도와 그보다는 못하지만 나이지리아와 세네갈 등의 국가들에게 민주적이고 다원적인 표현과 결사의 범위와 자치 등 독립 이전의 경험을 제공하여 주었다.[60] 식민지 이후의 시기에서, 그리고 식민지화를 경험하지 않은 터키와

---

57) Stepan, *Rethinking Military Politics*. 특히 제8장 참조할 것. 인용된 구절은 p.137에 있다(강조는 원문).

58) Peter Evans, *Dependent Development: The Alliance of Multinational, State, and Local Capital in Brazil*, Princeton, N.J.: Princeton University Press, 1979, pp.25-54에서의 논의를 참조.

59) 이러한 요인을 이론적으로 고려한 것으로서는 Dahl, *Polyarchy*, pp.171-175와 Huntington, "Will More Countries Become Democratic?" p.207을 참조.

60) 아프리카에서 식민통치가 그 이후의 정치발전에 미친 영향에 대한 분석으로서는 다음을 참조할 것. L.H. Gann and Peter Duignan, *Burden of Empire: An Appraisal of Western Colonialism in Africa South of the Sahara*, Stanford, CA.: Hoover Institution Press, 1967, pp.253-272; Robert Jackson and Carl Rosberg, "Popular Legitimacy in African Multi-Ethnic States," *Journal of Modern African Studies*, 22, no.2, June 1984, pp.177-198; Michael Crowder, "Whose Dream Was it Anyway? Twenty-five Years of African Independence," *African Affairs*, 86, no.342, January 1987, pp.11-18; Larry Diamond, "Introduction: Roots of Failure, Seeds of Hope," in Diamond, Linz, and Lipset(eds.), *Democracy in Devel-*

태국에서는 민주적 규범과 모델의 문화적 확산이 민주적 발전에 대한 중
요한 자극을 주었다. 또한 지역적 전시효과는 국가안보라는 교리에 고무
된 1960년대 후반과 1970년대 초반의 남아프리카의 군사쿠데타, 1980년
대 남미의 재민주화, 1989년 동유럽에서의 공산주의의 갑작스러운 붕괴
등과 같은 변화의 물결을 가져오는 데 일조했다. 동아시아에서 남한의 민
주화는 필리핀으로부터 마르코스를 축출한 '민중의 힘'을 목도함으로써
가속되었지만, 그보다 더욱 큰 잠재화된 국제적 압력은 선진자본주의 국
가에 진입하기 위해서는 민주적 정치체계가 요구된다는 의식에서 나왔을
것이다(이것이 대만에서도 민주화운동을 일으키게 한 동기를 부여했다).
    어떤 특정한 환경하에서는-의심받거나 약화되고 있는 국내의 정통성
을 포함하여-개발도상국가들에서 민주적 체제와 권위적인 체제는 직접
적인 국제적인 정치 및 군사적 압력에 취약하다. 국제적인 압력만으로는
민주적 변화를 가져올 수는 없으나, 미국이나 다른 외부의 행위자로부터
오는 잠재적인 민주적 영향력을 결코 과소평가해서는 안된다. 물론 과거
서구와 미국이 권위주의적 체제를 지지한 것이나 위협이 될 것 같은 민선
체제에 대해 반란을 꾀하고 방해활동을 하고, 심지어 전복하려고 하였던
것들을 간과해서도 안된다.[61] 베네수엘라의 민주주의 공고화에서 도움이
되었던 한 요인은 케네디 행정부가 "이후의 행정부들에게서는 거의 찾아
볼 수 없는 종류의 이해관계를 베네수엘라 민주주의에" 결부시켰다는 사
실이다.[62] 아르헨티나에서는 카터 행정부의 인권압력이 군부의 퇴진을 강
요한 것은 아니지만, 이것이 "1970년대 후반의 무차별적 탄압으로부터
많은 희생자를 구했으며 군사정권의 국제적 고립화를 가져온 요인이었
다."[63] 마찬가지로 압력의 부재는 권위주의체제가 힘을 얻을 수 있는 암

oping Countries: Africa, pp.6-10.
  61) 1947년부터 1968년에 이르기까지 미국외교정책에 있어서 '정치발전의 교리'
      에 관한, 그리고 공산주의 팽창에 대항하는 목표가 해외에서 민주주의를 촉진시
      키는 목표와 자주 갈등을 빚게 되는 것에 관한 분석으로서는 Robert Packen-
      ham, *Liberal America and the Third World: Political Development Ideas in Foreign
      Aid and Social Science*, Princeton, N.J.: Princeton University Press, 1973.
  62) Levine, "Venezuela," p.281.
  63) Waisman, "Argentina," pp.98-99.

묵적인 지지의 표시로 간주될 수 있다. 1960년대 말과 1970년대 초 동안, 미국으로부터의 민주화 압력의 부재는 남한에서 권위주의체제의 수립과 공고화에 있어서 중요한 '허용' 요인이었지만, 그러나 미국의 외교적 압력이 민주화가 거의 유산될 뻔 했던 1987년 중반 긴장이 고조된 기간에 전두환 대통령으로 하여금 민주화를 위한 대중집회를 강경하게 탄압하지 못하게 하는 데 결정적인 역할을 하였을 것이다. 칠레에 대한 다국간 차관을 미국이 지원한 것은(1980년과 1986년 사이에 22억 달러) 피노체트 정권이 존속하는 데 도움을 주었으나, "실질적인 압력이 위협받을 경우에는—즉 1985년 다국간 차관이 제공되지 않았을 때—독재자는 신속하게 계엄상태를 해제하였다."[64]

물론 보다 직접적인 외국의 영향은 여전히 존재한다. 다알이 관찰하듯이 현재 세계에 성립된 많은 민주주의국가들은 무력정복이나 식민지화를 통해 외국의 힘에 의해 건설되었다.[65] 말할 필요도 없이, 외부적 군사개입이 쿠데타에 의해 위협받는 민주정부를—필리핀의 아키노 민주정부처럼—구하거나 노리에가와 같은 독재를 축출하는 데 도움이 될 수도 있다. 그러나 이러한 행동은 이렇게 해서 구출되거나 성립된 민주정부의 정통성에 때로는 해로운 결과를 갖는다. 특히 필리핀이나 파나마와 같이 외국에 의한 군사개입이 일방적인 것이고 그들의 과거개입이 역사적으로 토착적인 집단들에 의한 분개와 의구심을 자아냈을 때에는 해로운 결과를 낳는다. 1989년 말 미국의 이러한 극적인 행동들이 이 두 나라에서 실제적이고 지속적인 민주주의에 기여를 할 것인지는 두고 보아야 할 것이다.

이미 남한의 사례에서 언급되었듯이, 외부로부터의 군사적 압력이나 안보위협은 기존의 군부와 그것의 권력에 대한 요구를 강화함으로써 민주주의 전망에 영향을 미칠 수 있다. 태국에서는 공산주의 반란이 경쟁적인 정치에 대한 군부의 두려움를 강화시켰고, 따라서 차이-아난이 말하듯이 "대중을 동원하여 지지를 얻으려는 어떠한 민주화 운동도 대개는 공산

64) Pamela Constable and Arturo Valenzuela, "Is Chile Next?" *Foreign Policy*, 63, 1986, pp.74-75.
65) Dahl, *Polyarchy*, p.197.

주의에 물든 것으로 의심을 받았다."

　그렇지만 최근에, 그리고 의심할 여지없이 지난 수십 년간, 개발도상국가에서의 민주주의 전망에 가장 중요하게 영향을 미친 국제적 요인은 경제적인 것으로 나타났다. 우리는 국제경제적 의존이나 자본주의적 산업화가 민주주의와 양립할 수 없다는 주장을 거부하지만, 국제경제적인 제약이—심각한 채무상태, 허약하고 방해받는 수출시장, 산업화된 국가에서의 완만한 성장과 수요, 그리고 수지의 심각한 불균형 위기 등—개발도상국에서 민주적 체제 특히 상대적으로 신생인 체제의 정통성을 심각히 훼손하고, 기동성을 제한하는 정도를 무시할 수 없다.

　확실히 민주주의의 정통성은 단기간의 경제적 업적보다는 다른 기반에 의존하며, 민주주의 공고화의 과제는 린쯔와 스테판의 용어를 빌리면 상당한 정도로 '정치적 기술'의 문제이다.66) 따라서 스페인과 같이 최근에 세워진 민주주의에서도, 민주주의의 공고화는 상대적으로 취약한 경제적 업적과 민주주의의 사회경제적 효율성에 대한 신뢰의 급격한 하락에도 불구하고 당분간 진행될 것이다.67) 그렇지만 하나의 역사적 사례로부터 다른 사례에 대하여 추정하는 것은 항상 어느 정도의 위험이 있다. 최근에 다시 수립된 라틴아메리카, 필리핀, 파키스탄 등의 민주주의, 그리고 자유화되고 있는 아프리카의 체제들은 체제정통성을 구축하는 데 필요한 운용자본이 적고 유럽의 민주적 공동체의 일부분으로서 혜택을 누릴 수도 없기 때문에—사회주의 경제의 붕괴로부터 이행이라는 그들의 독특한 문제가 있음에도 불구하고 동유럽국가는 그러한 독특한 혜택을 받을 수 있는 위치에 있다—매우 심각한 경제적 위기와 사회적 긴장에 직면해 있다. 개발도상지역의 신생 민주주의는 중대하고 긴급한 경제적 위기에 의하여 심각한 위협을 받고 있다. 이러한 위기의 경감—해결은 말할 것도 없이—은 신생민주주의가 단지 매우 제한된 정도까지만 통제할 수 있는

---

66) Juan Linz and Alfred Stepan, "Political Crafting of Democratic Consolidation or Destruction: European and South American Comparisons," in Robert A. Pastor(ed.), *Democracy in the Americas: Stopping the Pendulum*, New York: Holmes and Meier, 1989, pp.41-61.

67) Ibid., pp.43-46.

세계경제적 요인들에 부분적으로 달려 있다. 그것은 이자율, 성장률, 무역
장벽, 경제원조의 수준 등이다.

　이러한 신생 민주주의들을 견고히 하기 위해서는 각국의 지도자들이
능숙한 정치적 기술을 발휘하고 용기있는 현명한 정책적 선택을 할 것이
요구된다. 경제는 세계시장에서 경쟁하기 위해 재조정되어야 하고, 국가
소유와 국가통제는 축소되어야 하며, 광범위한 빈부의 불평등도 상당히
해소되어야 한다. 동유럽의 새로운 국가들뿐만 아니라 아직 선진산업국에
서도 많은 투자기회가 존재하는 상황에서는, 해외자본을 끌어들이기 위한
유인요소가 있어야 한다. 동시에 민주주의를 견고히 하기 위해서는 대중
들과 이익집단들의 상당한 인내와 절제가 요구될 것이다. 그러나 그것은
또한 개발도상국에서 중대한 문제인 채무와 무역의 문제를 처리하는 데
있어서 국제경제에서의 강력한 행위자, 특히 주요 선진민주주의 국가들의
융통성과 미래에 대한 구상에 달려 있다. 이러한 국제환경이 더욱더 적대
적이고 비탄력적이 될수록 지도자들의 업적과 타협 그리고 대중의 희생
과 인내는 더욱 더 영웅적이 되어야 할 것이 틀림없다. 그러나 역사는 영
웅주의와 희생이 신생 민주체제들을 공고화하기 위한 것은 물론 생존을
위해서도 희망적인 조건이 될 수 없음을 보여 준다.

▌제5장▐
권위주의체제의 유형과 민주화의 경로*

사무엘 헌팅턴

1974년부터 1990년에 이르기까지 남부유럽, 라틴아메리카, 동아시아 및 동유럽의 30여 개국이 권위주의체제로부터 민주주의체제로 이행했다. 이러한 '전 지구적 규모의 민주혁명'은 아마도 20세기 후반기의 가장 중요한 정치적 추세일 것이다. 이것은 근대에 들어 일어난 세 번째의 민주화 물결이다.

민주화의 물결이란 특정 시기에 일어난 비민주적 체제로부터 민주적 체제로의 일련의 이행을 가리키는 바, 그 물결은 같은 시기에 일어난 반대방향으로의 이행을 압도한다.

그 첫 번째 물결은 19세기 초 미국에서 일어나 제1차 세계대전의 종전과 더불어 절정에 달했다. 이 때 무려 30개국이 민주주의체제를 취했다. 그러나 1922년 무솔리니의 로마진군과 더불어 반동의 물결이 밀려와 1942년에는 불과 12개국만이 민주주의체제를 유지하고 있었다.

제2차 세계대전에서의 연합국의 승리와 탈식민지화는 두 번째의 민주화 물결을 가져 왔다. 그러나 이 물결은 점차 약화되어 1960년대 초에 이르러서는 36개국 정도가 민주정권을 갖고 있었다. 이에 뒤이어 권위주의체제를 향한 두 번째 반동의 물결이 닥쳤다. 그것은 라틴아메리카에서의

---

* Samuel P. Huntington, "How Countries Democratize," *Political Science Quarterly,* vol.106, no.4, 1991~1992(신윤환 옮김).

군부쿠데타라든가 마르코스와 같은 개인독재자에 의한 권력장악 등에서
뚜렷이 드러났다.

세 번째 물결의 원인은 그에 앞선 물결의 원인과 마찬가지로 복합적이
고 그것에 고유한 측면을 가지고 있다. 그러나 이 글은 '왜' 제3의 민주화
물결이 일어났는가보다는 그것이 '어떻게' 일어났는가 하는 문제에 관심
을 기울이고자 한다. 즉 1970년대와 80년대에 정치지도자와 대중들이 권
위주의체제를 종식시키고 민주주의체제를 창출해 간 방식에 주목하고자
한다. 변화를 주도한 국민들이 다양했듯이, 그 변화의 경로 또한 다양했
다. 더구나 그 과정들의 출발점과 종착점은 비대칭적이었다.

민주체제들간에도 명백한 차이들이 존재한다. 어떤 체제는 대통령중심
제이고, 어떤 체제는 내각책임제이며, 또 어떤 체제는 이 양자를 드골식으
로 혼합한 것이다. 또한 어떤 체제는 양당제를 취하고, 어떤 체제는 다당
제를 취하며, 정당들의 성격과 강력함에 있어서도 주요한 차이들이 있다.
이러한 차이들은 민주체제로 이르는 과정에서는 상대적으로 별 중요성을
갖지 못하더라도 창출된 민주체제의 안정에는 중요한 의미를 갖는다.[1] 보
다 더 중요한 것은 모든 민주체제에서는 정부의 주요 관리들이 인구의 대
다수가 참여하는 경쟁적인 선거를 통해 선출된다는 사실이다.

민주체제들은 그들의 동질성을 확립해주는 공통의 제도적 핵심을 가지
고 있다. 그러나 권위주의체제들은 — 이 글에서 사용되는 용어로서의 — 이
러한 제도적 핵심을 가지고 있지 않은 것으로 간단히 정의될 수 있다. 즉
민주적이지 않다는 점 이외에 다른 공통점을 거의 갖고 있지 않다. 따라
서 권위주의체제들의 변화에 대해 논의하기 위해서는 우선 이들 체제들
간의 차이점과 민주화과정에서 이러한 차이점의 중요성을 밝혀둘 필요가
있다.

---

1) G. Bingham Powell, Jr., *Contemporary Democracies: Participation, Stability, and
Violence,* Cambridge, MA.: Harvard University Press, 1982, ch.5-9; Juan J.
Linz, "Perils of Presidentialism," *Journal of Democracy,* 1, Winter 1990, pp.51-
69.

1. 권위주의체제들

역사적으로 비민주적 체제들은 매우 다양한 형태들을 취해 왔다. 첫 번째 물결에서 민주화된 체제들은 대체로 절대왕정, 잔존해 있던 봉건귀족정, 그리고 대륙의 제국들을 계승한 국가들이었다. 두 번째 물결에서 민주화된 체제들은 파시스트 국가들, 식민지, 개인 군사독재체제들이었다. 이들 가운데에는 이전에 민주주의의 경험이 있었던 나라들도 있었다. 세 번째 물결에서 민주주의를 향하여 이행한 체제들은 일반적으로 일당체제, 군사정권, 개인독재 등의 세 그룹으로 나누어진다.

일당체제들은 혁명에 의해 또는 소련 점령군의 강요에 의해 창출되었다. 여기에는 공산국가들뿐만 아니라 대만과 멕시코—그리고 터키 역시 1940년대 두 번째 민주화 물결이 닥치기 전까지는 이 모델에 해당된다—등이 포함된다. 이러한 체제에서는 당이 권력을 효과적으로 독점하고 있기 때문에 당조직을 통해서만 권력에의 접근이 가능하다. 또한 당은 이데올로기를 통해 자신의 지배를 정당화한다. 이들 체제는 종종 상대적으로 높은 수준의 정치제도화를 성취하였다.

군사정권들은 쿠데타를 통해 민주정부나 민간정부를 전복하고 등장했다. 이들 체제에서는 군부가 일종의 제도적 기초 위에서 권력을 행사한다. 즉 군부지도자들이 전형적으로 군사평의회(junta)를 구성해 집단적으로 통치를 하거나 정부의 최고지위를 최고장성들이 돌아가면서 맡는 방식으로 통치를 한다. 군사정권들은 라틴아메리카의 상당수 나라들—이들 중 몇몇은 관료적 권위주의 모델과 유사했다—과 그리스, 터키, 파키스탄, 나이지리아, 한국 등에서 나타났다.

개인독재는 보다 다양한 형태를 띤 세 번째의 비민주적 체제이다. 개인독재의 두드러진 특징은 개인지도자가 권위의 원천이고, 지도자와의 친분이나 접근가능성, 그에게의 종속 혹은 그로부터의 지지 등에 의해 권력이 좌우된다는 것이다. 이러한 범주에는 살라자르(Antonio Salazar)와 카에타노(Marcello Caetano) 치하의 포르투갈, 프랑코(Francisco Franco) 치하의 스페인, 마르코스(Ferdinand Marcos) 치하의 필리핀, 인디라 간디(Indira

Ghandi) 치하의 인도, 체우세스쿠(Nicolae Ceausescu) 치하의 루마니아 등이 포함된다. 개인독재는 그 기원도 다양하다. 필리핀과 인도의 경우 그 것은 행정부 쿠데타의 산물이었다. 포르투갈과 스페인에서는 군부쿠데타로 시작해―스페인의 경우 쿠데타는 내전으로까지 발전했다―그 독재자가 점차 군부로부터 독립된 권력의 기반을 확립함으로써 개인독재가 수립되었다. 루마니아의 개인독재는 일당체제로부터 발전해 나온 것이었다. 피노체트(Augusto Pinochet) 치하의 칠레는 군사정권으로 시작됐지만, 결국 피노체트의 집권연장과 군부지도자들에 대한 지배 및 그들과의 차별성으로 인해 개인독재로 발전했다. 마르코스나 체우세스쿠 경우와 같은 몇몇 개인독재는 소모사(Anastasio Somoza), 듀발리에(Francois Duvalier), 모부투(Sese Seko Mobutu), 샤(shah: 이란의 팔레비―역자)의 개인독재와 마찬가지로 후견제와 연고주의, 부패 등으로 특징지어지는 베버(Wever) 의 술탄체제(sultanistic regimes) 모델의 좋은 예들이다.

일당체제와 군사정권, 개인독재는 경쟁과 참여를 억압한다. 남아프리카 공화국(이하 남아공―역자)의 체제는 인구의 70% 이상이 정치에서 배제되지만 지배층을 구성하고 있는 백인사회내에서는 상당히 치열한 정치적 경쟁이 존재하는 일종의 인종적 과두제라는 점에서 이상의 권위주의체제 들과는 기본적으로 다르다. 역사의 경험은 참여 이전에 경쟁이 확대된 경우에 민주화가 더 쉽게 진전된다는 것을 보여 준다.2) 남아공이 그 경우라고 한다면, 남아공은 다른 유형의 권위주의체제를 취하고 있는 나라들보다 성공적인 민주화의 전망이 더 밝다고 하겠다. 남아공에서의 과정은 19세기 유럽에서의 민주화와 다소 유사하다. 그 중심적인 특징은 보통선거권의 확대와 보다 포괄적인 정치체의 수립이다. 유럽의 경우엔 인종적인 이유에서가 아니라 경제적인 이유에서 참여가 배제되었다. 그러나 위계적인 공동체에서는 역사적으로 평화적 변화에 대한 강한 저항이 있어 왔다.3) 과두제내의 경쟁은 남아공의 성공적인 민주화에 유리한 조건이지만,

---

2) Robert A. Dahl, *Polyarchy: Participation and Opposition*, New Haven: Yale University Press, 1971, pp.33-40.

3) Donald L. Horowitz, "Three Dimensions of Ethnic Politics," *World Politics*, 23, January 1971, pp.232-236; Samuel P. Huntington and Jorge I. Dominguez,

그것의 인종적 장벽은 민주화과정에 많은 문제를 야기한다.

특정체제가 항상 특정한 범주에 그대로 들어맞는 것은 아니다. 예컨대 1980년대 초 폴란드는 쇠퇴해 가는 일당체제의 요소와 공산당 서기장을 겸임하고 있는 한 군부장성에 의해 이끌어진 군사계엄체제의 요소를 혼합한 정치체제였다. 루마니아의 공산체제는—북한과 마찬가지로—일당체제로 출발하였으나 1980년대에 이르러 술탄적(sultanistic)인 개인독재로 진화하였다. 1973년부터 1989년 사이의 칠레는 부분적으로는 군사정권이었지만, 그러나 남미의 다른 군사정권과는 달리 전 기간에 걸쳐 권력의 다른 원천을 발전시켜온 한 지도자에 의해 지배되었다. 따라서 이 체제는 개인독재의 많은 특징들을 보여 주었다. 다른 한편 파나마의 노리에가 독재는 고도로 개인화되어 있으면서도 거의 전적으로 군부의 권력에 의존하였다. 따라서 <표 1>의 범주화는 근사치에 따른 것으로 보아야 한다. 한 체제가 두 유형의 요소를 결합하고 있을 경우 그것은 이행기에 들어섰을 때 지배적인 유형이라고 판단되는 쪽으로 분류했다.

두 번째 물결에서 민주화는 상당수가 외부로부터의 부과와 탈식민지화를 통해 이루어졌다. 세 번째 물결에서는, 우리가 보아왔듯이, 이 두 유형의 과정은 덜 중요할 뿐 아니라, 1990년 이전의 그레나다, 파나마, 그리고 대부분 카리브 해역의 상대적으로 작은 구(舊)영국식민지들에 한정된다. 외부의 영향들이 종종 세 번째 민주화 물결의 주요한 원인을 구성하기도 하였지만, 그 과정 자체는 압도적으로 내적인 것이었다. 이들 과정은 민주화의 원천으로서의 정부와 반정부세력의 상대적 중요성을 일련의 연속선상에 놓고 볼 때 그 어느 지점엔가 위치하는 것으로 볼 수 있다. 분석을 위하여 그 경우들을 넓게 세 가지 유형의 과정으로 나누어 보는 것이 유용하다. 위로부터의 민주화[transformation의 의역—역자, 혹은 린쯔(Juan J. Linz)의 표현을 빌리자면, reforma]는 권력층의 엘리트들이 민주주의를 성취하는 과정을 주도할 때 일어난다. 밑으로부터의 민주화(replacement

"Political Development" in Fred I. Greenstein and Nelson W. Polsby(eds.), *Handbook of Political Science*, vol.3, Reading, MA.: Addison-Wesley, 1975, pp. 74-75.

<표 1> 1974~90년 사이의 권위주의체제와 자유화/ 민주화 과정

민주화 과정	체제			
	일당체제	개인독재	군사정권	인종적 과두제
위로부터의 민주화: 변형 (transformation)	(대만)* 헝가리 (멕시코) (소련) 불가리아	스페인 인도 칠레	터키 브라질 페루 에쿠아도르 과테말라 나이지리아* 파키스탄 수단*	
16개국	5개국	3개국	8개국	
타협을 통한 민주화: (transplacement)	폴란드 체코슬로바키아 니카라과 몽고	(네팔)	우루과이 볼리비아 온두라스 엘살바도르 한국	(남아공)
11개국	4개국	1개국	5개국	1개국
밑으로부터의 민주화: 대체 (replacement)	동독	포르투갈 필리핀 루마니아	그리스 아르헨티나	
6개국	1개국	3개국	2개국	
외부개입에 의한 민주화	그라나다		(파나마)	
2개국	1개국		1개국	
합계: 35	11	7	16	1

주: 여기서 민주화의 주요 기준은 공개적이고 경쟁적이며 충분히 참여가 보장되는 공정
하게 관리된 선거를 통한 정부의 선출이다.
괄호 안의 나라들은 현저히 자유화는 되었지만, 1990년 현재 민주화 되었다고 보기
는 어려운 나라들이다.
*표는 다시 권위주의로 복귀한 나라들은 가리킨다.

의 의역-역자, 린쯔의 표현으로는 ruptura)는 반정부집단이 민주주의를
성취하는 과정에서 주도권을 장악하고 권위주의체제를 붕괴시키거나 전
복시켰을 때 일어난다. 타협을 통한 민주화(transplacement의 의역-역자,
린쯔의 표현으로는 ruptforma)는 민주화가 주로 정부와 반정부집단 간의
타협을 통해 이루어질 때 일어난다.[4] 사실 모든 경우에 권력을 가진 집단
이든 권력을 갖지 못한 집단이든간에 모두 일정한 역할들을 수행하며, 이

러한 범주들은 단지 정부와 반정부세력 간의 상대적 중요성을 구별하기
위한 것이라 하겠다.

　체제유형과 마찬가지로 체제변화의 역사적 사례들도 반드시 이런 범주
들에 그대로 들어맞는 것은 아니다. 타협을 통한 민주화뿐만 아니라 거의
모든 이행이ー명시적이든 암묵적이든간에, 혹은 공공연하게 진행되든 암
암리에 진행되든간에ー정부와 반정부집단 간의 어느 정도의 타협을 내포
한다. 예컨대 1980년대 초 보타(P. W. Botha)는 남아공의 정치체제의 변
형과정을 주도하였지만 그것을 민주화시키지 못한 채 중단하고 말았다.
그의 계승자인 드클러크(F. W. de Klerk)는 변화된 정치적 환경에서 주요
반정부집단과의 협상을 통해 타협을 통한 민주화과정을 추진하였다. 이와
유사하게 브라질에서는 정부가 수년에 걸쳐 이행과정을 주도하고 통제했
다는 사실에 많은 학자들이 동의하고 있다. 혹자는 브라질정부가 1979～
80년의 파업과 대중동원의 결과 이행과정에 대한 통제를 상실했다고 주
장한다. 그러나 혹자는 정부가 1980년대 중반에 일기 시작한 대통령직선
제에 대한 반정부세력의 강력한 요구에 대해 저항하는 데에 성공했다고
지적한다. 모든 역사적 사례는 둘 이상의 이행과정의 요소들을 결합하고
있다. 그러나 모든 역사적 사례는 사실 다른 유형의 과정들보다 한 유형
의 과정에 더 뚜렷하게 근사하고 있음을 보여 준다.

　권위주의체제의 특성은 이행과정의 특성에 어떠한 연관을 갖고 있는
것일까? <표 1>에서 볼 수 있듯이, 거기에 1 대 1의 대응관계는 존재하

---

　4) 이행과정에 대한 나의 삼분법은 Share와 Mainwaring의 삼분법과 일치한다. 그
러나 우리는 그 과정들에 대해 각자의 고유한 명칭을 사용하고 있다.

	Huntington		Linz		Share/Mainwaring
(1)	transformation	=	reforma	=	transaction
(2)	replacement	=	ruptura	=	breakdown/collapse
(3)	transplacement	=	-	=	extrication

　　Juan J. Linz, "Crisis, Breakdown, and Reequilibration," in Juan J. Linz and
Alfred Stepan(eds.), *The Breakdown of Democratic Regimes*, Baltimore: Johns Hop-
kins University Press, 1978; Donald Share and Scott Mainwaring, "Transitions
Through Transaction: Democratization in and Spain," in Wayne A. Selcher
(ed.), *Political Liberalization in Brazil: Dynamics, Dilemma, Future Prospects*,
Boulder, CO.: Westview Press, 1986, pp.177-179 등을 참조할 것.

지 않는다. 그러나 권위주의체제의 유형은 이행과정의 유형에 영향을 미친다. 세 경우의 예외를 제외하고는 군사정권으로부터의 이행은 모두 위로부터의 민주화나 타협을 통한 민주화과정을 밟았다. 세 경우의 예외—아르헨티나, 그리스, 파나마—에 있어서도 군사정권은 (대외적인—역자 삽입) 군사적 패배로 타격을 받아 그 결과로 붕괴되었던 것이다. 그 이외의 경우에서는 군부지배자들이 반정부집단 및 국민의 압력에 대응하여 체제의 변화를 모색하는 과정에서 주도권을 장악했다. 군부지배자들은 자신들의 체제를 종식시키는 데에 있어 다른 체제의 지배자들보다 훨씬 더용이한 위치에 있었다. 사실 군부 지도자들은 자신을 그 나라의 영구한 지배자로 생각하지 않았다. 그들은 자신들로 하여금 권력을 장악하도록 이끈 악(惡)들을 일단 바로 잡고 나면 권력으로부터 퇴진하여 정상적인 군사적 기능으로 되돌아 갈 것임을 공약하였다. 군부는 정치와 통치 이외의 영속적인 제도적 역할을 가지고 있다. 바로 이러한 이유로—아르헨티나, 그리스, 파나마의 군부 지도자들을 제외한—군부 지도자들은 민간 민주정으로 복귀할 때가 왔다거나 반정부집단들과 권력으로부터의 자신들의 퇴진을 협상할 때가 왔다는 것 등을 일정한 시점에서 결정한다. 거의 항상 이러한 결정은 군사정권의 최고지도부에 최소한 한 가지 이상의 변화가 일어난 후에 있게 된다.[5]

　군부 지도자들은 거의 예외없이 권력으로부터의 자신들의 퇴진조건 혹은 '퇴로 보장'으로서 다음 두 가지를 제시한다. 첫째, 그들이 권력을 잡고 있는 동안에 저질렀던 어떠한 행위에 대해서도 군 장교들을 기소하거나 처벌하거나 혹은 그 밖의 보복을 하지 않을 것. 둘째, 군부의 제도적 역할과 자율성을 존중할 것. 여기에는 국가안보에 대해 군부가 전반적인 책임을 진다는 것, 안보와 관련된 정부각료직을 군부가 맡는다는 것, 군수산업과 전통적으로 군부의 후원하에 있던 사업에 대해 군부가 관할한다는 것 등이 포함된다. 이러한 조건들에 대한 민간 정치지도자들의 동의를 확보하는 군부의 능력은 군부가 가지고 있는 상대적 힘에 달려 있다. 브

---

5) Martin C. Needler, "The Military Withdrawal form Power in South America," *Armed Forces and Society*, 6, Summer 1980, pp.621-623.

라질과 페루 그리고 그 밖에 위로부터의 민주화를 경험한 나라들의 경우 군부 지도자들이 그 과정을 지배했고, 민간 정치지도자들은 군부의 요구를 묵인하는 수밖에 없었다. 우루과이에서와 같이 상대적 권력이 좀더 대등한 곳에선 협상이 군부의 요구들을 일정하게 완화시키는 방향으로 귀결되었다. 그리스와 아르헨티나의 군부지도자들은 다른 나라의 군부 지도자들이 요구했던 것과 똑같은 보장을 요구했었다. 그러나 그들의 요청은 민간지도자들에 의해 기각되고, 그들은 사실상 권력으로부터 무조건적으로 물러난다는 데에 동의해야 했다.6)

  군부지배자들이 권력으로부터 물러나 직업적인 군사적 역할을 다시 떠맡는 것은 상대적으로 쉬운 일이다. 그러나 동전의 다른 한 면은 그들

---

6) 군부 지배자들이 제시한, 자신들이 권력으로부터 퇴진하는 조건들에 관한 논의로는 다음을 참조.
  Robert H. Dix, "The Breakdown of Authoriatarian Regimes," *Western Political Quarterly,* 35, December 1982, pp.567-568; Myron Weiner, "Empirical Democratic Theory and the Transition from Authoritarianism to Democracy," *PS* 20, Fall 1987, pp.864-865; Enrique A. Baloyra, "Conclusion: Toward a Framework for the Study of Democratic Consolidation," in Enrique A. Baloyra(ed.), *Comparing New Democracies: Transition and Consolidation in Mediterranean Europe and the Southern Cone,* Boulder, CO.: Westview Press, 1987, pp.299-300; Alfred Stepan, *Rethinking Military Politics: Brazil and the Southern Cone,* Princeton, NJ: Princeton University Press, 1988, pp.64-65; Philip Mauceri, "Nine Cases of Transitions and Consolidations," in Robert A. Pastor(ed.), *Democracy in the Americas: Stopping the Pendulum,* New York: Holmes and Meier, 1989, p.225, p.226; Luis A. Abugattas, "Populism and After: The Peruvian Experience," in James M. Malloy and Mitchel A. Seligson(eds.), *Authoritarians and Democrats: Regime Transition in Latin America,* Pittsburgh: University of Pittsburgh Press, 1987, pp.137-139; Aldo C. Vacs, "Authoritarian Breakdown and Red Democratization in Argentina," in Malloy and Seligson(eds.), *Authoritarians and Democrats,* pp.30-32; P. Nikiforos Diamandouros, "Transition to and Consolidation of, Democratic Politics in Greece 1974～83: A Tentative Assessment," in Geoffrey Pridham(ed.), *The New Mediterranean Democracies Regime Transition in Spain, Greece, and Portugal,* London: Frank Cass, 1984, p.54; Harry J. Psonades, "Greece: From the Colonels' Rule to Democracy," in John H. Herz (ed.), *From Dictatorship to Democracy: Coping with the Legacies of Authoritarianism and Totalitarianism,* Westport, CO.: Greenwood Press, 1982, pp.253-254.

이 위급하다고 판단할 때나 그들 자신의 이익을 주장하려고 할 때 그들
이 다시 권력으로 되돌아 오는 것도 상대적으로 쉬울 수 있다는 것이다.
한 나라에서 일단 군사쿠데타가 성공한 사례가 있으면, 그 나라의 정치
지도자와 군부지도자들은 두 번째 쿠데타의 가능성을 무시할 수 없게 된
다. 군사정권을 계승한 제3물결의 민주주의들은 이러한 그늘 아래서 출
범하였다.

위로부터의 민주화와 타협을 통한 민주화는 1989년에 일어난-동독과
그레나다를 제외한-일당체제로부터 민주주의로의 이행과정의 특징이기
도 하다. 일당체제는 그들을 민주주의체제 및 군사정권으로부터 구별시켜
주는 제도적 틀과 이데올로기적 정통성을 가지고 있다. 또한 일당체제는
(권력독점을- 역자) 영속적으로 가정하고 있다는 점에서 군사정권과는 구
별된다. 일당체제의 두드러진 특징은 당과 국가의 밀접한 상호결합이라
하겠다. 바로 이 점이 민주주의로의 이행과정에서 두 개의 문제군, 즉 제
도적 문제들과 이데올로기적 문제들을 야기한다.

제도적 문제들은 레닌주의적인 정당 국가들에서 가장 심각하다. 공산
국가들과 마찬가지로 대만에서도 "국가로부터 당의 분리"는 민주화과정
에서 "레닌주의적 정당이 당면하는 가장 큰 과제"이다.[7] 헝가리, 체코슬
로바키아, 폴란드, 동독에서 공산당의 '주도적 역할'에 관한 헌법조항은
폐기되어야 했다. 대만에서도 1950년대에 헌법에 추가된, 위의 조항에 비
견할 만한 '잠정조항'이 있었는데 이 역시 비슷한 도전을 받았다. 모든 레
닌주의적 정당체제에서 주요한 쟁점은 물질적이고 금전적인 자산에 대한
소유권, 즉 이것이 당에 속하는가 국가에 속하는가 하는 문제와 관련하여
제기되었다. 이들 자산의 적절한 처분 또한 문제였다. 이들 자산이 당에
의해 보유되어야 하는가, 정부에 의해 국유화되어야 하는가, 당에 의해 최
고 입찰자에게 불하되어야 하는가, 또는 어느 정도 균등하게 사회집단과
정치집단들에게 분배되어야 하는가? 예컨대, 니카라과에서는 1990년 2월
선거에서 패배한 후 산디니스타 정부는 재빨리 "상당한 양의 정부재산을

7) Tun-jen Cheng, "Democratizing the Quasi-Leninist Regime in Taiwan," *World Politics,* 41, July 1989, p.496.

산디니스타의 수중으로 이전하였다." "그들은 건물과 차량을 그들 자신에게 팔았다"고 한 반(反)산디니스타 사업가는 주장하고 있다.8) 또한 폴란드에서도 연대노조(Solidarity)가 정부를 인수하려고 할 때 정부재산들이 공산당에게 넘겨졌다는 비슷한 주장들이 나오고 있다(칠레에서도 비슷하게 피노체트 정부가 권력에서 물러날 때 다른 정부기관에 속하는 자산과 기록들을 군부에 이전시켰다고 한다).

몇몇 나라들에서 당소속 민병대는 해체되거나 정부의 통제하로 들어가야 했으며, 거의 모든 일당체제 국가들에서 정규군은 탈정치화되어야 했다. 예컨대 대부분의 공산국가들에서 그러한 것처럼, 폴란드에서도 군 장교들은 공산당원이어야만 했다. 그러나 1989년 폴란드군 장교들은 장교들이 어떤 정당의 당원이 되는 것을 금지시키도록 의회 로비활동을 전개하였다.9) 니카라과에서도 산디니스타 인민군은 (혁명)운동의 군대였으며, 이윽고 국가의 군대가 되었다. 그러나 이제는 오로지 국가의 군대로 전환되어야만 했다. 사업체내에 당세포가 존속되어야 하는가 하는 문제도 역시 매우 논란이 많은 쟁점이었다. 끝으로 단일정당이 권좌에 남아 있는 곳에서도 정치국과 당 중앙위원회와 같은 당조직의 상층부와 정부의 지도자들 간의 관계의 문제가 있다. 레닌주의적 국가에서는 당 지도층이 정부의 지도자들에게 정책을 지시한다. 그러나 이러한 관계는 선출된 의회와 책임있는 내각이 최고통치권을 행사하는 민주국가의 원리와 양립하기가 힘들다고 하겠다.

다른 하나의 눈에 띄는 문제군은 이데올로기와 관련된 것이다. 일당체제하에서 당 이데올로기는 국가의 정체성(identity)을 규정한다. 따라서 당에 대한 반대는 국가에 대한 반역이 된다. 당에 대한 반대를 정당화하기 위해선 국가에 대한 또 다른 정체성을 확립할 필요가 있다. 이 문제는 다음 세 가지 맥락에서 나타난다. 첫째, 폴란드, 헝가리, 체코슬로바키아, 루마니아, 불가리아 등에서 공산주의 이데올로기와 공산당 지배는 소련에

---

8) *New York Times*, 9 March 1990; 11 March 1990.

9) Bronislaw Geremek, "Postcommunism and Democracy in Poland," *Washington Quarterly*, 13, Summer 1990, p.129.

의해 부과된 것이었다. 이데올로기는 그 나라의 정체성을 규정하는 데에
있어 필수적인 것이 아니었다. 사실 이들 나라 중 최소한 세 나라에서는
민족주의가 공산주의에 저항하고 있었다. 이들 나라에서 공산당들이 공산
주의 이데올로기에 기초한 이의없는 지배에 대한 자신들의 권리주장을
포기했을 때, 이들 나라는 자신들을 '인민공화국'에서 '공화국'으로 재규
정하고, 국가의 기초로서 이데올로기보다는 민족주의를 내세우게 되었다.
따라서 이러한 변화들이 상대적으로 쉽게 일어났다.

둘째, 민주화가 쟁점이 되고 있는 몇몇 나라의 일당체제들은 민족혁명
에 의해 창출된 것이었다. 이 경우―중국, 멕시코, 니카라과, 터키 등―국
가의 목표와 성격은 당의 이데올로기에 의해 규정된다. 중국의 정권은 당
이데올로기를 강력히 고수하면서 공산주의에 대한 민주세력의 반대를 국
가에 대한 반역과 동일시한다. 터키에서는 정부가 케말주의적 국가의 세
속적 기초에 도전하는 회교집단에 대해 불확실하고 애매한 정책을 취했
다. 멕시코에서도 제도혁명당(PRI: Partido Revolucionario Institucional)
은 PRI국가의 혁명적이고 사회주의적이며 코포라티즘적인 성격에 대한
야당인 국민행동당(PAN: Partido Accion Nacional)의 자유주의적 도전을
터키정부와 유사한 관점에서 받아들였다. 니카라과에서 산디니스타 이데
올로기는 당 강령의 기초일 뿐만 아니라 니카라과혁명에 의해 창출된 국
가의 정통성의 기초이기도 하였다.

셋째, 몇몇 나라에서는 단일정당의 이데올로기가 국가의 성격과 지리
적 범위를 규정해왔다. 유고슬라비아와 소련에서는 공산주의 이데올로기
가 다민족국가에 필요한 이데올로기적 정통성을 제공해왔다. 그 이데올로
기가 거부된다면 그 국가의 기초는 사라지고, 개개의 소수민족들은 그들
자신의 국가를 정당하게 요구할 수 있을 것이다. 동독에서는 공산주의가
분리독립국가의 이데올로기적 기초를 제공해왔다. 그러나 그 이데올로기
가 포기되었을 때 동독 국가의 존재이유는 사라지게 되었다. (중국)국민당
의 이데올로기는 대만에 있는 정부를 중국의 정부로 규정하고, 독립된 대
만을 지지하는 반대세력들을 체제전복 세력으로 간주하였다. 대만의 문제
는 다른 세 나라의 경우들보다 덜 심각하였다. 왜냐하면 여기서 이데올로

기는 현실을 정당화하였다기보다는 열망을 정당화하고 있었기 때문이다. 국민당 정부는, 비록 그들 스스로는 자신의 정통성을 중국 전체의 정당한 정부라는 신화에서 찾고 있지만, 사실 대만의 성공적인 정부로서 기능해 왔다.

군부가 정부에 대한 자신의 통제를 포기할 때 그들은 자신들이 다시 정부를 통제할 수 있는 수단인 폭력수단에 대한 통제마저 포기하는 것은 아니다. 이에 비해 일당체제의 민주화는 독점적인 정당이 정부에 대한 통제에 있어서 위기에 빠지고 다당제하에서 경쟁하는 일개 정당이 된다는 것을 의미한다. 이러한 의미에서 독점정당의 권력으로부터의 분리는 군부가 퇴진할 때 권력으로부터 분리되는 것보다 덜 완전하다고 할 수 있다. 그 정당은 여전히 하나의 정치적 행위자로 남는다. 1990년 선거에서 패배했을지라도 산디니스타들은 "어느 날엔가 다시 싸울 것"을 희망할 수 있으며, 선거라는 수단을 통해 권력으로 복귀할 수도 있다.10) 불가리아와 루마니아에서 구(舊)공산당들은 선거에서 승리했다. 다른 동유럽 국가들에선 구공산당들이 장래의 언젠가에 연립정부에 참여할 수 있다는 기대를 갖기에는 좀 비관적인 것 같다.

민주화 후, 이전의 독점정당이 권위주의체제를 복원하는 데 다른 어떤 정치집단보다 더 나은 위치에 있는 것은 아니다. 당은 권력의 독점을 포기하지만, 그러나 민주적 수단을 통해 권력을 추구하는 경쟁의 기회마저 포기한 것은 아니다. 이에 비해 군부는 그들이 병영으로 퇴각할 때 권력의 독점과 경쟁의 기회를 둘 다 포기하지만, 비민주적 수단을 통해 권력을 다시 획득할 수 있는 능력은 보유하고 있다. 따라서 일당체제로부터 민주주의로의 이행은 군사정권으로부터 민주주의로 이행하는 것보다 더 어려운 것 같다. 그러나 그것은 더 영속적일 것이다.11) 일당체제를 변화시키기 어렵다는 것은 1990년 무렵부터 대만, 멕시코, 소련 등에서 그 체

10) *New York Times*, 11 March 1990.
11) 이와 비슷한 결론은 다음을 보라. I. William Zartman, "Transi- tion to Democracy from Single-Part Regimes: Lessons from North Africa"(Paper presented to Annual Meeting, American Political Science Association, Atlanta, 31 August~3 September 1989), pp.2-4.

제의 지도자들이 그들 체제의 자유화를 주도하고 있지만, 충분한 민주화를 향해서는 더디게 진행되고 있다는 사실에도 반영되고 있는 것 같다.

개인독재의 지도자들은 군부나 일당체제의 지도자들보다 자발적으로 권력을 포기할 가능성이 더 작다고 하겠다. 민주주의로 이행한 나라의 개인독재자들은 그렇지 못한 나라의 독재자들과 마찬가지로 대개 그들이 할 수 있는 한 더 오래 권좌에 머물러 있고자 했다. 이것이 종종 체제의 협소한 정치적 기반과 점차 복잡화되는 현대 경제 및 사회 간에 긴장을 고조시켰다.12) 이것은 또한 쿠바, 니카라과, 아이티, 이란 등에서 일어난 것처럼 독재자에 대한 폭력적 타도와 또 다른 권위주의체제에 의한 독재자의 교체 등으로 귀결되었다. 제3의 민주화 물결에서는 포르투갈, 필리핀, 루마니아 등에서 개인독재를 타도하는 봉기가 있었다. 스페인에서는 독재자가 죽고 그의 계승자가 위로부터의 민주적 이행의 고전적 사례를 주도했다. 인도와 칠레에서는 집권자가 유권자들이 자신을 지지해 줄 것이라는 잘못된 믿음에서 선거를 실시하였다가 패배하였다. 그러자 그들은 마르코스나 노리에가와는 달리 선거 판정에 승복하였다. 술탄적 체제의 경우 민주주의로의 이행은 정당과 기타 제도들의 취약함에 의해 더 복잡하게 진행되었다. 개인독재로부터 민주주의로의 이행은 그 체제를 건립한 독재자가 죽고 그의 계승자가 민주화를 결심했을 때, 독재자가 타도되었을 때, 또는 독재자가 선거에서 획득할 수 있는 지지를 잘못 계산했을 때 일어났다.

2. 이행과정

제3의 이행의 물결은 권력획득을 위해 투쟁하는 집단들의 다양성과 민주주의 및 기타 목표들에 대한 찬반의 다양성을 포함한 복잡한 정치적 과

---

12) Richard K. Betts and Samuel P. Huntington, "Dead Dictators and Rioting Mobs: Does the Demise of Authoriarian Rulers Lead to Political Instability?" *International Security,* 10, Winter 1985~86, pp.112-146.

정들이었다. 민주화에 대한 태도에 따라 그 과정에 참여한 주요 세력들을 지배연합내의 보수파, 자유주의적 개혁파, 민주주의적 개혁파로, 또한 반정부세력내의 민주적 온건파와 혁명적 극단주의자들로 나누어볼 수 있다. 비공산주의적 권위주의체제에서 정부내의 보수파는 보통 우파, 파시스트, 민족주의자 등으로 인식된다. 반정부진영내에서 민주화의 반대세력으로는 보통 좌파, 혁명주의자, 맑스-레닌주의자를 들 수 있다. 정부와 반정부 양진영에서 민주주의의 지지자들은 좌·우익 연속선상에서 중간지점을 점하는 것으로 인식될 수 있다. 공산주의체제에서 좌익과 우익은 다소 덜 분명하다. 보수파는 통상 스탈린주의자 혹은 브레즈네프주의자로 인식된다. 반정부진영내에서 민주주의에 대한 극단주의적 반대세력은 혁명적 좌파들이 아니라 오히려 종종 우익으로 생각되는 민족주의적 집단들이다.

<표 2> 민주화과정의 정치집단들

	민주주의에 대한 태도		
	반대	찬성	반대
정부진영		개혁파 민주주의적 개혁파/ 자유주의적 개혁파	보수파
반정부진영	급진적 극단주의자	민주적 온건파	

　지배연합내의 어떤 집단은 민주화에 반대하며, 또 어떤 집단은 제한된 개혁이나 자유화를 지지하며, 또 어떤 집단은 종종 민주화를 선호하게 된다(<표 2> 참조). 민주주의에 대한 반정부진영의 태도도 보통 나뉘어진다. 현 독재체제에 대한 지지자들은 항상 민주주의를 반대한다. 현 독재체제에 대한 반대자들도 종종 민주주의에 반대한다. 그러나 거의 예외없이 그들은 현권위주의체제를 그들 자신의 체제로 대체하기 위해 노력하는 과정에서 민주주의라는 수사(修辭)를 사용한다. 민주화의 정치에 참여하는 집단들은 갈등하는 목표와 공통의 목표를 함께 갖는다. 개혁파와 보수파는 자유화와 민주화의 문제를 놓고 분열된다. 그러나 아마 그들은 반정부집단의 권력을 통제하는 데에 공통의 이해를 갖는다. 온건파와 급진파는 현 정권을 퇴진시키고 권력에 참여하는 데 공통의 이해를 갖는다. 그

러나 그들은 어떤 종류의 새로운 체제를 창출할 것인가에 대해 일치를 보지 못한다. 개혁파와 온건파는 민주주의를 창출하는 데에 공통의 이해관계를 갖는다. 그러나 그들은 종종 민주주의를 창출하기 위해 얼마나 비용을 지불할 것이며, 새로운 체제에서 어떻게 권력을 나누어 가질 것인가 하는 문제를 놓고 분열된다. 보수파와 급진파는 누가 지배할 것인가 하는 문제에 있어서는 전적으로 대립하면서도 중앙의 민주적 집단을 약화시키고 사회의 정치를 양극화하는 데에 공통의 이해를 갖는다.

특정 개인이나 집단의 태도와 목표는 민주화의 과정에서 때때로 변화한다. 만약 민주화가 그들이 두려워 하는 위험들을 야기하지 않는다면, 자유주의적 개혁파나 심지어 보수파였던 사람들까지도 민주주의를 받아들이게 될지 모른다. 이와 마찬가지로 민주화 과정에의 참여는 극단주의적 반대파의 성원들로 하여금 그들의 혁명적 성향을 완화시키고 민주주의가 제공하는 제약과 기회를 받아들이도록 이끌 수도 있다.

집단들의 상대적 권력은 민주화 과정의 성격을 형성하며, 또한 민주화가 진행되는 동안에 종종 변하기도 한다. 보수파가 정부를 지배하고 극단주의자들이 반정부세력을 장악했던 경우에는 민주화는 불가능했다. 예컨대 그러한 곳에서는 우익독재자가 맑스-레닌주의자들이 지배하는 반정부세력에 대항해 끝까지 권력을 쥐고 내놓지 않았기 때문이다. 물론 민주주의로의 이행은 민주주의를 찬성하는 집단들이 정부와 반정부진영 모두에서 지배적일 때 용이하다. 그러나 개혁파와 온건파 간의 힘의 차이는 그 과정이 어떻게 일어나는가를 구체화한다.

예컨대 1976년 스페인의 반정부세력은 프랑코시대의 유산과의 철저한 "민주적 단절(혹은 ruptura)"과 임시정부 및 새로운 헌정질서를 만들 제헌의회의 구성을 요구하였다. 그러나 아돌포 수아레즈(Adolfo Suarez)는 이러한 요구들을 막아낼 수 있을 만큼 충분히 강력했다. 따라서 그는 프랑코의 헌정메커니즘을 통해 민주화를 실현할 수 있었다.[13] 만약 민주주

---

13) Raymond Carr, "Introduction: The Spanish Transition to Democracy in Historical Perspective," in Robert P. Clark and Michael H. Haltzel(eds.), *Spain in the 1980s: The Democratic Transition and a New International Role,* Cambridge, MA.: Ballinger, 1987, pp.3-4.

의 집단이 반정부진영내에선 강력하지만 정부내에선 약했었다면 민주화는 정부를 전복시키고 반정부진영에게 권력을 넘기는 사건들에 의해 진행되었을 것이다. 만약 민주주의 집단이 지배연합내에선 지배적이지만 반정부진영에선 그렇지 못했다면 민주화를 위한 노력은 반동적인 폭력에 의해 위협받았을지도 모른다. 즉 보수파의 반동적인 권력의 증대는 쿠데타로 귀결되었을지도 모른다.

민주화 과정에는 정부진영과 반정부진영, 지배연합내의 개혁파와 보수파, 반정부진영내의 온건파와 극단주의자들간의 상호작용이 있게 된다. 모든 이행에 있어 이러한 세 가지의 중심적인 상호작용은 일정한 역할을 담당한다. 이러한 상호작용의 갈등적 성격이나 화합적 성격, 또는 상대적 중요성의 정도는 이행과정의 전반적 성격을 변화시킨다.

위로부터의 민주화에선 지배연합내의 개혁파와 보수파 간의 상호작용이 중심적인 중요성을 갖는다. 위로부터의 민주화는 정부진영이 반정부진영보다 강하고 개혁파가 보수파보다 강할 때, 그리고-반정부진영내에선-온건파가 극단주의자들보다 강할 때에만 일어났다. 위로부터의 민주화가 진행될 때 민주화에 반대하는 보수파 집단이 지배연합으로부터 탈퇴하는 반면 반정부진영의 온건파는 종종 지배연합내로 포섭되어 들어갔다. 밑으로부터의 민주화에선 정부진영과 반정부진영 간의, 그리고 온건파와 극단주의자들 간의 상호작용이 중요하다. 반정부진영이 정부진영보다 결과적으로 더 강력해야 했고 온건파가 극단주의자들보다 더 강해야 했다. 제집단의 계속적인 이반은 종종 (구)체제의 붕괴와 민주적 체제의 출범으로 귀결되었다. 타협을 통한 민주화에선 개혁파와 온건파간의 상호작용이 중심적이다. 개혁파와 온건파는 각기 정부진영과 반정부진영내에서 반민주적 집단들을 제압할 수 있었고, 그들 간에는 권력의 불균형이 그리 크지 않았다. 이러한 민주화에선 정부와 이전의 반정부집단이 권력을 최소한 잠정적으로나마 나눠 가질 것에 동의하였다.

3. 위로부터의 민주화(Transformation)

위로부터의 민주화에선 권위주의체제내의 집권자들이 주도권을 쥐고, 그 체제를 종식시키고 민주적 체제로 변화시키는 데에 있어 결정적인 역할을 수행한다. 위로부터의 민주화와 타협을 통한 민주화 간의 경계는 애매하며, 몇몇 사례들은 어느 쪽 범주로도 다 정당하게 분류될 수 있을 것이다. 대체로 위로부터의 민주화는 1980년대 말까지 이미 일어났거나 진행중인 것처럼 보이는 제3의 이행의 물결에서 35개국 가운데 약 16개국에 해당된다고 하겠다. 자유화나 민주화에 관련된 이 16개의 사례들은 5개국의 일당체제, 3개국의 개인독재, 8개국의 군사정권으로부터의 변화들을 포함한다. 위로부터의 민주화는 정부진영이 반정부진영보다 더 강력할 것을 요구한다. 결국 그러한 이행은 정부가 반정부세력에 대해, 또한 혹은 스페인, 브라질, 대만, 멕시코 그리고─다른 공산국가들과 비교해볼 때─헝가리와 같이 경제적으로 성공한 권위주의체제에 대해 궁극적인 억압수단을 분명히 통제한, 잘 확립된 체제하에서 일어났다. 이들 나라의 지도자들은 그들이 하고자 원했을 때 자신의 나라를 민주화시킬 수 있는 힘을 가졌다. 모든 사례에서 반정부진영은 최소한 그 과정의 시작단계에서 정부보다 훨씬 약했다. 예컨대 브라질에서는, 스테판(Alfred Stepan)의 지적처럼, "자유화가 시작되었을 때 중대한 정치적 반대세력도, 경제적 위기도, 전쟁에서의 패배에 따른 억압기구의 붕괴도 없었다."[14] 브라질과 그 외의 몇몇 곳에서 권위주의체제를 종식시키는 데 있어 가장 좋은 위치에 있었던 사람들은 바로 그 체제의 지도자들이었다. 그리고 그들은 실제로 권위주의체제를 종식시켰다.

위로부터의 민주화의 모범적인 사례들은 스페인, 브라질, 그리고 공산주의체제들 가운데서는 헝가리였다. 만약 민주화가 실현되기만 한다면, 소련이 가장 중요한 사례가 될 것이다. 브라질에서의 이행은 "위로부터의 해방" 혹은 "정권에 의해 주도된 자유화"였다. 스페인에서 "그것은 기성

---

14) Alfred Stepan, "Introduction," in Stepan(ed.), *Democratizing Brazil: Problems of Transition and Consolidation,* New York: Oxford University Press, 1989, ch.ix.

체제 안에서 정치적 변화의 과정을 주도하는, 현직에 있는 독재세력과 연대한 개혁파들의 과제였다."15) 그러나 이 두 나라는 이행기간에 있어 중대한 차이가 있었다. 스페인에서는 프랑코가 사망한 후 약 3년 반만에 민주화를 추진하는 수상이 자유화를 추진한 수상을 대체하고, 프랑코체제의 입법부는 그 체제의 종식을 투표로 결정하고, 정치개혁은 국민투표에 의해 지지되고, 정당들은-공산당을 포함하여-합법화되고, 새 국회가 선출되고 민주헌법이 기안되어 국민투표에서 추인을 받고, 주요한 정치행위자들은 경제정책에 대해 동의하고, 의회선거가 새 헌법하에서 실시되었다. 보도된 바에 의하면, 수아레즈는 그의 내각에서 다음과 같이 말했다고 한다. "나의 전략은 속도에 기초한 것이다. 나는 프랑코 체제의 지속을 주장하는 자들(continuistas)이 반발하는 것보다 더 빠르게 특수한 조치들을 도입함으로써 게임에서 선두를 유지할 수 있었다." 짧은 기간 안에 개혁들이 압축적으로 실시되었던 만큼 그것은 연속적으로 취해졌다. 또한 다음과 같은 주장도 있었다. "개혁의 속도를 늦춤으로써 수아레즈는 프랑코 체제의 많은 부문들을 동시에 적대화시키는 것을 피할 수 있었다. 마지막의 일련의 민주적 개혁들은 군부와 여타 강경파 프랑코주의자들의 공공연한 적대감을 불러일으켰다. 그러나 수아레즈는 오히려 상당한 기세와 지지를 얻을 수 있었다." 요컨대 수아레즈는 개혁의 유형에 있어 케말주의자들이 그랬던 것처럼 "페이비안(Fabian)적인 전략(고대 로마의 장군 Fabius의 전술에서 유래한 것으로서 싸우지 않고 시일을 끌어 적을 지치게 하는 전략전술-역자)과 전격전(blitzkrieg)적인 전술"의 축소판을 따랐던 것이다.16)

15) Ibid.; Scott Mainwaring, "The Transition to Democracy in Brazil," *Journal of Interamerican Studies and World Affairs,* 28, Spring 1986, p.149; Kenneth Medhurst, "Spain's Evolutionary Pathway from Dictatorship to Democracy," in Pridham(ed.), *New Mediterranean Democracies,* 30.

16) Paul Preston, *The Triumph of Democracy in Spain,* London: Methuen, 1986, p.93; Donald Share and Scott Mainwaring, "Transitions Through Transaction: Democratization in Brazil and Spain" in Wayne A. Selcher(ed.), *Political Liberalization in Brazil: Dynamics, Dilemmas, and Future Prospects,* Boulder, CO.: Westview Press, 1986, p.179; Samuel P. Huntington, *Political Order in*

이와 대조적으로 브라질에서는 대통령 가이젤(Ernesto Geisel)이 정치적 변화는 "점진적이고 완만하게, 그리고 확실하게 진행되어야 한다고 결정하였다. 그 과정은 1973년 메디치(Medici) 행정부의 말기부터 시작되어 가이젤 행정부와 피게이레도(Figueiredo) 행정부를 걸쳐 계속되다가 1985년 민간 대통령의 취임을 계기로 급진전되어 1988년 신헌법의 채택과 1989년 보통선거를 통한 대통령선출에서 절정에 달했다. 정권에 의해 주도된 민주화 운동은 군부와 여타 부문의 강경파들을 안심시키기 위해 취해진 행동들과 뒤범벅되어 있었다. 요컨대 가이젤 대통령과 피게이레도 대통령은 2보전진, 1보후퇴 정책을 따랐던 것이다. 그 결과는 민주화 과정에 대한 정부의 통제가 결코 심각한 도전을 받아본 적이 없는 조심스럽고 점진적인 민주화였다. 1973년 브라질은 억압적인 군사독재 아래 있었다. 그러나 1989년 브라질은 거의 완벽한 민주주의를 향유하게 되었다. 흔히들 선거인단에 의해 민간 대통령이 선출된 1985년 1월을 브라질에 민주주의가 도래한 기점으로 잡고 있다. 그러나 사실 명확한 분기점은 없다. 브라질에서의 이행의 우수한 점은 어느 시점에서 브라질이 독재를 종식시키고 민주주의로 이행했는가를 말하기가 사실상 불가능하다는 데 있다고 하겠다.

스페인과 브라질은 위로부터의 변화의 원형적인 사례들이었다. 특히 스페인의 사례는 라틴아메리카와 동유럽에서의 잇따른 민주화의 모델이 되었다. 예컨대 1988년과 1989년 헝가리의 지도자들은 어떻게 민주주의를 도입할 것인가에 대해 스페인의 지도자들과 광범위하게 논의하였으며, 1989년 4월에는 스페인 대표단이 자문에 응하기 위해 부다페스트를 방문하였다. 6개월 후 한 논평자는 스페인과 헝가리 두 나라의 이행의 유사점에 대해 다음과 같이 지적했다.

카다르시대의 마지막 몇 년은 프랑코의 쇠퇴해가던 독재가 취했던 선의의 권위주의와 일정한 유사점을 가지고 있었다. 이러한 비교에서 포즈가이(Imre Pozsgay)는 후앙 카를로스(Juan Carlos) 왕의 역할을 수행하고 있다. 그는 급격

*Changing Societie*s, New Haven: Yale University Press, 1968, pp.344-357.

한 변화의 와중에서 연속성을 보증하는 상징이다. 기성체제 및 새로운 사업가 계급과 연대한 자유주의적 지향을 가진 전문가들이, 스페인에서 '오푸스 데이 (Opus Dei: 프랑코 말기에 개혁을 주도했던 관료집단−역자)'와 연대한 부르주아 엘리트들이 한 것처럼, 이행에 필요한 테크노크라트적 엘리트들을 제공하였다. 야당 역시 유사성이 보인다. 즉 스페인의 망명객들이 안전이 보장되자 돌아온 것처럼 헝가리의 야당들도 안전이 보장되자 지하로부터 나왔다. 또한 스페인에서와 마찬가지로−스타일에선 온건하고, 실제에서는 급진 민주주의적인−헝가리의 반대파들은 민주주의의 재창출에 결정적인 역할을 수행하고 있다.[17]

제3의 물결에서 위로부터의 민주화는 대체로 5개의 주요 국면을 통해 진전되었다. 그 가운데 4개의 국면은 권위주의체제의 내부에서 일어났다.

개혁파의 출현 그 첫 단계는 권위주의체제의 내부에 민주주의 방향으로의 이동이 바람직하거나 또는 필요하다고 믿는 지도자 혹은 잠재적인 지도자집단이 출현하는 것이다. 왜 그들이 그러한 결론에 이르게 되었는가? 그들이 민주적 개혁파가 된 이유는 나라마다 크게 다르고, 분명하지도 않다. 그러나 이들을 다섯 범주로 나눠볼 수 있다. 첫째, 개혁가들은 권력을 유지하는 데 드는−즉 그들의 군대를 정치화하고, 그들을 지지해온 (지배)연합을 분할하고, 잘 풀릴 것 같지 않는 (대개 경제적인) 문제들을 풀려고 고심하고, 억압을 증대시키는 데 드는−비용이 마침내 권력으로부터 명예롭게 퇴진하는 것이 더 바람직한 지점에 도달해 버렸다고 결론을 내리기에 이르렀다. 군사정권의 지도자들은 군부의 정치적 연루가 군부의 순수성과 직업주의, 응집력과 명령체계를 부식시키는 영향을 미친다는 것에 대해 특히 민감하다. 페루를 민주주의로 이끈 베르무데스(Morales Bermudez) 장군은 다음과 같이 말했다. "우리 모두는 우리 조국의 근간이 되고 있는 이 제도(군부−역자)에 대해, 그리고 같은 맥락에서 다른 제도들에 대해서도 어떤 일들이 일어나고 있는지 지켜봐 왔다. 그리고 우리는 그러한 것들을 원하지 않는다." 비슷한 맥락에서 칠레 공군의 지도자인 마테이

17) Jacques Rupnik, "Hungary's Quiet Revolution," *New Republic*, 20 November 1989, p.20; *New York Times*, 16 April 1989.

(Fernando Matthei) 장군은 다음과 같이 경고하였다. "만약 민주주의로의 이행이 곧 시작되지 않는다면 우리는 맑스주의자들의 침투가 없이도 군대를 붕괴로 몰아갈 것이다."18)

둘째, 개혁가들이 권력을 유지하려고 하다가 결국 권력을 상실하게 될 때 당면하게 될 위험을 감소시키길 원하는 경우들도 있다. 만약 반대세력이 강력해지는 것 같으면, 서둘러 민주적 이행을 준비하는 것이 그러한 위험을 축소시키는 한 방법일 것이다. 결국 목숨을 잃는 위험보다 권좌를 잃는 위험이 더 선호할 만하다는 것이다.

셋째, 인도, 칠레, 터키를 포함한 몇몇 사례에선 권위주의적 지도자들이 그들이나 그들의 동료들이 권좌를 잃지 않을 것이라고 확신하였다. 이들 지배자들은 민주적 제도들을 복구시키겠다고 공약한 바 있으며 또한 지지와 정통성의 하락에 직면해 있었기 때문에 선거를 실시함으로써 그들의 정통성을 쇄신하는 것이 바람직하다고 생각했다. 그들은 유권자들이 그들을 계속 권좌에 머물게 해 줄 것이라고 기대했지만, 그 기대는 통상 어긋났다.

넷째, 개혁가들은 자국을 민주화시키는 것이 그들 나라에 다음과 같은 이익을 가져올 것이라고 믿었다. 자국의 국제적 정통성의 증대, 그들 정권에 대한 미국의 제재 및 기타 제재들의 감소, 경제원조 및 군사원조의 가능성, 국제통화기금(IMF)의 대부, 워싱턴으로의 초빙 및 서방 동맹국의 지도자들이 지배하는 국제모임에의 참여 등.

마지막으로 스페인, 브라질, 헝가리, 터키 및 여타 몇몇 군사정권을 포함한 많은 나라의 경우, 개혁가들은 민주주의가 '올바른(right)' 정부형태이며, 그들의 나라도 존경받는 다른 선진국들처럼 민주적 정치체제를 가져야만 하며 그를 향해 전진해 왔다고 믿었다.

자유주의적 개혁가들은 자유화를 그들 체제를 충분히 민주화시키지 않고 반체제세력을 분열시킬 수 있는 한 방법으로 간주하는 경향이 있다.

---

18) Abugattas in Malloy and Seligson(eds.), *Authoritarians and Democrats*, p.129와 Sylvia T. Borzutzky, "The Pinochet Regime: Crisis and Consolidation," in Ibid., p.85로부터 재인용.

그들은 억압을 완화하고, 시민적 자유를 복원시키고, 검열을 제한하고, 공적인 쟁점에 대한 폭넓은 토론을 허용하고, 자신의 일들을 폭넓게 처리할 수 있는 시민사회-결사체, 교회, 노동조합, 사업가 조직 등-를 허용하였다. 그러나 자유화론자들은 현 지도자들의 권력을 상실시킬지도 모르는, 충분히 참여가 보장되고 경쟁적인 선거의 도입을 원치 않았다. 그들은 보다 부드럽고 온건한, 그리고 더 안전하고 안정적인 권위주의를 그들 체제의 성격을 근본적으로 변화시키지 않고 창출할 수 있기를 원했다. 몇몇 개혁가들은 그들 나라 정치의 새 장을 여는 데 있어 그들 스스로 어디까지 가길 원하는지 확실하지 않았다. 의심할 바 없이 그들은 때때로 그들의 의도를 숨길 필요를 느꼈다. 민주화론자들은 그들이 단지 자유화의 선에 머물고 있다는 인상을 줌으로써 보수파를 안심시키는 경향이 있다. 이에 반해 자유화론자들은 그들이 민주화를 추진하고 있다는 인상을 창출해냄으로써 보다 폭넓은 대중적 지지를 얻고자 한다. 그 결과 가이젤, 보타, 고르바초프 등이 '진실로' 어디까지 나아가길 원했는지에 대해 격렬한 논쟁이 있었다.

권위주의체제내에 자유화론자들과 민주화론자들의 출현은 정치적 변화를 위한 첫 세력을 창출한다. 그리고 그것은 두 번째 효과를 가져온다. 몇몇 군사정권하에서 그것은 지배집단을 분열시키고, 군부를 더 정치화시키며, 마침내 많은 장교들이 '제도로서의 군부'를 보존하기 위해 '정부로서의 군부'를 종식시켜야만 한다고 믿도록 이끈다. 스스로 정부로부터 퇴각할 것인가, 말 것인가에 대한 논쟁은 정부로부터 퇴각해야 한다는 주장으로 발전한다.

권력의 획득   민주적 개혁파들이 권위주의정부 안에 존재해야 할 뿐만 아니라 그 정부내에서 권력을 장악하고 있어야만 한다. 어떻게 이러한 상황이 발생하는가? 세 나라의 사례에서 권위주의체제를 창출한 지도자들이 민주주의로의 이행을 주재하였다. 인도와 터키에서는 애초부터 권위주의체제는 정상적인 형태의 민주주의에 대한 방해로서 정의되었다. 권위주의체제의 지도자들이 그들이나 그들이 지지하는 후보가 선거에서 이길 것이라는 빗나간 기대에서 실시한 선거에 의해 그 체제들은 단명했다. 칠레에서는 피노체트 장군이 그 체제를 창출하여 17년 동안이나 권좌를 지켜왔다. 그는 민주주의로의 이행을 위한 장기적인 스케줄을 수립하고, 유권자들이 그를 8년 동안 더 권좌에 머물게 해줄 것이라는 기대 속에서 그 계획을 실시했다가 유권자들이 그렇게 하지 않자, 마지 못해 권좌를 물려 났다. 이들의 경우를 제외하고는 권위주의체제를 창출한 자들이나 그 체제를 연장하도록 이끈 자들이 그 체제를 종식시키는 데에 있어 주도권을 잡지 못했다. 이 모든 사례들에 있어 위로부터의 민주화는 개혁파들이 보수파들을 권좌에서 교체했기 때문에 일어났다.

개혁파들은 세 가지 경로를 통해 권위주의체제내에서 권력을 장악하기에 이르렀다. 첫째, 스페인과 대만에서는 권위주의체제를 창립하고 장기 집권해 온 지도자 프랑코와 장개석이 사망하였다. 그들에 의해 키워진 후계자 후앙 카를로스와 장경국이 그들의 권좌를 계승하였다. 이들은 자신들의 나라에서 진행되어 온 중대한 사회경제적 변화에 대응하여 민주화과정을 주도하였다. 소련에서는 3년 동안에 레오니드 브레즈네프, 유리 안드로포프, 콘스탄틴 체르넨코가 연이어 사망함으로써 고르바초프가 권력을 장악할 수 있었다. 어떤 의미에서 프랑코, 장개석, 브레즈네프는 적절한 시기에 사망했다고 할 수 있다. 그러나 등소평은 그렇지 못했다.

둘째, 브라질과 멕시코에서는 권위주의체제 자체에 지도부의 정기적인 교체가 제도화되어 있었다. 반드시 그런 것은 아니지만 그것이 개혁파가 권력을 장악하는 것을 가능하게 하였다. 브라질에서는 군부에 두 분파가 존재하였다. 강경파인 에밀리오 메디치(Emilio Medici) 장군이 대통령에 재임했던 1969년부터 1972년 사이에 억압은 절정에 달했다. 그의 재임 말기에 군부내에서 전개된 한 권력투쟁에서 온건파인 소르본느 그룹 (Sorbonne group)은 가이젤 장군의 대통령 지명을 보장할 수 있었다. 부분적으로 그것은 가이젤 장군의 동생이 국방장관이었기 때문에 가능했다. 가이젤 대통령은 그의 주요한 동료인 골베리 도 쿠토 에 실바(Golbery do Couto e Silva) 장군에 의해 지도되면서 민주화과정에 착수했다. 그는 또한 1978년 소르본느 그룹의 또 다른 멤버인 피게이레도 장군이 그를 계

승할 수 있도록 보장하기 위한 결정적인 행동을 취했다. 멕시코에서는 퇴
임하는 대통령 호세 로페스 포르티요(Jose Lopez Portillo)가 1981년 예산
계획부 장관인 미구엘 델라 마드리드(Miguel de la Madrid)를 그의 후계
자로 선출하는 정례화된 절차를 밟았다. 델라 마드리드는 경제 및 정치의
자유화론자였다. 그는 개방정책을 지속시키기 위해 전통적이고 구질서 옹
호적인 다른 후보자들을 모두 제쳐놓고, 젊고 개혁지향적 테크노크라트인
카를로스 살리나스(Carlos Salinas)를 (그의 후계자로 역자) 선출하여 자
유화를 계속하게 하였다.

셋째, 권위주의적 지도자들이 사망하지도 않고 정기적인 교체도 없는
곳에선 민주적 개혁가들이 그 지배자를 축출하고 친민주적인 지도부를 세
워야만 했다. 브라질 이외의 군사정권하에서 이것은 쿠데타를 통해 한 군
부지도자가 다른 지도자에 의해 교체되는 것을 의미하였다. 페루에선 베
르무데스가 후앙 벨라스코(Juan Velasco)를, 에쿠아도르에선 알프레도 포
베다(Alfredo Poveda)가 기예르모 로드리게스 라라(Guillermo Rodriguez
Lara)를, 과테말라에선 오스카 메히아(Oscar Mejia)가 호세 리오스 몬트
(Jose Rios Montt)를, 나이지리아에선 무르탈라 무하메드(Murtala Muhammed)가 야쿠부 고원(Yacubu Gowon)을 교체하였다.[19] 일당체제인 헝
가리에서는 개혁파가 그들의 힘을 동원하여 1988년 5월 당 특별회의에서
장기집권자인 야노스 카다르(Janos Kadar)를 축출하고 그를 대신하여 당
서기장에 카롤리 그로즈(Karoly Grosz)를 임명했다. 그러나 그로즈는 불
철저한 개혁가(semireformer)였다. 그래서 1년 후 당 중앙위원회는 그를
개혁파가 지배하는 4인 상임위원회로 교체하였다. 1989년 10월 4인 상임
위원 가운데 한 사람인 레조 니예스(Rezso Nyers)가 당 총재가 되었다. 불
가리아에선 1989년 가을 개혁지향적인 공산당 지도자들이 지난 35년 동
안이나 권좌를 지켜온 토도르 지브코프(Todor Zhivkov)를 그 자리에서
축출하였다. 자유화 및 민주화 개혁과 관련된 지도부의 변화를 요약하면

---

19) "민간인의 손에 권력을 넘기는 군사정부는 합헌적 정부로부터 권력을 찬탈할
    때의 군사정부와 동일하지 않다"는 관찰과 "제2국면"의 쿠데타에 관해서는
    Needler, "The Military Withdrawal," pp.621623을 보라.

<표 3>과 같다.

<표 3> 1973년부터 1990년까지의 지도부의 변화와 개혁

국가	보수파 지도자	변화	개혁파 1 지도자	변화	개혁파 2 지도자	첫 민주적 선거
나이지리아	고원	1975년 7월 쿠데타	무하메드	1976년 2월 사망	오바산조 (obassanjo)	1979년 8월
에쿠아도르	라라	1976년 1월 쿠데타	포베다	–	–	1979년 4월
페루	벨라스코	1975년 8월 쿠데타	베르무데스	–	–	1980년 5월
브라질	메디치	1974년 3월 계승	가이젤	1979년 3월 계승	피게이레도	1985년 1월
과테말라	몬트	1983년 8월 쿠데타	메히아	–	–	1985년 12월
스페인	프랑코	1975년 11월 사망	후앙 카를로스 (국가원수)	–	–	1979년 3월
	블랑코 (수상)	1973년 12월 사망	아리아스	1976년 7월 축출	수아레즈	
대만	장개석	1975년 4월 사망	장경국	1988년 1월 사망	이등휘	
헝가리	카다르	1988년 5월 축출	그로즈	1989년 5~10월 축출	니예스/ 포즈가이	1990년 3월
멕시코	포르티요	1982년 12월 계승	델라 마드리드	1988년 12월	살리나스	
남아공	보르스터 (Vorster)	1978년 9월 축출	보타	1989년 9월 축출	드 클러크	
소련	체르넨코	1985년 3월 사망	고르바초프			
불가리아	지브코프	1989년 11월 축출	미아데노프 (Miadenov)	–	–	1990년 6월

　자유화의 실패　제3의 물결에서 중요한 쟁점의 하나는 자유주의적 개혁파의 역할과 자유화된 권위주의 정치체의 안정에 관한 것이다. 보수파 지도자를 계승한 자유주의적 개혁가들은 대개 권좌에 잠시 머물다가는 과도기적인 인물들임이 판명되었다. 대만, 헝가리, 멕시코에서는 보다 민주 지향적인 개혁가들이 자유화론자들을 짧은 시간 안에 계승하였다. 브라질

에서는, 일부 분석가들은 애매한 입장을 취하지만, 가이젤과 골베리도 쿠토 에 실바가 처음부터 의미있는 민주화조치를 취했다는 것은 명백하고 합당한 것 같다.[20] 비록 그들이 권위주의체제를 대체하기보다는 자유화시키는 선에서 머물려고 의도했지만, 피게이레도는 그 과정을 확대하여 민주화로 나아갔다. 그는 취임하기 전인 1978년에 "나는 이 나라를 민주주의국가로 만들어야만 한다"고 말했다.[21] 그리고 그는 그렇게 했다.

스페인에서는 강경파 수상인 루이스 카레로 블랑코(Luis Carrero Blanco) 제독이 1973년 12월 암살되었다. 그래서 프랑코는 카를로스 아리아스 나바로(Carlos Arias Navarro)를 그의 후임으로 임명하였다. 아리아스는 고전적인 자유주의적 개혁가였다. 그는 프랑코 체제를 보존하기 위해 그 체제를 완화시키기를 원했다. 1974년 2월 12일의 유명한 연설에서 그는 개방(apertura)을 제안하고, 예컨대 정당활동을 제외한 정치적 결사체의 활동을 허용하는 조치를 포함한 일련의 온건한 개혁을 상신했다. 그러나 그는 "심정적으로 너무 보수적이고 프랑코주의자였기 때문에 체제의 진정한 민주화를 수행할 수 없었다." 그의 개혁 제안은 프랑코를 포함한 '벙커(bunker)' 속의 보수파들에 의해 무력하게 되었다. 그러나 동시에 그 제안은 반정부세력들로 하여금 더 많은 개방을 요구하도록 자극하였다. 결국 아리아스는 "루이스 카레로 블랑코가 부동주의(immobilism)에 대한 신용을 떨어뜨린 것처럼 개방주의(aperturismo)에 대한 신용을 떨어뜨리고 말았다."[22] 1975년 11월 프랑코가 사망하고 후앙 카를로스가 국가원수로서 그를 계승했다. 후앙 카를로스는 스페인을 진정한 유럽형의

---

20) Stepan, *Rethinking Military Politics*, pp.32-40; Thomas E. Skidmore, "Brazil's Slow Road to Democratization: 1974~1985" in Stepan(ed.), *Democratizing Brazil*, 33. 이러한 해석은 Golbery의 의도로부터 내가 받은 인상과 일치한다. 나는 1974년 브라질의 민주화에 관한 계획을 그와 함께 작성한 바 있다. 이와 대조적인 주장으로는 다음을 보라. Silvio R. Duncan Baretta and John Markoff, "Brazil's Abertura: A Transition from What to What?" in Malloy and Seligson (eds.), *Authoritarians and Democrats*, pp.45-46.

21) Francisco Weffort, "Why Democracy?" in Stepan(ed.), *Democratizing Brazil*, p.322로부터 재인용.

22) Raymond Carr and Juan Pablo Fusi Aizpurua, *Spain: Dictatorship to Democracy*, 2d ed., London: Allen & Unwin, 1981, pp.198-206.

의회민주주의로 변화시키고자 했다. 아리아스는 이러한 변화에 저항했지만, 후앙 카를로스는 1976년 7월 그를 해임하고 아돌포 수아레즈를 수상에 임명했다. 수아레즈는 급속히 민주주의를 도입하기 시작했다.

자유화된 권위주의로부터(민주주의로 - 역자)의 이행은 더 진전될 수도 있지만 퇴행할 수도 있다. 제한된 개방화는 불안정, 격변, 심지어 폭력사태를 불러일으킬지도 모르는 더 많은 변화에 대한 기대를 상승시킬 수도 있다. 이러한 사태가 반민주적 반동과 보수파 지도자들에 의한 자유주의적 지도부의 교체를 불러일으킬 수도 있다. 그리스에서 게오르게 파파도풀로스(George Papadopoulos)는 보수파의 입장에서 자유화론자의 입장으로 옮겨갔다. 이것이 기술학교 학생들의 시위와 이에 대한 유혈탄압을 불러일으켰다. 곧이어 반동이 뒤따랐고, 자유화론자인 파파도풀로스는 강경파인 디미트리오스 이오아니디스(Dimitrios Ioannidis)에 의해 교체되었다. 아르헨티나에서는 로베르토 비올라(Roberto Viola) 장군이 강경파인 비델라(Jorge Videla) 장군의 대통령직을 계승하고 자유화를 진행시켰다. 이것이 군부의 반발을 불러일으켜 비올라는 축출되고, 강경파인 레오폴도 갈티에리(Leopoldo Galtieri) 장군이 그 자리에 올랐다. 중국에서는 등소평이 권력의 궁극적 원천이었다. 그러나 1987년 조자양은 공산당 총서기가 되어 정치체제를 개방하기 시작했다. 이것이 1989년 봄 천안문 광장에서의 대규모 학생시위를 불러일으키고, 이에 대한 보수강경파의 반동, 학생운동에 대한 분쇄, 조자양의 축출과 이붕으로의 교체를 촉발하였다. 버마에서는 26년 동안이나 버마를 통치해온 네윈(Ne Win) 장군이 1988년 7월 표면상으로 권좌에서 물려나고, 다른 강경파인 세인 르윈(Sein Lwin) 장군이 그 자리를 계승하였다. 절정에 달한 폭력적 저항이 3주도 채 못되어 세인 르윈을 몰아내고, 민간인 출신으로 온건파로 간주되는 마웅 마웅(Maung Maung)을 그 자리에 앉혔다. 마웅 마웅은 선거를 제안하고 반정부집단들과 협상을 시도했다. 그러나 저항이 계속되자 같은 해 9월 군부는 마웅 마웅을 퇴진시키고 정부에 대한 통제권을 장악하였다. 곧이어 시위에 대한 유혈 진압이 전개되고 자유화를 향한 운동은 종식되고 말았다.

자유화론자의 딜레마는 보타와 고르바초프의 경험에서 잘 볼 수 있다.

이 두 지도자는 자신들의 사회에 주요한 자유주의적 개혁을 도입하였다. 보타는 1978년 "적응이냐 죽음이냐"라는 슬로건을 내걸고 권력을 장악하였다. 그는 흑인 노동조합을 합법화하고, 혼인법을 폐지하고, 흑백 공용의 상업지대를 설치하고, 도시의 흑인들에게 시민권을 부여하고, 흑인들이 자유농의 자격을 획득할 수 있도록 허용하고, 실질적으로 인종차별정책을 축소하고, 흑인교육에 대한 투자를 크게 증대시키고, 통행법을 폐지하고, 선출된 흑인 주민위원회의 설치를 허용하고, 비록 흑인에게는 해당되지 않지만 아시아계 및 기타 유색인종을 대표하는 의회를 창안하였다. 고르바초프는 국민대중의 토론을 개방하고, 검열을 대폭 감소시켰으며, 공산당 당료의 권력에 드라마틱하게 도전하였다. 그는 최소한 선출된 입법부에 대해 책임을 지는 온건한 정부형태를 도입했다. 보타와 고르바초프는 많은 개혁을 구현한, 또한 새롭고 강력한 대통령직—당시 그들이 떠맡고 있던—을 신설한 새로운 헌법을 그들 사회에 도입했다. 그러나 보타도 고르바초프도 그들 정치체제의 근본적인 변화를 원했던 것같지는 않다. 그들의 개혁은 현존체제를 개선하고 완화하는 것뿐만 아니라 이를 공고화하고 그들 사회에 더 잘 받아들여질 수 있도록 하기 위해 기획된 것이었다. 그들 스스로가 반복하여 그렇게 말해왔다. 보타는 결코 백인 권력에 종지부를 찍으려 하지 않았다. 고르바초프 역시 공산당 권력을 종식시키려고 하지는 않았다. 자유주의적 개혁가로서 그들은 그들이 경력을 쌓아오고 또한 이끌고 있는 현 체제를 변화시킬 뿐 아니라 또한 보존하려고 하였다.

보타의 자유화—그러나 민주화를 지향하지는 않는—개혁은 남아공의 흑인들로 하여금 그들도 정치체제에 충분히 참여할 수 있도록 할 것을 요구하게끔 자극하였다. 1984년 9월 흑인주민들의 저항은 폭발하여 폭력사태로 발전하였고, 곧 이는 억압되고 흑인구역에 군대가 배치되었다. 동시에 개혁에의 노력은 무산되고, 개혁가로서의 보타는 억압자로서의 보타로 널리 인식되어 갔다. 개혁과정은 1989년 드클러크가 보타를 교체하고 등장했을 때 비로소 다시 전개되었다. 드클러크의 보다 광범위한 개혁은 보타로부터 비판받았고, 마침내 그는 국민당(National Party)으로부터 탈퇴해야 했다. 1989년과 1990년 고르바초프의 자유화—그러나 민주화를 지향하지는 않는—개혁은 소련내에 상당한 사회적 혼란과 저항, 폭력사태 등을 자극하는 것처럼 보였다. 남아공처럼, 여러 집단들이 서로 투쟁하고 중앙권위에 도전하였다. 고르바초프에게 있어 딜레마는 명백했다. 충분한 정도의 민주화로 나아간다는 것은 소련내에서의 공산당권력의 종말뿐만 아니라 아마 소련 그 자체의 종말을 의미할지도 모른다. 사회적 혼란에 대한 강경파의 반동을 끌어들인다는 것은 경제개혁에 대한 그의 노력과 서방과의 관계개선, 창조적이고 인간주의적인 지도자로서의 그의 세계적 이미지 등의 종말을 의미할지도 모른다. 1989년 안드레이 사하로프는 고르바초프에 대해 정면으로 선택을 충고하였다. "이같은 상황에서 중간적인 길이란 거의 불가능하다. 조국과 당신 개인은 갈림길에 놓여 있다—변화의 과정을 극대화시키든지, 아니면 행정적인 명령체제를 그것의 질적 수준에도 불구하고 유지시키려고 시도하든지."23)

자유화가 시도된 곳에서 그것은 어떤 집단에게는 민주화에의 욕구를 자극하고 다른 어떤 집단에게는 억압에의 욕구를 자극하였다. 제3의 물결에서의 경험은 자유화된 권위주의는 안정적인 균형상태일 수 없다는 것을 강력히 시사한다. 반쯤 짓다만 집이 제대로 설 수는 없는 것이다.

복고적 정통성(Backward legitimacy): 보수파에 대한 무마 개혁파는 권력을 획득함으로써 민주화에 착수할 수 있다. 그러나 그것이 개혁파에 도전할 수 있는 보수파의 능력을 제거한 것은 아니다. 지배연합에 참여해 온 보수파—스페인에서의 '벙커' 안의 프랑코주의자들, 브라질과 기타 라틴아메리카 나라들에서의 군부 강경파들, 헝가리에서의 스탈린주의자들, (대만) 국민당내의 본토출신 구세력들, (멕시코) 제도혁명당(PRI)내의 당 보스들과 관료들, (남아공) 국민당의 경직된 분파(the Verkrampte wing) — 는 쉽게 포기하지 않는다. 정부, 군부, 그리고 당 관료제 안에서 보수파는 변화의 과정을 정지시키거나 완화시키려고 노력한다. 일당체제가 아닌 나

---

23) David Remnick, "The Struggle for Light," *New York Review of Books*, 16 August 1990, p.6으로부터 재인용.

라들-브라칠, 에쿠아도르, 페루, 과테말라, 나이지리아, 스페인-에서 군부 내 보수파들은 쿠데타를 시도하거나 또는 다른 방법으로 개혁파를 권력에서 끌어내리기 위해 노력했다. 남아공과 헝가리에서는 보수파가 개혁파를 그들의 당이 기초하고 있는 기본원칙들을 배신했다고 비난하면서 지배정당으로부터 탈당했다.

개혁정부는 보수파를 한편으로는 약화시키고, 다른 한편으로는 안심시키면서 그들의 변화를 유도함으로써 보수파의 반대를 중립화시키려고 시도한다. 보수파의 저항은 종종 개혁파가 지배하고 있는 최고집행부에 권력의 집중을 요구한다. 가이젤은 그 자신을 브라질 군부를 정치로부터 퇴진시키기 위한 "개방(abertura)의 독재자"라고 주장했다.24) 후앙 카를로스는 스페인을 민주화시키는 데 그의 대권과 권력을 십분 발휘하였다. 그는 대권을 사용하여 수아레즈를 수상에 전격적으로 기용하였다. 보타와 고르바초프는, 앞서 보았듯이 그들 스스로 강력한 새로운 대통령직을 만들어냈다. 살리나스는 취임한 지 몇 해 안 되어 멕시코의 대통령으로서 그의 권력을 극적으로 굳혔다.

개혁파 지도자들에게 요구되는 첫 번째 과제는 고위직에 있는 보수파 인사들을 개혁을 지지하는 인사들로 교체함으로써 정부, 군부, 당 관료제를 숙청하는 것이다. 이것은 강력한 반발을 불러일으키지 않고 보수파내의 분열을 촉진시키기 위해 선택적인 방법으로 이루어졌다. 보수파를 약화시키는 것 이외에 개혁파 지도자들은 그들을 안심시키고 또한 개종시키려고 시도하였다. 군사정권하에서 개혁가들은, 필요하지만 제한적인 권위주의적 개입을 끝내고 그들 나라 정치체제의 기초인 민주적 원리들로 돌아가야 할 때가 왔다고 주장하였다. 이러한 의미에서 그들은 "정통성에의 복귀"를 호소하였다. 군사정권이 아닌 다른 권위주의체제하에서 개혁가들은 "복고적 정통성"에 호소하고, 과거와의 연속성의 측면을 강조하였다.25) 예컨대 스페인에서는 왕정이 다시 복고되고, 수아레즈는 프랑코헌

24) Stepan, *Rethinking Military Politics*, pp.42-43.
25) 복고적 정통성의 중요성을 조명한 글로는 다음을 참조. Guiseppe Di Palma, "Founding Coalitions in Southern Europe: Legitimacy and Hegemony," *Government and Opposition*, 15, Spring 1980, p.170; Nancy Bermeo, "Redemocratiza-

법을 폐지시킴에 있어 그 헌법의 조문들을 준수하였다. 따라서 프랑코주의자들은 절차적 하자를 문제삼을 수는 없었다. 멕시코와 남아공에서는 제도혁명당과 국민당의 개혁가들이 이들 당의 전통에 의존하였다. 대만에서는 국민당 개혁가들이 손문의 삼민주의에 호소하였다.

복고적 정통성은 두 가지 측면에서 호소력과 영향력을 갖는다. 그것은 새로운 질서가 구질서의 산물이라는 점에서 새로운 질서에 정통성을 부여한다. 또한 그것은 구질서가 새로운 질서를 창출했다는 점에서 구질서를 소급하여 정당화시킨다. 복고적 정통성은 낡은 권위주의체제나 새로운 민주주의체제 어느 것에도 유용하지 못한 극단적인 반대그룹을 제외한 모두로부터 합의를 이끌어 낸다. 개혁파는 그들이 급진적인 반대의 기선을 제압하고 있으며, 따라서 불안정과 폭력을 최소화시키고 있다는 이유를 들어 보수파에게 호소한다. 예컨대 수아레즈는 앞서 든 이유를 근거로 스페인 군부로 하여금 자신을 지지해달라고 호소했다. 스페인 군부의 지배적 분파는 "그러한 이행에는 정통성으로부터의 이탈이 없고, 거리에서의 무질서가 없으며, (체제의) 붕괴나 전복과 같은 중대한 위협이 없다"는 이유로 그러한 이행을 받아들였다. 또한 불가피하게 개혁가들은 다음과 같은 사실을 발견한다. 즉 가이젤이 지적했듯이, 그들은 "어느 정도 후퇴하지 않고서는 전진할 수 없었다." 따라서 1977년 브라질에서의 '4월 조치(April package)'에서 볼 수 있듯이, 그들은 때때로 보수파에게 양보하지 않으면 안되었다.26)

반정부세력의 포섭 민주적 개혁파가 일단 권력을 장악하면 그들은 대체로 빠른 시간 안에 민주화 과정에 착수한다. 이는 보통 반정부세력, 정당, 주요 사회단체 및 기관들의 지도자들과의 협의를 포함한다. 몇몇 사례에서는 상대적으로 공식적인 협상이 전개되어 아주 명백한 합의나 협약에

tion and Transition Electoins: A Comparison of Spain and Portugal," *Comparative Politics*, 19, January 1987, p.218.
26) Stanley G. Payne, "The Role of the Armed Forces in the Spanish Transition," in Clark and Haltzel(eds.), *Spain in the 1980s*, p.86; Stepan, *Rethinking Military Politics*, p.36.

도달했다. 또 어떤 사례들에서는 협의나 협상이 상대적으로 더 비공식적이었다. 에쿠아도르와 나이지리아에서는 정부가 새로운 체제에 대한 계획과 정책을 발전시킬 위원회를 구성하였다. 스페인, 페루, 나이지리아, 그리고 브라질에서는 선출된 의회가 새 헌법을 기초하였다. 몇몇 사례에서는 새로운 헌법적 장치들을 승인하는 국민투표가 실시되었다.

개혁파는 지배연합내의 보수파를 소외시켜감에 따라 반정부진영내에서의 지지를 발전시키고, 정치적 영역을 확장하며, 개방의 결과 정치적으로 활발해진 새로운 그룹에 호소함으로써 그들 자신을 강화시켜야만 한다. 노련한 개혁가는 민주화에 대한 이들 그룹의 증대해가는 압력을 보수파를 약화시키는 데에 이용한다. 또한 그는 반정부진영의 온건파를 강화하기 위하여 권력의 분배 등의 유인과 더불어 보수파의 쿠데타 위협을 이용할 줄 안다.

이를 위하여 정부내 개혁파는 주요한 반정부그룹들과 협상을 하며, 그들과 명시적 혹은 암묵적인 합의에 도달한다. 예컨대 스페인 공산당은 자신들 세력이 너무 취약해 '급진적인 대체(rupturista)정책'을 따를 수 없음을 인정하고, 비록 그 협약이 '순전히 암묵적'인 것일지라도 '대체협약(ruptura pactada)'을 계속 유지하기로 했다. 1977년 10월 수아레즈는 상당히 가혹한 경제적 긴축조치와 몇 가지 사회개혁을 결합시킨 몬크로아협약(the Pactos de la Moncloa)에 대한 공산당과 사회당의 동의를 얻어냈다. 공산당의 주요 지도자인 산티아고 카리요(Santiago Carrillo)와의 비밀협상은 "권력에 접근하고자 하는 에스파니아 공산당(Partido Comunista de Espana: PCE) 지도자의 열망을 이용하여 긴축정책들에 대한 그의 지지를 확보하였다."[27] 헝가리에서는 1989년 가을 공산당과 다른 주요 정당 및 그룹들을 대표하는 반대파 원탁회의 사이에 공개적인 협상이 진행되었다.

27) 1978년 4월 5~9일 동안 열린 스페인 공산당 제9차 대회 중앙위원회가 제출한 테제들은 다음에서 인용하였다. Juan J. Linz, "Some Comparative Thoughts on the Transition to Democracy in Portugal and Spain," in Jorge Braga de Macedo and Simon Serfaty(eds.), *Portugal Since the Revolution: Economic and Political Perspectives,* Boulder, CO.: Westview Press, 1981, p.44; Preston, *Triumph of Democracy in Spain*, p.137.

브라질에서는 정부와 야당—브라질 민주운동(the Movimento Demo-cratico Brasileiro: MDB)과 그 후신인 브라질 민주운동당(the Partido Movimento Democratico Brasileiro: PDMB)—사이에 비공식적인 양해가 발전하였다. 대만에서는 1986년 정부와 반정부진영은 정치적 변화가 일어날 수 있는 매개변수들에 대한 하나의 이해에 도달했으며, 1990년 7월 1주일 동안의 회의 끝에 민주화에 관한 전체 스케줄에 합의하게 되었다.

민주적 반대파의 절제와 협력—그들이 한 급 아래의 파트너로서 이 과정에 참여하는 것—은 성공적인 위로부터의 민주화에 필수적이다. 거의 모든 나라에서 주요 야당들—브라질의 MDB와 PMDB, 스페인의 공산주의자들과 사회주의자들, 대만의 민주진보당, 헝가리의 시민포럼, 페루의 아메리카인민혁명동맹(the Alianza Popular Revolucionaria Americana), 칠레의 기독민주당(the Christian Democrats)—은 온건파에 의해 지도되었으며, 때때로 정부내 보수파의 상당한 도전에 직면하여 온건정책을 따랐다.

브라질에서 무엇이 일어났는가에 대한 스키드모어(Thomas E. Skid-more)의 요약은 위로부터의 민주화 과정에 포함된 중심적인 관계를 잘 포착하고 있다.

결국 자유화는 정부진영과 반정부진영 간의 격렬한 변증법적 관계의 산물이었다. 개방화에 우호적인 군부는 강경파의 대두를 피하면서 조심스럽게 나아가야 했다. 그들은 반정부진영에 대한 교섭에서 '믿을 수 있는' 인사들을 찾아내고자 했다. 그럼으로써 정부에 협조할 준비가 되어 있는 온건파가 있다는 것을 강경파에게 보여 주어야 했다. 한편 반정부진영은 정부에 대해 자의적인 지배를 종식시키키도록 항상 압력을 넣었다. 그럼으로써 군부로 하여금 그들의 지배가 정통성을 결여하고 있음을 깨우쳐 주었다. 다른 한편 반정부진영내의 온건파는 급진주의자에게 그들이 너무 강경하게 밀어부치면 보수강경파의 손에 놀아날 수 있다는 것을 상기시켜 주어야 했다. 이러한 복잡한 정치적 관계는 (거의) 개방적인 정치체제로의 복귀에 대한 군부와 민간 양자 사이에 합의를 이루고 있었기 때문에 성공적으로 기능할 수 있었다.[28]

28) Skidmore, "Brazil's Slow Road," in Stepan(ed.), *Democratizing Brazil*, 34.

민주화 지침 1: 권위주의체제의 개혁

권위주의 정부내의 민주적 개혁파를 위한—스페인과 브라질 및 기타 나라들의—위로부터의 민주화의 주요한 교훈은 다음과 같다.

(1) 당신들의 정치적 기반을 확고히 하라. 가능한 한 빨리 민주화의 지지자들을 정부와 당, 군부의 핵심적인 요직에 심어라.

(2) 복고적 정통성을 유지하라. 즉 비민주적 체제의 기성절차를 통해 변화를 추구하라. 그리고 이보전진, 일보후퇴의 과정을 밟으면서 상징적인 양보를 통해 보수파를 안심시켜라.

(3) 변화에 반대하는 정부진영의 그룹들에 대한 의존도를 낮추기 위해 점진적으로 당신들의 지지층을 바꾸어 나가라. 민주주의를 지지하는 반정부그룹들 사이에서 당신들의 지지자를 넓혀가라.

(4) 보수파가 변화를 저지하려는 극단적인 행동(예컨대 쿠데타 시도)을 취할 것에 대비하라. 가능하다면 심지어 그들이 그렇게 하도록 자극하라. 그리고 가차없이 일격을 가하라. 변화에 대한 극단적 반대자들의 신용을 떨어뜨리고, 그들을 고립시켜라.

(5) 민주화 과정의 주도권을 장악하고 유지하라. 오로지 힘으로 이끌어가고, 극단적이고 급진적인 반정부그룹들의 속들여다 보이는 압력에 답하기 위하여 민주적 수단들을 도입하지 말라.

(6) 변화가 어디까지 갈 수 있는가에 대하여 기대치를 낮게 잡아라. 화려하게 수식된 민주적 유토피아를 성취하려고 하기보다는 현재 진행중인 과정을 유지한다는 관점에서 얘기하라.

(7) 군부를 포함한 사회의 주요 집단이 (위협적이지 않은) 하나의 대안정부로서 받아들일 수 있는 책임감있고 온건한 야당의 발전을 고무하라.

(8) 민주화 과정이, 심지어 어떤 사람들에게는 바람직하지 않은 것으로 여겨질지라도, 발전의 필연적이고 자연스러운 과정으로서 널리 받아들여질 수 있도록 그것이 불가피하다는 분위기를 창출하라.

4. 밑으로부터의 민주화(Replacement)

밑으로부터의 민주화는 위로부터의 민주화와는 상당히 다른 과정을 밟는다. 체제내의 개혁파는 취약하든가 존재하지 않는다. 체제의 변화에 완강히 반대하는 보수파가 정부내의 지배적 세력이다. 정부는 힘을 잃어가고 반정부세력은 힘을 얻어가는 과정의 결과로서 정부가 붕괴되거나 전복될 때 민주화가 이루어진다. 이전의 반정부그룹들이 권력을 장악하게 됨에 따라 종종 갈등은 새로운 국면에 들어간다. 즉 새로운 정부내의 그룹들이 그들이 수립해야 할 체제의 성격을 둘러싸고 그들간에 투쟁을 전개한다. 한 마디로 말해, 밑으로부터의 민주화는 서로 구별되는 세 국면, 즉 (권위주의정부의─역자) 전복을 위한 투쟁, 전복, 그리고 전복 후의 투쟁과정을 거친다.

제3의 물결에서 대부분의 민주화는 권력층으로부터의 일정한 협력을 요구했다. 1990년까지 단지 여섯 나라에서만 밑으로부터의 민주화가 일어났다. 밑으로부터의 민주화는 일당체제로부터의 이행(11개국 가운데 1개국)이나 군사정권으로부터의 이행(16개국 가운데 2개국)에서는 드물고, 개인독재로부터의 이행(7개국 가운데 3개국)에서 더 많이 발견된다. 약간의 예외[간디, 케난 에브런(Kenan Evren), 피노체트]를 제외하고는 우리가 이미 지적했듯이, 권위주의체제를 창건한 지도자들이 그 체제를 종식시킨 예는 거의 없다. 권위주의체제내에서 지도부의 변화는 대체로 군사정권하에서는 '제2국면(second phase)'의 쿠데타를 통해, 일당체제하에서는 정규적인 계승이나, 혹은 설치된 당 기관의 행동을 통해 일어난다. 그러나 개인독재자들이 자발적으로 퇴진하는 경우는 거의 없으며, 그들의 권력의 속성─군부에 의존하거나 조직적인 권력이라기보다는 사적인 권력─이 체제내의 반대자들이 그들을 축출하는 것을 어렵게 만든다. 사실 체제내의 반대자들이 힘을 가지거나 수적으로 의미있게 존재하기도 어렵다. 개인독재자는 그가 죽을 때까지, 혹은 체제 자체가 붕괴될 때까지 권력을 쥐고 안 놓으려고 한다. 독재자의 수명이 체제의 수명이 되었다. 정치적으로, 그리고 때로는 문자 그대로(예컨대 프랑코, 차우세스쿠와 같이)

독재자의 죽음과 체제의 종말이 동시에 일어났다.

밑으로부터의 민주화에 의해 사라진 권위주의체제들에서 민주적 개혁파는 매우 취약하거나 또는 거의 찾아보기가 힘들다. 아르헨티나와 그리스에서는 자유화를 도입한 지도자 비올라와 파파도풀로스가 권력에서 축출되고 군부강경파가 그 자리를 메꾸었다. 포르투갈에서는 카에타노가 몇 가지 자유화 개혁을 도입했다가 후퇴하였다. 필리핀, 루마니아, 동독에서는 마르코스, 체우세스쿠, 에리히 호네커(Erich Honecker)의 측근 가운데 민주화론자는 커녕 자유화론자조차 거의 없었다. 6개국의 사례 모두에서 보수파가 권력을 독점하였고, 체제내로부터 개혁을 주도할 가능성은 거의 없었다.

권위주의체제는 정부가 반정부세력보다 정치적으로 더 강하기 때문에 존재한다. 권위주의체제는 정부가 반정부세력보다 더 약해질 때 대체된다. 그러한 대체는 반정부세력이 정부를 약화시키고 자신에게 유리하게 세력균형을 변경시킬 것을 요구한다. 제3의 물결에 포함된 권위주의체제들은 그것들이 등장할 때 거의 항상 광범위한 대중적 지지를 받았었다. 이들 체제는 대체로 여러 집단의 광범위한 연합에 의해 지지되었다. 그러나 시간이 지남에 따라, 그 어떤 정부와 마찬가지로 이들 체제의 힘도 쇠퇴해갔다. 그리스와 아르헨티나의 군사정권은 수치스러운 군사적 패배로 인하여 고통받았다. 포르투갈과 필리핀의 정권은 반란군과의 전쟁에서 승리를 거둘 수가 없었다. 필리핀의 정권은 한 순교자를 만들어 내고, 선거를 훔쳤다. 루마니아의 정권은 국민들을 적대시함으로써 스스로 고립되는 정책들을 취했다. 그 결과 동유럽 전역에 걸쳐 눈덩어리처럼 불어난 반(反)권위주의운동 앞에 취약하게 노출되었다. 동독의 경우는 좀더 양면적이었다. 동독의 체제는 어떤 측면에서는 상대적으로 성공적이었을지라도, 서독과의 불가피한 비교는 그 체제의 고유한 약점이 되었다. 헝가리를 통한 탈출통로의 개방은 극적으로 그 체제의 권위를 잠식하였다. 1989년 12월 초 당 지도부는 사퇴하고, 과도정부가 구성되었다. 그러나 그 체제의 권위는 증발하였고, 그와 더불어 동독 국가의 존재이유도 사라졌다.

체제에 대한 지지의 침식은 때로는 공공연하게 일어나기도 하지만, 그러나 권위주의체제의 억압적 성격 때문에 그것은 암암리에 진행되는 경향이 더 짙다. 권위주의체제의 지도자들은 얼마나 그들이 인기가 없는가를 잘 알아채지 못한다. 암암리에 축적된 불만은 어떤 촉발적인 사건에 의해 그 체제의 취약성이 노출될 때 표출된다. 그리스와 아르헨티나에서 그것은 군사적 패배였다. 포르투갈과 동독에서 그것은 그 체제의 궁극적인 권력의 원천을 이루는 세력-포르투갈에서는 군부, 동독에서는 소련-이 그 체제에 대해 명백히 등을 돌린 것이었다. 터키, 영국, 포르투갈 군부와 고르바초프의 행동은 이들 사회(그리스, 아르헨티나, 포르투갈, 동독-역자)의 여러 집단들이 체제로부터 이탈하도록 자극하고, 그 길을 열어 놓았다. 이 모든 사례들에서 단지 몇 안되는 취약한 집단만이 체제에 대한 지지를 고수하였을 뿐이다. 많은 사람들이 이미 체제로부터 이반해 있었으며, 그것이 권위주의체제였기 때문에 그러한 불만을 응집시킬 수 있는 촉발적인 사건이 요구되었던 것이다.

학생들은 일반적으로 반정부적이다. 어떤 정권이 들어서든지 그들은 반정부적이다. 그러나 학생들 혼자 정권을 쓰러뜨릴 수는 없다. 사회의 다른 집단들로부터의 실질적인 지원이 없는 한, 1973년 11월 그리스에서처럼 또는 1988년 9월 버마와 1989년 6월 중국에서처럼, 그들은 군대와 경찰에 의해 진압되었다.

군부는 체제의 궁극적인 지지기반이다. 만약 군부가 그들의 지지를 철회한다면, 그 체제에 반대해 쿠데타를 시도한다면, 혹은 체제를 전복하려고 위협하는 자들에 대해 무력을 사용할 것을 그들이 거부한다면, 그 체제는 몰락하고 만다. 학생들의 항구적인 반정부적 성향과 군부의 필수적인 지지 사이에 상황에 따라 정권을 지지하기도 하고 반대하기도 하는 집단들이 있다. 필리핀과 같은 비공산주의 권위주의체제에서 이들 집단은 연이어 이반하는 경향을 보여 주었다. 학생들의 이반에 뒤이어 지식인 일반과 이전에 존재했던 정당들의 지도자들이 이반하였다. 그들 가운데 많은 수가 권위주의적 권력장악에 대해 지지를 했거나 혹은 묵인해왔던 사람들이었다. 중간계급의 넓은 층들-화이트칼라 노동자들, 전문직업인들, 소규모 자영업자들-이 전형적으로 소외되어 갔다. 가톨릭국가에서는 교회의 지도자들이 또한 체제에 대한 초기의 반대자이자 영향력 있는 반대자였다. 만약 노동조합이 존재하고 정부에 의해 전적으로 통제되지만 않았더라면, 그들도 어느 정도 반정부진영에 가담했을 것이다. 그리고 가장 중요하게는 대기업그룹과 부르주아들이 반정부진영에 가담했다. 당연한 수순으로 미국 혹은 다른 해외의 지지세력들이 이반하게 되었다. 끝으로 그리고 결론적으로 군부가 정부를 지지하지 않기로 또는 정부에 반대하는 야당의 편에 적극적으로 서기로 결정했다.

밑으로부터의 민주화의 여섯 사례 가운데 아르헨티나를 제외한 다섯 사례에서 군부의 이반은 체제의 붕괴에 결정적이었다. 포르투갈, 필리핀, 루마니아 등의 개인독재하에서는 군부의 직업주의를 약화시키고, 장교단을 정치화하고 타락시키며, 준(準)군사기구 및 보안군과의 경쟁을 촉발시키는 독재자의 정책들이 군부의 이반을 촉진하였다. 군부가 정부에 등을 돌리기 전에 보통 정부에 대한 반감이 널리 퍼져 있어야 했다(포르투갈은 유일한 예외였다). 만약 민심의 이반이 널리 퍼져 있지 않다면, 그것은 가장 유력한 반정부세력-중간계급, 부르주아, 종교집단-이 소수이고 취약하기 때문이거나 혹은 대개 경제발전 정책이 성공한 결과 체제가 이들 집단으로부터 지지를 받고 있기 때문이다. 버마와 중국에서는 군대가 학생들이 주도한 항거를 무자비하게 진압하였다. 경제적으로 보다 발전한 사회에서는 권위주의에 대한 반대가 보다 넓은 범위의 지지를 얻고 있었다. 이러한 반대가 필리핀, 동독, 루마니아의 거리에서 분출되었을 때 군대는 그들의 동포인 시민들의 광범위한 대표단들에게 발포하지 않았다.

민주적 이행의 일반적 이미지는 '인민의 힘(people power)'에 의해 억압적인 정부가 전복된다는 것이다. 즉 격노한 시민들의 대중동원이 체제의 변화를 요구하고 궁극적으로는 그것을 강제한다는 것이다. 제3의 물결에서 진행된 거의 모든 체제변화에는 일정한 형태의 대중행동이 있었다. 그러나 1980년대 말 이미 완료되었거나 혹은 진행중인 약 여섯 나라의 이행에서만 대중시위, 항의, 파업 등이 중심적인 역할을 수행하였다. 여기에는 필리핀, 동독, 루마니아에서의 밑으로부터의 민주화와 한국, 폴란드, 체코슬로바키아에서의 타협을 통한 민주화가 포함된다. 칠레에서는 대중

행동이 빈번히 시도되었고, 그것은 성공하지는 못했지만 피노체트로 하여
금 위로부터의 민주화를 고려하게 만들었다. 동독에서는 독특하게도, 허
쉬만의 용어를 빌리자면, '탈출(exit)'과 '항변(voice)'이 주요한 역할을 수
행하였다.29) 즉 (체제에 대한) 항거는 먼저 시민들의 대대적인 국외탈출
의 형태를 취했으며, 그 다음엔 라이프찌히와 베를린에서의 대규모 가두
시위의 형태를 취했다.

필리핀, 포르투갈, 루마니아, 그리스에서 체제의 붕괴는 급속히 진행되
었다. 바로 하루 전까지만 해도 권력을 잡고 있던 권위주의정부가 그 다
음 날에는 권력을 상실하였다. 아르헨티나와 동독에서는 권위주의체제가
급속히 정통성을 상실해 갔다. 그러나 권위주의체제는 체제내의 변화를
위한 조건들에 대한 협상이 시도되고 있는 동안 권력을 유지하였다. 아르
헨티나에서는 포클랜드전쟁에서의 패배 직후인 1982년 7월에 곧바로 구
성된 레이날도 비뇨네(Reynaldo Bignone) 장군의 후임 군사정부가 6개월
동안 이행에 관한 일정한 통제를 유지하는 데 '상대적으로 성공적'이었다.
그러나 1982년 12월 절정에 달한 대중적 저항과 반정부조직의 발전은 대
중항의와 총파업, 비뇨네 정부에 의한 선거일정의 제시, 군부에 의해 제시
된 권력이양의 조건에 대한 야당연합측의 거절 등으로 귀결되었다. 정권
말기의 권력누수 속에서 군사정권의 권위는 계속 추락하다가 마침내 19
83년 10월에 선출된 알폰신(Alfonsin) 정부에 의해 교체되었다. 한 관찰자
는 다음과 같이 전한다. "군사정부는 붕괴되었다. 군부는 후보의 선택이
나 혹은 선거 그 자체에 대해 아무런 영향력을 행사하지 못했다. 그 누구
를 배제할 수도 없었으며, 미래의 자신들을 위한 아무런 권력도 거부권도
확보하지 못했다. 더구나 장래의 입헌정부와의 관계에서 군부의 자율성을
보장받을 수도 없었으며, 장래의 군사정책에 대한 약속도, 심지어 현재 진
행중인 대 게릴라전에 대한 기본적인 동의도 얻어내지 못했다."30) 동독에

29) Albert O. Hirschman, *Exit, Voice, and Loyalty: Responses to Decline in Firms, Organizations, and States,* Cambridge, MA.: Harvard University Press, 1970.
30) Virgilio R. Beltran, "Political Transition in Argentina: 1982 to 1985," *Armed Forces and Society,* 13, Winter 1987, p.217; Scott Mainwaring and Eduardo J. Viola, "Brazil and Argentina in the 1980s," *Journal of International Affairs,* 38,

서도 1990년 초 이와 어느 정도 유사한 상황이 존재했다. 즉 국민의 신임을 상실한 취약한 공산당정부가 권력을 유지하고 있었고, 그 정부의 수상인 한스 모드로(Hans Modrow)가 비뇨네의 역할을 수행하고 있었다.

밑으로부터의 민주화에서는 위로부터의 민주화에서 보인 절차적 연속성과 복고적 정통성에 대한 강조를 찾아보기 어렵다. 오히려 이전의 체제와 연관된 제도, 절차, 이념, 인물들은 불순한 것으로 간주되고, 과거와의 명백하고 단호한 단절이 강조된다. 권위주의적 지배자를 계승한 (민주적)지도자들은 '전향적 정통성(forward legitimacy)'에 기초하여, 즉 그들이 장래에 무엇을 성취할 것인가와 이전의 체제에 연루되었거나 관계를 가진 적이 없다는 사실에 기초하여 자신들의 통치기반을 다진다.

위로부터의 민주화와 타협을 통한 민주화에서는 권위주의체제의 지도자들이 보통 정계에서 은퇴하여 조용히 병영이나 혹은 사생활로 돌아가 어느 정도 존경과 위엄을 지니고 여생을 보낼 수 있었다. 이와는 대조적으로 밑으로부터의 민주화에 의해 권력을 상실한 권위주의적 지도자들은 불행한 종말을 맞이하였다. 마르코스와 카에타노는 망명을 가야 했다. 체우세스쿠는 약식재판을 통해 처형되었다. 그리스와 아르헨티나를 지배한 군 장교들은 재판에 기소되어 투옥되었다. 동독에서는 호네커와 기타 전(前)지도자들에 대해 처벌의 위협이 가해졌다. 이는 그러한 처벌이 없이 넘어간 폴란드, 헝가리, 체코슬로바키아와 현저한 대조를 이룬다. 그레나다와 파나마에서처럼 외국의 개입에 의해 제거된 독재자들도 이와 유사하게 기소되어 처벌되었다.

권위주의체제의 평화적 붕괴는 대체로 위로부터의 민주화에서는 볼 수 없었던 카네이션과 샴페인, 그리고 대중적 환희의(비록 짧지만) 영광스러운 순간들을 창출해 냈다. 또한 그 붕괴는 위로부터의 민주화에서는 볼 수 없었던 권위의 잠정적인 진공상태를 만들어 냈다. 그리스와 필리핀에서는 그들의 나라를 민주주의로 인도한 대중적인 정치지도자 콘스탄티네 카라만리스(Constantine Karamanlis)와 코라손 아키노(Corazon C. Aquino)가 권력을 이양받음으로써 그 진공상태가 빨리 메워질 수 있었다. 이란에서

Winter 1985, pp.206-209.

는 그 나라를 새로운 길로 안내한 아야톨라(the ayatollah: 호메이니-역자)에 의해 권위의 진공상태가 메워졌다. 아르헨티나와 동독에서는 비뇨네 정부와 모드로 정부가 취약하나마 권위주의체제의 붕괴와 민주정부의 선거 사이의 빈틈을 메웠다.

(권위주의체제의) 몰락 전까지는 반정부 그룹들이 권위주의정권을 타도하고자 하는 일념으로 단결한다. (권위주의체제의) 몰락 후 그들 사이에 분열이 나타나고, 그들은 권력의 배분과 수립되어야 할 새로운 체제의 성격을 둘러싸고 투쟁한다. 민주주의의 운명은 민주적 온건파와 반민주적 급진파 간의 상대적 권력에 의해 결정된다. 아르헨티나와 그리스에서 권위주의정권은 오랫동안 권력을 잡고 있지 못했다. 정당들이 곧 재등장했고, 정치지도자들과 제집단들 사이에 빠른 시일 안에 민주적 제도들을 다시 수립할 필요가 있다는 것에 대한 압도적인 합의가 존재했다. 필리핀에서는, NPA 반란군을 별도로 한다면, 민주주의에 대한 공공연한 반대가 매우 적었다.

니카라과, 이란, 포르투갈, 루마니아에서 독재의 갑작스러운 붕괴는 누가 권력을 행사할 것이며, 어떤 종류의 체제를 창출해 낼 것인가를 둘러싼 이전의 반정부 그룹들과 정당들 사이의 투쟁을 촉발하였다. 니카라과와 이란에서는 민주적 온건파가 패퇴하였다. 포르투갈에서는 1974년 4월에서 1975년 11월에 이르기까지 혁명적 흥분상태가 지속되었다. 공산당과 좌익 군부 장교단의 반민주적 맑스-레닌주의적 연합에 의한 권력의 공고화가 전적으로 가능했다. 그러나 결국 군부내 분파들 간의 격렬한 투쟁과 대중동원, 시위, 파업 등의 우여곡절을 겪은 후에 안토니오 라말로 에아네스(Antonio Ramalho Eanes)의 군사적 행동에 의해 포르투갈은 민주적 과정에 들어가게 되었다. 로버트 하아비(Robert Harvey)의 관찰처럼, "쿠데타로 시작된 것이 무정부상태에 이르기 전에 반동에 의해 저지된 혁명이 되었다. 이러한 난리법석으로부터 민주주의가 탄생하였다."31)

포르투갈에서의 선택은 부르주아 민주주의냐 맑스-레닌주의적 독재냐의 문제였다. 1990년 루마니아에서의 선택은 더 불분명하다. 여기서는 민

---

31) Robert Harvey, *Portugal: Birth of a Democracy,* London: Macmillan, 1978, p.2.

주주의가 불가피한 것이 아니다. 효과적으로 조직된 야당과 반정부그룹들의 결여, 민주주의에 대한 이전 경험의 부재, 체우세스쿠를 타도하는 과정에서 행사된 폭력, 인구의 다수가 독재에 광범위하게 연루된 상황하에서 독재에 관련된 사람들에 대한 뿌리깊은 복수의 원망, 새로운 정부의 많은 지도자들이 구체제에 관여했다는 사실-이 모든 것이 민주주의의 출현에 대한 낙관적 전망을 갖기 어렵게 하고 있다. 1989년 말 몇몇 루마니아인들은 현재 그들 나라에서 일어나고 있는 것과 2백 년 전 프랑스에서 일어났던 것을 열심히 비교했다. 아마 그들은 프랑스혁명이 군사독재로 귀착되었다는 사실에 유념하고 있는지도 모른다.

민주화 지침 2: 권위주의체제의 전복

밑으로부터의 민주화의 역사는 권위주의체제를 전복시키려고 시도하는 반정부진영의 민주적 온건파들에게 다음과 같은 지침을 제시한다.32)

(1) 권위주의체제의 비정통성 혹은 미심쩍은 정통성에 관심을 집중시켜라. 그것이 그 체제의 가장 노출되기 쉬운 취약점이다. 부패와 잔인성과 같은 광범위한 관심의 대상이 되는 일반적인 쟁점들에 초점을 맞추어 그 체제를 공격하라. 만약 그 체제가-특히 경제적으로-성공적으로 작동하고 있다면, 그러한 공격들은 효과적이지 못할 것이다. 일단 그 체제의 작동이 비틀거리면, 그 체제의 비정통성을 드러내는 것이야말로 권력으로부터 그것을 끌어내리는 데 있어 유일하고 가장 중요한 지렛대가 될 것이다.

(2) 민주적 절차에 의해 뽑힌 지배자와 마찬가지로, 권위주의적 지배자들도 시간이 지남에 따라 이전의 지지자들과 소원해진다. 현체제에 대한 필연적 대안으로서 민주주의를 지지하는 이들 불만집단을 고무하라. 특히

---

32) Weiner는 이와 유사하고 좀더 자세한 권고를 하고 있다. "민주화를 추구하는 자들을 위한 교훈은 다음과 같다. 대규모적인 비폭력 반체제운동을 조직하라. 중심세력, 필요하다면, 보수우익으로부터의 지지를 끌어내라. 좌익이 운동의 의제를 장악하지 못하도록 하라. 군부내의 지지세력을 구하고, 서방언론으로부터 동정적인 지지를 얻도록 하라. 그럼으로써 미국으로 하여금 지원하도록 압력을 넣어라." Myron Weiner, "Empirical Democratic Theory and the Transition from Authoritarianism to Democracy," *PS*, 20, Fall 1987.

기업가들, 중간계층의 전문직업인들, 종교계 인사들, 정당의 지도자들에게 노력을 집중하라. 아마 이들의 대부분은 권위주의체제의 출범을 지지했던 사람들일 것이다. 반정부진영이 '존경스럽고' '책임감 있어' 보이면 보일수록, 더 많은 지지자들을 얻는 것은 더욱 쉬워진다.

(3) 군장성들과의 관계를 돈독히 하라. 결과론적으로 체제의 붕괴 여부는 군장성들이 체제를 지지하는가, 그것에 반대하는 당신들에게 동조하는가, 아니면 단지 방관자로서 서 있는가에 달려 있다고 하겠다. 군부로부터의 지지는 위기가 닥칠 때 유용할 수 있다. 그러나 당신들에게 참으로 필요한 것은 군이 권위주의체제를 기꺼이 방어하려고 하지 않는다는 것만으로 충분하다.

(4) 비폭력을 선전하고 또 그렇게 실천하라. 이것이 다른 무엇보다도 보안군에 대한 당신들의 설득력을 더 쉽게 증대시킬 것이다. 군인들은 자신들에게 화염병을 던지는 사람들에게 동정을 느끼지 못한다.

(5) 체제가 실시하는 선거에 참여하는 것을 포함하여 체제에 대해 반대를 표현할 수 있는 모든 기회를 다 포착하라.

(6) 해외언론, 외국인권단체, 교회와 같은 초국가적 조직 등과의 접촉을 발전시켜라. 특히 미국내의 지지자들을 동원하라. 미국의 상하원의원들은 대중들에게 그들을 알리고 미국 행정부를 비판하기 위해 그들 스스로 항상 도덕적인 대의명분을 찾아다닌다. 그들에게 당신의 대의명분을 드라마틱하게 하소연하고, TV에 소개될 수 있는 사진과 머리말 기사가 될 수 있는 자료들을 제공하라.

(7) 반정부그룹들 사이의 단결을 촉진시켜라. 그들 사이에 협력을 용이하게 하는 포괄적인 전국조직을 건설하도록 하라. 물론 이것은 쉽지 않을 것이다. 그리고 필리핀, 칠레, 한국, 남아공의 사례들이 보여 주듯이, 권위주의적 지배자들은 종종 반정부진영의 분열을 조장하는 데 뛰어난 기술을 가진 전문가들이다. 당신이 한 나라의 민주적 지도자가 될 자격이 있는가는 당신이 이러한 난관을 극복하고 반정부진영을 통일시킬 수 있는 능력을 갖고 있는가에 달려 있다고 하겠다. 가브리엘 알몬드(Gabriel Almond)가 말한 진리를 기억하라. "위대한 지도자는 대연정의 건설자이

다."33)

(8) 권위주의체제가 몰락할 때 야기되는 권위의 진공상태를 빨리 메울 수 있도록 대비하라. 그것은 다음과 같이 하면 된다. 대중들 사이에 인기가 있고 카리스마적이고 민주적 지향을 가진 지도자를 전면에 내세워라. 새로운 정부에 대중적 정통성을 부여할 선거들을 빨리 실시하라. 외국과 초국가적 행위자들(국제기구들, 미국, 유럽공동체, 가톨릭교회)의 지지를 확보함으로써 국제적 정통성을 확립하라. 연합에 참여한 일부 파트너들이 그들 자신만의 새로운 독재를 설립하기를 원한다는 사실을 인식하고, 만약 그러한 움직임이 가시화된다면 이를 저지하기 위하여 잽싸게 민주주의의 지지자들을 조직하라.

5. 타협을 통한 민주화(Transplacement)

타협을 통한 민주화는 정부진영과 반정부진영 간의 공동보조에 의해 이루어진다. 정부진영에서는 보수파와 개혁파가 세력균형을 이룬다. 이는 곧 정부가 스스로 체제의 변화를 주도할 의사는 없지만—밑으로부터의 민주화를 야기한, 보수파가 지배적인 상황과는 달리—정부가 체제의 변화에 대해 기꺼이 협상할 의사가 있음을 의미한다. 정부는 반정부진영과의 공식적 혹은 비공식적 협상에서 밀고 당기기를 해야만 한다. 반정부진영에서는 민주적 온건파가 반민주적 급진파를 압도할 수 있을 만큼 강력하지만, 정부를 전복시킬 만큼 강력하지는 못하다. 그래서 그들 역시 협상에서 타결책을 찾는다.

1970~80년대에 일어난 혹은 시작된 35개국의 민주화와 자유화 가운데 대략 11개국의 사례가 타협을 통한 민주화 모델에 가깝다. 가장 주목할 만한 사례는 폴란드, 체코슬로바키아, 우루과이, 한국 등에서 발견된

---

33) Gabriel A. Almond, "Approaches to Developmental Causation," in Gabriel A. Almond, Scott C. Flanagan, and Robert J. Mundt(eds.), *Crisis, Choice, and Change: Historical Studies of Political Development,* Boston: Little, Brown, 1973, p.32.

다. 볼리비아, 온두라스, 엘살바도르, 니카라과에서의 체제변화도 타협을 통한 민주화의 주요한 요소들을 포함하고 있었다. 엘살바도르와 온두라스에서의 협상은 민주적 온건파의 역할을 대행하고 있는 미국정부와 부분적으로 진행되었다. 1989~90년에는 남아공에서도 타협을 통한 민주화과정이 개시되었고, 몽고와 네팔도 그러한 방향으로 옮겨가고 있는 것처럼 보인다. 타협을 통한 민주화의 몇몇 특징들은 칠레에서도 나타났다. 그러나 피노체트 정권은 민주화에 대해 협상하자는 반정부진영의 압력에 저항할 수 있을 만큼 강력했으며, 자신이 1980년에 내놓은 체제변화에 관한 일정을 완강히 고수했다.

　타협을 통해 성공한 민주화에서는 정부와 반정부진영의 지배적 그룹들이 일방적으로는 그들 사회의 장래의 정치체제의 성격을 결정지을 수 없다는 것을 인식한다. 정부와 반정부진영의 지도자들은 정치의 변증법 과정을 통하여 서로의 힘과 의지를 시험해본 후에 이러한 견해를 발전시킨다. 반정부세력은 처음엔 대개 머지않은 장래의 어느 시점에서 정부를 전복시킬 수 있다고 믿는다. 그러한 믿음은 때때로 아주 비현실적임이 드러난다. 그러나 반정부진영의 지도자들이 그러한 믿음을 고수하는 한 정부측과의 진지한 협상은 불가능하다. 이와 마찬가지로 정부측도 처음엔 대개 받아들이기 어려운 비용을 지불하지 않고서도 반대세력을 봉쇄하고 억압할 수 있다고 믿는다. 타협을 통한 민주화는 이 양자의 믿음이 변화할 때 일어난다. 반정부진영은 그들이 정부를 전복할 만큼 강력하지 않다는 것을 깨닫는다. 정부측 역시 반정부진영이 비타협의 대가를 엄청나게 지불하게 할 만큼 강력하다는 것을 깨닫는다. 즉 정부측은 많은 집단들을 정부로부터 소외시키는 억압의 증대와 지배연합내의 분열의 격화, 강경파에 의한 정부장악 가능성의 증대, 국제적 정통성의 심각한 손실 등을 비타협의 대가로 지불해야만 한다는 것을 깨닫는다.

　타협을 통한 민주화의 변증법적 과정은 종종 분명하게 구분되는 연속적인 단계들을 밟는다. 첫 번째 국면에서 정부는 일정한 자유화조치를 취하고 권력과 권위를 완화하기 시작한다. 두 번째 국면에서 반정부세력은 이러한 정부의 완화조치와 약화를 이용하여 자신의 지지기반을 확대하고,

204   제2부 정치변동: 혁명과 민주화

빠른 시간 안에 정부를 전복시킬 수 있다는 기대와 희망을 가지고 그들의
활동을 강화한다. 세 번째 국면에서 정부는 반정부세력에 의한 정치권력
의 동원을 봉쇄하고 억압하기 위해 강압적으로 대응한다. 네 번째 국면에
서 정부와 반정부진영의 지도자들은 서로 무승부 상태임을 인식하고 협
상을 통한 이행의 가능성을 모색하기 시작한다. 그러나 이 네 단계가 불
가피한 것은 아니다. 생각컨대 정부는 지도부를 교체한 후에 적어도 일시
적으로는 그들의 권력을 복구하기 위하여 군대와 경찰력을 무자비하게
사용할 수도 있다. 또한 반정부세력 역시 정부의 권력을 더욱 잠식하고,
궁극적으로는 정부를 전복시키기 위해 그들의 세력을 계속 발전시켜 갈
수도 있다. 따라서 타협을 통한 민주화는 힘겨루기에서 누가 더 우세한가
에 대해 그 어느 편도 불확실해야 할 뿐만 아니라 정부와 반정부진영 간
의 대체적인 힘의 균형상태를 요구한다. 이러한 상황하에서는 협상과 타
협의 위험부담이 대결과 파국의 위험부담보다 더 작아 보이게 된다.

타협을 통한 민주화에 이르는 정치과정은 종종 한편에서의 파업, 항의,
시위와 다른 한편에서의 억압, 투옥, 경찰의 폭력, 비상사태, 계엄령간의
밀고 당기는 투쟁에 의해 특징지어진다. 폴란드, 체코슬로바키아, 우루과
이, 한국, 칠레에서의 억압과 저항의 사이클은 칠레의 경우를 제외하고는
모두 궁극적으로 정부와 반정부진영 간의 협상을 통한 합의로 귀결되었
다.

예컨대 우루과이에서는 1983년 가을 절정에 달한 항의시위가 권력으
로부터 군부를 퇴진시키기 위한 협상을 촉진시켰다. 볼리비아에서는 19
78년 '일련의 투쟁과 저항운동'이 군부로 하여금 선거일정에 동의하도록
하였다.34) 우루과이와 마찬가지로 한국에서도 군부는 처음에는 저항운동
을 강압적으로 탄압했다. 그러나 1987년 봄 시위는 더욱 대규모로 발전
하였고, 점차 중간계층을 포함하여 지지기반을 넓혀갔다. 정부는 처음엔
그들이 통상 하던 방식으로 대응하였다. 그러나 곧 태도를 바꾸어 협상에

---

34) *Washington Post*, 7 October 1983; Laurence Whitehead, "Bolivia's Failed De-
mocratization, 1977~80," in Guillermo O'Donnell, Philippe C. Schmitter, and
Laurence Whitehead(eds.), *Transitions from Authoritarian Rule: Latin America*,
Baltimore: Johns Hopkins University Press, 1986, p.59.

동의하고 반정부진영의 중심적인 요구사항을 받아들였다. 폴란드에서는 1988년의 파업들이 이와 비슷한 영향을 미쳤다. 한 논평자의 설명에 따르면, "파업은 원탁회의를 가능하게 했을 뿐만 아니라 쌍방 모두에게 필요한 것으로 인식시켰다. 역설적으로, 파업은 공산당으로 하여금 원탁회의에 나가도록 하기에 충분할 정도로 강력했지만, 그러나 연대노조(Solidarity)의 지도자들로 하여금 협상을 거부할 수 있도록 하기에는 너무 약했다. 그것이 원탁회의가 성립할 수 있었던 이유이다."[35]

타협을 통한 민주화에서, 수도의 중앙광장에서 벌어진 항의시위 대중과 그 주위를 빽빽히 둘러싼 경찰 사이의 정면대결은 쌍방의 힘과 취약성을 동시에 드러내준다. 반정부진영은 대규모 지지를 동원할 수 있다. 정부측은 반정부세력의 압력을 제어하고 물리칠 수 있다.

1980년대 남아공의 정치는 4단계 모델에서 제시된 경로를 따라 전개되었다. 1970년대 말 보타는 자유화 개혁의 과정에 착수하여 흑인들의 기대를 상승시켰다. 그러다가 1983년의 헌법이 흑인들에 대하여 국민으로서의 정치적 역할을 부인함으로써 그들을 크게 실망시켰다. 이것이 1984년과 1985년에 흑인 거주지역에서의 봉기를 야기시켰다. 이 봉기는 아프리카너(Afrikaner: 남아공을 오랫동안 지배해온 네덜란드인의 후예들 —역자) 지배체제의 붕괴가 임박했다는 희망을 흑인들에게 불어넣어 주었다. 흑인과 백인 반정부인사들에 대한 정부의 효과적인 강압적 탄압은 반정부세력으로 하여금 그들의 희망을 대폭 수정하도록 강제했다. 그러나 동시에 봉기는 국제적 관심을 끌었고, 정부의 시책과 인종차별체제에 대한 비난을 불러일으켰으며, 미국과 유럽국가들로 하여금 남아공에 대한 경제적 제재를 강화하게 하였다. 아프리카 민족회의(African National Congress: ANC) 급진파들의 혁명에 대한 희망이 퇴조하게 되자 국제적 정통성과 경제적 장래에 대한 국민당 정부의 걱정은 커져만 갔다. 1970년대 중반 남아공 공산당의 지도자이자 ANC 군사조직의 수뇌인 조 슬로보(Joe Slovo)는 ANC가 정부를 전복시킬 수 있으며, 지속되고 있는 게릴

---

35) "Leoplitax('폴란드 지하언론의 한 정치논평가'로 확인되었다)," Uncaptive Minds, 2, May-June-July 1989, p.5.

라전과 혁명을 통해 권력을 획득할 수 있다고 주장했다. 1980년대 말에
도 그는 폭력의 사용을 계속 주장하고 있었지만, 협상을 ANC의 목표를
달성하기 위한 더욱 적절한 통로로 보고 있다. 1989년 남아공의 대통령
이 된 후 드클러크도 협상의 중요성을 강조하였다. 그는 말하기를, 로데지
아의 교훈은 "현실적이고 건설적인 협상의 기회가 있었을 때 그것을 포착
하지 못했다"는 것이다. "그들 환경의 현실 속에서 그들은 근본적인 협상
과 대화에 들어가기까지 너무 오래 기다려야 했기 때문에 상황은 악화되
어 갔다. 우리는 그러한 실수를 해서는 안된다. 우리는 그러한 실수를 되
풀이 하지 않겠다고 굳게 다짐한다."36) 이 두 정치지도자들은 그들 자신
의 경험과 다른 나라의 경험을 통해 많은 것을 배웠던 것이다.

이와 대조적으로, 칠레에서는 정부가 협상을 회피하려고 했으며, 또한
그럴 능력이 있었다. 1983년 봄 주요한 파업들이 분출하였으나, 전국적인
총파업은 정부에 의해 진압되었다. 1983년 5월초 반정부진영은 매월 "국
민저항일(Days of National Protest)"을 정하고 대규모 시위를 조직하였
다. 이 역시 늘 몇 명의 사상자를 내고 경찰에 의해 분쇄되었다. 경제문제
와 반정부시위가 피노체트 정권으로 하여금 야당과 대화를 하도록 강제
하였다. 그러나 경제가 회복되기 시작하자 중간계층들은 법과 질서의 파
괴에 대해 경각심을 갖게 되었다. 1984년 10월의 전국적 파업은 상당한
유혈사태를 수반하면서 진압되었다. 그 직후 정부는 1979년 이래 해제되
었던 계엄령을 다시 선포하였다. 이렇게 하여 정부를 전복시키고자 했던,
혹은 정부로 하여금 의미있는 협상에 임하도록 유도하고자 했던 반정부
진영의 노력은 실패하고 말았다. 반정부진영은 "자신의 힘을 과대평가하
고, 정부의 힘을 과소평가했다."37) 또한 반정부진영은 피노체트의 완강함
과 정치적 기술, 그리고 비무장 민간시위대를 향해 발포한 칠레 보안군의
의지를 과소평가했던 것이다.

타협을 통한 민주화는 쌍방의 지도자들이 기꺼이 협상의 위험을 무릅

---

36) Steven Mufson, "Uncle Joe," *New Republic*, 28, September 1987, pp.22-23;
   Washington Post National Weekly, 7 February 1990, pp.19-25.

37) Edgardo Boeniger, "The Chilean Road to Democracy," *Foreign Affairs*, 64,
   Spring 1986, p.821.

쓸 것을 요구한다. 협상에 대한 견해의 분열은 통상 지배엘리트들 내부에 있어 왔다. 때때로 최고 지도자들은 그들의 동료와 측근들로부터 반정부세력과 협상하라는 압력을 받아야 했다. 예컨대 1989년 아담 미쉬니크(Adam Michnik)는 폴란드도 헝가리처럼 '스페인식의 민주화'를 밟고 있다고 주장했다. 이러한 그의 주장은 스페인과 폴란드 모두 기본적으로 평화적인 이행의 길을 밟았다는 점에서는 정당하다. 그러나 좀더 구체적으로 살펴본다면—헝가리의 포즈가이는 상당한 정도 그에 가까운 데 비해—야루젤스키(Wojciech Jaruzelski)는 후앙 카를로스나 수아레즈가 아니기 때문에 스페인으로부터의 유추는 폴란드에 적절하지 못하다. 야루젤스키는 그의 조국과 체제의 상황 악화가 연대노조와의 협상을 강제함으로써 마지 못해 그렇게 한 민주주의자였다.[38] 우루과이에서는 대통령인 그레고리오 알바레스(Gregorio Alvarez) 장군이 그의 권력을 연장하고 민주화를 연기하기를 원했으나, 군사평의회의 다른 성원들이 체제변화를 계속 추진할 것을 강요했다. 칠레에서도 피노체트 장군이 군사평의회의 다른 성원들, 특히 공군사령관 페르난도 마테이 장군으로부터 그와 유사한 압력—반정부세력과의 협상에 좀더 전향적인 자세를 보이라는—을 받았으나, 피노체트는 이러한 압력에 저항하는 데 성공했다.

다른 나라들에서는 반정부진영과의 진지한 협상이 시작되기 전에 최고지도부에 변화가 일어났다. 한국에서 전두환 정부는 반정부세력의 요구를 봉쇄하고 그 활동을 탄압하는 완고한 보수파 정책을 취했다. 그러나 1987년 여당은 전두환의 뒤를 잇는 여당의 후보로서 노태우를 지명하였다. 노태우는 전두환의 정책을 극적으로 역전시켜 정치적 개방을 선언하고 야당지도자들과 협상에 들어갔다.[39] 체코슬로바키아에서는 1987년 12월 온건 개혁파인 밀로스 야케스(Milos Jakes)가 장기집권한 보수파 공산당 서기장 구스타프 후사크(Gustav Husak)를 계승하였다. 그러나 1989년 가을

38) Anna Husarska, "A Talk with Adam Michnik," *New Leader*, 3~17 April 19 89, p.10; Marcin Sulkowski, "The Dispute About the General," *Uncaptive Minds*, 3, March-April 1990, pp. 7-9.

39) James Cotton, "From Authoritarianism to Democracy in South Korea," *Political Studies*, 37, June 1989, pp.252-253.

반체제세력이 동원되기 시작하자 야케스는 개혁파 카렐 우바네크(Karel Urbanek)에 의해 대체되었다. 우바네크와 개혁파 수상 라디슬라브 아다메치(Ladislav Adamec)는 반체제세력의 결사체인 시민포럼(Civic Forum)의 하벨(Vaclav Havel) 및 기타 지도자들과 민주주의로의 이행에 관한 일정을 협상하였다. 남아공에서는 드클러크가 그의 전임자의 좌절된 위로부터의 민주화 과정을 넘어서 흑인 반정부 지도자들과 타협을 통한 민주화를 모색하는 협상을 전개하였다. 이처럼 민주화에 대한 견해의 분열과 불확실성, 모호함 등은 타협을 통한 민주화의 상황에 놓여 있는 지배세력을 특징짓는 경향이 있다. 이들 체제는 가차없는 권력의 고수를 선언할 수도, 민주주의를 향해 나아가겠다고 자신있게 공약할 수도 없었다.

불일치와 불확실성은 타협을 통한 민주화에서 정부측에서만 볼 수 있는 현상이 아니다. 사실 쇠퇴하는 권위주의정부의 지도자들보다 그들 스스로 더 분열되기 쉬운 집단이 권위주의정권을 대체하기를 열망하는 반정부세력의 지도자들이다. 밑으로부터의 민주화 상황에서 정부는 반정부세력을 탄압하고, 반정부세력은 정부의 전복에 그 무엇보다 우선하는 공통의 이해를 갖는다. 필리핀과 니카라과의 사례들이 보여 주듯이, 그러한 상황에서조차도 야당과 반정부세력의 지도자들 사이에 단결을 확보하는 것은 매우 어렵고, 획득된 단결도 종종 빈약하고 깨지기 쉬운 것이다. 정부의 전복이 아니라 정부와의 협상이 문제가 되는 타협을 통한 민주화에서 반정부세력의 단결이란 매우 획득되기 어려운 과제이다. 그것은 한국에서도 획득되지 못했다. 두 야당 후보가 서로 대립하여 반정부 다수표를 분열시킴에 따라 여당 후보인 노태우가 유권자의 소수표를 가지고 대통령에 당선되었다. 우루과이에서는 한 야당—국민당—이 그들의 지도자가 아직 투옥되어 있다는 이유로 다른 두 당과 군부 사이에서 도달한 합의사항을 거부하였다. 남아공에서 민적 개혁을 가로막는 주요한 장애는 반정부세력내의 수많은 분열—의회그룹과 비의회그룹들, 아프리카너와 영국계 백인, 흑인과 백인, 흑인들내의 이데올로기적-종족적 집단들—이다. 1990년대 이전까지 남아공정부는 단지 이처럼 당혹스러울 정도로 많은 반정부집단들—그들 사이의 불화가 종종 그들과 정부 사이의 불화만큼이나 심각한-과 대결하면 되었다.

칠레의 반정부세력은 수많은 정당과 분파, 그리고 연합들로 심각하게 분열되어 있었다. 1983년 온건한 중도파 야당들이 민주동맹(Democratic Alliance)에 합류할 수 있었다. 1985년 8월 12개 정당으로 구성된 보다 광범위한 그룹이 민주주의로의 이행을 요구하는 국민화합전선(National Accord)에 합류했다. 그러나 지도권과 전술을 둘러싸고 갈등이 계속되었다. 1986년 칠레의 반정부세력은 마닐라에서 일어났던 것이 산티아고에서도 일어나길 기대하면서 대규모적인 항의시위를 조직하였다. 그러나 반정부진영은 그 전투성에 놀란 보수파들로 말미암아 분열되었다. 그 당시한 관찰자가 지적하였듯이, 문제는 "(피노체트) 장군은 존경받는 인물의 지도력 아래 모인 온건한 반정부운동에 의해 결코 도전받지 않았다"는 것이다. "칠레에는 코리(Cory: 필리핀의 코라손 아키노의 애칭-역자)가 없었다."[40] 한편 폴란드는 사정이 달랐다. 레흐 바웬사(Lech Walesa)가 폴란드의 코라손 역할을 했으며, 연대노조는 지난 10년 동안 반정부세력을 지배해 왔다. 체코슬로바키아에서는 타협을 통한 민주화가 너무 급속히 진행되어 반정부그룹들 사이에 불화가 가시화될 시간이 없었다.

타협을 통한 민주화에서 민주적 온건파는 정부측이 신뢰할 수 있는 협상파트너가 되기 위하여 반정부진영내에서 충분히 강력해야 한다. 거의 항상 반정부진영내의 몇몇 그룹들은 정부측과의 협상을 거부한다. 그들은 협상이 바람직하지 못한 화해를 가져올지 모른다고 우려하며, 계속되는 반정부 압력이 정부의 붕괴나 전복을 가져오길 기대한다. 1988~89년 폴란드의 우익 반정부그룹들은 원탁회의를 보이코트했다. 칠레의 좌익 반정부그룹들은 테러공격을 감행함으로써 정부측과 협상하려는 온건파의 노력을 방해하였다. 이와 유사하게 한국의 과격파들도 정부와 주요 야당들에 의해 달성된 선거에 관한 합의를 거부했다. 우루과이에서는 반정부세력이 온건 야당의 지도자들에 의해 지배되었기 때문에 과격파는 크게 문제가 되지 않았다.

---

40) *Economist*, 10 May 1986, p.39; Alfred Stepan, "The Last Days of Pinochet?" *New York Review of Books*, 2 June 1988, p.34.

진행중인 협상을 위해서 각 정당들은 상대편에게 어느 정도 정통성을 양보해야만 했다. 반정부진영은 정부를 이행의 문제를 함께 논의할 자격이 있는 파트너로서 인식하고, 또한 비록 공공연하게 그럴 수는 없어도 암묵적으로라도 정부의 현재 통치권을 인정해야만 했다. 한편 정부도 반정부그룹들을 사회의 주요한 분파들의 정통성 있는 대표로서 받아들여야 했다. 정부는 반정부그룹들이 폭력을 사용하지 않는다면 훨씬 수월하게 일을 할 수 있다. 만약 반정부그룹들이 군사정권하의 정당들처럼 이전에 정치과정에 합법적으로 참여한 경험이 있다면 협상은 더 수월하게 진행될 것이다. 정부가 반정부세력에 대해 단지 제한된 폭력만 사용했었다면, 그리고 정부진영내에 반정부진영과 그 목표를 공유하고 있는 민주적 개혁파가 존재한다면, 반정부그룹들이 협상에 응하기가 더 수월할 것이다.

타협을 통한 민주화에선, 위로부터의 민주화나 밑으로부터의 민주화와는 달리, 정부의 지도자들이 이전에 그들이 체포했던 반정부세력의 지도자들—바웬사, 하벨, 이바네즈(Jorge Batlle Ibanez), 김대중과 김영삼, 시술루(Walter Sisulu), 만델라(Nelson Mandela) 등—과 체제변화의 기본조건들에 관해 협상한다. 이렇게 하는 데에는 충분한 이유가 있다. 감옥에 있었던 반정부 지도자들은 폭력적이든 비폭력적이든 직접 정부에 대항해 투쟁하지는 않았다. 그들은 단지 형을 살았을 뿐이다. 그들은 또한 정부권력의 현실을 체험했다. 정치범들을 석방한 정부 지도자들은 보통 개혁에 관심을 갖는다. 또한 석방된 반정부인사들은 보통 이전에 그들을 체포했던 자들과 기꺼이 협상할 용의가 있을 정도로 온건하다. 투옥은 감옥에 갔던 반정부인사들의 도덕적 권위를 높여준다. 이것은 투옥된 경험이 있는 반정부인사들이 최소한 일시적으로나마 반정부그룹들을 단결시킬 수 있도록 도와주며, 그들이 도달한 합의사항이 무엇이든간에 그들의 추종자들을 묵종시킬 수 있다는 전망을 정부측에 보여 준다.

보도된 바에 따르면, 브라질의 이행과정의 어느 시점에선가 골베리 장군은 한 반정부 지도자에게 다음과 같이 말했다고 한다. "당신은 당신네 편의 과격파들을 통제하도록 하시오. 우리는 우리 편의 과격파들을 통제할테니."41) 과격파들을 통제하는 데에는 종종 상대편의 협조가 요구된다.

타협을 통한 민주화의 협상에서 각 당은 상대편 당이 그들 편의 과격파들을 더 효과적으로 다룰 수 있도록 하기 위하여 상대편 당을 강화시키는 데에 이해관계를 갖는다. 예컨대 1990년 6월 만델라는 드클러크가 백인 강경파에 대해 가지고 있는 문제에 관해 언급했다. 그는 ANC는 "백인들에게 드클러크를 지원할 것"을 호소하며, "우리는 드클러크를 반대하는 백인들에 대한 문제를 제기하려고 시도하고 있다. 우익내의 영향력있는 집단들과의 대화는 이미 시작되었다"고 말했다. 또한 만델라는 부텔레지(Chief Mengosuthu Buthelezi)와 만나고 싶은 자신의 희망은 ANC내의 강경파들에 의해 거부되었으며, 그는 "ANC에 충성하고 규율에 따르는 구성원"이기 때문에 그 결정을 받아들여야 했다고 말했다. 드클러크는 만델라의 입지를 강화시켜 그가 전투적인 좌익 반대파를 잘 다루도록 돕는 데에 명백히 이해관계를 갖고 있었다.

체제변화에 관한 협상에 앞서, 협상에 들어가기 위한 전제조건들에 관한 '예비협상(prenegotiations)'이 때때로 진행된다. 남아공에서 정부측의 전제조건은 ANC가 폭력사용을 포기하는 것이다. ANC의 전제조건은 정부가 정치범들을 석방하고 반정부그룹들에 대한 규제조치를 해제하는 것이다. 어떤 경우에는 예비협상이 반정부진영의 어떤 개인과 그룹들을 협상의 파트너로서 포함시킬 것인가에 관한 것일 수도 있다.

협상은 때로는 장기간에 걸쳐, 때로는 단기간에 걸쳐 진행된다. 그것은 종종 어느 한 당이 보이코트함으로써 결렬되기도 한다. 그러나 협상이 계속 진행됨에 따라 각 당의 정치적 장래는 더욱 더 협상의 성공여부에 달리게 된다. 만약 협상이 실패한다면, 정부진영내의 보수파와 반정부진영내의 급진파들은 그 실패를 물어 협상에 참여한 지도자들을 끌어내릴 준

---

41) Weffort, "Why Democracy?" in Stepan(ed.), *Democratizing Brazil,* p.345 ; Thomas G. Sanders, "Decompression," in Howard Handelman and Thomas G. Sanders(eds.), *Military Government and the Movement Toward Democracy in South America,* Bloomington: Indiana University Press, 1981, p.157. Weffort가 지적하듯이, 이러한 충고는 브라질에서는 초점이 빗나간 것이다. 위로부터의 민주화 과정을 시작하기 전에 브라질의 군사정권은 대부분의 과격파들을 물리적으로 제거하였다. 따라서 이러한 충고는 타협을 통한 민주화의 상황에 더 적실성이 있다.

비가 되어 있다. (이런 상황에서 협상의 파트너들에게는－역자) 공통의 이
해와 공동운명체로서의 감정이 생겨난다. 1990년 8월 만델라는 ANC와
국민당 사이에는 "현재 하나의 동맹관계가 형성되고 있다"고 관찰했다.
국민당 지도자 보타도 "우리는 한 배에 타고 있다. 우리가 갑판 위에서 떨
어질 때 좌우의 상어떼들이 우리를 구별하지 않고 달려들 것이다"고 말함
으로써 동감을 표현했다.[42] 그 결과 협상은 계속되었고, 각 당들은 합의
에 도달하기 위해 더욱더 화해하려고 하였다.

　　그들이 도달한 합의사항은 때때로 자신들의 협상대표들이 너무 많이
양보했다고 생각하는 정부와 반정부 진영의 다른 분파들로부터의 공격을
불러일으키기도 한다. 물론 특정한 합의사항들은 그들 나라에 고유한 쟁
점들을 반영한다. 그러나 거의 모든 협상들에서 중심적인 문제는 서로에
대한 보장을 교환하는 것이다. 위로부터의 민주화에서 권위주의체제의 전
직 관리들은 거의 처벌받지 않았다. 이와 대조적으로 밑으로부터의 민주
화에서는 거의 모두가 처벌되었다. 타협을 통한 민주화에서 그것은 종종
협상의 대상이 되는 사안이었다. 예컨대 우루과이와 한국의 군부 지도자
들은 그 어떠한 인권침해에 대해서도 형사처벌하지 않는다는 보장을 요
구하였다. 한편 협상된 보장 가운데에는 선거를 통한 권력의 변화 내지
권력의 분배에 관한 협정이 포함되어 있는 경우도 있었다. 폴란드에서 각
진영은 입법부에서의 의석의 배분을 명시적으로 보장받았다. 체코슬로바
키아에서는 두 정당이 내각의 각료직을 나눠 가졌다. 이 두 나라에서는
연립정부가 공산주의자와 반대세력을 그들의 이해가 이행의 전기간에 걸
쳐 보호될 것이라고 안심시켰다. 한국에서 집권당은 적어도 야당의 두 후
보가 출마하여 서로 경합할 것이며 그렇게 되면 여당의 후보가 승리할 가
능성이 높다는 가정하에 대통령직선제를 받아들이는 데에 동의하였다.

　　대결과 권력상실의 위험은 정부와 반정부진영을 서로 협상하게끔 한다.
모든 것을 상실하지 않아도 된다는 보장이 합의의 기초가 된다. 양진영은

---

　　42) 만델라의 인용은 Pauline H. Baker, "A Turbulent Transition," *Journal of De-
mocracy,* 1, Fall 1990, p.17; 보타의 인용은 *Washington Post National Weekly Edi-
tion*, 17 May 1990, pp.14-20을 참조.

권력을 획득하기 위해 경쟁하거나 혹은 권력을 배분받을 기회를 갖는다. 반정부 지도자들은 그들이 다시 투옥되지 않을 것이라는 것을 안다. 정부 지도자들은 그들이 망명갈 필요가 없다는 것을 안다. 상호간의 위험의 감소가 개혁파와 온건파로 하여금 민주주의를 확립하기 위해 서로 협조하도록 촉진시킨다.

민주화 지침 3: 체제변화에 관한 협상

정부측의 민주적 개혁파를 위한 지침 (1) 위로부터의 민주화를 위한 지침을 따르면서, 먼저 당신들의 보수파 반대세력을 고립시키고 약화시켜라. 그리고 정부와 기타 정치적 기관들을 장악하고 그 통제권을 공고히하라.

(2) (개혁과정의) 주도권을 장악하고, 당신들이 기꺼이 하고자 하는 양보조치를 취함으로써 보수파와 반정부진영을 놀라게 하라. 그러나 반정부세력의 명백히 드러난 압력하에서는 결코 양보하지 말라.

(3) 주요 군장성들과 보안기관의 고위층으로부터 협상 개념에 대한 지지를 확보하라.

(4) 당신의 주요한 반정부진영 협상파트너의 지위와 권위를 높이기 위해, 또한 그들을 온건화시키기 위해 당신들이 할 수 있는 것을 다하라.

(5) 반정부 지도자들과 주요한 핵심문제들을 협상하기 위한 믿을 수 있는 비밀통로를 구축해두라.

(6) 만약 협상이 성공한다면, 당신들은 아마 야당이 될지도 모른다. 따라서 당신들의 최우선의 관심사항은 야당과 당신 정부(예컨대 군사정부)에 관여했던 그룹들의 권리에 대한 안전과 보장을 확실히 해두는 것이어야 한다. 그 외의 모든 것은 협상하기에 달렸다.

반정부진영의 민주적 온건파를 위한 지침 (1) 시위가 정부진영의 보수파를 약화시킬 수 있을 때를 대비하여 당신들의 지지자들을 시위에 동원할 준비를 해두라. 그러나 너무 잦은 항의시위는 오히려 보수파를 강화시키고 당신의 협상파트너를 약화시킬 수 있으며, 중간계층의 법과 질서에 대한 관심을 높일 수 있다.

(2) 온건하라. 그리고 정치가답게 보여라.

(3) 협상에 응할 준비를 해두라. 그리고 필요하다면, 자유롭고 공정한 선거에 관한 것만은 제외하고 모든 현안들에서 양보할 각오를 해두라.

(4) 당신들이 선거에서 이길 가능성이 높다는 것을 염두에 두고, 당신들이 통치할 당신네 나라를 심각하게 복잡하게 만드는 행동은 취하지 말라.

정부측과 반정부진영의 민주화론자들을 위한 공동의 지침 (1) 협상된 이행에 유리한 정치적 조건들은 무한히 지속되는 것이 아니다. 기회가 있을 때 그것을 잡아라. 그리고 빨리 중심적인 쟁점들을 해결하기 위해 옮겨가라.

(2) 당신과 당신의 협상파트너의 정치적 장래는 당신들이 민주주의로의 이행에 관한 합의에 도달하는 데 성공하느냐 여부에 달려 있음을 염두에 두라.

(3) 협상과정을 지연시키거나 당신의 협상파트너의 핵심적인 이해를 위협하는 당신편 지도자들과 그룹들의 요구에 저항하라.

(4) 당신들이 도달한 합의가 유일한 대안임을 명심하라. 보수파와 급진파들은 그것을 비난할지 모르지만, 그들은 폭넓은 지지를 받는 다른 대안을 제시할 수가 없을 것이다.

(5) 모든 것이 불확실할 때 화해하라.

제3부

제3세계의 정치경제: 종속과 성장의 이론

▷▶ 서론과 해제

신윤환

저발전과 경제성장의 문제는 1960년대 이후 제3세계 논의에 있어서 가장 중요한 연구주제의 하나로 부상하였다. 이러한 비교정치학의 추세는 제3세계 경제현실과 그 변화를 비교적 정확히 반영하고 있다. 제2차 세계 대전이 미국을 중심으로 한 서방연합국의 승리로 끝나자, 이들의 정치이 념과 체제뿐만 아니라 이들의 산업화 경험을 토대로 한 경제발전모델이 야말로 보편적 타당성과 우월성을 가지는 것으로 믿어지게 되었다. 그러 나 이를 쫓아 서구형의 자유민주주의와 시장경제적인 성장모형을 채택한 제3세계 제국들은 1960년대 초반까지 예외를 거의 찾아볼 수 없을 정도 로 권위주의화, 저발전, 자본주의적 파행성을 경험하게 되었고, 이에 자극 을 받은 정치학자와 사회학자들은 민주주의와 함께 경제발전의 문제에도 큰 관심을 가지게 되었던 것이다.

1960년대 중반을 넘어서면서 서구의 경험에 기초한 근대화이론은 많 은 비판에 직면할 수밖에 없었다. 가장 날카로운 비판은 라틴아메리카 학 자들을 중심으로 제기되었던바, 소위 종속이론이라고 부르는 급진적 시각 의 대두가 그것이다. 종속이론은 내부적으로 다양한 논리와 변형에도 불 구하고 아래 세 가지 점에 대체로 합의하고 있다. 첫째로, 세계경제는 단 하나의 계서적인 분업구조를 가지고 있어, 선진국의 경제발전과 후진국의 저발전은 분리된 별개의 문제가 아니고 상호 연관되어 전개된다는 주장이다. 둘째, 첫번째와 관련된 문제의식으로서, '주변부(periphery 또는 satellite)'라고 일컫는 후진국은 자신이 생산해 내고 자국의 산업화자본으로 사용되어야 할 잉여를 끊임없이 '중심부(center 또는 core),' 즉 선진국으로 빼앗겨, 주변부의 저발전 상태는 지속될 수밖에 없다는 것이다. 경제 잉여가 주변부에서 중심부로 이전되는 통로와 방식은 종속이론가 개개인에 따라 다양하게 설명된다. 셋째, 이러한 자본주의적 세계경제질서 또는 '세계체제(world system)'는 16세기 이래 변하지 않고 있으며, 사회주의 권조차도 세계체제의 영향권하에 있다는 것이다.

종속이론은 라틴아메리카의 저발전이 내부적 책임이 아니며 서구의 발전을 위한 희생의 결과였다고 주장한 점에서 서구사회과학계에서 큰 충격을 던져 주었고, 기존의 근대화이론이 안이한 이분법, 기계론적 사고, 단선론적 발전관, 막연한 낙관론에 머물고 만 데 대하여 근본적인 비판을 제기하였다는 공적을 인정받았다. 반면, 종속이론은 주변부 국가들의 개체적 특수성을 무시하고 있고, 자력갱생적 경제처럼 시대착오적 발전모형이나 전세계적 사회주의 혁명같이 실현가능성이 희박한 대안밖에 제시하지 못했으며, 무엇보다도 1970년대 이후 소위 신흥공업국들(NICs: Newly Industrializing Countries)이 이룩한 급속한 발전을 설명해낼 수 없음으로 인하여, 퇴조를 맞게 되고 큰 수정을 요구받게 된다. 여기에 번역한 브루어(Anthony Brewer)의 글은 종속론자의 양거두인 프랭크(Andre Gunder Frank)와 월러스타인(Immanuel Wallerstein)의 분석을 요약, 정리, 비판한 글이다. 더 상세히 종속론을 접하고자 하는 사람은 참고문헌에 정리해 놓은 이들의 원저를 직접 읽기 바란다.

종속이론의 퇴조 이후 제3세계의 저발전과 발전에 관한 이론들은 춘추전국시대를 맞게 된다. 종속이론을 현실의 변화에 맞게 수정한 설명틀이 제시되고 기존의 이론들이 부활하는가 하면, 이들을 절충하거나 종합한 개별국가 수준의 연구들이 다수 등장하였다. 심지어는 발전과 저발전의 원인을 그 나라의 문화적 속성에서 찾는 베버류의 설명방식까지 등장하여 실로 다양하기가 이를 데 없지만, 이 책에서는 신흥공업국의 발전요인과 전략에 관한 이론들을 소개하는 글들을 주로 실었다.

우선 에반스(Peter Evans)는 브라질과 같은 남미의 일부 국가에서 이룩한 수입대체 산업화를 설명할 필요성에서 '고전적 종속이론'에 수정을 가하고 있다. 에반스는 남미의 발전 '현상'을 '종속적 발전(dependent development)'이라는 틀로서 모형화해 보고 있다. 즉 제3세계는 종속의 상황하에서도 나름대로의 산업화가 가능하며, 이러한 유형의 산업화는 바로 종속이라는 상황 때문에 가능하다는 주장이다. 기존의 종속이론과 차이를 보이는 점은 ① 제3세계에서 자본축적은 가능하고, ② 국내자본-국가-국제자본(다국적 기업), 즉 '삼자동맹(triple alliance)'이라는 초국가적 계급연합이 공동의 이익을 추구하기 위해 종속적 산업화를 추진하며, ③ 이때 국가는 고전적 종속에서와 달리 직접생산자 또는 국내, 국제자본가사이의 매개자로서 중요한 역할을 수행한다는 것이다. 반면 종속적 발전모형은 자본주의적 발전에 대하여 비관적이고 비판적인 입장을 견지함으로써 기본적으로 종속론의 시각을 버리지 않고 있다. 에반스의 연구에 의하면, 종속적 발전은 외국자본에 의존, 정치적 '배제(exclusion)' 즉 권위주의화, 사회경제적 불평등, 불균형발전, 과소비 등 많은 부정적 결과를 낳을 수밖에 없다. 여기에 개제하지는 않았지만 카르도소와 팔레토(Fernando Henrique Cardoso and Enzo Faletto)나 오도넬(Guillermo O'Donnell)은 에반스보다 더 일찍이 남미의 파행적인 발전과정을 유사한 틀에 의존하여 분석해 냈다.

반면 베이츠(Robert Bates)가 아프리카 농업정책 및 산업화의 실패를 분석한 글은 서구 신보수주의와 탈냉전의 시대에 다시 설득력을 얻고 있는 신고전주의 경제학적 사고를 대표한다고 볼 수 있다. 베이츠는 몇몇 열대아프리카 국가의 농정과 산업정책의 실패가 기본적으로 국가의 과도한 개입에 있다고 본다. 국가는 독점유통기구를 직접 설립하거나 또는 통제하면서 농민들이 생산하는 환금작물 구매가격을 낮게 책정하여 그 잉여로서 산업화기금을 마련하고자 한다. 국가가 산업화를 위한 자본을 농업부문에서 마련하고자 하는 것은 국가의 주요 정책결정이 주된 정치세력인 '도시부문'에 의해 크게 영향을 받고 있기 때문이라고 본다. 또한 도시부문은 소비자로서 농산물을 포함한 생활필수품을 값싸게 공급받기 위해 국가의 경제정책에 영향력을 행사한다. 결국, 농산물생산자인 농민의 희생으로 이어지고, 수입에 의존하고 있는 소비재 상품에 보조금을 지급하는 셈이 되어 수출작물 생산을 차별하는 결과를 낳게 된다. 농민들이 농업생산과정에서 이탈해 버려 농업부문은 피폐화하게 되는 데, 이는 국가의 농업정책에 농민들이 '합리적으로' 반응한 결과라고 베이츠는 결론짓는다.

신고전주의 정치경제학자들이 정치세력의 도구로 전락한 국가의 과도한 개입으로 말미암아 제3세계의 발전이 크게 저해되었다고 주장하는 데 반하여, 국가에 의한 간섭은 경제발전을 위해 불가피하고 또한 바람직하다고 하는 입장 또한 강하다. 이는 주로 한국, 대만, 싱가포르 등 동아시아 신흥공업국의 발전경험에 주목하여 생겨난 주장들로서 소위 구조주의적 발전론자들이 시도하는 설명방식이다. 구조주의자들은 1950년대와 1960년대에 한 흐름을 주도했던 발전경제학의 관점을 계승하여 동아시아 신흥공업국의 성공이 국가의 주도하에 발전계획 수립, 사회간접자본 확충, 국영기업 운영, 금융부문 통제, 가격조작, 무역통제 등 다양한 정책을 통하여 수출산업을 육성한 결과라고 본다.

동아시아 신흥공업국의 경제성장을 다같이 분석하면서도 정반대의 시각에서 설명하고 있는 자도 다수 있음은 묘한 일이다. 앞에서 든 베이츠가 저발전의 원인을 살피면서 국가의 개입을 주된 요인으로 들었듯이, 일군의 경제학자들은 고전주의경제학의 입장을 견지하여 동아시아의 경제성장의 비결은 국가간섭이 최소한에 머물고 경제가 시장메커니즘에 의해 운용된 결과라고 주장한다. 특히 수출지향산업화전략을 지적하면서, 외국의 자본, 기술, 상품을 받아들인 개방정책이 주효하였음을 강조하고 있다.

이렇듯, 동일한 현상에 대한 구조주의와 신고전주의의 대립은 각각이 비교의 준거틀을 다른 지역에 두고 있는 데서 기인하는 듯 하다. 전자가 주로 서구의 산업화 과정과 그리고 후자가 라틴아메리카의 경험과 비교함으로써, 동아시아의 독특한 성공은 그 비교를 통해 발견되는 차이에서 오는 것이라고 설명하기 때문이다. 반면, 최근의 연구들은 일방에 치우친 구조주의자와 자유주의자의 설명방식을 지양하여 국가개입과 시장메커니즘의 적절한 배합이야말로 제3세계 고도성장의 주된 비결이라고 제안하고 있다. 소위 제도주의자로 불리는 일군의 학자들은 동아시아 국가들에 대한 비교연구를 통하여, 각 나라가 택한 전략이나 국가개입의 정도가 시기와 나라에 따라 서로 다르기는 하지만, 국가와 시장 양자 모두에 의존하고 있는 공통점을 찾아 볼 수 있다고 주장한다. 이럴 때, 국가란 기본적으로 시장이 제대로 작동할 수 있는 '하부구조'를 효과적으로 제공하는 데서 그 기여가 인정되며, 산업화의 주된 추동력은 국가에 의해 유도되기는 했지만 시장에 경쟁적으로 참여하는 사적 부문에서 온다는 것이다. 헤거드(Stephan Haggard)와 외니스(Ziyäönis)의 두 논문은 이상과 같은 최근의 연구동향을 잘 정리해놓고 있다.

이제까지 살펴본 바, 제3세계의 저발전과 발전에 관한 이론들은 크게 세 분기점에 의해 형성되고 수정되었다. 첫 번째는 2차대전이 끝난 시점으로 서구모형 대 제3세계모형의 대립으로 전자는 자유주의적 경제학에 후자는 구조주의적 발전경제학에 그 뿌리를 두고 있었다. 이 양자가 내어 놓은 처방은 모두 현실 속에서 실패하였다. 두 번째는 1960년대 후반부터 대두된 경향들로서, 산업화의 성공전략을 제시하기보다는 왜 제3세계가 과거 20년 동안 경제적으로 실패할 수밖에 없었는가 하는 분석에 초점을 맞추었다. 크게 신고전주의 정치경제학과 종속론적 시각으로 대별되는 바, 전자는 비효율적인 국가의 과도한 개입을, 후자는 선진자본주의 국가에 의한 지속적인 착취를 그 주된 요인으로 꼽았다. 세 번째는 1970년대 이후, 신흥공업국의 출현이라는 현상을 설명하려는 분석들로서 오늘에 이르고 있다. 이에는 기존의 모든 설명들이 부활 또는 수정되어 나름대로 설명을 시도하고 있고, 제도주의적 시각처럼 절충 내지는 종합하고자 하는 설명들도 제시되고 있다.

종합하면, 1990년대의 정치경제학은 종속론과 같은 좌파적 입장이 크게 쇠퇴하고 신고전주의, 국가주의, 그리고 이들의 장점을 취한 절충론적 시각이 주도할 것으로 보인다. 반면, 이론화의 수준에 있어서는 기존의 근대화론이나 종속론처럼 제3세계 전반을 설명해 보려는 야심찬 거대이론보다는 지역연구를 통한 권역별로 중범위수준에서 이론구축을 꾀함으로써 이론과 개념의 내포를 풍부히 하려는 비교정치론의 일반적 추세에 발맞춰 나가지 않을까 하는 전망을 해 볼 수 있겠다.

　제3세계 정치경제와 관련하여 특히 중요하다고 평가되는 저작들을 아래에 몇 편 더 소개한다.

Amsden, Alice H. 1989, *Asia's Next Giant: South Korea and Late Industrialization*, Oxford and New York: Oxford Univ. Press.

Amin, Samir. 1976, *Unequal Development*, New York: Monthly Review Press.

Balassa, Bela. 1988, "The Lessons of East Asian Development: An Overview," *Economic Development and Cultural Change*, 36, April.

Baran, Paul. 1962, *The Political Economy of Growth*, second(ed.), New York: Monthly Review Press.

Bardhan, Pranab. 1984, *The Political Economy of Development in India*, Oxford and New York: Basil Blackwell.

Bates, Robert. 1981, *States and Markets in Tropical Africa: The Political Basis of Agricultural Policies*, Berkeley, Los Angeles, London: Univ. of California Press.

Cardoso, Fernando Henrique and Enzo Faletto. 1979, *Dependency and Development in Latin America*, Berkeley, Los Angeles, London: Univ. of California Press.

Deyo, Frederic C.(ed.). 1987, *The Political Economy of the New Asian Industrialism*, Ithaca, New York: Cornell Univ. Press.

Frank, Andre Gunder. 1967, *Capitalism and Underdevelopment in Latin America*, London: Reader Paperbacks.

Gerschenkron, Alexander. 1962, *Economic Backwardness in Historical Perspective*, Cambridge: Cambridge Univ. Press.

Hughes, Helen(ed.). 1988, *Achieving Industrialization in East Asia*, Cambridge: Cambridge Univ. Press.

Lee, Eddy(ed.). 1981, *Export-Led Industrialization and Development*, Geneva: International Labor Office.

I.M.D. Little. 1982, *Economic Development: Theory, Policy and International*

Relations, New York: Basic Books.

O'Donnell, Guillermo. 1973, *Modernization and Bureaucratic-Authoritarianism: Studies in South American Politics,* Berkeley: Institute of International Studies, Univ. of California.

Rostow, W. W. 1967, *The Stages of Economic Growth: A Non-Communist Manifesto,* Cambridge: The Cambridge Univ. Press.

Smith, Tony. 1979, "The Underdevelopment of Development Literature: The Case of Dependency Theory," *World Politics,* 31, 2, January.

Wade, Robert. 1990, *Governing the Market: Economic Theory and the Role of Government in East Asian Industrialization,* Princeton, N.J.: Princeton Univ. Press.

Wallerstein, Immanuel. 1974, *The Modern World-System: Capitalist Agriculture and the Origin of the European World-Economy in the Sixteenth Century,* New York: World Capitalist System.

Warren, Bill. 1973, "Imperialism and Capitalist Industrialization," *New Left Review*, no.81, September-October.

▌제6장 ▌
저발전의 발전*

앤소니 브루어

안드레 군더 프랑크(Andre Gunder Frank)의 가장 영향력 있는 저서 『라틴아메리카에서의 자본주의와 저발전(*Capitalism and Underdevelopment in Latin America*)』(1960a, 이하 *CULA*로 약칭)은 그의 입장을 경탄할 만큼 잘 요약하고 있는 다음의 한 문장으로 시작된다. "나는 폴 바란과 더불어 과거는 물론 현재에도 여전히 국가 간의 저발전과 일국 내부의 저발전을 초래하고 있는 것은 바로 세계적 및 일국적 자본주의라고 믿고 있다"(*CULA*, p.xi). 우리가 인식해야 할 중요한 점은 이러한 입장이 고전적 맑스주의자들과 철저하게 다르다는 점이다. 위의 프랑크의 인용문과 맑스 및 레닌의 다음 인용문을 대조해 보자.

　국민들 간의 민족적 차이와 적대는 부르주아의 발전, 상업의 자유, 세계시장의 형성, 그리고 생산양식의 일치 및 그에 따르는 생활조건의 일치 때문에 나날이 사라지고 있다(Marx, *Manifesto*, p.80).

자본수출은 그 수입국의 자본주의의 발전에 영향을 주어 그 발전을 크게 가속화한다. 그 결과 자본의 수출은 자본수출국에서의 발전을 어느 정도 저지시키는 경향이 있다. 더구나 자본수출은 자본주의의 성숙된 발전

---

* Anthony Brewer, *Marxist Theories of Imperialism: A Critical Survey*, London: Rontledg & Kegan Paul, 1980, pp.158-181(염홍철 옮김).

을 전 세계에 걸쳐서 확대시키고 심화시키는 그러한 일을 해낼 수 있다 (Lenin, *Imperialism*, p.498).

고전적 맑스주의자들은 자본주의가 발전하면, 전 세계의 생산방식 및 전 세계 인구 대다수의 생활수준이 점점 일치하게 되리라고 기대했다. 맑스와 (특히) 레닌은 이 과정이 불균등성을 강조하면서도, 선진지역과 후진지역간 격차의 심화현상은 예기치 못했다. 물론 이것은 생산력의 발전을 촉진하고 사회주의를 위한 물질적 토대를 창출하기 위한 자본주의의 '역사적 역할'에 대한 맑스의 전반적인 견해를 나타낸 것이다.

그러나 사실에 비추어 보면, 바란과 프랑크의 견해가 정당하다는 것이 입증되었는데 즉 지난 100년 동안 생산력과 생산수준에 있어서 선진자본주의국가와 나머지 국가 간의 격차는 엄청나게 벌어졌던 것이다. 그러나 반드시 이러한 새로운 사실에 대해서 그들이 내놓은 설명이 옳다는 것은 아니며, 더구나 이 추세가 오늘날도 여전히 작용하고 있다거나 또는 계속되어야 한다는 것을 뜻하는 것도 아니다. 1960년대와 1970년대에 나온 많은 이론들은 자본주의는 반드시 선진지역과 후진지역 간의 차이를 심화시키게 마련이며, '주변부'국가가 발전하려면 세계자본주의 체제로부터 완전히 이탈해야만 한다는 생각을 중심으로 정립되고 있다. 그러나 이러한 결론에 도달하는 데는 수많은 과정이 필요했다.

이 장에서 필자는 서로 공통점이 많은 안드레 군더 프랑크와 임마누엘 월러스타인(Immanuel Wallerstein)의 연구에 대해서 검토할 것이다. 그들은 자본주의는 단지 세계적 규모에서만 분석될 수 있다고 주장하며, 자본주의를 종속지역으로부터 제국주의 중심부로 잉여가치를 이전시키는 데 작용하는 일종의 독점적 교환체제(a system of monopolistic exchange)로 정의한다. 이 체제는 권력의 분배, 생산의 조직형태, 그리고 각 지역의 계급구조를 지배하면서, 본질적인 변화 없이 16세기부터 존재해 왔다. 이러한 접근방식은 생산관계를 1차적인 것으로 보는 고전적 맑스주의자들과는 완전히 다르다. 필자는 또한 프랑크 및 월러스타인과 다소 유사한 예를 제시하면서도, 오늘날 작용하고 있는 경제적 메커니즘을 더 강조하고 있는 '종속이론가들'에 대해서도 논할 것이다.

프랑크의 연구는 전형적으로 논문의 형태를 취하였으며 이 논문들이 모아져서 책으로 발간됨으로써 훨씬 널리 이용되었다. 가장 중요한 논문집은 『라틴아메리카에서의 자본주의와 저발전』(1969a, 1967년 초판발간)과 『라틴아메리카: 저발전이냐 혁명이냐(*Latin America: Underdevelopment or Revolution*)』(1969b, 이하 *LAUR*로 약칭)』이다. 『룸펜부르주아: 룸펜적 발전(*Lumpenbourgeoisie: Lumpendevelopment*)』(1972, 이하 *LL*로 약칭)』은 그를 비판하는 사람들에 대한 일종의 답으로서 종래 자신의 입장을 약간 수정해 다시 기술하고 있다. 『종속적 축적과 저발전(*Dependent Accumulation and Underdevelopment*)』(1978, 이하 *DAU*로 약칭)은 몇 가지 문제에서 좀더 변화를 보이는데, 특히 아민에게서 큰 영향을 받고 있다. *DAU*에는 군데군데 이론적인 논문들로 장식된, 세계경제에 대한 역사적 설명이 들어있다. 이 책은 간단한 역사서로서는 가장 잘 이용할 수 있는 책 중의 하나이다. 물론 프랑크가 자신의 견해들을 바꾸긴 했지만, 그래도 그의 초기저작들은 그 시대의 지성사의 한 부분을 이루어 왔기 때문에 필자는 그의 초기저작을 집중적으로 다루게 될 것이다. 프랑크는 다른 사람들 사이에서, 특히 라클라우(Laclau, 1971)에 의해서 비판되어 왔다.

월러스타인의 『근대세계체제론(*The Modern World System*)』(1974a, 이하 *MWS*로 약칭)은 네 권으로 간행된 자본주의 세계경제에 대한 분석적인 역사서 중 첫 번째 책으로서 1450년에서 1640년까지를 분석대상으로 하고 있다. 그의 견해를 좀더 개괄적으로 나타낸 논문(1974b)은 『자본주의 세계경제(*The Capitalist World Economy*)』(1979, 이하 *CWE*로 약칭)라는 훌륭한 논문집에 다른 논문들과 함께 수록되어 있다. 월러스타인의 견해(그리고 프랑크의 견해)는 브레너(Brenner, 1977)에 의해서 비판적으로 분석되었다.

필자는 프랑크의 분석(제1절)과 월러스타인의 분석(제2절)을 요약한 후에, 몇 가지 주요 개념, 즉 자본주의에 대한 개념(제3절)과 프랑크가 착상한 중심부-주변부 관계(제4절) 및 잉여의 이전효과(제5절)를 자세히 고찰할 것이다. 그리고 마지막으로 '종속'의 개념(제6절)에 대해서 논할 것이다.

1. 프랑크의 '저발전의 발전'론

프랑크는 '자본주의'에 대한 명확한 정의를 내리지 않고 있으며, 그것에 대한 인식도 매우 불분명하다. 확실한 것은 그가 자본주의란 개념을 사용할 때, 저발전은 자본주의의 산물이라고 주장하면서 라틴아메리카에 대한 '이중구조론적' 해설을 시종일관 반대한다는 점이다.

기본적으로 프랑크는 자본주의를 독점과 착취로 특징지어지는 하나의 (세계적 규모의) 교환연계체계(a system of links of exchange)로 인식한다. 실제로 그가 자본주의를 이런 식으로 정의하지 않을 수 없는 것은 스페인(그리고 포르투갈)이 라틴아메리카를 정복한 16세기 이후 '저발전의 발전'이 라틴아메리카에서 계속되어 왔다는 점과 이 과정이 몇 가지 본질적인 문제에 있어서 아무런 변화도 겪지 않은 채 지속되어 왔다는 점을 주장하고자 하기 때문이다. 그가 그것말고도 그 기간 동안 라틴아메리카에 작용해 온 것으로서 자본주의 경제체제의 다른 특징을 지적할 수 있었을까?

그는 또한 그 방식이야 어떻든 근본적으로 자본주의(즉 교환)의 영향을 받은 지역은 '자본주의적 지역'으로 간주되어야 한다고 (암시적으로) 주장한다. 그는 자본주의 세계경제의 영향이 라틴아메리카에 너무 깊이 침투해 왔기 때문에 그 영향력을 받지 않은 지역은 한 군데도 없다는 점을 매우 쉽게 보여 준다. 대체로 자급자족적인 생계 농업에 전념하고 있기 때문에 자본주의의 영향을 받지 않은 것처럼 보이는 지역(브라질의 동북부 등—*CULA*, pp.153-154 참조)조차도 초창기의 수출산업이 쇠퇴한 결과이다. 그는 라티푼디움(농업경작자에 의해 경작되는 대토지)이 쇠퇴하여 거의 자급자족적인 형태로 고립되어 있는 지역에서도, 그것이 애초에 생겨난 이유는 상업적 기호에 대응하기 위해서였다고 자신있게 주장한다.

그의 주장 중 이 측면은 라틴아메리카에 적용된 이중구조론과 대립된다. 이중구조론이 의도하는 것은 저발전의 경제가 서로 본질적으로 독립되는 두 부문으로 나누어진다고 주장함으로써 자본주의를 계속해서 진보의 동격, 즉 발전의 추진력으로 여기게끔 하려는 것이다. 그 두 부문 중 하나는 근대적이고, 기본적으로 자본주의에 물들지 않았으며, 봉건적이다. 그리고 이 '후진' 부문 또는 '전통' 부문은 지방적인 자급자족과 세계시장으로부터의 독립을 그 특징으로 한다. 이중구조론적 분석에 기초하면 발전이 이루어지기 위해선, 자원이 봉건적 부문으로부터 자본제적 부문으로 이전되어야 하고 봉건적 농업 및 사회 정치구조가 전반적으로 변하거나 '근대화'되어야 한다. 다양한 형태의 이중구조 모델이 비맑스주의자는 물론 맑스주의자에 의해서도 제시되었지만, 프랑크가 공격의 표적으로 삼고 있는 이중구조론자는 부르주아 경제학자들이라기보다는 오히려 부르주아 사회학자 및 정치학자들이다[그의 통렬한 공격으로는 *LAUR*, pp.21-94에 있는『발전의 사회학과 사회학의 저발전(*Sociology of development and underdevelopment of sociology*)』참조].

프랑크는 라틴아메리카에서 아직 시장관계의 영향을 받지 않은 지역은 한 군데도 없다는 점을 사실적이면서도 역사적인 풍부한 지식을 가지고 증명한다. 이 사실은 논쟁의 대상이 되지 않는다. 그 대신 논쟁의 초점은 제3절에서 논의될 몇 가지 뒤얽힌 개념상의 쟁점으로 옮겨졌다.

세계자본주의 체제로 통합되면 일부지역에서는 발전이 이루어지지만, 그외의 나머지 지역에서는 '저발전의 발전'이 이루어진다. 프랑크에 의하면, 저발전(underdevelopment)은 라틴아메리카 본래의 모습이 아니다. 즉 그는 자본주의가 침투하기 이전의 상태를 미발전(undevelopment)이라고 불렀다(물론 그는 그보다 더 이전의 모든 자취도 이미 오래 전에 자본주의에 의해 다시 만들어졌다고 주장하기 때문에 미발전에 대해선 거의 관심을 기울이지 않는다).

'저발전의 발전'이 일어나는 이유는 세계자본주의 체제의 특징이 중심부-주변부 구조(a metropolis-satellite structure)이기 때문이다. 중심부가 주변부를 착취한 결과, 잉여는 중심부에 집중된다. 한편 주변부는 직접적으로 황폐해지고, 잠재적인 투자자금의 단절로 그 성장도 둔화된다. 더욱 중요한 것은 주변부가 종속상태로 되어 저발전의 영구화에 이해관계가 있는 특정 형태의 현지 지배계급을 창출한다는 점이다. 즉 '저발전정책'이나 '룸펜적 발전'(*LL*의 여러 곳에서 언급되고 있다)을 추구하는 '룸펜

부르주아'가 창출된다는 점이다. 이러한 논점은 명백히 바란의 저서에서
처음으로 제기되고 있으며 프랑크 스스로도 그 점을 인정한다.

프랑크의 주요한 독창적인 공헌은 중심부-주변부 관계들이 서로 연쇄적
으로 이어져 있다고 생각한 데 있다. 그는 그것을 다음과 같이 묘사한다.

독점자본제적 구조와 잉여의 착취/ 전유의 모순(the surplus expropriation/
appropriation contradiction)은 과거는 물론 현재도 칠레 경제전반에 지속되고
있다. 바로 이러한 착취관계 때문에, 자본주의의 세계적 중심부와 국민적 중심
부를 연결하는 자본제적 고리가 지역적 중심부(regional centres, 자신의 잉여
중 일부만을 전유함)로, 다시 이 지역적 중심부에서 국지적 중심부(locacentres)
로, 그리고 계속해서 소농이나 소작인을 잉여수탈의 대상으로 삼는 지주나 상
인에로, 심지어 때로는 이 지주나 상인들로부터 이들의 착취대상인 무토지 노
동자에게 이르기까지 유행처럼 연쇄적으로 확장된다. 그 과정의 각 단계마다
상부에 있는 상대적으로 소수인 자본가들은 더 상부에 있는 극소수의 자본가
에 의해 다시 착취되지 않으면서 자기소비용 경제잉여를 전유할 수 있을 정도
로 하부의 다수에 대해서 독점력을 행사하여 그들의 경제적 잉여의 일부 내지
전부를 착취한다. 따라서 각각의 위치에서 국제적·일국적, 그리고 지적 자본주
의 체제들은 그 소수에게는 경제적 발전을, 나머지 다수에게는 저발전을 가져
온다(CULA, pp.7-8. 이와 유사한 문장들은 프랑크의 저작 전체에 걸쳐서 발견
된다. 예를 들면 브라질에 관한 부분인 CULA, pp.146-148 참조).

프랑크에 의하면 이러한 '연쇄적'인 중심부-주변부 관계는 16세기 이
래로 존재해 왔다. 그리고 그 이후의 변화는 주변부에 대한 지배 및 착취
형태의 변화일 뿐 본질적인 변화는 아니다. 그는 이것을 변화 속의 일관성
원리라고 부른다. 필자는 지배형태의 변화가 중요한 영향을 미칠 수도 있
다는 이유로 이 주장을 비판하게 될 것이다(제4절).

프랑크는 특히 정치적 영향을 강조한다. 저발전국의 지배계급은 자신이
현재 누리는 지위가 주변부(the countryside)와 제국주의 중심부를 잇는
연쇄에서 차지하는 자신의 위치 때문이라고 여기기 때문에 그것을 유지
하는 데 관심이 있다.

이 식민지적 및 계급적 구조 때문에 지배부문을 차지하기 위한 부르주아의

아주 명확한 계급이해가 성립된다. 부르주아는 정부 각료 및 기타 국가수단을 이용하면서 라틴아메리카의 국가 및 인민의 경제적·사회적·정치적 삶 속에 저발전정책을 만들어 낸다(*LL*, 1972, p.13).

프랑크의 주장 중 이 부분이 가장 인상적인 것 같다. 그리고 이 주장은 라틴아메리카 역사의 결정적인 전환점인 19세기의 독립 이후의 시기에 대한 그의 역사적 분석에서 가장 잘 나타나고 있다. 이 당시에 자유무역을 옹호하는 '유럽인'과 국내산업 보호정책을 옹호하는 '아메리카인' 사이에 격렬한 투쟁이 있었다. 물론 이 유럽인들은 당시 수출 및 수입 무역을 지배하던 상인과 농산물 수출업자들에 의해 주도되었다. 그리고 이들은 아메리카인들보다 더 강력한 집단이었는데, 그 정확한 이유는 이전의 수세기에 걸친 종속기간을 통해서 자유무역체제의 지속으로부터 오는 이익을 고수하는 그룹들이 지배하는 특정경제가 이미 만들어져 있었기 때문이다.

자유무역으로 농산물 수출업자들은 수입제품을 값싸게 이용할 수 있게 되었으며, 현지통화(local currency)의 약세는 평가절하에 의해서 수출품의 가치를 증대시켰고, 수출하기 위해서 재화를 판 사람들에게 그 소득을 이전시켰다. 현지의 제조산업은 보호 없이는 수입품과 경쟁할 수 없었기 때문에 무역수지의 불균형은 영속화되었다(*LL*, p.61).

국가정책은 또한 세금, 토지분배, 이주정책, 항만, 철도 등의 형태로 수출분야의 요구에 맞춰졌다. 프랑크는 다음과 같이 요약한다. "유럽의 룸펜부르주아는 실제적인 독립을 획득하지 못하고 과거나 현재나 그들의 룸펜적 발전정책의 효과적인 도구에 불과한 룸펜적 국민국가를 세웠다"(*LL*, p.58). 이를 미국과 비교해 보면, 미국은 남부를 제외하면 수출농업에 알맞은 조건이 결여되어 있었다.

결과적으로 애초에 소농에 기초하여 발전된 계급구조는 북부 부르주아가 다음과 같이 강력해지도록 해준 발전정책에 전혀 장애가 되지 않았다. 즉 북부 부르주아는 그 발전정책 때문에 통합발전의 증진을 목적으로 독립을 활용하고, 남북전쟁시 남부의 대농장주 수출업자를 패퇴시키고, 산업화정책을 통해 산업의 도약단계에 도달할 수 있었다(*LL*, pp.58-59).

보다 최근에 *DAU*에서 그는 뉴잉글랜드 지역은 수익성이 뛰어난(그리고 훌륭하게 틀을 갖춘) '삼각'무역 때문에 초기단계부터 '아(亞)중심부(sub-metropoli)'였다는 주장을 첨가했다. 그 삼각무역은 다음과 같이 이루어졌다. 즉 아프리카로 뉴잉글랜드 지역의 럼주가 이동하고, 아프리카의 노예는 서인도제도의 사탕수수 플랜테이션으로 이동되고, 서인도 제도의 당밀은 뉴잉글랜드 지역으로 이동되어 럼주로 가공처리되었다.

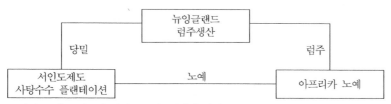

* 위의 도식은 원문의 이해를 돕기 위하여 역자가 만든 것임.

그의 주장을 밑받침하는 또 하나의 증거는 1929년에서 1950년 초기까지의 발전의 형태이다. 라틴아메리카와 세계 중심부를 잇는 고리들이 대공황과 제2차 세계대전에 의해 끊어지면서, 라틴아메리카지역은 "독립 후의 시기의 1830년대와 1840년대 이후로 최대의 독자적인 산업화의 추세"(*LL*, p.76)를 경험했다. '중심부의 동맹수출업자들'의 정치적 지배권은 쇠약해진 반면, 산업적 및 지역적인 이해집단이 정부에 개입했다.

그러나 그에 따르는 산업화의 추세는 주로 가공품의 '수입대체'생산에 제한되어 새로운 종속을 낳았다. 즉 "국민적 제조업에 투입하기 위한 원료 및 자본재가 이전보다 훨씬 대규모"로 수입되었다(*LL*, pp.85-86). 그리고 이들 수입품에 지불할 외화는 여전히 원료수출에서 충당되었다. 더구나 한국전쟁 이후 원료 가격이 폭락하게 되자 발전은 정지되었다. 따라서 신흥 산업부르주아는 다시 수출산업을 장려하고 외자를 도입하여 그 간격을 메꾸지 않을 수 없었다.

이러한 삽화는 프랑크의 주장을 어느 정도까지는 놀라울 정도로 확증하는 것 같다. 연쇄의 고리들이 약해지면서 발전이 뒤를 잇지만, 이러한 발전에는 종속이 그대로 이어지고 있기 때문에 발전이라고 하기엔 부적절하다. 또한 중심부가 회생되면 종속의 고리들은 다시 연결된다. 그러나 주목해야 할 점은 '종속'이란 단어가 다양한 의미로 사용되고 있다는 점이다. 이전 같으면 이 단어는 주변부가 중심부-주변부 관계의 연쇄에 연루되어 있다는 의미로 사용되었는데, 지금은 원료 및 자본재를 수입할 필요가 있다는 의미로 사용된다. 이러한 '새로운' 형태의 종속에 대해선 다음 4절에서 검토할 것이다.

프랑크 주장의 핵심부에 있는 주요한 진실은 다음의 세 가지인 것 같다. 첫째, 국가정책이 경제발전에 있어서 중요한 요인이며, 둘째 국가정책은 이해가 서로 상충되는 계급들 및 계급내의 계층간의 갈등이 빚어 낸 산물이다. 셋째 기존의 경제구조에서 혜택을 누리는 계급 및 계층은 기존의 경제구조를 영속화시키려고 하며 또한 충분히 유지할 수 있다. 물론 이 생각은 바란에서도 발견될 수 있으며, 다소 다른 맥락이긴 하지만 다른 맑스주의적 저작에서도 발견될 수 있다. 프랑크는 이 생각을 라틴아메리카의 역사에 대한 분석에 아주 성공적으로 적용시켰다.

프랑크는 이들 논점을 독특한 방식으로 제시하는데, 필자가 보기엔 이 독특한 방식이 그의 주장이 갖는 결점의 중요한 원인의 하나인 것 같다. 그는 자신의 논점을 전형적으로 다음의 과정을 통해 전개한다. 즉 먼저 슬로건 형식의 짧은 논점들을 주장한 다음, 이들 논점을 정당화시키고 그 의미를 확장하기 위해서 일련의 역사적 사례를 제시하며, 다른 저자들 내지 원전을 충분히 자주 인용한다. 그러나 이러한 형식의 주장에는 체계적이고 이론적인 설명이 끼어들 여지가 전혀 없다는 데 문제가 있다. 결국 프랑크의 주장을 접해 본 사람들은 '그것이 그러한 경우에 그런 식으로 일어났다는 것은 이해가 가는데, 그런데 그 이유가 뭘까? 그리고 그것은 어디에서나 같아야 하는 것일까?' 하는 말을 되묻지 않을 수 없게 된다. 게다가 프랑크는 자신의 주장에 결정적으로 중요한 용어들(발전, 저발전, 중심부, 주변부, 자본주의 등)을 결코 명확히 정의하지 않는다. 그는 이 용어들을 극히 서술적인 차원에서 사용했다. 따라서 독자는 그것이 서술하는 내용에 따라 그 의미를 추론하지 않을 수 없다. 프랑크는 종종 이들 용어를 하나의 정확한 의미로 정의하기보다는 오히려 마치 스펙트럼의 잔광

처럼 여러 가지 의미를 중첩시켜 그 어른거리는 이미지로 자신의 몇 가지
주요 주장의 논리를 희미하게 만드는 것 같다.

2. 월러스타인: 세계체제론

월러스타인의 주장은 프랑크의 주장과 상당한 부분에서 서로 일치하고
있기 때문에 간단하게 요약하겠다. 월러스타인에 의하면 모든 사회체제는
총체적으로 이해되어야만 한다. 근대세계에 있어서 민족국가는 폐쇄체제가
아니기 때문에 마치 과거와 같은 식의 분석의 주제가 될 수 없다는 것이다.

> 우리는 사회체제의 규정적 특징을 체제내의 노동분업의 존재로 본다. 따라
> 서 체제내의 각 지역은 다른 지역과의 경제적 교환에 의존하여 각 지역의 필요
> 를 원활하게 지속적으로 공급한다(*CWE*, p.5).

지금까지 발전해 온 사회체제의 종류는 '소체제(mini-systems, 폐쇄된
국지적 경제),' '세계제국(world empires, 중앙권력에 의한 공물의 추출로
정의된다),' 그리고 '세계경제(시장교환에 의해서 연결된다)'이다. '세계'
체제는 반드시 전 세계를 포괄할 필요는 없으며, 그것은 '다수의 문화체
계와 단일한 노동분업을 가진 하나의 단위'로서 정의된다. 따라서 세계경
제는 단일한 중앙권력이 없는 세계체제이다.

근대세계체제는 세계경제(위에서 정의된 대로)이기 때문에 자본주의적
이다. 월러스타인은 이 두 가지를 단순하게 동일시한다. 즉 "자본주의와
세계경제—이것은 분업은 단일하지만 국가체제는 다양하다—는 같은 동
전의 양면이며 어느 하나가 다른 하나의 원인은 아니다. 우리는 분할할
수 없는 동일현상을 서로 다른 특성으로 정의하고 있는 데 지나지 않는
다"(*CWE*, p.6).

세계자본주의 체제는 **중심부**(core), **반주변부**(semi-periphery) 그리고 **주
변부**(periphery)라는 세 층의 국가군으로 나누어진다. 이 국가들 간의 본질
적인 차이점은 각 지역의 국가기구의 능력에 있고, 이 차이 때문에 잉여

는 주변부에서 중심부로 이전된다. 그리고 이러한 잉여이전의 결과로 중심부 국가가 더욱 강해지고, 이때 국가권력이 중심 메커니즘으로 된다. 왜냐하면 "시장의 행위자들은 시장이 자신들에게 이윤을 최대로 보장하지 않을 때에는 언제든지" 국가에 의존하여 교역조건을 변화시킴으로써 "정상적인 시장운용을 벗어나고자" 하기 때문이다.

최초의 중심부-주변부로의 분화는 일종의 기술결정론으로 설명된다. 서부유럽은 제조업과 낙농업 부문을 특화했다. 이 분야는 상대적으로 높은 숙련을 요구하며 비교적 임금이 높은 자유임금노동자들에 의해 대개 이루어진다. 그 결과 사회구조에 있어서 자신에게 유리하게 시장을 조작할 수 있는 비교적 강력한 국가, 즉 '중심부' 국가가 성립된다. 그러나 남미(광업)와 발트해 연안의 동부유럽(곡물)은 상대적으로 낮은 숙련을 요구하는 부문을 특화하였다. 그런 까닭에 자본가들은-국가 개입을 통한- 강제노동의 형태를 택했고, 제조업자들과 1차산품 수출업자 간에 이해의 차이가 생겨났다. 현지 국가들은 약한 국가였기 때문에 그 결과 중심부에 의해 쉽사리 정복되었다. 그리하여 이들 지역은 '주변부'가 되었다.

일단 중심부-주변부 간의 분업이 성립되면, 그 분업은 중심부 국가들이 전체제의 기능들을-제한된 범위내에서-자신의 필요에 알맞게 조작할 수 있는 능력에 의해서 지속된다. 중심부 국가들은 일부러 주변부 국가들을 약화시키거나, 정복을 통해서 완전히 소멸시켜 버리거나, 또는 독점적 제한을 가하여 자국의 산업은 보호하면서, 이에 상응하는 주변부의 보호정책은 방해함으로써 시장의 기능을 변화시킨다.

'반주변부'는 일종의 '노동귀족적'인 국가들 혹은 지역들이다. 이 반주변부가 없다면 세계체제는 양극화되어 폭동이 일어나기 쉽지만, 이 중간층이 형성되면 양극 간의 적대감은 완화된다. 이러한 주장은 필자로서는 받아들이기 곤란하다. 반주변부는 의도적으로 만들어졌는가? 월러스타인이 열거하는 반주변부의 특수한 예들(16세기의 이탈리아, 소련을 포함한 후기 러시아)은 중심부국가에 의해 의도적으로 만들어졌던 것 같진 않다. 여하튼 중심부가 (반드시) 민족국가 단위로 분할된다면, 도대체 누가 전체제의 이해관계를 감독할 수 있겠는가? 그러나 반주변부는 유용한 개념이다. 반주변부는 중심부-주변부 고리의 어느 한 편에—프랑크에서처럼 한 사슬의 중간고리가 아니다—위치하기 때문에, 말하자면 변화의 터전을 이룬다. 반주변부에서 새로운 중심부 국가가 출현하기도 하고, 반대로 중심부 국가가 몰락해서 반주변부가 되기도 한다. 프랑크의 설명에서는 이러한 위계조직상의 변화가 어떻게 일어날 수 있는지에 대해서 이해하기 곤란하다. 그러므로 사례에 따라서 각기 다른 이유로 설명되어야만 한다.

이쯤 되면 당연히 보편적인 맑스주의적 관점에서의 생산관계와 계급에 어떠한 변화가 생겼는지 궁금해질 것이다. 월러스타인은 시장이윤을 위한 생산자는 누구든지 자본가로 보는 것 같다. 그의 주장에 의하면, 노동력은 완전한 하나의 상품이지만, 그러나 "임금노동은 노동시장에서 노동이 충원되는 양식 중의 하나에 지나지 않는다. 임금노동 이외에 달리 선택할 수 있는 노동충원양식으로서 노예제, 강제 환금작물 생산, 소작 그리고 차지농이 있다"(*CWE*, p.17). 따라서 자본주의를 자유노동과 자본간의 관계로 보는 맑스의 개념은 마구잡이로 방기되고 있다. 즉 월러스타인의 견해에서 '계급분석'은 특정 국가내의 '노동조합 그룹(syndical groups)'의 이해에 대한 분석을 의미한다. 그리고 이 계급분석은 우리가 이 그룹의 '세계경제에서의 구조적 위치와 이해관계'를 관찰한다면 타당하다. 동시에 계급은 그 어떤 영원한 실체도 가지고 있지 않으며, '인종적 국가'보다 더 근본적이지도 않다. 그것은 적어도 월러스타인의 저작에 나타나는 일반적으로 불투명한 문구에 대한 필자의 해석이다(*CWE*, p.24, pp.224-226).

많은 논쟁의 주제가 되어 온 주요 논점은 '노동통제양식(임금노동, 노예제 등)'이란 시장연계의 존재로 정의되는 세계체제의 기능이 빚은 부수적인 결과라는 점이다. 중심부에서는 자유임금노동이—국가의 지원을 받는 지배계급에 의해—선택되는 경향이 있는 반면에, 주변부에서는 강제적인 형태의 노동이 이용된다. 이에 대한 설명이 절박해지자 월러스타인은 16세기의 특정지역에 이러한 설명이 적용되는 이유에 대해 구체화된 연구를 *MWS*에서 언급한다.

전체적으로 월러스타인의 주요 주장은 세계체제는 총체적으로 분석되어야 한다는 점이다. 이 주장에 반대할 사람은 아무도 없을 것이다. 그러나 필자가 보기에 이 주장을 넘어서 그가 제기하는 것은, 종종 그의 전체적인 일반화와는 거의 무관한 듯한 방대한 세부자료와 더불어, 일련의 정의와 문구에 지나지 않는 것 같다. 그에게 있어서 부족한 점은 위의 두 가지를 연결하는 이론의 차원이다. 엄청난 현학적인 자료(MWS는 지금까지 필자가 읽은 책 중에서 가장 주해가 많이 달린 책 중의 하나이다)를 제시하고, 모호한 전문용어[예를 들면 '입법적 명제(nomothetic propositions)']를 남용한다고 해서 결코 이론적 결함이 없어지는 것은 아니다.

3. '자본주의'와 '봉건주의': 라클라우의 비판

월러스타인은 모두 자본주의를 일종의 교환관계체제(a system of exchange relation)로 정의하는데, 그런 식으로 정의한 특별한 목적은 엄밀한 의미에서의 임금노동을 수반하지 않는 지주와 농민 간의 관계와 같은 착취관계들을 자신의 분석 속에 포함시키기 위해서이다.

라클라우는 나중에 많은 논란의 시발점이 된 한 논문(1971년, Laclau, 1977년에 재수록됨)에서 자신의 기본 논점을 다음과 같이 진술한다.

> 물론 프랑크는 수많은 역사적 특징을 마음대로 추출하여 이것들을 기초로 하나의 모델을 자의적으로 설정할 수 있었다. 더구나 그는 자기 마음대로 그 결과적인 실체에 자본주의란 이름을 붙일 수도 있었다. … 그러나 프랑크가 자신의 개념화를 자본주의에 대한 맑스주의적 개념과 동일시하려는 사실은 도저히 받아들일 수가 없다. 왜냐하면 맑스의 저서를 피상적으로나마 접해 본 사람이라면 다 알 수 있는 일이지만, 맑스에게 있어서 자본주의란 하나의 생산양식이었기 때문이다. 자본주의의 근본적인 경제관계는 자유노동자의 노동력 판매에 의해서 확립되며, 이 노동력 판매는 반드시 생산수단에 대한 직접생산자의 소유권의 상실을 그 전제조건으로 한다(Laclau, 1977: 23).

맑스는 교환 및 상인자본의 발전이 전자본제적 생산양식의 지속과 전혀 모순되지 않는다고 여겼다. 라클라우는 이러한 맑스의 생각을 암시하는 문구를 계속해서 인용한다. 맑스의 분석의 이러한 측면에 대해서는 이미 묘사한 바 있다.

라클라우는 '생산양식'과 '경제체제'를 구별할 것을 제안한다. 그는 생산양식을 '생산수단의 특정 소유형태에 사회적 생산력과 생산관계가 통합된 일종의 복합체'로 정의한다. 그리고 계속해서-그가 적절하다고 여기는 유일한 두 양식인-봉건적 생산양식과 자본제적 생산양식을 다음과 같이 정의한다.

> 봉건적 생산양식은 생산과정이 다음과 같은 패턴에 따라 이루어지는 양식이다. ① 경제잉여는 경제외적 강제에 종속되는 노동력에 의해서 창출된다. ② 경제잉여는 직접생산자가 아닌 타인에 의해 사적으로 전유된다. ③ 생산수단은 직접생산자가 여전히 소유한다. 자본제적 생산양식의 경우도 경제잉여는 사적 전유에 종속되지만 봉건주의와는 달리 생산수단의 소유는 노동력의 소유로부터 분리된다(Laclau, 1977: 35).

그런데 라클라우는 '경제체제'를 '그 경제가 지역적 규모이든 국민적 규모이든 세계적 규모든 그 경제의 각 부문 간의 상호관계 내지 각 생산단위 간의 상호관계'로 정의하는 입장에 있다(Laclau, 1977: 35). 여기서 핵심은 경제체제는 그 구성요소로서 상이한 생산양식을 포함할 수 있다는 점이다. 특히 교환을 위한 봉건적 생산도 배제되지 않는다. 라틴아메리카의 봉건적 지역이 교환관계에 의해 깊은 영향을 받아왔을 것이라는 프랑크의 증거는 타당성을 잃게 된다. 따라서 라클라우는 "농촌부문의 생산관계가 봉건적 특징을 띠고 있다는 점을 인정한다고 해서 반드시 이중구조론적 명제를 지지하는 것은 아니다"라고 단언하기도 한다(Laclau, 1977: 32).

월러스타인은 라클라우의 비판에 다음과 같이 정면으로 맞선다. "내가 보기에 실질적인 쟁점은 비교를 위한 적절한 분석단위에 관한 것이다. … 스위지와 프랑크는 맑스의 자구(字句)가 아니더라도 그의 정신을 더 잘 따르고 있다"(CWE, p.9). 월러스타인의 답변의 요체는 체제는 하나의 총체로서 파악되어야 하며 더구나 실제로 존재하는 총체는 세계경제뿐이라는 점이다.

　이것은 필자가 요점이라고 생각하는 바를 매우 잘 드러낸다. 프랑크와 월러스타인은 모두 관찰된 사실에 직접적으로 기초한 기술적 일반화(descriptive generalisation)를 추구하고 있다. 대조적으로 맑스는 추상화의 필요성을 강조했다. 맑스에게 있어서 자본제적 생산양식은 직접적으로 관찰할 수 있는 경험적인 것이 아니었다(이 점은 자본주의적 세계경제와 다르다). 그것은 그 대신 개념적 대상, 즉 사고의 산물이다. 맑스는 주요 제관계를 추출하여 그것을 고립적으로 검토한 후에 그 분석을 정교화하여 실제 세계의 복잡성을 다루려고 한다. 따라서 월러스타인의 대답은 빗나간 것이다. 왜냐하면 맑스는 실제로 존재하는 총체를 찾고 있지 않았기 때문이다.

　그러나 그 쟁점을 맑스의 권위에 호소해서 해결하려고 한다면, 그것은 교조주의자들에게나 통할 것이다. 라클라우가 맑스는 생산양식을 생산관계의 관점에서 정의했다고 말하는 것은 정당하지만, 이 접근방식이 현실을 설명하는 데 있어서 다른 어떤 접근방식보다 더 좋은 결과를 가져올 것인지는 여전히 문제로 남는다. 필자가 아래에서 주장하겠지만, 프랑크의 분석이 갖는 주요 약점의 직접적인 원인은 그가 생산관계를 무시하기 때문이다. 만일 이 주장이 받아들여지게 된다면 라클라우의 주장은 강화된다. 다른 한편 저발전 및 전자본제 양식의 존속에 대한 라클라우 자신의 설명은 신빙성이 거의 없다.

　라클라우는 "프랑크는 우리에게 선진국이 얼마나 주변부 국가를 착취해 왔는가를 보여 준다. 프랑크가 항상 설명하는 바는 특정국가가 자신의 발전과정에 왜 타국의 저발전을 필요로 했는가이다"(Laclau, 1977: 35-36)라고 말하고 나서 "만일 발전이 저발전을 낳는다는 사실을 보여 주려면 반드시 중심부 국가의 자본축적과정의 한 고유한 전제조건이 주변부 지역의 전자본제적 생산관계의 유지라는 점을 증명해야 한다"(Laclau, 1977: 37)고 거듭 말한다.

　여기에는 명백한 논리적인 오류가 있다. 라클라우의 말은 발전이 저발전을 요구하면 저발전이 일어날 것이지만, 그렇지 않으면 일어나지 않을 것이라는 식이다. 이것은 자본주의에 필요한 것이라면 무엇이든지 일어날 것이라는 식의 가장 조잡한 형태의 기능주의이다. 결국 그것은 지지될 수 없다. 저발전이 발전에 필수적일지라도 저발전은 여전히 일어날 수 없을지도 모른다. 왜냐하면 맑스를 이해하지 못하는 중심부 자본의 소유자들은 저발전의 필요성을 깨달을 수 없기 때문이다. 또는 그들은 자신들의 욕망을 실현할 수단을 결여하고 있기 때문이다. 다른 한편 저발전이 불필요할지도 모르지만 그래도 여전히 일어날 수도 있을 것이다. 이것은 마치 총싸움에서 순진한 구경꾼이 자기의 죽음이 어느 누구에게도 필요하지 않지만 죽을지도 모르는 것과 같다. 따라서 다시 저발전이 발전에 필수적인 것은 아니지만 발전에 공헌할지도 모른다. 그것은 빵맛을 더해 주는 잼이 될 수도 있을 것이다. 이러한 논리적 오류가 맑스주의적 저작에 너무나 흔하기 때문에 너무 지나칠지 모르지만 이 점을 강조하고자 한다.

라클라우는 이미 필자가 비판한 바 있는 이윤율 저하의 이론을 통하여 저발전이 발전에 필수적이라는 점을 보여 주려고 한다. 그는 선진국에서는 자본의 유기적 구성의 증가로 이윤율이 저하되고 이 저하된 이윤율은 자본의 유기적 구성이 낮은 지역으로의 자본제적 확장을 통하여 상쇄되기 마련이라고 주장한다. 여기서 필자가 비판하고자 하는 것은 그것이 비록 사실이라 할지라도 전자본제적 생산양식의 지속현상을 설명하지는 못하리라는 점이다. 오히려 사람들은 저발전국에 대한 투자가 자본주의에 의한 전자본제적 생산양식의 지속현상을 설명하지는 못하리라는 점이다. 오히려 사람들은 저발전국에 대한 투자가 자본주의에 의한 전자본제적 생산양식의 대체를 초래하리라고 생각할 것이다(예를 들어 레닌이 기대했던 것처럼).

브레너(1977)는 라클라우의 비판적인 논점을 발전시키고 월러스타인에 대한 아주 철저한 비판을 첨가하여, 전혀 다른 긍정적인 논점을 제시한다. 그의 요점은 자본주의는 무엇보다도 그것이 기술상의 발전, 생산성 증가, 그리고 그로 인한 이윤의 증가—상대적 잉여가치를 통한—를 촉진시키는 방식에 있어서 독특하다는 점이다. 생산성을 발전시키는 자본주의의 이러한 경향은 맑스가 자신의 분석을 통해서 내린 주요 결론들 중의 하나이다. 브레너는 자본주의 이외의 생산양식(월러스타인의 용어로는 '노동통제양

식')에는 자본주의와 동일한 역학이 없다는 점을 보여 준다. 동시에 브레
너는 노동통제양식은 지배계급에 의해서 자의적으로 결정되지 않는다고
주장한다. 노동통제양식은 계급투쟁의 결과인 것이다.

따라서 세계경제의 각 지역은 그 지역의 생산양식에서 유래하는 독특
한 경향을 갖는다. 그렇다고 해서 각 지역이 독립적으로 발전한다는 것은
아니다. 분석은 각 생산양식의 작용에서 출발하여 각 생산양식이 어떻게
상호작용하는지에 대한 분석으로 이어져야 한다는 것이다.

또한 주목해야 할 점은, 우리가 일단 생산성의 고도화를 자본제적 발전
의 본질로 간주하는 이상, 중심부의 번영은 그 밖의 어느 누구도 희생시
킬 필요가 없다는 점이다. 즉 발전이 반드시 저발전이라는 동전의 이면은
아니라는 것이다(이것은 국제적 잉여이동이 일어날 수 있다거나 실제로
일어난다는 점을 부인하는 것은 아니다). 물론 이것은 새로운 논점이지만,
고전적 맑스주의 시각에 대한 일종의 재평가인 것이다.

4. 중심부-주변부 관계의 연쇄

프랑크의 가장 두드러진 공헌은 중심부-주변부 관계의 연쇄에 관한 개
념이다. 이 개념은 프랑크가 아주 자세하게 보여 주듯이 하나의 묘사로서
사실에 잘 부합된다. 지배와 잉여착취의 제관계는 직접생산자와 그들의
착취자들 사이에서뿐만 아니라 세계체제의 모든 수준에서 존재한다. 프랑
크에게 있어서 이 개념은 중요하다. 왜냐하면 '연쇄'는 잉여를 중심부로
돌리고 계급이해를 창출하여 저발전을 지속시키기 때문이다. 그러나 하나
의 분석으로서 이 개념은 그것이 해결하는 것보다 더 많은 문제점을 일으
킨다. 필자가 비판하게 되겠지만, 프랑크는 극히 피상적인 유사성에 입각
하여 매우 이질적인 형태의 제관계를 결합시킨다. 특히 필자는 상인자본
과 현대 독점자본은 생산에 대한 관계와 정치-경제적인 영향에 있어서 서
로 판이하다고 주장하게 될 것이다.

프랑크의 기본구상은, 각 중심부는 서너 개의 주변부를 갖기 때문에 독

점적 지위를 누리는 반면, 각 주변부는 단 하나의 중심부에 맞서는 교환
관계에 관한 것이다. 여기에서 사용되는 독점이란 개념은 경제학 교재에
서 흔히 보게 되는 개념이다. 즉 다수의 소구매자를 상대하는 단일 판매
자─또는 공동으로 활동하는 단일 판매자 그룹─내지 역으로 다수 판매
자를 상대하는 단일 구매자란 개념이다. 따라서 독점가는 교환조건을 자
기에게 유리하게 마음대로 정할 수 있고 또한 다른 집단에 의해 지배되는
어떠한 잉여도 자유로이 손에 넣을 수 있다.

  그러나 프랑크는 "이러한 독점의 근원이나 형태는 경우에 따라 다르
다"(CULA, p.147)고 말함으로써 어떠한 독점적 관계도 포괄할 수 있도록
그 개념을 일반화시킨다. 예를 들면 지주는 토지를 독점하고, 자본가는 생
산수단을 독점한다는 식으로 말해도 된다는 것이다. 그러나 각 독점형태
를 구별하지 않는다면, 특히 그 중에서도 계급독점과 개인독점, 즉 생산수
단의 독점지배와 교환에 있어서의 독점을 구별하지 않는다면, 착취가 독
점의 결과라는 주장은 공허한 동어반복이 된다.

  프랑크가 묘사하는 위계조직(국제적 및 지역상호간의 고리들)의 '상층
(upper levels)'을 관찰하면 두 가지 별개 형태의 독점적 관계가 관련되어
있는 것 같다. 첫 번째 형태는 프랑크의 설명에 가장 잘 부합되는데, 그것
은 스페인과 포르투갈의 정복에 의해 라틴아메리카에 확립된 독점적 상
인자본체제로서 20세기에 이르기까지 지배적이었다. 상인들은 수출용 및
지역상호간 교역용 생산품을 수집하고 외국산품 및 도시 생산품을 분배
한다. 그들은 일반적으로 생산에 직접적으로 관여하지 않지만 혹시 그들
이 생산에 관여한다 하더라도 생산을 조직화하는 데 있어서 그들의 활동
은 부차적이다. 상인독점은 전자본제적 생산관계 내지 (소규모의) 자본제
적 생산관계와 연관될지도 모른다. 프랑크는 명확히 구별하지 않지만, 독
점의 두 번째 형태는 현대 독점자본으로서 대규모 자본주의적 생산으로
특징지어진다. 저발전국에서는, 물론 국민적 독점체도 존재하지만, 현대
독점자본은 전형적으로 다국적기업의 형태로 나타난다. 상인자본과 대조
적으로 현대 독점자본은 생산을 직접 지배하고, 순자본제적 생산관계와
최신의 기술을 정상적으로 도입한다. 이 두 가지를 혼동하는 것은 필자가

보기엔 중대한 실수인 것 같다. 그런데 이 혼동은 프랑크의 전 연구를 일관하고 있다. 사실 범주화하기 곤란한 경우도 있는데, 예를 들면 다국적기업이 소규모 생산자로부터 농산품을 구입하는 데 종사하는 경우나, 다국적기업이 상대적으로 원시적인 기술토대(가령 플랜테이션 농업) 위에서 생산을 조직하는 경우이다. 중미와 카리브해 연안의 바나나 및 사탕수수 대기업들, 인도나 실론의 영국 홍차회사, 서아프리카의 우닐레버사 등이 그 예이다. 그러나 구별하기 곤란한 경우가 있다고 해서 그러한 분류가 타당성을 잃는 것은 아니다.

위계조직의 '하층' ─ 착취당하는 직접생산자층 내지 그에 인접하는 층 ─의 입장에 서서 프랑크는 상인, 지주, (때때로) 자본가에 대해 언급한다. 이 세 가지 범주는 각각 명확하게 구별되어야 한다. 이것이 라클라우의 비판의 요점이다. 프랑크는 이들 사이에 어떠한 관계가 성립되는지 밝히는 것은 실제로 종종 곤란하다고 주장하지만 여기에는 확실히 분석적 명증성이 더욱 요구된다.

그렇다고 해서 이들 각 착취관계가 상호독립적으로 존재한다는 것은 아니다. 각 시기에 있어서 이들 착취관계는 상호영향을 미치면서 서로를 강화했다. 이 때문에 프랑크의 설명이 그나마 서술상 그럴 듯하게 보이는 것이다. 필자가 나타내고 싶은 점은 이들 착취관계를 구별하는 것이 이들의 상호작용으로 형성되는 경제체제의 작용들을 이해하는 데 있어서 중요하다는 점이다.

그 다음에 주목해야 할 강조점은 프랑크가 개인이나 계급의 경제적 위계조직(하층의 다수를 착취하는 상층의 상대적으로 소수인 자본가들)을 공간적·지리적 위계조직(세계적 및 국민적 독점체, 지역적 중심부, 지방적 중심부)과 동일시한다는 점이다. 경제적 관계와 공간적 관계의 이러한 일치는 비록 전부는 아닐지라도 몇몇 착취체제의 특징을 이룬다.

상인자본은 지리적 위계조직을 창출하기 쉽다. 이 위계조직에서 상인자본의 역할은 대량수출과 도시 중심부에로의 대량공급을 위해 분산된 각 생산단위의 생산물을 모으는 것이다. 이것은 경제적 위계조직과 지리적 위계조직이 일치한다는 프랑크의 묘사에 가장 잘 부합되는 주장이다.

  현대 독점자본은 종종 지리적 위계조직을 통하여 관리된다. 본사는 세계 주요 중심부에 위치하고, 지역적 지사(regional offices)나 현지 자회사(local subsiaidries)는 대도시에 설립되는 반면, 생산활동은 노동력, 시장 및 원료공급이 가능한 곳이면 어디에서나 이루어진다(Hymer, 1972; Chandler and Redlich, 1961). 그러나 이러한 관리위계 조직은 어떠한 실질적인 의미에서도 '중심부-주변부 관계의 연쇄'는 아니다. 관리의 중간고리들은 그 기업의 대리인에 지나지 않는다. 즉 그들에겐 어떠한 독립적인 경제적 토대도 없다. 실제적인 착취관계는 노동자들과 자본의 한 단위로서의 기업간의 직접적인 임금관계이다.

  대기업에 종속되는 하청인 등이 존재하게 되면, 또 다른 형태의 위계조직이 창출된다. 이것은 힐퍼딩에 의해서 논의되었고 여전히 중요하다(Friedman, 1977). 이 구조는 그것이 교환관계를 포함한다는 점에서 상인자본의 구조와 유사하지만, 관련 단위들의 성격이 생산적이고 더구나 그 단위들의 위치가 종종 단일 도시지역에 한정된다는 점에서 상인자본의 구조와 다르다.

  이러한 모든 위계조직 구조들은 경쟁적 자본주의와는 다르다. 왜냐하면 경쟁적 자본주의의 특징은 노동자와 자본가 간의 관계라고 하는 하나의 고리만으로 이루어진 '연쇄'이기 때문이다. 프랑크는 선진자본주의 국가들은 주요 경제부문에서 경쟁이 위계적 구조를 대체하는 국면을 겪었지만, 저발전국들은 이 단계를 겪지 못했다고 강조한다. 이는 의심할 여지 없이 타당하다.

  프랑크의 '연쇄'-그리고 또한 월러스타인의 중심부-주변부 관계-와 고전적 맑스주의자들의 제국주의 이론 간에는 피상적이나마 여러 가지 유사점이 있다. 레닌은 금융자본은 세계에 걸쳐서 "자기의 조직망을 확산한다"고 말하는 반면, 부하린은 농촌 주변부와 맞서는 "소수의 통합된 경제체"를 거론한다. 그러나 부하린과 레닌에게 있어서 이 모든 것은 권력과 부를 동시에 중심부에 집적시키고 또한 생산을 발전시키며 주변부에 진정한 프롤레타리아를 창출시킴으로써 세계체제를 변화시키고 있는 일종의 국제화 과정의 일부였다. 프랑크와 월러스타인은 그 본질상 정체적인 하나의 재분배체제가 수세기에 걸쳐 지속되고 있다고 보는 데 반해, 고전적 맑스주의자들은 하나의 발전과정이 세계를 변화시키고 있다고 보았다.

이러한 견해들의 본질적 차이는 고전적 맑스주의자들이 생산관계를 강조한다는 데서 드러난다. 프랑크는 그 '연쇄'가 본질적인 변화 없이 그대로 보존되어 왔다고 주장할 수 있을 뿐인데, 그것은 그가 현대 독점자본에 의한 상인자본의 대체 속에 내재된 생산관계상의 실질적인 변화를 무시하기 때문이다.

5. 주변부로부터 중심부로의 잉여이전

프랑크가 '중심부-주변부 관계의 연쇄'에 대하여 기술한 목적은 그것이 '저발전의 발전'의 원인이라는 점을 주장하기 위해서이다. '저발전의 발전'이란 구절은 아주 정확히 정의되어 있지 않지만 부분적으로는 산출고, 고용 및 생산성의 양적인 성장이 저지되는 것을 의미하는 것 같다. 그 문구가 의미하는 또 다른 측면은 질적인 파행성이다.

이 절에서 필자는 잉여가 주변부로부터 중심부로 이전되면 주변부의 발전이 저지된다는 주장―다소 다른 형태로 바란, 프랑크, 월러스타인 그리고 그외의 삶들에 의해서 사용된 주장―에 대해서 검토할 것이다.

먼저 잉여개념부터 검토하자. 프랑크가 잉여에 대한 바란의 정의를 언급하고 있지만, 바란의 정의를 그의 분석적 틀내에서 사용하는 데에는 특별한 어려움이 있다. 바란은 산출(실질적이든 잠재적이든)과 소비(실질적이든 필수적이든)간의 차이라는 관점에서 잉여를 정의한다. 자급자족적 생산단위에 있어서 잉여는 소비에 대한 생산의 자연적 과잉(physical excess)이다. 그러나 프랑크와 관계가 있는 것은 명백히 자급자족적인 생산단위가 아니라 교환관계망에 얽힌 생산단위이다. 이 경우에는 해당 단위 내에서 생산되지 않는 재화가 소비될 것이므로 우리는 생산과 소비를 비교 가능한 단위에서 측정할 수 있는 어떤 평가체계를 가져야만 한다. 이 문제는 영국의 고전파 경제학자들의 주관심사로서 맑스가 그들로부터 물려받아 노동가치를 사용하여 씨름한 문제였다. 프랑크나 바란이나 모두이 문제에 어떠한 해결책도 제시하지 않는다. 이 문제를 해결하는데는 상당한 전문성이 요구된다. 왜냐하면 만약 교환에 착취가 있다고 주장하려면, 실제로 지불되는 가격들과 일정한 준거틀으로서의 '적정'가격을 비교해야 하기 때문이다. 명백히 농민은 실제로 지불되는 가격에서 자기가 파는 상품과 등가의 재화를 받는다.

필자가 알기로는 이 문제에는 단순한 해결책도 보편적인 해결책도 없다. 왜냐하면 그러한 해결책은 잉여개념의 유용성을 크게 감소시키기 때문이다. 필자가 보기에 노동가치는 상대적으로 동질적인 체제내에서만 유용한 것 같다. 즉 경쟁이 비능률적인 생산자를 제거시킴으로써 기술수준을 일정하게 균등화하는 체제내에서만 유용한 것 같다. 맑스도 이러한 맥락에서 가치를 논했다. 프랑크가 정당하게 강조하듯이 세계경제는 과거는 물론 현재도 위와 같은 식의 동질적인 체제는 아니다. 따라서 세계경제는 잉여의 개념이 노동가치의 경우처럼 다소 산만하면서도 질적인 방식만으로서는 적용될 수 없는 체제이다.

우리가 잉여개념을 받아들인다 하더라도 잉여가 주변부로부터 중심부로 이전되면 어떤 결과가 일어나는지에 대한 의문은 여전히 남는다. 여기에서 프랑크는 경제적 차원의 착취와 지리적 차원의 착취를 결합시킴으로써 혼란을 훨씬 가중시키고 있다. 어떤 지역이 다른 지역으로부터 잉여를 수탈한다는 것은 일정한 물적 재화가 한 곳으로부터 강탈되어 다른 곳으로 옮겨진다는 것을 강력하게 시사한다. 그러나 교환체제에서는 실제적으로 상품의 부등가교환(어떤 의미에서)이 이루어지고 있고, 일정한 양의 가치의 사용에 대한 지배권이 특정 지역에 사는 개인(또는 그룹)으로부터 타지역에 사는(또는 자기 본사를 가지고 있는) 개인(또는 그룹이나 기업체들)으로 이전되고 있다. 그 잉여의 용도에 관한 분석이 없으면, 이것은 신규투자의 지리적 설정에 관해서 아무것도 우리에게 말해 주지 않는 것이다. 바란의 잉여 개념의 요점은 잉여는 잠재적인 투자, 따라서 경제성장을 나타낸다는 것이다.

하나의 출발점으로서, 고도로 발전된(이상적인) 자본주의 체제에서 지리적인 투자패턴이 어떠한 요인에 의해서 결정되는지 살펴보기로 하자. 이 경우 투자는 최고의 이윤을 낳는 분야로 돌려질 것이다(이 때문에 평균이윤율이 형성된다. Marx, *Capital* Ⅲ. 제10장). 이것을 지리적인 관점에서 보게 되면, 투자는 비용이 가장 적게 드는(운송비를 고려해서) 지역에서 이루어진다는 것을 의미한다. 그리고 아마도 다른 조건들이 모두 같다면 투자는 저임금지역, 즉 저발전지역으로 향할 것이라는 것을 의미한다. 그렇다고 해서 이러한 이상적인 조건이 존재한 적이 있다거나, 이윤에 따른 투자할당이 바람직하다는 것은 아니다. 진정 중요한 점은 지리적 투자 패턴이 반드시 그 잉여소유자의 지리적 분포와 일치하라는 법은 없다는 것이다. 어느 편이냐 하면, 저발전국에 대한 초과착취(super-exploitation)는 저발전국의 보다 급속한 발전을 뜻할 것이다. 그리고 이것이 바로 고전적 맑스주의자들이 예상했던 바이다. 따라서 프랑크의 주장의 대부분은 잘못 겨냥되어 있으며, 주변부로부터 중심부로의 잉여이전은 본질적으로 주변부의 발전의 결여현상을 설명할 수 없다. 그 현상을 설명하려면 잉여의 용도를 지배하는 요인들을 분석해야만 한다.

만일 프랑크가 이러한 비판에 답하게 된다면, 그는 답변의 일부로서 의심할 여지 없이 주변부 경제가 경제적 종속으로 인하여 왜곡된다는 자신의 논의를 언급할 것이다. 이것은 다음 절에서 검토될 것이다. 그러나 또한 중심부-주변부 관계의 연쇄구조로 인하여 주변부에 대한 중심부 투자의 역흐름이 방해된다는 주장도 있다. 이 주장은 앞절에서 내린 바 있는 상인자본과 현대독점자본 간의 구별과 관련된 문제이다.

상인적 위계조직의 경우, 주변부에서 잉여를 생산적으로 사용하는 데에는 현실적인 장벽들이 있다. 생산단위는 자본제적 기업과 분리되어 자본제적 기업에 의해 착취당한다. 설령 상업적 이윤이 재투자되어 상업적 기업이 팽창된다고 하더라도 이것은 실제로 생산을 늘리는 데에는 아무런 도움이 되지 않는다. 생산이 전자본제적 생산자에 의해 지배되는 경우, 적어도 사회적 생산관계를 변화시키지 않으면서 투자자금을 생산에 돌릴 수 있는 방법은 전혀 없을 것이다. 그리고 사회적 생산관계의 변형이란 상인자본으로서는 엄두는 물론 그 착수 수단조차 갖지 못하는, 힘에 벅찬 일이다. 생산이 자본제적 소기업 내지 화폐자본을 생산적으로 흡수할 수 있는 전자본제적 단위(예를 들면 노예 플랜테이션)에서 조직되는 경우, 문제는 생산이 이윤을 보장하지 않으면 투자자금이 나타나지 않을 것이고, 또한 상업적 중개인이 잠재적 이윤을 고스란히 거두어 가버리면 생산은 이윤을 보장하지 못한다는 점이다. 바란은 이러한 쟁점들을 논하지만, 프랑크는 어떠한 이론적인 분석도 하지 않는다.

그러나 현대 독점자본의 경우, 특히 그 최고의 형태로서 다국적기업의 경우, 사정은 다르다. 많은 비평가들(예를 들면 Hymer, 1972; Adam, 1975)은 다국적기업은 '전지구적 전망(a global perspective)'을 갖는다고 주장해 왔다. 즉 다국적기업은 전세계를 조사하여 투자지역, 잠재적으로 유리한 시장 등을 선정한다는 것이다. 다국적기업이 자기 모국에 투자를 집중할 특별한 이유는 없다. 실로 다국적기업이 다국적으로 된 것도 바로 다국적기업이 과거에 자기 모국에 투자를 집중할 특별한 이유가 없었기 때문이다. 다국적기업의 투자결정은 그 이전의 어떤 형태의 자본의 투자결정보다도 '순수한' 자본주의적 패턴에 훨씬 가까울 것이다.

프랑크는 실례를 제시하면서 라틴아메리카로부터 미국으로 흘러들어간 각종 형태의 이윤은 미국으로부터 반대로 흘러들어온 투자기금보다 훨씬 앞서고 있음을 보여 준다. 이것은 실제로 놀라운 일이 아니다. 왜냐하면 사실상 일반적으로 이윤의 발생장소가 선진국이든 저발전국이든 이윤 중에서 재투자되는 몫은 일부에 지나지 않기 때문이다. 어떤 경우든 이윤의 대부분은 소비되는 것이다. 프랑크의 이러한 고발은 외국자본에만 특정적으로 해당되는 것이 아니라 자본주의에는 다 해당된다. 바란은 자본 중에서도 독점자본은 특히 잉여를 낭비하는 경향이 있다고 주장한다. 바란의 이러한 견해에 대해서는 이미 비판한 바 있지만, 어쨌든 바란이 비난하는 것은 독점자본이지 그런류의 외국기업 내지 다국적기업은 아닌 것이다. 프랑크는 외국기업을 다루면서 종종 민족주의적 수사(nationalistic rhetoric)로써 냉정한 분석을 대체한다.

따라서 필자의 결론은 중심부에 의한 주변부로부터의 잉여의 추출(이

에 대한 통제) 그 자체가 주변부의 발전의 결여를 설명하지 못한다는 것
이다. 주변부의 발전의 결여현상을 설명하려면 잉여가 어떻게 사용되어지
는지를 고찰해야만 한다. 물론 잉여가 각기 다른 수중에서 지배된다는 사
실도 잉여의 용도를 결정하는 데 관계가 있는지 모르지만, 그렇다고 해서
그것이 유일한 요인은 아니다. 무엇보다도 생산관계와 교환관계가 결정적
인 요인들이다. 생산이 다국적기업에 의해서 지배되는 경우, 잉여를 생산
적인 용도에 사용할 수 있는 범위는 전자본제적 생산하에서 상인에 의해
서 장악되는 경우보다 훨씬 더 크다. 그러나 어떠한 경우든 중요한 것은
경제적 환경이 얼마나 많은 유인과 기회를 제공할 수 있느냐 하는 점이다.

6. '종속'의 개념

프랑크는 '종속'이란 용어를 다양한 의미로(위에서 주목한 대로) 사용
한다. 그 중 하나는 정치적인 의미이다. 종속국의 지배계급은 교환관계의
연쇄에 걸려 있기 때문에 그 지배계급으로서의 지위는 연쇄의 유지 여하
에 좌우된다. 이와는 다소 다른 또 하나의 의미는 일군의 급진적인 라틴
아메리카의 경제학자들, 즉 '종속이론가'들과 관련된다. 프랑크의 접근방
식은 몇 가지 쟁점에 있어서 이들 종속이론가들과 다소 다르지만 그 구성
원으로 여겨질 수 있다. 그러나 현재의 종속의 유형들에 대한 분석에 있
어서 프랑크와 이들 종속이론가들의 견해는 대체로 일치한다. 그 요점은
국제환경이 지우는 속박 때문에 아무리 민족주의적인 정부라 할지라도
자본주의적 발전을 성공적으로 촉진시킬 수 없다는 점이다.

도스 산토스(Dos Santos, 1970)는 종속을 다음과 같이 정의한다.

종속이란 특정 국가의 경제가 그 국가를 지배하는 타경제의 발전과 팽창에
의해서 조건지어지는 상황이다. 상호의존관계는 … 일부 국가(지배국)는 팽창
하여 자립하는 반면, 일부 국가(종속국)는 지배국의 팽창의 반영으로서만 그렇
게 될 수 있을 때 종속의 형태를 띤다.

이러한 정의에서 무엇보다도 먼저 짚고 넘어가야 할 점은 지배국이 자립적인 발전을 향유한다는 점에 대해서이다. 필자는 세계경제에서 독립적인 지역으로 여겨질 수 있는 지역은 전혀 없다고 생각하며, 역사적인 기록은 이 견해를 확증하고 있는 것 같다(예를 들어 1970년대의 '석유 위기'의 영향을 생각해 보자). '중심부 자본' 내지 '지배국'은 자신의 필요에 알맞게 세계를 만들어 왔다고 주장하는 경우도 종종 있다. 이러한 류의 주장은 극히 조심스럽게 다루어져야 할 필요가 있다. 자본은 추상적으로는 전혀 작용할 수 없다. 자본은 비인격적인 운동법칙을 갖는 일종의 과정, 즉 일종의 관계이다. 이러한 운동법칙이 지배국과 피지배국 모두를 만들었던 것이다. 지배국의 국가기구는 세계를 의식적으로 자국자본의 이해에 유리하게 변형시키려고 노력해왔지만, 그것은 지배국이 놓여 있는 조건과 지배국 간의 경쟁이 가져오는 협소한 제약내에서 이루어졌다. 이러한 이유 때문에 필자로서는 종속관계보다는 오히려 상호의존과 지배의 관계라는 표현이 더 좋을 것 같다. 왜냐하면 종속관계라고 해버리면—경제적으로—독립적인 국가가 존재하는 것을 뜻하기 때문이다.

어떠한 제약들이 '종속'국에 강제되는가? 도스 산토스와 기타 종속론자들은 종속국의 발전은 시장의 협소, 국제수지 압박, 그리고 '기술적 종속' 때문에 제약된다고 주장한다.

그들 주장의 핵심은 다음과 같다. 저발전국이 수출하기 위해서 생산할 수 있는 주요 원자재의 범위는 좁다(이것은 초기발전단계의 결과이다). 소득은 아주 불평등하고 잉여의 대부분은 국외로 유출된다. 따라서 대량소비재 시장의 규모는 한정된다. '수입대체' 산업화는 자본집약적인 기술을 수반하기 때문에 임금과 마찬가지로 고용이 줄어들고, 대다수의 인구를 '주변화'하여 실업상태 내지 생산성이 낮은 전통적인 분야에 방치한다('주변화'의 개념은 다음 한 가지 점을 제외하면 이중구조론과 많은 부분에서 일치한다. 즉 이중구조론이 원래부터 근대적 부문이 전통적 부문에 의해서 움츠러든다고 보았는 데 반해 '주변화'개념에서는 바로 근대적 부문의 힘의 결핍 때문에 사람들이 배제되어 생산성이 낮은 분야로 돌아가지 않을 수 없다고 본다). 시장은 여전히 협소하고 나아가 발전을 위축시

킨다. 푸르타도(Furtado, 1973)는 저발전국의 발전의 제약요인으로서 한
가지를 더 든다. 즉 엘리트들의 소비패턴은 선진국의 패턴을 모방하기 때
문에 수입품 내지 그 성격상 자본집약적인 방법에 의해 생산되는 상품을
선호하는 수요현상이 일어나고 이것이 문제를 더욱 악화시킨다. 근대적
생산방법은 자본재, 부품, 그리고 원료의 수입을 필요로 한다. 다국적기업
은 이윤을 본국으로 송금한다(공개적 내지 우회적인 방법으로). 그러므로
국제수지는 항상 골칫거리가 되어 성장을 저지시킨다. 결국 외화 획득원
으로서 전통적인 수출산업을 보존하지 않을 수 없다.

먼저 시장협소의 문제에 대해서 살펴보자. 여기에는 시장의 절대적 규
모와 시장의 성장률이라고 하는 두 가지 쟁점이 있다. 시장이 좁으면 근
대적인 대규모 기술을 사용할 수 있는 기회가 제약된다. 저발전국의 경우,
넓은 국가(브라질, 인도 등)는 그렇지 않지만 좁은 국가는 이 점에서 불리
하다는 것은 의심의 여지가 없다. 잠재적으로 거의 무제한적인 수출시장
을 대상으로 생산한다면 시장협소의 문제와 시장성장의 부진이란 문제는
극복될 수가 있다. 소비재 시장이 상대적으로 느린 속도로 성장하는 것은
높은 착취율 때문이 아니라 착취율이 증가하기 때문이다. 따라서 생산수단
시장이 상대적으로 급속히 팽창될 수 있을 것이다. 이것은 과소소비론에
대한 일반적인 반론으로서 프랑크도 최근의 저서(DAU, 제5장)에서 받아
들인 논점이다. 그러나 생산수단은 주로 수입되기 때문에 현지 산업의 성
장은 소비재 시장의 성장부진에 의해서 제약된다는 주장도 있다. 따라서
이러한 모든 주장들은 국제적인 특화패턴에 관한 가정 여하에 따라 좌우
된다. 일반적으로 수출은 (소득을 가져오고 따라서 수요를 야기한다) 전통
적인 수출에 한정된다고 한다. 그리고 현지시장을 대상으로 한 생산은 소
비재에 한정된다고 한다. 이러한 주장들이 견고한 토대를 가지려면 특화
패턴이 설명되어야 한다.

다음으로 국제수지를 살펴보자. 국제수지에 관한 논점은 여기서 아주
단순한 대수학적인 형태로 제시될 수 있다. 국내생산(현재 시가로 계산된)
을 Y로 하고, 이것의 일부 m이 수입되고(생산수단으로서), 총소득 중 일
부 d가 이윤과 특허사용료 등으로 해외에 지불된다고 가정하자. 그리고

(전통적인) 수출을 X라고 하자. 국제수지균형이 이루어지려면 수출소득 X와 해외지출 $(m+d)Y$가 같아야 한다. 따라서 국제수지 균형에 일치하는 Y의 최고수준은 $Y=X/(m+d)$로 주어진다. 사람들은 확실히 이 모델을 아주 잘 다듬을 수 있을 것이다. 즉 m과 d는 착취율, 부문들 간의 수요의 분화, 그리고 이용되는 생산방법의 자본집약도 등에 의존한다. 요점은 논의 전반이 X, m, d의 가치에 의존한다는 점이다. 만일 비전통적인 수출품을 생산하여 생산의 다양화가 가능하게 되어 생산수단의 수입을 줄이고 그것을 현지에서 생산할 수 있게 되면, X는 증가하는 반면 m은 감소하고 또한 발전은 더이상 엄격히 제한되지 않는다. 여기서 다시 설명되어야 하는 것은 특화의 패턴이다.

시장의 제한과 국제수지 압박이 상호의존적이라는 점은 주목할 만하다. 국내생산(Y)이 수요에 의해서 한정된다면 현지 생산품에 대한 수요는 수출수요(X)와 현지 생산품에 대한 현지수요를 합한 것과 같다. 만일 모든 현지소득이 소비된다면 현지상품에 대한 현지수요는 현지소득에서 수입을 뺀 것, 즉 $Y(1-d)-mY$와 같다. 따라서

$$Y=X+Y(1-d)-mY$$

즉 국제수지 균형에 대한 방정식 $X=(m+d)Y$와 똑같은 방정식으로 정확하게 환원된다. 국제수지 압박은 소득보다 더 많은 것을 지출하려고 할 때에만 초래될 수 있는데, 이러한 국제수지의 압박은 사적 부문의 신용창출이나, 재정을 신용창출로 조달하는 정부의 발전정책 때문에 가중된다. 이같은 정부의 발전 프로그램이야말로 '자립적'인 발전을 이룩하려고 하는 민족적 정부를 괴롭혀 왔다. 마지막으로 주목할 점은 이상의 주장이 지배국과 종속국에 똑같이 적용된다는 점이다.

결론적으로 종속이론가들은 주어진 국제특화 패턴의 결과에 대한 유용한 분석을 제공했지만, 우리에겐 그것의 원인에 대한 분석이 필요하다.

7. 요약

프랑크와 월러스타인은 모두 자본주의를 정의함에 있어서 잉여를 주변부에서 중심부로 이전시키는 세계적 규모의 교환관계망이라는 관점에 서고 있다. 두 사람 모두 세계경제에 있어서 각 지역의 내적 구조와 발전은 일차적으로 그 지역이 전체에서 차지하는 위치에 의해 결정되며, 더 낮은 수준(기업, 지역, 민족국가)에서의 생산조직은 부차적이라고 주장한다. 또한 발전과 저발전은 동전의 양면으로서 상호인과관계를 갖는다고 단언한다. 프랑크와 월러스타인에 대한 필자의 주요 비판은 그들의 과장된 일반적인 설명과 특정한 역사적 사례에 관한 논의(종종 매우 많은 점을 시사하는) 사이에는 연관성이 거의 없다는 점이다. 그들이 결여하고 있는 것은 바로 실제적인 이론이다. 필자가 앞에서 시사한 바 있지만, 생산관계에 대한 맑스주의적 분석에 그 토대를 두는 이론은 이러한 간격을 메울 수 있을 것이다.

그럼에도 불구하고, 프랑크와 월러스타인은 저발전의 중요성과 세계체제의 발전이란 관점에서 그것을 분석할 필요성을 역설함으로써 중요한 공헌을 했다.

'종속이론가'들의 목표는 보다 온건하다. 그들은 제한된 시장과 국제수지라는 문제가 발전을 어떻게 차단시킬 수 있는가를 보여 주었지만, 그 분석은 각국간의 미리 결정된 특화패턴에 대한 암묵적인 가정에 의존한다. 이 가정은 그 정당성이 입증되어야만 한다.

☐ 참고문헌

Adam, G. 1975, "Multinational Firms and Worldwide Sourcing," in Radice(ed.).

Hymer, S. 1972, "Multinational Corporation and the Law of Uneven Development," in J. Bhagwati(ed.), *Economics and the World Order from the 1970s to the 1990s*, Radice(1975)에 재수록.

Laclau, E. 1977, *Politics and Ideology in Marxist Theory*, New Left Books, London.

Dos Santos, T. 1970, "The Structure of Dependence," *American Economic Review,* LX.

Frutado, C. 1973, "The Concept of External Dependence," in C. K. Wilber(ed.), *The Political Economy of Development and Underdevelopment,* Random House, New York.

▎제7장▎
정부와 농업시장: 아프리카의 사례*

로버트 베이츠

　아프리카의 정부들은 다음과 같은 독특한 방법으로 농업시장에 개입한다. 그들은 농업상품의 가격을 낮추려는 경향이 있고, 농민들이 구입하는 소비재의 가격을 높이려고 한다. 그리고 아프리카의 정부들은 농민들이 농업생산에 이용하는 재화의 가격에 보조금을 지급하지만, 대다수 농민 중에서 소수라고 할 수 있는 부농이 보조금의 혜택을 전유하고 있다.
　또한 정부의 시장개입 유형도 독특하다. 아프리카 정부들은 농업생산의 증가를 위해 노력하지만, 가격정책보다는 개발사업 위주의 정책을 선호하고 있다. 그들은 생산유인 강화를 위해 가격정책을 사용하면서도, 생산물의 가격을 인상하기(총수입증가 정책)보다는 오히려 투입가격을 낮추어서(비용인하 정책) 생산을 고무하려는 경향이 있다. 마지막 특징은 정부

* Robert H. Bates(ed.), "Governments Agricultural Markets in Africa," *Toward a Political Economy of Development: A Rational Choices Perspective*, Berkeley, Los Angeles, London: Univ. of California Press, 1988, pp.331-358(박찬욱 옮김). 이 논문을 위한 연구는 캘리포니아 기술대학(California Institute of Technology)의 인문사회과학부의 지원과 국립과학재단의 지원(수혜번호: SOC 77-08573AI)으로 이루어졌다. 그리고 이 논문은 로버트 베이츠의 *Markets and States in Tropical Africa*, Cambridge, England: Cambridge University Press, 1983; *The Political Basis of Agricultural Politics*, Berkely and L.A: University of California Press, 1981과 *Essays on the Political Economy of Rural Africa*에 수록된 자료에 폭넓게 의존하고 있다.

개입으로 경제적 비효율이 증가된다는 점이다. 그들은 시장가격을 조정하고, 시장경쟁을 완화하며, 불완전하게 구상된 농업개발사업에 투자한다. 이러한 모든 조치를 볼 때, 아프리카 정부들의 행위가 여타 발전도상국가들의 행위와 유사하다는 점을 지적할 수 있다.

본 논문의 첫 번째 목적은 정부개입의 이러한 유형을 보다 자세히 서술하는 것이다. 둘째는 이 행태에 대한 다양한 설명을 검토하는 것이다.

1. 상품시장의 규제

두 가지 종류의 농업상품을 구별하는 것이 유용하다. 하나는 농장에서 대부분 직접 소비되는 식용작물이고, 다른 하나는 적은 양만 직접 소비되고 현금소득을 위해 시장화되는 환금작물이다. 사실 대부분의 환금작물은 수출되고 있다. 따라서 환금작물은 농가가 벌어들이는 현금소득 및 아프리카 국민경제의 외화취득의 원천이 된다.

1) 수출작물

아프리카 경제에서 중요한 특징은 환금작물의 구매와 수출을 위해 이용되는 마케팅 체계의 성격에 있다. 개별 농가가 곡물을 재배하지만, 곡물은 공식적인 국가통제 마케팅 채널을 통해 판매된다. 지역 수준에서 이 채널은 허가받은 대행자나 등록된 사적 구매자의 형태를 띤다. 이 채널은 또한 협동조합이나 농민연합의 형태를 취하기도 한다. 그러나 우리는 대부분의 1차적인 구매 대행자들이 하나의 구매자, 즉 보통 마케팅 위원회로 알려진 국가소유체에게만 판매할 수 있다는 사실에서 마케팅 체계가 규제되고 있음을 분명히 알 수 있다.

배경 이러한 위원회의 기원은 다양하다. 몇몇 경우, 특히 식민지 개척자들이 정착한 지역에서는 농민들이 직접 이 위원회를 만들었다. 대공황

시기에 상업적인 영농을 하는 농민들은 환금작물 시장의 안정을 위한 노력으로 단결했다. 실제로 농민들은 그들이 지배했던 식민국가의 지원을 바탕으로 생산자 카르텔을 만들기 위해 노력했다. 그런데 이보다 흔한 경우에 마케팅위원회는 환금작물의 구매자와 수출업자들이 시장을 지배하고, 농민에게 더 낮은 가격을 강제하기 위해 조직한 카르텔의 대안적 형태에서 비롯되었다.[1]

한편 제2차 세계대전으로 말미암아 수출시장을 규제하는 제도가 만들어지기도 했다. 전쟁 기간동안 영국은 식민지 종속국에서 농산품과 원자재를 조달하려고 했다. 북아프리카 주둔군의 식량을 비롯한 몇 가지 물품은 전쟁을 계속하기 위해 필요한 것이었고, 나머지는 북아메리카에서 무기를 구입하기 위해 필요한 외화를 조달하기 위한 것이었다. 그리고 기타 재화의 구입은 식민지역의 발전을 위한 것이었다. 이는 이미 소규모의 영국 군대가 주둔하고 있는 상황에서 발생할 수도 있는 위험인 정치적 불안정을 감소시키기 위한 것이었다. 원자재 구매를 위한 규제를 안전하게 유지하기 위해, 영국정부는 조달청을 설치했다. 이 부서는 아프리카 각국의 식민정부와 대량 구매조약을 체결했다. 이 협정사항을 관리하기 위해 식민지 당국자들은 공식적인 마케팅 대행조직을 결성했다. 이미 대규모 생산자들이 시장안정화 기구를 결성하고 활동을 시작한 지역들에서는, 이 기구를 담당하는 생산자연합에서 요원이 충원되어 국가마케팅위원회를 관리했다. 구매자 카르텔이 시장력의 우위를 확보했던 지역에서는, 국가 조달기구가 상인 중심의 그와 같은 카르텔들에 사실상 합법적인 지위를 부여하였다. 그리하여 이 카르텔은 원자재를 확보하는 기관이 되었다.[2]

---

1) P. T. Bauer, *West Africa Trade,* London: Routledge and Kegan Paoul, 1964; William O. Jones, "Agricultural Trade within Tropical Africa: Historical Background," in Robert Bates and Michael F. Lofchie(eds.), *Agricultural Development in Africa: Issues of Public Policy,* New York: Praeger, 1980.

2) Charlotte Leubuscher, *Bulk Buying from the Colonies: A Study of the Bulk Purchase of Colonial Commodities by the United Kindom Government,* London: Oxford University Press, 1956; Elspeth Huxeley, *No Easy Way: A History of the Kenya Farmers' Association and Unga Limited,* Nairobi: Private printing, 1957, pp. 137ff; Bauer, *West Africa Trade.*

어쨌든 독립을 달성한 다수의 아프리카 정부들은 국내경제의 가장 가치있는 부문의 상품구매와 수출에 대한 공식적 독점을 담당하던 관료제를 자신들이 계승하였다. 이러한 신생국가들은 시장개입을 할 수 있는 매우 막강한 기구를 보유했다. 그들은 행정적으로 수출작물의 국내가격을 낮게 고정시켜 구매했다. 그리고 이런 작물들을 일반적인 세계가격으로 시장에 내놓았다. 그리하여 그들은 재화의 국내 구매가격과 세계 판매가격의 차액을 수입으로 축적할 수 있었다.

정부과세 처음에 마케팅위원회가 축적한 수입은 가격보조기금의 형태로 농민들에게 그 혜택을 주기 위해 사용되었다. 국제가격이 하락할 때, 이 기금은 국내가격의 안정과 세계시장의 변동에 따른 농민의 피해보상을 위해 활용되었다. 예를 들어 서부 나이지리아 마케팅위원회 수입의 70%는 그러한 목적으로 적립하게 되어 있었다. 하지만 농민들의 이익을 위해 기금을 사용하도록 설정된 목표는 단기간만 추진되었을 뿐이다. 개발계획을 수행하려는 야망과 비농업 경제부문의 정치적 압력에 압도당하게 되었다.

예를 들어 우간다에서는 조면(繰綿) 마케팅위원회가 면화가격 보조기금을 축적했다. 1950년대에 이 기금은 가격안정화를 위해 사용되었다. 그러나 그 이후 점차 다른 목적으로 이용되었다. 예를 들어 독립 이전에는 오웬 폭포의 수력댐 건설을 위한 재원으로 확보되어 사용되었다. 그 기금으로 댐을 관리하는 우간다 전력위원회의 주식으로 구매했지만, 이 주식에서는 전혀 배당금이 나오지 않았다(그리고 주식의 가치는 점점 하락했다). 1960년대에 정부는 주요 투자재원을 마련하기 위해 이 기금에서 무이자로 1억 우간다 실링을 '차용하였다.' 뿐만 아니라 그후에도 협력개발은행이 1천2백만 실링을 무이자 35년 상환의 조건으로 자본마련을 위해 사용하였다.[3)]

---

3) Uganda, "Statement of Cotton Price Association Fund at 31st October 1977," *Treasury Department,* 11 November 1977(typescript); David Walker and Cyril Ehrlich, "Stabilization and Development Policy in Uganda: An Appraisal," *Kyklos,* 12, 1959, pp.341-353.

또한 서부 아프리카에서도 마케팅위원회의 수입이 점차 농민소득의 안정화가 아닌 다른 목적으로 전용되었다. 예를 들어 나이지리아에서는, 기금이 우선 지방정부들에 대여되었고, 후에 이들 정부에 보조금의 형태로 양도되었다. 그리고 나서 위원회가 직접 징세의 기구가 되는 방식으로 이 수입을 관장하는 법률이 개정되었다.[4] 우리는 이미 서부 나이지리아에서 시장위원회에 관한 법령에 의거하여, 가격안정화를 위해 무역잉여의 70%를 적립하고 있다는 사실을 지적했었다. 추가로 7.5% 정도가 농업연구에, 나머지 22.5%는 일반적인 개발목적으로 사용되도록 정해졌다. 하지만 헬레이너(Helleiner)는 독립 이후에 전개된 다음과 같은 사실에 주목한다.

> 서부지역의 1955~60년의 개발계획에 의하면 … 서부마케팅위원회는 '70-22.5-7.5'에 입각하여 개발에 기여할 권리를 포기하며 계획기간 동안 지방정부의 사업계획을 위해 대여금과 보조금의 형태로 2천만[나이라(naira) — 역자]을 제공하게 되었다. … (동위원회는) 당시에 분명히 지방정부 사업계획의 재원을 조달할 목적으로 무역흑자를 내도록 되었다. 서부지역 마케팅위원회는 서부 나이지리아 정부를 위해 재원을 기구가 되었다.[5]

이러한 변화는 또한 "정부가 위원회 기금의 사용에 관한 법률적 제한 규정을 … 삭제하기로 결정했던" 가나에서도 뒤이어 일어났다.[6]

마케팅위원회가 대체로 농민의 이익을 위한 가격 안정화 기구로부터 수입을 비농업부문으로 전용하는 징세기구로의 변화게 된 점은, 마케팅위원회가 수행하는 가격 안정화 정책의 변화에서도 확인된 연구결과에 따르면 안정화된 것은 농민에게 지불하는 국내가격이 아니라 오히려 국내가격과 세계가격의 차이, 즉 정부가 농민으로부터 착취해가는 차액이었음이 명백하다.[7]

---

4) H.M.A. Onitiri and Dupe Olatunbosun, *The Marketing Board System,* Ibadan: Nigerian Institute of Social and Economic Research, 1974.

5) Gerald K. Helleiner, *Peasant Agriculture, Government, and Economic Growth in Nigeria,* Homewood, Ill.: Richard D. Irwin, 1960, pp.170-171.

6) Bjorn Beckman, *Organizing the Farmers: Cocoa Politics and National Development in Ghana,* New York: Holmes and Meier, 1976, p.199.

7) Bates, *Markets and States* 참조.

2) 식용작물

아프리카 정부들은 또한 식용작물 시장에도 개입한다. 그리고 마찬가지로 농업상품의 가격을 떨어뜨리는 방향으로 개입하는 경향이 있다.

아프리카 정부들이 식량을 싸게 확보하는 하나의 방법은 정부 공시가격으로 식용작물을 구매하는 관료기구를 창설하는 것이다. 미국 농업부가 최근 아프리카에서 식용작물 마케팅체제를 조사한 결과, 정부가 시장개입을 통해 강력한 영향을 미치고 있음을 확인하였다. 세계의 식용작물에 관한 연구사례에 따르면, 작물재배가 이루어지는 50% 이상의 나라에서, 정부는 생산자에 대한 가격통제를 실시했고, 20% 이상의 나라에서 정부는 식용작물의 구매에 공식적인 독점권을 행사했다(<표 1> 참조). 그리고 후자의 나라들에서는 법으로 정부를 작물의 독점구매자로 규정하고 있었다.

<표 1> 식용작물에 대한 시장개입의 유형(아프리카)

	작물재배국가	생산자 가격통제 국가		법적인 독점행사 국가	
	수	수	%	수	%
쌀	26	25	96	11	42
밀	12	8	67	4	33
기장과 수수	38	9	24	7	18
옥수수	35	24	69	9	26
근채류와 괴경(塊莖)	33	6	18	1	3

* 출처: 미국농업부, 『사하라 이남 아프리카의 식량문제 및 전망』Washington, D.C.: Usda, 1980, p.173.

식량시장의 규제는 식량의 구매와 운반을 단속하고, 식량의 저장, 가공 처리, 그리고 소매를 통제하는 것을 수반한다. 하나의 예로 케냐의 옥수수 산업을 살펴보자. 옥수수 마케팅법 15조 1항에 의하면, "케냐에서 재배되는 모든 옥수수는, 이 법령의 규정에 의거하여 옥수수 마케팅위원회가 구매하고 동위원회에 판매되어야 한다. 그리고 모든 옥수수는 이 법령 18조에 따라 동위원회가 가격을 지불할 책임이 유지됨과 동시에 동위원회에 귀속된다."

옥수수 마케팅(옥수수와 옥수수 가공품의 운반) 명령에 의하면, 모든 옥수수의 운반에는 허가가 필요하다. 그리고 허가는 단지 24시간만 유효하며, 이 허가는 옥수수와 농작물위원회에서 받아야 한다. 단 하나의 예외는 농장 안에서의 옥수수 혹은 옥수수 가공품의 운반이다. 이는 두 포대(180kg)를 넘지 않는 소유주의 운반이나 관할구역 안에서 소유주나 그 가족이 소비할 예정으로 소유주 스스로가 열 포대를 넘지 않는 한도내에서 운반하는 것들이다.[8]

식용작물 시장을 통제할 경우 마케팅 비용이 증가된다. 부분적으로 이러한 사태의 발생은 정부가 설치한 진입장벽으로 시장에서 활동하는 공식 대행자가 과다이윤을 확보하기 때문이다. 이러한 대행자들의 성격과 규모는 아마 그들이 농민이나 중개인으로부터 우려내는 뇌물로 매우 잘 설명될 수 있다.[9] 옥수수 시장을 규제함으로써 발생하는 두 번째 중요한 결과는 옥수수가 공간적으로나 시간적으로 매우 쉽게 운반될 경우 보다 많은 소비자가 더 높은 가격을 지불하고, 다수의 생산자가 더 낮은 가격을 받는다는 점이다.

하지만 본 논문의 관심과 직접적으로 관련이 있는 문제는 식량 마케팅의 통제가 식량가격에 미치는 영향이다. 이 주제에 관한 통찰을 얻으려면 도리스 얀센 닷지(Doris Jansen Dodge)의 잠비아 식량마케팅 관료기구인 NAM위원회 연구를 참고할 수 있다. 닷지가 연구를 수행하던 수년 동안(1966~67년부터 1974~75년까지), NAM위원회는 옥수수 가격을 85% 정도 인하했다. 즉 옥수수 운반에 대한 정부의 통제가 없었더라면, 농민들은 NAM위원회가 시행한 시장통제하에서 확보할 수 있던 것보다 85% 더 높은 가격으로 그들의 옥수수를 팔 수 있었을 것이다. 제라드(Gerrard)는 닷지가 잠비아에서 발견한 사실을 케냐, 탄자니아 그리고 말라위에서도 확인했다. 닷지도 직접 아프리카 8개국으로 자신의 연구를 확대했다.[10] 우리는 이러한 연구를 통해 식량생산 유인이 약화되고 있음을 알게

---

8) Guenter Schmidt, "Maize and Beans in Kenya: The Interaction and Effectiveness of the Informal and Formal Marketing Systems," *Institute for Development Studies*, University of Nairobi, Occasional Paper No.31, 1979.

9) Ibid., p.68.

된다.

개발사업 식량가격을 낮게 유지하기 위해, 정부는 부가적인 조치를 취한다. 특히 그들은 식량공급을 증가시키려고 한다. 이것은 식량을 수입하거나 아니면 식량생산 사업계획에 대한 투자를 통해 시행될 수 있다. 하지만 아프리카 정부들에게는 외환이 부족하다. 그리고 특히 석유가격이 상승한 이후, 수입비용은 높아지고 있다. 따라서 외환을 보존하기 위해 아프리카 정부들은 식량의 자급자족을 위해 노력하고, 가격을 낮게 유지하기 위해 그들은 식량생산을 증가시킬 수 있는 사업에 투자한다.

몇몇 사례에서는 정부가 공공기관을 식량생산 단위로 전환하는 모습을 볼 수 있다. 청년동맹농장과 감옥농장이 그 대표적인 예다. 다른 경우, 그들은 생산요소의 제공에 노력한다. 아프리카에서는 보통 물이 부족하다. 그래서 정부들은 하천유역 개발계획과 관개사업에 상당히 많은 투자를 한다. 주요 장비 또한 부족하다. 농업용 기계류의 구매와 운용을 통해서 정부는 농업생산의 증가를 시도한다. 어떤 정부는 특수작물 재배사업에 투자하기도 한다. 예를 들어 케냐의 쌀 혹은 탄자니아의 밀 등이 그것이다. 다른 경우, 그들은 상당 부분의 예산을 식량생산 계획의 재원을 조달하는 데 쓰기도 하였다. 예를 들어 서부 나이지리아는 1962~68년 개발계획 기간 동안 농업부 주요예산의 50% 이상을 국영농장에 투자했다.[11]

---

10) Doris J. Jansen, "Agricultural Pricing Policy in Sub-Saharan Africa of the 1970s," unpublished paper, 1980(mimeo.); Christopher David Gerrad, "Economic Development, Government Controlled Markets, and External Trade in Food Grains: The Case of Four Countries in East Arica," Ph.D. dissertation, University of Minnesota, 1981; Doris Jansen Dodge, *Agricultural Policy and Performance in Zambia,* Berkely: Institute of International Studies, 1977.

11) France Hill, "Experiments with a Public Sector Peasantry," *African Studies Review,* 20, 1977, pp.25-41; Werner Roider, *Farm Settlements for Socio-Economic Development; The Western Nigeria Case,* Munich: Weltforum, 1971.

2. 비관료적 형태의 개입

이제까지 필자는 직접적 형태의 정부개입을 강조했다. 하지만 여전히 중요하면서도 덜 직접적인 형태의 개입이 있다. 그것은 바로 국내통화의 과대평가다.

대부분의 아프리카 정부들은 과대평가된 통화를 유지하고 있다.[12] 그러므로 외환은 더 적은 단위의 국내통화와 교환된다. 결과적으로 환금작물 수출업자가 받는 가격이 낮아진다. 즉 해외에서 벌어들인 금액에 비하여 환금작물의 수출업자는 더 적은 액수의 국내통화를 받게 된다. 부분적으로 과대평가로 인해 정부도 손실을 입는다. 정부는 그들 수입의 일부를 마케팅위원회가 징수한 세금으로 충당하고 있고, 또한 과대평가는 결과적으로 국내의 구매력을 억제하는 결과를 초래하게 된다. 그러나 그들의 징세기구가 독점적인 기관이기 때문에 아프리카 정부들은 과대평가에서 오는 부담을 많은 부분 이전할 수 있다. 그들은 저곡가 정책으로 부담을 농민에게 전가한다.

과대평가는 수출농업의 소득감소를 낳기는 하지만 외국으로부터의 수입품에 지불해야 하는 가격을 낮추기도 한다. 이것이 물론 과대평가 정책의 이론적 근거의 일부이기도 하다. 이 정책으로 제조업 부문의 건설을 위해 필요한 플랜트, 기계류 그리고 자본설비의 비용이 인하된다. 하지만 플랜트와 설비를 제외한 다른 품목도 수입될 수 있고, 그러한 상품 중에는 식량도 포함되어 있다. 과대평가의 결과로 아프리카의 식량생산자들은 외국의 식료품과 격심한 경쟁에 직면하게 된다. 그리고 식료품 저가정책을 모색하고 있는 아프리카 정부들은 그들의 국내 식량시장을 외국의 생산물—정부의 공공정책으로 인위적인 가격인하가 이루어진 생산물—로부터 거의 보호하려는 조처를 거의 취하지 않는다.

---

12) International Bank for Reconstruction and Development, *Accelerated Development in Sub-Sahara Africa: An Agenda for Action*, Washinton, D.C.: IBRD, 1981; Franz Pick, *Pick's Currency Yearbook, 1976~1977*, New York: Pick Publishing, 1978.

1) 공산품

아프리카의 농민들은 자신들이 생산한 작물시장에서 농산물 가격을 낮추려는 다양한 정부정책에 직면한다. 하지만 그들은 소비재시장에서 정반대의 상황에 부딪힌다. 그들은 정부가 정책적으로 보호하는 소비자 가격을 대하게 된다.

아프리카 정부들은 공업발전을 촉진하기 위해 국내산업을 외국과의 경쟁에서 보호하는 통상정책을 채택한다. 어느 정도까지는 정부가 국내시장과 국제시장 사이에 관세장벽을 설치한다. 그리고 상당한 정도로 양적인 제한조치를 취한다. 쿼타, 수입허가 그리고 외환취득 및 사용에 대한 인가 모두가 한편으로는 외환을 보존하는 데 이용되고, 다른 면으로는 국내제조업을 위한 국내시장의 보호를 위해 사용된다. 과대평가된 통화의 유지와 관련하여 이 무역장벽은 투자자들이 자본설비를 수입하고, 전에는 해외에서 수입했던 재화를 국내에서 제조하고자 하는 유인을 창출한다.[13]

정부는 정책적으로 비용을 적게 쓰는 외국산업과의 경쟁에서 국내 제조업을 보호할 뿐만 아니라, 국내경쟁으로부터도 그들을 보호한다. 부분적으로 국내경쟁에서의 보호는 외국기업과의 경쟁을 보호하는 데 따르는 부산물이다. 예전부터 유지되어온 시장 점유율에 따라 수입을 허가하는 정책은 그러한 조치의 하나의 예다. 여타 정책들도 경쟁의 제한을 가져온다. 투자에 참여하는 대가로 정부는 일정 기간 경쟁으로부터 보호하는 조치를 취한다. 더구나 정부는 거대규모의 사업을 선호하는 경향이 있다. 부족 자본을 충당하기 위해 정부는 가장 많은 자본투자를 약속하는 계획을 지지하는 경향이 있다. 대부분 아프리카 국가의 시장규모는 전형적으로

13) J. Dirck Stryker, "Ghana Agriculture," paper for the West African Regional Project, 1975(mimeo.); Scott R. Pearson, Gerald C. Nelson, and J. Dirck Stryker, "Incentives and Comparative Advantage in Ghananian Industry and Agriculture," paper for the West African Regional Project, 1976(mimeo); International Bank for Reconstruction and Development, *Kenya: Into the Second Decade,* Washington, D.C.: IBRD, 1975; International Bank for Reconstruction and Development, *Ivory Coast: The Challenge of Success,* Washinton, D.C.: IBRD, 1978.

소규모이기 때문에, 결과적으로 투자자들은 산출이 국내시장에서 매우 많은 비율을 차지할 수 있는 공장시설을 건설한다. 따라서 얼마 안되는 수의 기업들이 시장을 지배하게 된다. 최종적으로 국영기업과 특히 관련된 부문에서는, 정부가 사실상의 독점권을 그 기업에 부여한다. 이러한 모든 조치로 제조업을 국내경쟁에서도 보호한다.

이러한 조치의 결과 중 하나는 비효율적인 기업의 생존이라고 할 수 있다. 제조업 가동률은 줄잡아 설치된 생산시설의 일교대 능력의 25% 정도로 낮아진다.14) 또 다른 결과는 가격이 상승한다는 점이다. 외국과의 경쟁에서 보호되고 비경쟁적인 시장의 환경에서 활동하는 기업들은 매우 높은 수준의 비용이 소요됨에도 불구하고 살아남을 수 있는 가격체제를 유지할 수 있다.

2) 농업 투입재부문

정부는 농민들이 판매하는 재화의 가격을 인하하는 정책으로 농민들의 수입을 줄인다. 농민을 포함한 소비자가 지불해야 하는 가격을 인상하는 정책으로 정부는 농장수입의 실질가치를 더 많이 감소시킨다. 정부의 이러한 개입으로 아프리카의 농민들은 혹사당한다. 그러나 대단히 이상할 정도로 생산물 시장에서 농민들에게 많은 부담을 지우면서도 정부는 농장의 산출에 필요한 투입재화 시장에서 농민들을 보조하고 있다.

투입재의 가격을 낮추려는 시도는 다양한 형태를 취한다. 정부는 종자와 비료의 구입을 위한 보조금을 제공한다. 비료구입 지원비의 경우 케냐의 30% 수준에서 나이지리아의 80%에 이르기까지의 수준으로 지불된다. 정부는 트랙터 임대 서비스에도 보조금을 제공한다. 가나에서는 1970년대 중반에 실질비용의 50%에 이르는 비용을 보조금으로 지불했다.15)

14) Ghana, *Report of the Commission of Enquiry into the Local Purchasing of Cocoa*, Accra: Government Printer, 1967; Tony Killick, *Development Economics in Action: A Study of Economic Policies in Ghana*, New York: St. Martin's Press, 1978, p.171.

15) Stryker, "Ghana Agriculture"; C. K. Kline, D. A. Green, Roy L. Donahue,

그들은 투입되는 물품의 구매와 임대를 위한 대부금의 이자율을 낮추어 농민을 지원했다. 그리고 정부는 모험적인 사업인 상업영농을 하는 주요 투자자들에게 매우 조건이 좋은 세금우대 정책을 실시했다.16) 게다가 아프리카 정부들은 소유권에 대한 통제력을 바탕으로 다른 데 사용할 때 얻을 수 있는 가치 이하의 비용으로 상업영농을 하는 농민에게 토지와 용수를 양도했다. 농업, 목축, 어업 그리고 여타 사업 등으로 생계를 유지하기 위해 이 자원을 사용하는 사람들에 대한 아무런 보상도 없이, 토지를 대규모 농장주에게 이전한 것이나 정부의 관개사업으로 마련된 용수를 사적 차지인에게 양도한 행위는, 상업적 농장주에 대한 보조금 제공을 상징하는 것이다. 그리고 이는 소농과 전통적인 생산자의 희생을 대가로 이루어진 것이다. 이 과정은 북부 가나17)와 나이지리아,18) 케냐,19) 에티오피아,20) 그리고 세네갈21) 등에서 충분히 입증되었다. 물론 이는 식민지 정착인들이 거주하고 있는 아프리카 지역에서는 관행처럼 이루어지던 사실이었다.

따라서 토지와 용수사용의 경우, 투입재 시장에 대한 정부개입의 핵심 효과는 소농의 희생을 대가로 대농의 부를 증진시키는 것이다. 어느 정도

---

and B. A. Stout, *Industrialization in an Open Economy, Nigeria 1945~1966,* Cambridge, England: Cambridge University Press.

16) 예를 들어 다음을 참조할 것. David Onaburekhale Ekhomu, "National Food Policies and Bureaucracies in Nigeria: Legitimization, Implementation, and Evaluation," paper presented at the African Studies Association Convention, Baltimore, Maryland, 1978(mimeo).

17) *West Africa,* 1978년 4월 3일자.

18) Ekhomu, "National Food Policies"; Janet Girdner and Victor Oloransula, "National Food Policies and Organization in Ghana," paper presented to the annual meeting of the American Political Science Association, New York, 1978.

19) Apollo I. Njonjo, "The Afrianization of the 'White Highlands': A Study in Agrarian Class Struggles in Kenya, 1950~1974," Ph.D. dissertation, Princeton University, 1977.

20) John Cohen and Dov Weintraub, *Land and Peasants in Imperial Ethiopia: The Social Background to Revolution,* Assen: Van Gorcum, 1975.

21) Donal B. Cruise O'Brien, *The Mourides of Senegal: the Political and Economic Organization of an Islamic Brotherhood,* Oxford: Claredon Press, 1971.

이러한 현상은 농업생산의 화학적 및 기계적 투입요소를 지원하는 사업에서도 발생하고 있다. 그리고 어떠한 직접적인 재분배가 이루어지지 않은 곳에서도 농업비용의 절감으로 식량생산을 증가시키고자 하는 정부의 사업활동이 농업종사인구의 작은 일부에 불과한 대농에게만 혜택이 주어진 점이 분명하다. 부분적으로 이는 계획을 통해 이루어졌다. 정부의 사업계획은 '이를 가장 잘 활용'할 수 있는 '선도적인 농장주'를 대상으로 했다. 대농들은 자신들과 마음이 가장 잘 맞고 생산적으로 일할 수 있다고 느끼는 공공 서비스 종사자 즉 공무원들과 동일한 사회적 배경을 갖고 있다.22) 더구나 대농들에게 혜택을 부여하는 것이 정치적으로도 이익이 생기는 것이다. 나는 이 논의를 아래에서 좀더 구체적으로 전개할 것이다.

3) 논의

정부는 가격을 낮추기 위해 생산물 시장에 개입한다. 정부는 농민이 구입하는 재화의 가격을 상승시키는 정책을 채택하는 경향이 있다. 그리고 농업에 투입되는 비용을 낮추려 하지만, 이 정책의 수혜자는 단지 소수의 부유한 농장주일 뿐이다. 따라서 아프리카 농업정책은 대부분의 생산자의 이익에 반하는 경향이 있다.

다른 분야의 연구를 살펴보면 이러한 가격결정의 형태가 발전도상국에서 보편적이라는 사실을 확인할 수 있다.23) 실제로 발전도상국가에서 농

---

22) David M. Leonard, *Reaching the Peasant Farmer: Organization Theory and Practice in Kenya,* Chicago: University of Chicago Press, 1977; H.U.E. Van Velzen, "Staff, Kulaks and Peasants," in Lionel Cliffe and John Saul(eds.), *Socialism in Africa,* vol.2, Dar es Salaam: East African Publishing House, 1973.

23) Raj Krishna, "Agricultural Price Policy and Economic Development," in M. Southworth and Bruce F. Johnston(eds.), *Agricultural Development and Economic Growth,* Ithaca: Cornell University Press; United States General Accounting Office, *Disincentives to Agricultural Production in Developing Countries,* Washinton, D.C.: Government Printer, 1975; Carl Gotsch and Gillbert Brow, "Prices, Taxes and Subsides in Pakistan Agriculture, 1960~1976," World Bank Working Paper no.387, Washinton, D.C.: World Bank, 1980; Keith Griffin, *The Green Revolution: An Economic Analysis,* Geneva: United Nations Research

업을 엉망으로 만드는 주요인은 한심한 공공정책 때문이라는 점이 몇몇 사람에 의해 논증되었다. 테어도어 슐츠(Theodore Schults)는 올바른 유인책이 주어져 있는 경우, 발전도상국의 농민들이 "모래를 황금으로 바꾼다"고까지 말한다.[24] 그는 정부가 농업시장에 도입한 '왜곡'이 실패의 가장 중요한 근거라고 주장한다.[25] 아마 슐츠의 입장이 극단적이기는 하지만, 그럼에도 불구하고 왜 제3세계 정부가 독특한 유형의 농업정책을 선택하는가를 이해하는 것이 중요함을 강조하고 있는 것이다. 이하에서는 정부의 선택에 대한 몇 가지 설명을 검토하고자 한다.

3. 공공이익의 대변자로서의 정부

첫 번째로 경제발전론적인 접근을 검토한다. 공공정책은 사회적으로 최선의 것을 추구하는 정부의 선택을 의미한다. 가난한 나라들에서 우위를 차지하는 공공이익은 급속한 경제성장이다. 그리고 제3세계 정부의 정책선택은 농업을 공업으로 대체하고자 하는 그들 정부의 급속한 경제성장에 대한 결의를 보여 준다.

대부분의 정치학자들과 마찬가지로 필자도 정부의 그러한 공공이익의 최대화이론에 의심을 품고 있다. 그러므로 수출작물에만 한정하여 주목할 때도, 이러한 접근이 함축하고 있는 것이 여러 가지 다양한 사실과 부합하지 않는다고 할 수 있다.

아프리카의 모든 정부는 공업발전을 도모한다. 대부분 공업의 성장에 필요한 사회적·경제적 하부구조를 창출하려고 하며, 많은 나라들은 기간산업과 제조업 발전계획의 완수에 몰두한다. 계획의 완수를 위해 정부는

Institute, 1972; Michael Lipton, *Why Poor People Stay Poor: Urban Bias in World Development,* Cambridge, Mass: Harvard University Press, 1977.

24) Theodore W. Schultz, *Transforming Traditional Agriculture,* New York: Arno Press, 1976, p.5.

25) Theodore W. Schultz(ed.), *Distortion of Agricultural Incentives,* Bloomington: Indiana University Prees, 1978.

조세수입과 외환을 필요로 한다. 대부분의 아프리카 국가에서는 농업이 국가경제의 유일한 대규모 부문이며 많은 나라에서는 외환획득을 위한 주요 원천이다. 그러므로 아프리카 정부가 이러한 목표를 완수하기 위해 자원을 농업으로부터 '공업화가 진행되고 있는' 부문, 즉 국가 자체와 도시의 공장으로 이동하게 할 수 있도록 시장개입으로 가격을 조정하는 것은 당연하다.

그런 점에서 아프리카 체제들의 발전목표에 기초한 설명은 수출작물 시장에서의 그들의 선택과 부합한다. 그리고 또한 이미 보편적으로 인정되고 있는 사실들과도 일치한다. 예를 들면 그들의 정책선택들은 주도적인 발전이론이 제시한 처방과 보조를 맞추고 있다. 이러한 이론들에 의하면 높은 수준의 1인당 국민소득을 확보하기 위하여 국가는 일차산품의 생산에서 공산품의 생산으로 중심을 전환해야 한다. 저축은 공업부문의 이윤에서 발생하지 농민의 소득으로부터 생겨나지는 않는다. 그러므로 자원을 농업에서 징발하여 공업발전으로 흘러가게 해야 한다. 더불어 발전도상국가에서 농업은 생산의 중대한 손실 없이도 수익을 양도할 수 있다. 이것이 경제발전론이 줄곧 견지하고 있는 중요한 주장이다. 아프리카에서의 많은 정책결정자들은 개발전문가들로부터 교육을 받았고, 또한 경제발전론의 주창자들은 새로운 아프리카 국가의 개발부처에서 자문역으로 활동해 오고 있다. 그러므로 아프리카 정부의 정책선택-농업에 적대적이고 공업에 유리하도록 가격구조를 체계적으로 편향시키는 선택-을 가난한 국가의 국민복지를 보증하는 최선의 처방에 부합하는 선택으로 설명하는 방식이 믿을 만한 것으로 받아들여지고 있다.

그러나 그러한 접근은 궁극적으로 만족스럽지 않다. 왜냐하면 설명력이 없기 때문이다. 그러한 설명이 제시될 때에 빈번히 오류임이 드러난다. 비록 사회복지를 최대화한다는 정부의 주장이 수출작물과 관련한 정부활동에 근거해서는 기각될 수 없을지라도, 이 접근법의 결함은 그것이 식용작물과 관련된 정부정책에 적용되었을 때에 명확히 드러난다.

사회적 목표를 실현하기 위하여 정부는 광범하고 다양한 정책수단을 선택할 수 있다. 그러나 공공 프로그램의 목표를 안다고 해서 특별한 정책수단이 채택된 이유를 알 수는 없다. 예를 들어 아프리카 정부의 중요한 목표는 식량공급을 증대시키는 것이다. 보다 많은 공급을 확보하기 위해 정부는 곡물가격을 인상하든지 아니면 식량생산계획에 보다 많은 투자를 할 수도 있다. 목표의 실현을 위해서는 전자의 방법이 더 효과적이라고 믿을 만한 충분한 근거가 있다. 하지만 아프리카 정부들은 가격정책보다 식량생산계획에 기초한 정책을 일관되게 선호한다.

식량생산 유인을 강화하기 위해 아프리카 정부들은 농업생산물의 가격을 인상하거나 농기구 가격에 보조금을 지급할 수 있다. 어느 쪽이나 생산자들에게 높은 이윤을 보장해 줄 수 있다. 그런데 정부는 계획적으로 후자의 정책을 선호한다.

산출을 늘리기 위해 아프리카 정부들은 식량생산계획에 재정지원을 한다. 그러나 이러한 계획에 할당된 재원의 수준에 걸맞지 않게 그들은 보통 과다한 사업을 수행한다. 그 결과 재원이 지나치게 분산되어 계획은 실패하게 된다. 그러한 행태는 계획이 지향하는 사회적 목표의 측면에서 볼 때 불합리한 것이다.

마지막으로 한 가지 예를 더 들어보자. 정부는 식량부족에 직면했을 때 가격을 인상하든지 아니면 쿼터를 부과하여 저곡가를 유지하든지 해야 한다. 농업생산자들과 긴밀하게 관련된 여러 시장에서, 아프리카 정부들은 쿼타제 사용을 일관적으로 선호하고 있는데, 사실 그러한 선호는 그들의 발전목표에 비추어 잘 설명될 수 없는 것이다.

따라서 정부의 사회적 목표의 측면에서 농업정책을 설명하려는 접근법이 갖는 핵심적인 문제는 정책 프로그램의 근저에 깔려 있는 사회적 목표가 특별한 정책형태를 설명할 수 없다는 점이다. 그러므로 이 접근법은 거의 아무런 설명력도 가질 수 없다. 두 번째 중요한 난점은, 정부행태에 대한 설명을 공공정책의 목표라는 측면에서 하게 될 때 보통 그것이 오류라는 점을 확인할 수 있다는 것이다.

이러한 문제는 여러 정부가 시행하는 자기 파괴적인 정책의 성격에서 나타난다. 예를 들면 값싼 식량을 보장하기 위하여 정부는 생산자들에게 낮은 가격을 강요하지만, 이러한 정책은 단지 식량가격을 끌어 올림으로써 곡물부족만을 빚어낼 뿐이다. 개발계획에 조달할 재원을 늘리기 위해 정부는 농업세를 올리는데, 이러한 정책은 생산의 파괴 및 공공재원과 외환의 부족을 낳을 뿐이다. 급속한 발전을 이루기 위해 정부는 자원을 농업에서 공업으로 이전시키려고 한다. 그러나 이러한 일련의 정책은 오히려 성장률을 감소시키고 경제의 정체를 초래한다.

사회적 목표를 이루기 위해 선택된 정책수단은 일반적으로 본래의 목표를 실현하는 데 부합하지 않는다. 그러나 정부의 선택은 매우 완강하고, 그 자신의 목표를 파괴함에도 불구하고 정부는 계속 이러한 정책수단을 사용한다. 이러한 현상을 설명하려면 사회적 목표가 아닌 다른 요인에 기초한 설명이 필요하다.

4. 사적 이익의 대변자로서 정부

다른 접근법에서는 정부가 사회복지를 최대화하는 행위자가 아니라 오히려 사적 이익에 봉사하는 기관으로 본다. 그리고 정부의 정책선택을 공공이익의 측면에서 형성된 것으로 해석하기보다는 조직화된 사적 이익의 요구를 조정하기 위해 이루어진 결정으로 파악한다. 이러한 접근법에서는 공공이익을 정치행위로써 사적 이익을 충족시키는 집단들이 행사하는 압력의 결과로 파악한다.

특히 식량가격정책의 영역에서 이러한 접근법의 타당성은 크다. 개략적으로 정리하면, 아프리카에서 식량정책은 정부와 도시 유권자들 간의 평화적 관계를 형성하도록 고안된 정치타협의 한 형태를 나타낸다. 이러한 타결의 비용은 비조직대중 즉 소농민들이 지불한다.

아프리카 식량정책이 도시에 기반을 둔다는 사실은 나이지리아에서 가장 분명하게 볼 수 있다. 나이지리아 정부의 식량정책의 역사적 기원은, 노동소요의 근원을 찾고 노조파업의 문제를 해결하려고 조직된 우도지 위원회(Udoji Commission), 아데보 위원회(Adebo Commission), 인플레이션 통제위원회 등 일단의 정부위원회의 권고에서 찾아볼 수 있다.[26] 그들

보고서는 도시의 불안을 가져 오는 근본적인 문제로 도시수입의 실질가
치 감소와 인플레이션으로 인한 구매력의 저하에서 오는 우려를 지적했
다. 이들 위원회는 고임금을 권고하면서도 그러한 급료의 상승이 단기적
인 해결이 될 뿐이라고 지적했다. 아데보 위원회 보고서에서는 "특정의
권고사항이 체택되어 실제로 실행되지 않는다면 급료보상만으로는 거의
아무런 의미를 갖지 않는다는 것이 분명하며 따라서 본위원회는 생계비
인상요인에 대해 각별한 관심을 갖게 된다"라고 적고 있다.[27] 생계비의
상승을 막으려는 노력의 일환으로 위원회는 "식량공급 상황을 개선하려
는" 제안 등의 많은 근본적 방법을 제안했다.[28] 나이지리아의 농업 프로
그램의 많은 주요 내용은 이들 보고서에 기원을 두고 있다.

아프리카의 도시 소비자들은 저곡가를 요구하는 활발하고 강력한 압력
집단이 된다. 그들은 가난하기 때문에 수입의 대부분을 식료품소비에 사
용하는데 어떤 연구에 의하면 수입의 50~60%가 식료품 구입에 소비된
다고 한다.[29] 아프리카에서 식료품가격의 변동은 도시 거주자들의 경제적
복지에 커다란 영향을 주기 때문에 그들은 식료품 가격의 문제에 깊은 관
심을 기울인다.

도시 소비자들은 그들이 지리적으로 집중되어 있고 전략적으로 중요한
곳에 위치하고 있기 때문에 강력한 힘을 가진다. 그들은 지리적 집중성으
로 인하여 빠르게 조직화될 수 있으며, 자신들이 교통과 통신 기타 공공
업무를 통제할 수 있기 때문에 다른 사람들로부터 그러한 편의를 박탈할
수 있다. 그러므로 그들은 영향력을 갖고 있고, 도시의 소요가 곧 정부의
변동을 예고한다고 할 때, 식료품 가격과 공급의 문제가 도시의 불안을

---

26) Nigeria, Federal Ministry of Information, *Second and Final Report of the Wages
    and Salaries Review Commission, 1970~1971,* Lagos: Government Printer, 1974;
    Nigeria, *Public Service Review Commission,* Lagos: Government Printer; Nigeria,
    Federal Ministry of Information, *First Report of the Anti-Inflation Task Force,*
    Lagos: Government Printer, 1978.

27) Nigeria, *Public Service Review Commission,* p.10.

28) Ibid., p.93.

29) Hiromitsu Kaneda and Bruce F. Johnston, "Urban Food Expenditure Patterns
    in Tropical Africa," *Food Research Institute Studies,* 2, 1961, pp.229-275.

촉진시키는 중요 요인이라고 할 수 있다.

식료품 가격에 관심을 갖는 집단은 노동자만이 아니고 고용주도 또한 마찬가지다. 고용주들은 현물임금의 형태로 식료품을 지급하기 때문에 식료품 가격에 관심을 가진다. 식료품 가격이 높아지면 임금이 올라가고 그것은 다른 조건이 동일할 때 이윤의 감소로 나타나기 때문이다. 정부는 그 자신이 고용주일 뿐만 아니라 공업발전계획의 추진자와 공장 소유주로서 공업의 이윤을 보호하려 하기 때문에 식료품 가격에 관심을 가진다. 이러한 이해관계의 심각성을 알 수 있는 사실은 바로 농산물 가격을 결정하는 부서가 농업부가 아닌 상공부나 재무부라는 점이다.

도시의 식료품 소비자들 사이에 불안한 조짐이 나타나게 되면, 정치적 불만은 체제의 상층부로 급속히 퍼져간다. 상층부란 임금에서가 아니라 이윤에서 수입을 얻는 계층과 정부의 주요관직을 담당하고 있는 계층이다. 저가의 식료품을 공급할 수 없는 체제는 불안하기 짝이 없게 무능하며 사회질서의 핵심계층의 이익을 수호할 수 없는 것으로 간주된다. 식료품 가격이 비쌀 때, 영향력 있는 엘리트들은 도시의 대중과 연대하여, 그들의 정치적 충성심의 변화를 조장하여 권력을 교체하려고 한다. 그러므로 식료품의 부족과 가격등귀에 대한 저항이 쿠데타의 결정적인 서막을 장식하며, 이는 가나, 라이베리아, 케냐, 기니 등에서의 쿠데타에서 그러했다.

비용을 절감할 수 있는 식량생산에 주력하는 대부분의 정부가, 아프리카의 '급진적' 정부라는 사실은 역설적인 진실이다. 경제적 평등에 대한 강조에도 불구하고 그들은 극빈층인 농민에게 수입의 원천이 되는 상품에 낮은 가격을 강요한다. 그러한 행태를 보이는 주요 이유는 그들이 급속한 공업화에 깊이 몰두하고 있다는 것이며, 또한 도시 노동자들에게 높은 수준의 실질임금을 보장하려 하고, 노동조직과 깊은 제도적 연관을 가지기 때문이다.

그러므로 우리는 적은 비용이 드는 식량생산에 대한 요구를 이해할 수 있다. 그것의 근원은 도시지역에 있으며 정부의 정치적 필요에 의해 그리고 보다 급진적인 정부의 경우에는 이념적 선호에 의해 그러한 정책이 추진된다. 식료품은 주요 생산물이며 그러한 주요 산품의 높은 가격은 임금과 이윤의 실질가치를 위협한다.

부분적으로 이러한 주장을 확증할 수 있는 것이 정부의 쌀 소매가격 통제에 관한 통계자료다. 필자는 쌀 가격에 대한 통제 여부를 종속변수로, 다양한 정부의 이념적 선호와 쌀이 도시의 주요 상품이냐 아니냐에 따른 자료 및 국내 인플레이션율의 측정치를 독립변수로 놓고 살펴보았다.[30] 필자는 이러한 변수들을 프로비트 분석(probit analysis)을 이용하여 분석한 결과, 쌀이 도시의 소비물품인 한, 정부는 그것의 소매가격을 통제한다는 것을 밝혀 주는 증거를 확보했다. 그리고 국내 인플레이션율이 높을수록 정부는 더욱 쌀 가격을 통제하려고 시도한다. 더욱이 사회주의와 맑스주의 정부는 특별한 이념적 색채가 없는 정부보다 더 가격통제를 이용하며, 이에 비해 자본주의적 정부는 덜 그러하다. 나는 정부의 옥수수 소매가에 대한 통제에 대한 분석에서도, 인플레이션의 효과가 통계적으로 의미가 없다는 한 가지 예외를 빼놓고는 유사한 결과를 얻었다. 그러나 흥미롭게도 도시인구의 집중도가 중요했는데 도시 거주자들이 대도시에 집중된 비율이 높을수록 정부는 더욱 옥수수 소매가에 대한 통제를 강화했다.

그러므로 정부가 식료품 가격을 낮추려고 하는 데는 근본적인 정치적 이유가 있으며, 또한 그렇게 할 수 있는 그들의 능력에는 실질적 제한이 있다. 그 한 가지는 정치적인 것인데 농민들이 힘이 있을 경우, 정부의 농산물 가격 하락시도에 저항할 것이라는 점이다. 그러나 단지 드문 경우에만 농민들이 힘을 갖는다. 서아프리카에서는 도시/관료엘리트들이 쌀농사에 관여하면서 쌀값을 보호받고 있고, 보조금이 지급된 가격으로 농장투입재를 구입한다.[31] 동부 아프리카에서도 도시/관료엘리트들이 대규모 밀

30) 정부의 이데올로기적 선호는 Crawford Young, *Ideology and Development in Africa*, New Haven: Yale University Press, 1982에 평가돼 있다. 인플레이션과 도시화의 측정치는 IBRD, *Accelerated Development*로부터 얻은 것이다. 정부의 시장개입의 측정치는 미국 농업부의 *Food Problems and Prospects in Sub-Saharan Africa*, Washinton, D.C.: Government Printer, 1980에서 취한 것이다.

31) Scott R. Pearson, J. Dirck Stryker, and Charles P. Humphreys, *Rice in West Africa*, Stanford: Stanford University Press, 1981.

농장을 운영하는데 그들은 정치적 영향력을 사용하여 그들에게 불리한 가격정책을 억제한다. 그러나 대부분의 농장은 엘리트가 아니라 농민들의 소유이고, 그들 농장은 대규모가 아닌 소규모이며 농민들은 정치적으로 미약한 존재이다. 결국 농민들이 힘을 가진 적은 거의 없으며 번번히 수탈당하고 있다.

그러나 때때로 농민들의 정치력은 정부의 가격결정에 영향을 미친다. 보다 일상적인 영향은 정부재원을 제한하는 것이다. 농민들에게 저가격이 강제되었을 때, 소비자들은 식량부족에 직면할 것이고, 실제로 식량생산은 높은 가격 탄력성을 지니는 경향이 있다. 그러므로 아프리카에서 저곡가 정책의 필연적 결과는 공공재원을 식량생산과 곡물수입에 사용하는 것이다. 그러나 대부분의 아프리카 정부는 가난하기 때문에 거의 외환을 보유하지 못하고 있다. 그러므로 정부는 그들의 가격정책에서 기인한 부족재원을 메울 능력이 없으며, 이는 정부가 농산물 가격을 낮추는 데 제약조건으로 작용한다.

이러한 주장을 증명할 수 있는 근거가 제라드의 최근 연구에 실려 있다.[32] 제라드는 옥수수처럼 특정한 곡물의 자급자족적 가격이 세계시장의 가격 이하일 때, 정부가 자급자족적인 가격을 국내시장 가격으로 정하는 경향이 있다는 것을 발견했다. 그들은 밀과 같이 자급자족 가격이 세계시장가격 이상일 때도, 자급자족적 가격을 국내시장가격으로 정한다. 제라드는 이러한 결과를 아프리카정부가 자급자족을 위해 가격을 규제하는 것으로 해석했다. 그러나 필자는 이러한 결과를 정부가 사회적 목표를 계획적으로 추구하는 것으로 해석하기보다는 오히려 정부에 대한 정치적 압력과 재정적 제약 사이의 상호작용의 결과로 해석하는 편이 낫다고 생각한다. 밀생산자들은 대농들이며 보통 그들은 정치엘리트의 구성원이고, 정부가 자급자족을 공약(公約)하도록 힘을 행사한다. 이러한 정치적 관여를 통해 시장보호와 생산보조금이 확보된다. 옥수수는 정치력이 없는 소농들이 생산하기 때문에 낮은 가격이 책정된다. 상대적으로 힘있는 세력에 대한 보조금 지급의 1차적 제한요소는 정부가 지출하는 생산보조금의

---

32) Gerrad, "Economic Development."

비용이고, 약자들에 대한 저곡가 정책의 일차적 제한요소는 식량수입에
드는 정부의 비용이다. 가격변동을 요구하는 정치적 압력과 가격변화를
막으려는 재정적 비용의 양자 사이에 갇혀 있는 정부가 마치 자급자족을
목표로 행동하는 것처럼 보인다.

그러므로 밀생산자를 위한 자급자족은 대농들의 정치적 승리를 의미하
며, 옥수수 생산자들에게 그것은 정치적 패배를 상징한다. 양자 모두에게
있어 정치적 결과의 제약조건은 정부의 재정지출 비용이다. 이러한 해석
은 공공정책에 관한 복지최대화 이론이 아니라 압력단체이론에 의존하면
서도 제라드에 의해 제시된 사실을 포괄하는 것이다.

압력집단은 다원주의적 정치모형의 단지 하나의 구성요소일 뿐이다.[33]
또 하나의 요소는 경쟁적인 선거다. 아프리카에서 선거가 경쟁적으로 복
수정당에 의해 치러진다면, 농업정책이 농민들에게 매우 적대적인 방향으
로 추진될 수는 없을 것이다. 대부분의 국가에서 도시인구는 10% 미만이
고, 대다수 유권자가 농민가족으로 구성되어 있다. 따라서 선거의 유인은
거의 필연적으로 정치가들이 표를 얻고 권력을 획득하기 위해서는 농민
을 위한 강령을 주장하게끔 유도할 것이기 때문이다.

선거유인의 중요성의 본보기를 잠비아에서 볼 수 있다. 1964년부터
1972년까지 잠비아 정부는 투자예산의 평균 70% 이상을 도시지역의 세
출에 사용했다. 그러나 선거 전년도에 정부는 예산계획을 다시 작성하여,
투자의 40% 이상을 농촌지역에 사용했다. 더욱이 농촌지역내의 집중적
인 개발지역의 건설, 새로운 대부계획, 기계화계획, 농촌행정의 분권화 등

---

33) 더욱 엄격한 미시경제학적 토대에서 압력집단 정치를 체계적으로 분석한 것으
로는, Robert H. Bates and William P. Rogerson, "Agriculture in Develop-
ment: A Coalitional Analysis," *Public Choice*, 35, 1980, pp.513-527과 Bates,
*Markets and States*를 참조할 것. 전자는 주로 가격개입에 있어 수요의 측면을 다
루고 있고, 후자는 공급의 측면을 다루고 있다. 양자 모두 발전도상국가의 압력
집단 정치에서 농민들의 상대적인 무능력을 설명하려 하고 있다. 이 부분의 분
석을 적실성 있게 이론화하고 있는 중요 원전의 하나는 산업규제에 관한 포획이
론(capture-theory)적 접근이다. George Stigler, "The Theory of Economic Re-
gulation," *Bell Journal of Economics and Management Science*, 3, 1971, pp.3-21;
Sam Peltzman, "Toward a More General Theory of Regulation," *Journal of Law
and Economics*, 19, 1976, pp.211-240를 참조할 것.

의 주요한 농촌개발사업이 발표된 것도 선거에 임박한 수년 전부터였다. 바로 농촌발전사업의 공약과 추진은 선거주기와 관련되어 있다. 주기적으로 농촌의 선거구민과 접촉하면서 정부는 그때마다 농촌선거구민들에게 부의 향상을 약속하곤 한다.[34]

따라서 다원주의 모델의 두 구성요소 사이에는 긴장이 존재한다. 아프리카의의 상황적 맥락에서는 조직된 이익집단의 영향이 농업이익에 손해를 미치는 반면 경쟁적 선거는 농민에게 이롭게 작용한다. 최근 수년 동안 아프리카국가들에서 민주주의 형태로 복귀한 빈도보다는 더욱 빈번하게 경쟁적 정당체제가 붕괴해 왔다. 그렇기 때문에 선거의 유인으로 이익집단 정치에서 초래된 문제점을 시정할 수 있는 충분한 기회가 주어지지 않았다.

5. 권력유지기관으로서의 정부

이익집단모형은 아프리카 정부가 견지하는 식량정책의 주요소를 잘 해명해준다. 저곡가정책 유지를 위한 정치적 압력을 규명할 뿐만 아니라, 식량증산을 원할 때 정부가 가격인상보다는 증산계획을 통한 저곡가 유지를 더 선호하는 이유 등을 잘 설명해준다. 게다가 식량증산의 장려책으로 가격인상보다는 생산보조금지급을 더 선호하게 되는 이유 또한 잘 해명해준다.

그럼에도 불구하고 이익집단론 역시 불완전하다. 이 이론의 뚜렷한 장점은 본질적으로 아프리카정부의 가혹한 가격정책의 동기를 잘 해명한다는 점이다. 반면 이 이론의 한계는 정부가 그러한 정책을 어떻게 무난히 운용해 나가는지를 명쾌하게 설명해 주지는 못한다는 것이다. 인구의 대다수가 농민이고, 자원의 대부분이 농업과 관련된 그런 나라에서, 정부가 어떻게 대다수 농민의 이익에 반하는 그런 보조금정책을 시행해 갈 수 있

---

34) Robert H. Bates, *Rural Resposes to Industrialization: A Study of Village Zambia*, New Haven: Yale University Press, 1978.

을까? 이런 질문에 답하기 위해선 제3의 접근방법이 모색되어야 한다. 그
것은 농업인구에 대한 정치적 지배력을 보존하고, 권력을 계속 유지하기
위해 아프리카 정부가 채택한 여러 장치의 일부로서 농업 프로그램을 파
악하는 접근법이다.

1) 농촌지역 선거민의 조직화

우리는 이미 농산물 고가정책의 채택이 아프리카 정부에 비싼 대가를
치르게 할 수도 있다는 사실을 살펴보았다. 또한 그런 입장의 견지가 정
치적으로 별로 이득을 가져다 주지 못한다는 점에 주목할 필요가 있다.
정치적 관점에서 볼 때, 정치인들은 가격인상정책에 아무런 매력도 못 느
낀다. 왜냐하면 가격인상은 농촌지역의 정치적 반대세력이나 지지세력에
게 마찬가지의 혜택을 주기 때문이다. 가격인상의 혜택을 친정부성향의
농민들에게만 준다거나, 반정부적 농민이 인상혜택을 누리지 못하게 하는
것은 불가능하다. 그러므로 정치적 지지를 획득하려는 정치인들은 그런
정책을 선택할 수 없는 것이다.

개발사업에 기초한 정책은 이런 점에서 덜 부담스럽다. 관리들은 사업
의 위치를 설정하는 데 있어 재량권을 행사할 수 있을 뿐만 아니라, 필요
인력을 충원하는 데도 재량권을 가진다. 관리들은 그런 재량권을 이용해
자기가 정치적으로 필요로 하는 지지자들에게 선택적으로 정책에 따른
혜택을 제공한다. 따라서 정치인들은 농촌개발의 수단으로서 갖가지 사업
에 입각한 증산정책에 더 끌리게 되는 것이다.

상대적인 정치적 효과를 지닌 갖가지 개발사업은 정부의 농업투자가
보여 주는 여러 가지 납득하기 어려운 특징들을 잘 설명해준다. 그 하나
로 가용한 정부예산의 규모에 비추어 개발사업이 남발되는 경향을 들 수
있다. 이러한 정책의 남발원인은 정부가 각 행정부서나 선거구 소속 관리
들에게 그들의 지역적 지지기반을 유지하는 데 필요한 자원을 활용할 기
회를 확보해 주고자 하기 때문이다.[35] 또 하나 이상한 점은 기술적으로

---

35) Bates, *Rural Resposes*; Jerome C. Wells, *Agricultural Policy and Economic Growth*

미숙한 참모들을 과다하게 고용하여 개발계획의 성공가능성을 감소시키는 것이다. 이렇게 되는 이유는 개발사업과 관련된 직책—예를 들면 농업 프로그램을 관장하는 관료기구의 자리—은 프로그램 책임자들이 그들의 추종자들에게 많은 혜택을 줄 수 있는 실속있는 정치요직이기 때문이다. 가나의 국영농장은 집권당인 대동인민당(大同人民黨, Convention People's Party)의 청년단원들로 충원되어 있고, 잠비아의 협동조합은 집권당의 지부인 지구당에 의해 조직되어 운영된다. 이것은 단지 정치조직과 인적 충원 간의 밀접한 관계를 보여 주는 두 가지 예에 불과하다.

다시금 경제적 관점에서 보더라도, 농업개발 사업계획은 실패하고 있다. 거기에 소요되는 비용에 상응하는 수준의 수입조차 거두지 못하고 있으며, 본전을 되찾는 수준의 수입을 올린다 해도 정부기금을 다른 곳에 사용하여 얻을 수 있는 운용수익률에 비해서는 못한 형편이다. 그럼에도 불구하고 정부기구는 그런 사업계획을 계속 양산하고 실행하고 있다. 주된 이유는 정부관리들이 경제적으로 효율적인 방향으로 공공자원을 사용하기보다는 정략적으로 이용하는 데 더 몰두해 있기 때문이다. 만약 어떤 사업이 공공투자에서 적정한 수익을 올리지 못한다 해도 그것을 입안하고, 준비하며, 충원하고, 또는 임차하는 사람들에게 개별적으로 혜택을 주는 것이라면, 정치적 관리들은 그것을 지원할 것이다. 왜냐하면 그 사업이 그들의 지지자들에게 보상을 베풀고, 농촌지역에서 그들의 정치조직을 구축하는 수단으로 기능할 것이기 때문이다.

2) 농촌지역 반대세력의 해체

우리는 정부정책이 일반적으로 농업생산물의 저가체제 구축을 목표로 해왔다는 것을 살펴보았다. 특히 환금작물 시장에서, 정부는 독점구매기관을 유지하고 생산물의 가격을 낮추기 위해 시장의 힘을 사용한다. 그리

---

in Nigeria, 1962~1968, Ibadan: Oxford University Press for the Nigerian Institute of Social Science and Economic Research, 1974; Alfred John Dadson, "Socialized Agriculture in Ghana, 1962~1965," Ph.D. dissertation, Harvard University, 1970.

하여 모든 생산자들을 수탈한다. 그러나 흥미로운 것은 정부가 빼앗은 자원의 일정부분을 농촌의 선택된 일부에게 되돌려주는 것이다. 농민로부터 거둔 수입의 일부는 농업투자를 위한 보조금의 형태로 소수 특권층에 다시 돌아간다. 정부는 집단적인 박탈을 강요함과 동시에 선별적인 혜택을 제공한다.

이런 혜택은 부수입으로 기능한다. 즉 정부는 개발 프로그램의 시행으로 떠안게 된 손해를 농업부문의 선택된 소수에게만 보상해 주는 셈이다. 즉 몇몇 특권 농민의 사적 이익을 보장해 줌으로써, 전체적으로 농민의 이익에 반하는 정책을 유지해나가는 것이다. 그렇게 함으로써 농민의 이익에 반하는 소수 특권 농민의 변절을 보상해 주고, 그들을 친정부세력으로 견인해 낸다. 친정부세력이 다시 농민전체의 이익에 반하는 농업정책을 유지하는 기반이 되는 것이다.

농업생산자들은 보조금을 받는 동시에 수탈당하게 된다. 이런 맥락에서 관심을 갖게 되는 것은 정치적 목적으로 보조금 프로그램을 운용하는 것이다. 예를 들어 1970년대 말 가나 북부에선 군사정부의 밀접한 동맹자였던 대규모 기계화 영농지주들에게 농업보조금이 대출되었다. 세네갈에서는 집권당의 농촌지역 기반이 모우리데(Mourides)라고 하는 종파에 지배되고 있었는데, 이 종파는 수입의 대부분을 땅콩생산에서 얻고 있다. 정부는 종파지도자들에게 막대한 보조금 대출, 토지, 기계, 기타 농업투자 등을 제공함으로써 그들이 집권당과 정부의 가격정책을 추종하도록 한다.[36] 잠비아에서는 대부분의 농민들이 농업협동조합의 회원자격으로만 보조금 대출을 얻을 수 있다. 그 조합은 집권당의 지구당조직에 의해 구성되었으며, 지금도 그들에 의해 지배되어 있다. 그러므로 보조금 대출은 정치적 충성을 조건으로 이루어진다. 더군다나 농업대부 사업은 전직 맹렬당원이 지역단위로 운영하고 있고, 인력도 그들 중에서 충원된다. 그 당 인사들은 식민지로부터의 독립이 가져다주는 혜택이 집권당의 대의명분에 동조하는 자들에게만 주어진다는 점을 분명히 하려고 노력했다. 마지막 예를 들면, 가나에서는 1950년대 말 낮은 코코아가격에 대한 코코아

---

36) Cruise O'Brien, *Mourides.*

생산자들의 집단적 저항이 부분적으로 대동인민당의 비밀무기라고 할 수
있는 악명높은 가나통합농민평의회에 의해 무산되었다. 농민평의회측은
정부와 정부정책을 지지하는 농민에게 비료, 기구 및 다른 투입재를 제공
하고, 신용대출을 정부지지자들에게만 제공함으로써 정부와 농업정책에
대한 농민의 저항을 분쇄하는 데 일조했다.[37]

그리고 우리는 농장투입재에 대한 특권적인 접근권을 부여하는 것이
바로 식민정부가 사용하던 기술이었다는 사실에 주목해야 한다. 결국 농
업자금을 얻는 것과 정치적 충성심의 교환은 널리 알려진 교환의 일부였
다. 예를 들어 북부 및 남부 로디지아에서, 식민정부는 옥수수 독점구매기
관이 확보한 수입금을 농업투자의 비용을 보조하기 위해 사용하였는데,
정부는 그 농업투자금을 소수의 이른바 선도적인 또는 진보적인 농민들
에게만 아낌없이 제공했다. 민족주의 운동세력은 이런 농민들을 일찌감치
식민지체제의 꼭두각시라고 규정했다. 민족주의 운동가들은 농업자금의
선택적 지급이 이런 특권 농민의 이해관계를 농민대중의 그것과 분리하
고, 특권농민의 정치적 충성심을 아프리카인 동포들의 그것으로부터 이탈
시키기 위하여 행해졌던 것을 목도했다.

생산물 시장에서는 집단적인 박탈을 강요하는 한편, 농업투입재 시장
에서는 선별적인 특혜를 부여함으로써, 정부는 소수 특권농민들로 하여금
대다수 농민의 이익에 배치되는 정부활동을 맹종하게 만든다. 농업투자
사업을 정치화하고, 수혜의 조건으로 정치적 충성심을 요구함으로써, 집
권당에 대한 순종과 그 정책에 대한 동조를 이끌어 낸다. 이런 조처의 정
치적 효과는 다음과 같은 사실에 의해 부각된다. 즉 그러한 조처들이 주
로 대규모 생산자를 겨냥한 것인데, 그들은 가격정책의 변경으로 가장 많
은 이득을 챙기는 부류이고, 이런 이득이 제공되지 않을 경우 농민의 편
에서 지도력을 발휘해서 정부정책을 바꾸는 데 앞장설 사람들이라는 것
이다.

---

37) Ghana, Jibowu Commission, *Report of the Commission of Enquiry into the Affairs
   of the Cocoa Purchasing Company*, Accra: Government Printer, 1956; Ghana,
   Local Purchasing of Cocoa.

3) 정치조직화의 도구로서의 시장

우리가 살펴본 바와 같이 농산물시장에서 공인된 독점구매 중개상은 농산물 가격을 시장가격 이하로 조정한다. 이 가격수준에서 수요는 공급을 초과한다. 이때 시장관리자들은 시장진입권을 줄 수 있게 된다. 낮은 정부가격으로 곡물을 입수하게 된 자들은 시장가격으로 판매하여 높은 수익을 얻을 수 있다. 결국 정부가격이 적용되는 규제된 시장에 참여할 수 있는 상인들은 시장관리자들의 호의 덕택에 재산을 증식시키게 된다. 예를 들어 가나의 코코아 마케팅위원회의 구성원들은 그들이 줄대기를 바라는 정치적 배경을 가진 자들에게 사적 거래를 허용했다. 그 자들은 주로 가나정부의 전직 최고관료들이었다. 케냐 옥수수시장에서는 옥수수와 농산물 마케팅위원회의 감독관이 발행하는 운반허가증이 혜택받은 충성스러운 정치적 지지세력을 포섭하는 데 이용되었다.[38] 정부정책의 일환으로 농산물가격이 인위적으로 낮게 책정된 시장에 진입하는 것을 허가하는 재량권은 정치적 영향력을 축적하는 귀중한 수단이 된다.

농산물가격 규제는 또한 그 때문에 가장 많은 피해를 입는 대다수 농민세력을 해체하는 기능을 발휘함으로써 정치적 통제를 뒷받침한다. 시장관리자들은 약간의 부수입을 위해 농민들이 시장가격으로 거래하는 것을 묵인해주기도한다. 규제구조는 관리들에게 합법적 권력을 부여한다. 농민들은 거래권한이 없는 것이다. 일반적 규제를 벗어나 소수 예외를 인정받은 농민들만이 시장 교환가격으로 거래할 수 있다. 마케팅 정책이 구축한 틀내에서 농민들은 그런 예외적 권리를 보장받으려고 안달하게 된다. 따라서 관리들은 그런 재량권을 이용하여, 특정농민의 개별적인 이해와 그들 계급의 이해를 분리시키고, 농민이익을 대변하는 운동집단의 조직화는 난관에 봉착한다. 게다가 가격통제구조는 지배계급을 위하여 정치권력의 요소를 마련해 준다. 관료들은 규칙에 대한 예외를 인정하여, 특혜를 부여하고 규칙을 강화하여 제재를 가할 것을 위협한다. 따라서 시장규제는 정

---

38) Kenya, *Report of the Maize Commission of Inquiry*, June 1966, Nairobi: Government Printer, 1966.

치통제의 원천이 되며, 그리고 어떤 면에서 이와 같은 현상은 규칙이 위반되는 과정에서 더욱 뚜렷이 나타난다.

정부는 또한 농업투입재의 가격을 낮게 조정하려 한다. 그 결과로 그들의 정치적 통제능력은 다시 한번 강화된다. 정부가 투입재의 가격을 낮추면 사적 기업가는 더 작은 양을 공급하고 사용자는 더 많은 양을 요구하게 되어 항상적인 초과수요가 발생한다. 하나의 결과는 투입재가 새로운 가치를 획득하게 된다는 점이다. 즉 행정적으로 창출된 부족현상은 희귀한 투입재를 획득한 이들에게 경제적 프리미엄을 제공하는 셈이다. 그것이 가져오는 또 하나의 결과는 공시가격으로 시장에서 투입재를 배분할 수 없다는 점이다. 공급은 부족하게 되고 그리하여 투입재는 가격체제를 통해 배분되기보다는 오히려 배급되게 마련이다. 그러므로 규제된 시장을 담당하고 있는 사람들은 재량권을 얻게 되고 그들이 선호하는 이들에게 특별한 이득을 제공할 수 있게 된다.

보통 정부는 정치적 거물을 농업 프로그램의 책임자로 임명한다. 그 결과 엘리트들이 시장에서 정한 임의가격으로 농업투입재를 판매하여 프리미엄을 착복한다. 정부는 농업 프로그램의 이런 타락을 방조하여 잠재력 있는 정치인을 자기 수하로 삼는다. 다른 경우 정부는 그런 부패를 방지하고, 공식적인 공시가격으로 투입재를 배분하기도 한다. 이리하여 결과적으로 하위의 정치적 인물과 보조금 프로그램의 예정된 고객과 수혜자로부터 정치적 충성심을 확보하는 것이다. 왜냐하면 그들이 경제적 프리미엄을 챙기게 되기 때문이다.[39] 더욱이 초과수요 때문에 투입재를 분배하는 이들은 자금지원의 전제조건으로 정치적 충성심을 요구하기도 한다. 따라서 영농자금, 트랙터 사용서비스, 종자, 비료 등을 배분하고, 정부가 관리하는 관개시설 및 공공용지의 이용권을 배분하는 공공사업은 농촌지역 정치조직화의 도구가 되는 것이다.

---

39) 잠비아에서 필자가 연구한 바 있던 루아풀라(Luapula)의 협동조합 중의 하나는 보조금이 포함되어 있는 비료를 구입했다. 그리고 나서 지역의 상업적 농장주에게 시장교환가격으로 그 비료를 판매함으로써 보조금과 관련된 지대 프리미엄을 획득했다.

6. 결론

다른 발전도상국 정부와 마찬가지로 아프리카 정부들도 대다수 농민의 이익에 반하는 방식으로 농업시장에 개입한다. 그들은 농산물에 대해서는 낮은 가격을 채택하고, 농민이 소비하는 재화의 가격을 높게 유지한다. 그리고 농민들이 농업생산에 사용하는 재화의 가격에 정부가 보조금을 지급하지만, 소수의 부자들이 이 보조금의 이익을 착복하게 된다. 게다가 아프리카 농업정책은 가격보다 공공개발사업을 더 중시하는 특징이 있다. 가격정책을 이용하는 경우에는 농업수입 증가보다는 농업비용 절감을 더 선호한다. 그리고 광범위한 경제적 비효율성이 또한 특징적이다.

필자는 이런 형태의 농업정책을 설명하기 위해 여러 가지 정치적 접근 방법을 시도해 보았다. 정책의 지속성을 논의하는 것으로 결론에 대신하고자 한다.

필자는 앞서 주장했듯이 가격개입의 유형은 조직화된 정치적 이익집단 간의 정치적 협정의 조건을 반영하는데, 이에 따른 비용은 가격조정 연합에서 배제된 조직되지 않은 이익에 전가된다. 정치협정의 구성원은 노동계, 산업계, 정부 등이고 희생자는 소농이다. 대농은 보조금 프로그램에 의하여 정치적으로 중화되는 지배연합의 수동적 동맹세력이다.

승자연합을 구성하는 어떤 세력도 단독으로 자신의 정치적 요구를 변경할 수 있는 유인을 갖지 않는다. 예를 들어 노동조직은 싼 식료품에 대한 그들의 요구를 단독으로 바꾸지 않을 것이다. 산업계도 그 연합의 다른 세력들이 양보를 상쇄할 만한 신뢰성 있는 약속을 제시하지 않는 한, 식료품 가격을 올리고 나아가 임금인상을 유발하는 개혁을 요구하지 않을 것이다. 간단히 말해 지배연합과 그것을 지탱하는 가격구조는 안정돼 보인다.

그러나 장기적으로 승자연합이 만들어 놓은 이런 구조는 변하게 된다. 농민들은 가격정책에 대응하여 생산량을 줄이게 된다. 그 결과 곡물시장에 공급량이 줄어 보다 높은 가격이 형성되고, 수출시장에서는 곡물수출이 줄고 가득 외화량은 줄게 된다. 비조직화된 농업부문으로 전가되던 비용은 시장의 작용으로 지배연합에게 이전된다. 농민들은 정치적 타협의 비용을 예정된 수혜자들에게 넘겨주게 된다. 이러한 비용이 높아질수록 수혜자들 간의 협정은 동요하게 된다.

아프리카에서 이러한 지배의 토대로부터 얻어지는 보상이 고갈됨에 따라 새로운 가격정책을 도입할 기회가 높아지고 있다. 그리고 현재 정책의 비용이 연합참여자 중에서 더 많은 영향력을 갖고 있는 정부에 불균형하게 부담되면서 정책변화의 가능성은 높아진다. 정부는 저곡가정책을 유지하기 위해, 지역생산에 더 많은 보조금을 지급하거나 외국농산물 수입을 늘려서 추가공급을 해야 한다. 그러나 아프리카 정부들은 모두 재정위기를 겪고 있다. 즉 조세수입과 외화 모두가 부족하다. 따라서 정부는 현정책의 유지에 따르는 비용을 감당하려 하지도 않고 그럴 수도 없다. 결국 이런 상황은 정치권력의 재편을 가져온다. 재정위기 국면에서 재무장관과 중앙은행총재는 공공정책에 대해 더 큰 영향력을 발휘한다. 게다가 그들은 원조국 및 국제차관단과 동맹관계를 형성한다. 원조국과 국제차관단은 정부의 채무부담을 줄일 수 있도록 정책의 변화를 요구한다. 이러한 국제기구와의 연대로 재무장관과 중앙은행 총재 등은 더 큰 영향력을 획득한다.

결국 이 논문에서 묘사된 일련의 공공정책은 조직된 이익집단 간에 정치적 협정을 위한 토대를 형성했다. 그러나 그러한 정책들은 그러한 집단들의 경제적·정치적 가치를 잠식하는 경제적 힘을 작동시키게 된다. 더욱이 현대 아프리카 정부들이 겪고 있는 재정위기로 말미암아 정부내 권력관계의 재편이 이루어지고, 정책결정과정에 새로운 주역들이 탄생하고 있다. 결과적으로 이러한 공공정책을 지속적으로 추진하는 것은 안정적이지 않고, 사실상 변화할 수밖에 없을 것이다.

▌제8장▐
종속적 발전*

피터 에반스

종속이론의 창시자들로는 프라도(Caio Prado, Jr.), 바구(Sergio Bagu), 페르난데스(Florestan Fernandes)와 같은 라틴아메리카의 비판적 사회학자 및 역사학자(Cardos, 1977; Kahl, 1976), 프랑크(Andre Gunder Frank, 1967)에 의해 라틴아메리카적 맥락에 적용된 바란(Baran), 그리고 발전경제학에 대한 구조주의적 수정론을 전개한 프레비쉬(Raul Prebish), 푸르타도(Celso Frutado) 등을 들 수 있다. 이 주제에 관한 논의를 통해서, 종속이론가들은 "외부와의 관계를 보여 주는 각 사회의 특징"(Cardoso and Faletto, 1973: 28)을 발견하려고 했다.

더 최근에는 제국주의 이론에 대해서 보다 직접적으로 연구하기는 했지만, 종속이론의 초점을 제국주의의 결과로 나타난 주변부 국가들의 내부적 발전에 맞춘 아민(Samir Amin)과 같은 학자들도 종속이론의 창시자들과 합류하였다.

그럼에도 불구하고 여전히 출발점은 외부세계와의 관계라고 할 수 있다. 종속국은 그 발전이 "다른 나라의 경제 발전과 팽창에 의해 조건지어진다"(Dos Santos, 1970: 236). 종속국들은 전통적으로 국제시장과의 연

---

* Peter Evans, *Dependent Development: The Alliance of Multinational, State, and Local Capital in Brazil,* Princeton, New Jersey: Princeton Univ. Press, 1979, pp. 25-54(신윤환 옮김).

관을 통해서 몇 가지 1차상품 수출로 특화하게 되었다. 중요하지 않았던 몇 안되는 이러한 생산품으로부터 얻은 수입이 종속국의 자본축적에 절대적으로 중심이 되었던 것에 반해, 중심부의 입장에서는 각각의 산물들이 전체 수입의 아주 작은 일부만을 차지할 뿐이고, 보통 여러 가지 다른 곳들로부터도 얻어질 수 있는 것들이었다. 그러나 종속국의 발전은 중심부에서 이러한 산물들을 계속적으로 받아들일 때만이 가능하다. 따라서 중심부에서의 경제적 변동은 주변부에 심각한 부정적 영향을 주는 데 반해, 주변부에서의 경제위기는 중심부의 축적에 어떠한 실질적인 위협도 되지 않는다.

무역관계에 기초한 종속을 보완하고 종종 뒷받침해 주는 것은, 종속국가의 생산기구에 대한 외국인 소유에 기반한 종속이다. 종속국 생산기구의 주요한 부문이 다른 곳에서 통제되는 자본의 한 부문이 되고, 이것이 종속의 주요한 측면이 될 때, 종속국의 축적은 "다른 국가의 발전과 팽창" 에 의해서보다는 "중심부에 근거한 자본의 발전과 팽창" 에 의해 외부적으로 조건지어진다. 그럼에도 불구하고 불균형은 여전히 존재하고 있다.

따라서 종속은 가장 단순하게 볼 때, 축적의 속도와 방향이 외부적으로 조건지어지는 상황으로 정의된다. 그러나 이상하게도 외부와의 관계가 종속을 분석하는 시발점인 데 반해, 종속이론가들이 대부분 강조하는 바는, 종속국의 내부 계급관계에 관한 것이다. 카르도소와 팔레토(Fernando Henrique Cardoso and Enzo Faletto, 1973: 140)가 지적했듯이, "…한 민족(nation)과 다른 민족, 한 국가와 다른 국가 사이에는 어떤 추상적 종속관계도 존재하지 않는다. 그러한 관계들은 한 사회집단과 다른 사회집단, 한 사회계급과 다른 사회계급들 간을 연결하는 이익과 상호작용의 망(network)을 통해 구체화될 수 있다."

종속은 전혀 별개의 여러 가지 상황들을 포괄한다. OPEC와 석유위기는 1차산물의 수출이 국제무역에 있어 열등한 지위를 보편적으로 가져오지는 않는다는 사실을 강력하게 깨우쳐준다. 보다 더 중요한 사실은 한 나라가 종속되었다고 이야기하는 것이 그 나라와 국제경제체제와의 관계가 불변적이고 고정되어 있다는 사실을 이야기하지는 않는다는 점이다.

그것은 오히려 그 나라의 역사적 축적과정이 다른 주변부 국가들에서 공통적으로 나타나는 어떤 명확한 특징들을 갖고 있고, 그것이 중심부 국가들과는 구별된다는 사실을 의미한다고 하겠다.

최근의 종속이론가들은 국제적인 노동분업을 근본적인 효과에 있어서 동일하지만 표면적으로는 크게 변화하고 있는 것으로 파악한다. 그런데 흥미롭게도, 이러한 시각에 대한 가장 정교한 이론적 보강은 종속이론적 전통에서 나온 것이 아니라, "생산주기 모델(product life cycle model)로 알려진 비교우위이론의 최근 입장으로부터 나왔다(Vernon, 1966; Johnson, 1968; Wells, 1972).

이 모델에 따르면, 새로운 제품들은 처음에는 중심부에서 생산되고 판매되는 경향이 있다가, 이후 중심부에서 생산되어 주변부로 수출되고, 마지막에는 주변부에서 생산된다. 시간이 지남에 따라, 더욱 더 많은 제품들이 주변부에서 생산될 것이지만 이러한 제품들은 계속적으로 어떤 특징들을 공유할 것이다.

생산은 관련기술이 일상화된 이후에만 주변부로 이동한다. 이 시점에서 불확실성은 줄어들고, 값싼 노동이 갖는 이점은 생산비용에서의 차이를 만들어 낸다. 따라서 슘페터주의자들이 말하는 "뜻밖에 굴러떨어진 이윤(windfall profit)"은 항상 중심부의 특권으로 남는다. 게다가 주변부는 낮은 생활수준을 종속적 발전의 기반으로 하면서, 국제시장에서의 비교우위를 위해 낮은 노동임금에 의존할 수밖에 없었던 것이다.[1]

또한 주변부에서의 제조업의 도입은 중심부에서의 제조업 투자와 연계되어 나타나는 전통적인 '승수효과(multiplier effect)'를 수반하지 못한다. 주변부 경제는 '탈절(disarticulated)'되어 있다. 즉 주변부의 기업들은 자

---

[1] 이 점에 대해서 밝히고 있지만 여기에 소개되고 있지 않은 사고의 한 흐름이 엠마누엘(Arrighi Emmanuel, 1972)의 '부등가 교환론(theory of unequal exchange)'이다. 부등가 교환론을 종속이론의 전통과 연계시키는 라틴아메리카에 대한 구체적 연구가 없기 때문에, 제국주의 이론의 발전과정에서 이 이론이 차지하고 있는 중요성에도 불구하고, 나는 엠마누엘의 논의를 생략하기로 했다. 부등가 교환론에 대한 간략한 설명을 살펴보기 위해서는 아민(Amin, 1976: 138-154)을 보라.

립적(autocentric) 경제에서의 기업들처럼 상호연관되어 있지 않다. 따라서 새로운 투자로 인한 '승수효과'는 중심부로 되돌아가게 되는 것이다. 수출부문의 생산량 증가는 그것이 아무리 급속하다 할지라도, 자립경제와는 달리 주변부 경제에서 환류효과를 가져오지 못한다. 아민이 주장하듯이, 로레인(Lorraine)의 철광이 고갈된다면, 이는 그 지역에 심각한 복구문제를 야기시킬 수도 있다. 그러나 그 지역의 하부구조가 다른 곳으로부터 수입될 수 있는 광물을 기반으로 하여 형성되었기 때문에, 이러한 어려움은 극복될 수 있을 것이다. 하지만 모리타니아(Mauritania)의 철광이 고갈된다면 그 지방은 황무지로 되돌아갈 것이다(Amin, 1976: 239).

기술과 사회구조 사이의 탈절은 경제적인 통합을 더욱 어렵게 한다. 푸르타도는 기술도입을 주변부 경제의 '구조적 왜곡'을 가져오는 요소로 파악한다(Furtado, 1969: 15). 중심부로부터 도입된 생산기술들은 본래 농업노동의 거대한 예비인력을 흡수하기 위해 고안된 것이 아니었다. 중심부에서 개발되고 주변부에 도입된 제품들은 주변부의 상황에서 보면 사치품들인 것이다. 그것들의 생산은 희소자원을 사용하고, 결과적으로 "그러한 제품들을 위해 자원배분상의 왜곡과 대량 소비상품의 희생을 가져온다"(Amin, 1977b: 9).

엘리트에게 있어서 탈절은 자립적 축적의 장애물이지만, 대중에게 있어 그 결과는 배제(exclusion)이다. 즉 축적은 주로 수출품 또는 그들의 기술수준을 넘는 상품들에 의존하기 때문에 국민대중은 소비자로서 배제될 수 있다는 것이다. 근대적 부문에서의 자본집약적 기술은 이들을 주변적인 생산계급으로 전락시킬 수 있다. 그들이 경제적 참여로부터 효과적으로 배제되어 있기 때문에, 그들의 정치참여를 허용하는 것은 혼란을 가져올 것이다. 정치적이고 경제적인 배제는 사회적이고 문화적인 배제를 가져온다.

탈절과 같이, 배제 또한 종속의 고유한 특징 중의 하나이다. 고전적인 종속을 특징지었던 엘리트와 대중 사이의 소득격차는, 일단 국내 제조업부문이 확대된다면 줄어들 것이다. 그러나 60년대의 통계는 불평등이 증가하고 있음을 보여 준다(cf. Adelman and Morris, 1973; Chase-Dunn,

1975; Evans and Timberlake, 1977). 정치적인 수준에서 민중주의(populism)는 지속적인 전략임이 입증되지 않았다. 라틴아메리카 국가들에 대한 오도넬(Guillermo A. O'Donnell)의 회의적이지만 확신에 찬 비교분석에서 볼 수 있듯이, 더욱 발전된 주변부 사회에서 지배집단은 자신들의 생활방식(lifestyles)을 유지하는 데 필수적인 경제발전이, 대중에 대한 정치적인 배제의 증대를 필요로 한다는 것을 깨달았다(O'Donnell, 1973).

주변부사회의 내부적인 탈절은 국제적으로 엘리트들의 단합에 의해 더욱 악화된다. 오늘날의 엘리트들은 라틴아메리카의 전통적인 식민통치자들이 그랬던 것처럼, 자신들의 셔츠를 세탁될 유럽으로 보내지 않았다. 하지만 그들은 선켈(Osvaldo Sunkel)이 '초국가적 핵심(the transnational kernel)'이라고 부른 것, 즉 "서로 상이한 국가들에서의 복잡한 활동, 사회집단과 지역들…유사한 생활양식, 방법 및 수준과 문화적 친화력에서뿐만 아니라 많은 구체적인 이익들을 통해서 초국가적으로 밀접하게 연결된 것…"(Sunkel, 1973: 146)의 일부분이다.

종속적인 사회구조의 어떤 특징들이 산업화에도 불구하고 지속될 것이라고 주장하는 것은 종속이론의 주요한 과업 중의 하나였다. 그러나 변화와 그 추이를 설명해 내는 것 또한 똑같이 중요하다. 애초부터 종속이론은 제국주의의 형태변화가 주변부적 사회구성체들을 변화시킨다는 사실을 인정했다. 고전적 종속이 형식적인 정치적 독립상태에서 발생한 라틴아메리카에서, 대공황은 통상 '전환의 계기(moment of transition)'로 간주된다. 1차산물이 '외부지향적 팽창'의 기반을 제공했던 고전적 종속의 시대는 30년대 초까지 계속되었다(Cardoso and Faletto, 1973: 39-51). 공황의 위기로 인해 과거 기반에 의존한 생존이 불가능해진 결과, 종속국 국내시장으로 초점을 전환해야 했다.

수입대체가 비(非)내구재로부터 내구재, 중간재, 그리고 일부 자본재로 이동하면서 다국적기업의 침투가 더욱 강화되는 동안, '내부시장의 공고화,' 즉 '쉬운' 수입대체 산업화의 성장은 국내시장의 '국제화'(internationalization)를 가져 온다(Cardoso and Faletto, 1973: 114-138). 오도넬은 이를 '수평적' 산업화에서 '수직적' 산업화로의 전환으로 파악하고, 그것의 내적 특성이 경제적으로뿐만 아니라 정치적으로 초기 수입대체 단계와는 다르다는 점에서 카르도소와 팔레토의 주장에 동의하고 있다.[2]

아시아와 아프리카에서, 2차대전의 정치적 위기는 전환의 시작을 알렸다. 이들 대부분의 국가들에서 내부시장의 공고화는 여전히 진행되고 있고, '수직적 산업화'는 미래의 계획이 되고 있다. 그럼에도 불구하고, 국내 산업부르주아지와 국제자본 간의 관계는 더 발전된 라틴아메리카 국가들의 진보와 아주 유사한 방식으로 변화했던 것이다.

아민은 국내 부르주아지가 "독립, 농업개혁, 그리고 산업성장으로 이어진 승리를 쟁취"했으며 이런 승리로 인해 "국내 부르주아지는 제국주의 동맹으로 통합되었다"고 주장한다(Amin, 1977a: 35). 제국주의의 '두 번째 단계'에서 나타나는 계급동맹에 대한 아민의 설명은, 종속의 최근 역사에 대한 라틴아메리카 학자들의 설명에서 볼 수 있는 공통적인 주제들을 반영하고 있다. 일단 '국내시장의 국제화(internationalization of the domestic market)'가 일어난 다음, 무대는 '국제화된 부르주아지(internationalized bourgeoisie)' (Cardoso and Faletto, 1973: 134) 또는 선켈의 표현에 의하면 '초국가적 핵심'의 지배를 위해 마련된다. 국내자본과 국제자본과의 동맹은 이러한 모든 설명에서 공통적인 요소이다.

카르도소의 '연합종속적 발전(associated-dependent development)'모델은 동맹의 개념을 가장 심도있게 설명하고 있다. 그에 따르면, 연합종속적 발전은 경제에 있어서 세 부문(즉 사적인 국내자본, 해외부문, 공공부문)의 동시적이고 차별적인 팽창과 관련된다(Cardoso, 1974: 57). 정치적으로 연합종속적 발전은 "이러한 경제부문들을 통제하는 사회집단 간 관계체계의 구조화(structuring of a system of relations)"를 필요로 한다.

종속이론과 아민과 같은 이론가들의 기여는 정체(stagnation)모델의 구

---

2) 같은 방식의 시기구분이 많이 존재한다. 예를 들어 선켈은 다국적기업의 발흥을 자유방임주의 윤리의 후퇴로서 강조하면서, 현재 시기를 '신중상주의(neo-mercantilism) 시대'로 특징지었다(Sunkel, 1973). 페레이라도 변화의 내부적 측면을 강조해 '주변적 산업화(peripheral industrialization)'로 명명했고, 산토스는 2차대전 이후의 시기에 대해서 '신종속(new dependence)'이란 용어를 사용했다(Dos Santos, 1970).

축으로부터 탈피하여, 종속적 발전에 대한 분석을 지향하게 되었다는 점이다. 만약 우리가 발전을 "자본축적과 생산체계의 분화에 따른 그것의 결과"로서 정의하여 카르도소와 합류한다면(Cardoso, 1974: 57), 종속적 발전은 주변부에서의 자본축적과 어느 정도의 산업화를 의미한다. 종속적 발전은 국제자본과 국내자본의 연합 내지는 동맹에 의해 특징지어진 종속의 한 특수유형이다. 또한 국가는 능동적 동반자로서 동맹에 합류하게 되고, 그 결과 3자동맹(triple alliance)은 종속적 발전의 출현에 있어 근본적인 요소가 된다.

종속적 발전은 이후에 '국내시장의 공고화'로의 전환이 일어날 수 있었던 나라들에서 최소한 고전적 종속과 '수출지향적 성장(export-oriented growth)'의 시기 동안까지도 일어나고 있었다. 만약 자본축적과 어느 정도의 산업화가 이들 나라에서 일어나지 않았다면, 더욱 심화된 산업화를 지향하는 성장으로의 전환은 불가능했을 것이다. 그러나 종속적 발전은 고전적 종속의 주요 주제였다기보다는, 그에 대한 반론의 출현을 의미했다. 지배엘리트의 이해관계에도 불구하고, 고전적 종속하에서 산업자본의 축적은 가능했던 것이다.

그러나 국내시장의 국제화(제국주의의 두 번째 단계 또는 수직적 산업화)에 의해 특징지어진 나라에서 종속적 발전은 종속의 지배적인 양상이다. 그 나라는 '종속적 발전'이라는 용어를 명확하게 적용한 종속의 사례들인 것이다. 이 연구를 통해서 '종속적 발전'은 주변부 국가에서 일어날 뿐만 아니라 그 경제와 사회구조의 변형을 가져오는, 피상적인 성격 이상의 자본축적과 다양한 산업화가 일어나는 사례들을 지칭하는 의미로 사용될 것이다.

종속적 발전은 종속의 부정이 아니라는 점이 강조되어야만 한다. 그것은 오히려 종속과 발전이 결합된 것이다. 아민조차도 "주변부의 구조를 규정하는 어떠한 특징도 경제성장이 진전됨에 따라 약화되지 않고, 오히려 강화된다"고 주장하는 데까지 나아갔다(Amin, 1976: 287). 또한 종속적 발전을 통해 중심부와 주변부 사이의 모순도 해소되지 않는다. 카르도소가 지적한 바와 같이, "연합종속적 발전이 일어난 경제와 중심부 경제

사이의 관계를 검토할 때, 극히 불평등한 부의 정도, 국제적 잉여의 불평등한 전유(appropriation)형태, 그리고 중심부 국가에 의한 역동적인 자본부문의 독점 등에 기반한 국제적 노동분업이 지속되는지를 파악하는 것은 그다지 어렵지 않다"(Cardoso, 1977: 20).

종속적 발전은 모든 주변부 국가들이 도달할 수 있는 단계는 아니다. 단지 소수의 국가만이 선택된다. 국제적 계층화는 국내 부르주아지와 국제자본이 동맹을 맺을 수 있는 나라들이 점차 다수의 제3세계 국가들로부터 분화됨에 따라 균등화되기보다는 오히려 강화된다. 월러스타인(Immanuel Wallerstein)은 종속적 발전이 더 진전된 국가들이 국제체계내에서 자신의 분명한 위치를 차지하고 있다고 주장한다(1974b; 1974c). 그들은 반주변부(semi-periphery)를 형성하고 있는 것이다.[3]

반주변부화된 국가들은 그 배후에 모호한 관계들을 맺고 있다. 모든 반주변부는 여전히 중심부에 대해서는 불리하지만, 이웃나라들에 대해서는 이점을 갖고 있는 것이다. 반주변부의 정치적이고 군사적인 자원들은 "'아제국주의(subimperialism)'(cf. Marini, 1972)를 발생시키는 데는 불충분할지 모르지만, 만약 그들이 저발전한 나라에 시장을 갖고 있고, 원자재와 식량을 직접적으로 싸게 공급받을 수 있다면, 새로운 종속의 길로 더 빨리 발전해 나아갈 수 있다"(Amin, 1977b: 14-15)는 것 또한 여전히 타당하다.

국제경제에서 반주변부의 분명한 지위는, 이들 나라에서의 종속적 발전과정이 제국주의의 미래에 아주 중요하게 작용하게끔 한다. 반주변부에 대한 중심부 자본의 몰입은 주변부 경제에 위기를 가져다 주기에 충분하며, 이에 따라 원료생산에 관련된 기업들뿐만 아니라, 광범위한 다국적기업들에게까지 심각한 결과가 초래된다. 주변부 중에서 가장 못사는 나라

---

3) 월러스타인은 종속이론가(dependentista)가 아니다. 그의 초점이 주변부 국가의 내부 사회구조에 있기보다는 세계체계에 있기 때문에, 그의 연구는 아주 다른 이론적 지향을 보여 준다. 즉 그는 종속적 발전에 대한 어떠한 논의에서도 자신의 "반-주변부" 개념과의 명백한 관련성을 밝히고 있으며, 아민과 마찬가지로, 종속이론의 영향을 받아 제국주의 이론을 정확하게 기술하는 데 기여했던 것이다.

는 중심부의 어떤 심각한 방해에 영향받지 않고서도 정체될 수 있다. 그러나 반주변부에서의 위기로 인해 몇몇 산업부문의 다국적기업들은 축적을 위해 중요한 대체영역(alternate arena, 또는 예비영역)을 박탈당할지도 모른다. 만일 반주변부에서의 위기가 이들 국가들의 정치적 불만을 초래한다면, 전반적인 체계의 정치적 안정까지도 위협받을 것이다. 월러스타인의 견해에 따르면(1974c: 3), 적어도 "그들 자신을 상층부문보다 못 산다고 생각하기보다는 하층부문보다 잘 산다고 생각하려고 하는 '중간(middle)'부문의 창출"이 국제체계의 정치적 양극화를 피하는 주요한 수단이 되었다.

종속의 가장 최근 단계는 외부적 관계의 재구조화를 가져오지만, 반주변부 지역에서의 변화는 그 국가내의 자본축적의 특성에 따라 좌우된다. 그리고 이는 다국적기업, 국가, 국내 부르주아지의 3자동맹에 근거하는 바, 이들 세 동반자들과 그들 간의 상호관계는 종속적 발전의 제도적 기반에 대한 어떠한 분석에서도 출발점이 되고 있다.

1. 다국적기업[4]

다국적기업은 국제자본의 조직적인 구현체이다. 그들의 결정은 제국주의의 지시를 반영한다. 이러한 결정들은 외부적 긴급함을 반영하는 것 이상이다. 즉 조직적인 형태 그 자체가 이미 결과를 함축하고 있는 것이다. 제국주의가 단지 자본주의만을 의미하지 않는 것처럼, 다국적기업 또한 단순히 이윤을 창출하는 자본주의적 기업만을 의미하지는 않는다. 기업들

---

4) 'multinational'이라는 용어는, 대부분의 다국적기업들이 단일한 중심부 구각으로부터 자본에 의해 통제되고 있다는 점에서 분명히 잘못된 명칭이다. 그보다는 'transnational'이라는 새로운 용어가 더 적합하다. 그러나 나는 주로 종속적 발전의 분석에 사용된 언어가 보편적인 용례로부터의 일탈 이상의 의미를 포함하고 있고, 또한 독자들이 'multinational'이라는 용어가 지칭하는 경험적인 기업의 세계에 대해 아주 명확한 관념을 갖고 있다는 것을 깨달았기 때문에 계속해서 'multinational'이란 용어를 사용해 왔다.

은 생산에 참여한 현지 경영자들로부터 생산에 대한 통제권을 빼앗아 갔다. 기업들은 생산자로부터 생산에 대한 통제권을 박탈해 버린다. 요컨대 다국적기업들은 정치적 경계를 넘나들며 소외를 확장시키는 것이다. 전략적 결정들은 중심부에서 내려진다. 설사 그 전략이 처음에 현지에서 고안된 것일지라도, 중심부에서 승인되어야만 한다. 운영상의 결정들은 현지에서 내려질 수도 있으며, 주변부에서 일하는 사람들이 전략에 영향을 미칠 수도 있다. 하지만 여전히 장기적 계획과 '원대한 전망(larger picture)'은 모두 중심부에서 이루어지고 있는 것이다. 이러한 현실은 주변부에서 살고 있는 사람들, 아마도 일반 대중보다는 엘리트들에게 더 큰 좌절을 가져다 줄 것이다.

제국주의를 분석하는 많은 학자들은 누가, 어디에서 결정을 내리는가에 대한 문제를 고려하지 않는다. 엠마누엘(Arrighi Emmanuel)이 "솔직히 고백하건대 나는 캐나다 산업의 정책결정 중심지가 뉴욕이나 시카고의 마천루에 위치한 사무실로부터 몬트리올이나 토론토의 빌딩숲에 자리잡은 다른 사무실로 옮겨졌다고 해서 캐나다의 노동자 또는 국민에게 무슨 이득이 있을지에 대해 전혀 이해할 수 없을 뿐만 아니라, 만약 인도 여권을 가진 자본가들이 북아메리카나 일본 여권을 가진 자본가들에게 자신의 자리를 넘겨주는 날이 온다면, 연간 1인당 소득이 100달러밖에 되지 않는 인도의 대중들이 무엇을 잃게 될 것인지에 대해서는 더욱 이해할 수가 없다"(1974: 75)고 밝힌 것은 그러한 사례를 분명하게 보여 주고 있다.

그러나 불행하게도 자본가들의 행위는 엠마누엘이 제시한 것처럼 그렇게 단순하지만은 않다. 확실히 전체로서의 제국주의의 구조는 어떠한―국내적 또는 국제적―기업이든 반응해야만 하는 공통된 환경을 창출한다. 하지만 개별기업의 축적논리는 그러한 환경과의 구체적인 관계에 따라 좌우된다고 할 수 있다.

다국적기업은 국내기업이 갖고 있지 않은 기회들을 가지고 있다. 그들은 국내적 전략이 아닌 세계적 전략의 측면에서 자신들의 이윤을 극대화할 것이다. 게다가 수익성의 논리 또한 항상 모호하다. 기업이 하는 일은 그것이 어떤 기회를 찾을 수 있느냐에 따라 좌우된다. 아무리 체계화된 기업이라고 하더라도, 불완전하고 불확실한 정보를 기초로 하여 결정을 내린다(cf. Goodman, 1975). 무엇을, 어디에서, 어떻게 생산할 것인가를 선택하는 일은 경험에 의한 추측을 기초로 하여 이루어지고, 그 추측의 방향은 결정이 내려지는 환경에 따라 좌우되는 것이다. 조직이론가들은 그러한 문제를 "제한된 합리성(bounded rationality)"으로 설명한다(Simon, 1965; March and Simon, 1958; Cyert and March, 1963). 이는 정책결정자들이 얻을 수 있는 정보에 의해 생긴 인식의 한계내에서만 어떤 결정이 합리적이라는 것을 뜻한다. 캔사스 시에서 자라나서 시카고에서 일하는 어느 합리적인 기업가는 상파울로에서 자라나서 거기에서 일하는 사람과는 다른 정보를 사용하여 결정을 내리게 되는 것이다.

제한된 합리성 개념은 제국주의의 초기단계에 주변부에서 왜 외국인 투자가들이 자발적으로 제조활동을 시작하지 않았는가를 설명하는 데 도움이 된다. 그들이 보기에 그것은 위험을 감수할 만한 가치가 없었던 것이다. 때때로 그들은 투자하지 않을 권리를 가질 수 있었다. 그들에게 잘못된 점이 있었다면, 그것은 그들이 주변부에서의 투자가 가져오는 위험성을 과대평가하는 경향이 있었다는 점이다. 고전적 기업가는 그 반대인데, 그들은 위험을 과소평가하여 잘못을 저지르곤 했던 것이다. 바란이 주장했듯이, 제한된 합리성 때문에 외국인 투자가들은 기업가의 역할을 선뜻 지원(志願)하지 않았다.

다국적기업의 조직상의 논리는 주변부로의 산업 이전을 느리게 하는 경향이 있다. 그것은 또한 생산주기모델 속에 함축된 국제적 노동분업을 가져오고, 기술과 사회구조의 탈절을 강화시키는 것을 돕는다. 축적체계로서 제국주의는 모든 이윤추구 기업들로 하여금 중심부 국가의 사회여건에 맞게 고안된 기술을 추구하게 하고, 주변부 지역에서 수익성 낮은, 틀에 박힌 생산에 치중하도록 보장하고, 다국적기업들의 이해관계가 이러한 경향을 더욱 증폭시킨다.

다른 기업들이 모방할 수 없는 새로운 제품을 생산할 수 있는 능력은 다국적기업이 이윤을 획득하는 가장 중요한 원천 중의 하나이다. 그런데 지식은 독점하기 어려우며, 특히 지식의 생산이 고도로 집중되어 있지 않을 경우에는 더욱 그러하다. 따라서 다국적기업은 그들 사업의 혁신적 측면을 가능한 한 본국 가까이에서 유지하려는 동기를 갖게 된다. 그들이 자유롭게 그러한 선택을 할 수 있는 한, 주변의 산업화는 여전히 부분적일 수밖에 없을 것이다. 새로운 지식의 생산을 위한 시설들은 주변에 유치되지 않을 것이고, 새로운 기술은 계속해서 중심부 국가에서 생겨날 것이며 그것은 나중에 가서야 주변부에 동화될 것이다.

다국적기업이 주변부 소비자들로 하여금 중심부의 소비자들을 모방하도록 설득하려고 애쓰는 것 또한 당연하다. 그 기업이 통제하는 제품과 아이디어가 널리 확산될수록 좀더 많은 이윤을 얻을 수 있다. 또한 새로운 시장에서 기술을 사용하는 데 드는 추가비용은, 처음에 기술에 개발하는 데 드는 비용과 비교했을 때, 무시해도 좋을 정도이다. 물론 이는 새로운 제품생산뿐만 아니라 생산방법에도 적용된다. 따라서 다국적기업의 독점적 이익은 주변부 경제를 가능한 한 중심부의 기술이 침투하기 쉽게 만드는데 있다. 주변에 보다 적합한 기술을 생산할 수 있는 혁신적인 활동에 투자하기를 꺼리면서, 다국적기업은 그 적합성과는 무관하게 기존의 아이디어들을 팔려고 애쓰는 것이다.

다국적기업이 새로운 제품들을 위한 시장을 개척하자마자 그것들은 제3세계에서 판매될 것이다. 그러나 만약 정치적인 고려가 개입되지 않는다면, 그것들의 생산은 그 기술이 일상화된 후에야 주변으로 이동될 것이다. 바네트와 멀러(Barnet and Muller)가 텔레비전의 사례를 통해 잘 보여 주었듯이(1974: 129-133), 이러한 생산주기의 논리에 따라 다국적기업들은 한 제품에 대해 가능한 한 오랫동안 수익을 얻을 수 있게 된다.

결국 부유한 나라에서 만들어졌기 때문에, 다국적기업에 의해 제공된 제품들은 그 시장을 주로 제3세계 엘리트들 사이에서 찾게 된다. 따라서 다국적기업은 평이한 제조업 운영에서의 이윤확보를 위해 저임금 유지에 관심을 갖는 동시에, 그들 제품의 판매시장을 확보해 줄 소득의 집중에도 관심을 갖는다. 만약 다국적기업들이 그들 자신의 공통이익에 주의를 기울인다면, 그들은 종속적 발전의 배제적 경향과 기술 및 사회적 환경의 탈절을 다같이 강화시킬 것이다.

기업으로서 다국적기업이 갖게 되는 이익들은 또한 다른 종류의 탈절을 가져오는 한 원인이 된다. 그들은 자신들의 지역관리자들과 다른 지역 동맹자들을 '초국가적 핵심'으로 끌어들이기 위해 자연적인 통로들을 제공한다. 그들은 중심부국가의 공급자들 및 서비스 조직들과 관계를 맺고 있고, 다국적기업과 다른 국내기업들을 더 뚜렷하게 분리시킨다. 다국적기업의 공통된 핵심과 그 광범위한 부분들을 함께 묶는 연대의 효율성은 주변부에서의 "연계의 단절(missing links)"을 증가시킨다(Amin, 1976: 212). 상파울로의 중심지와 뉴욕의 중심지를 연결시키는 전화배선은 빠르게 개선된 반면에, 상파울로와 그 지방 벽지와의 연계는 여전히 원시적이고 믿을 수 없는 상태인 것이다.

다국적기업은 단순한 국제경제질서의 대변자만은 아니다. 그들은 자신들의 내부적 구조가 국제경제를 반영하는 동시에 형성하는 조직들이다. 다국적기업의 이익과 주변부의 발전 사이에 발생하는 모순들은 바란의 허구적 상상이나 과도기적인 이탈(transitional aberrations)만을 의미하지는 않는다. 그것들은 다국적기업이 '국내시장의 국제화,' '연합-종속적 발전' 그리고 '민족부르주아지와의 새로운 동맹관계 출현'이라는 상황 속에서, 주변부의 제조업에 참여하기 시작한 후까지도 지속되는 것이다.

2. 국내자본

'민족적 산업부르주아지'는 결코 완전히 버림받지도, 그렇다고 발전할 충분한 기회 또한 주어지지 않는 제국주의의 서자(step-child)이다. 산업부르주아지는 그가 주변부에서 조금이라도 발전하는 한, 자신의 이익을 심각하게 해치는 상황 속에서 장면(scene)을 시작한다. 중심부 국가의 부르주아지들은 이미 '정복자 부르주아지(conquering bourgeoisie)'로서의 세계사적 임무를 달성했다(Fernandes, 1975: 295). 더욱이 바란이 지적한 바와 같이, 제국주의는 자신이 더욱 선호하는 아이들—수출지향적 농업자본가와 중상적 매판계급—의 성장을 자극한다.

제국주의의 변형과 일부 제3세계 국가의 산업화에도 불구하고, 헤게모니는 '민족적 산업부르주아지'의 몫이 아니었다. 종속이론의 공헌 중의 하나는 산업화가 부르주아지의 지배에 의한 것이 아니라, 타협에 근거한 계획이었다는 사실을 지적해 냈다는 데에 있다. 카르도소와 팔레토가 밝히고 있듯이, "이러한 산업화는 농민으로부터 도시대중에 이르는 다양한 집단들 사이에서 '정복자 부르주아지'의 이익 또는 의지를 부과한 것이라기보다는, 조화의 정책(a policy of accords)을 보여 준 것이었다"(Cardoso and Faletto, 1973: 93). 전통적인 농민과 수출업자는 일부 그 기반을 상실했지만 여전히 강력한 데 반해, 산업부르주아지들은 새로운 경쟁자를 얻었던 것이다.

산업화가 "대중의 출현"을 가져옴에 따라(Cardoso and Faletto, 1973: 92) 도시의 노동계급 집단들은 만약 그들이 상대적으로 개방된 정치체계 속에서 조직되었다면, 실질적인 정치세력을 대표할 수 있었을 것이다. 동시에 제조업에 대한 외국인 투자의 형태로 나타나는 '신종속(new dependency)'은 국내 산업가들에게 새로운 종류의 경쟁압력이 되었다. 종속적 산업화는 정치적 지배 또는 경제적 헤게모니 중 어떤 것도 민족적 산업부르주아지에게 남겨 주지 않았다. 따라서 그들의 지위와 특권은 항상 다른 엘리트 집단들과 동맹을 맺을 수 있는 능력에 따라 좌우된다고 할 수 있다.

지배적 지위를 얻는 데 실패했다는 것이 수동성 또는 기업가 정신의 결여와 혼동되어서는 안된다. 적어도 브라질과 같은 경우에, 경제사학자들은 한결같이 새로운 활동을 시작하고 국내적 수준에서의 자본축적에 기여하는 국내 자본가의 역할을 강조하고 있다. 그러나 만약 축적을 촉진시키는 데 있어 국내 부르주아지 기업가들이 수행했던 과거 역할이 일반적으로 과소평가된다면, 국내 산업부르주아지의 몰락에 대한 예측은 더욱 빈번하게 등장할 것이다.

민족부르주아지의 소멸이 임박했다는 예측은 다음과 같은 두 가지 전제에 근거하고 있다. 첫째, 국제자본과 동맹을 맺기 시작한 어떤 국내 자본가도 자신의 행동이 그의 새로운 보스에게 이익이 되어야만 하는 종속적 지위로 바뀌게 된다. 둘째, 독립적인 국내자본은 생존할 기회를 갖지 못한다. 페르난데스와 오캄포(Fernandez and Ocampo, 1974: 58)는 국내 부르주아지를 "제국주의적 지배로부터 심각하게 고통받는" 민족부르주아지와 "제국주의의 이익에 봉사하는" 대(big)부르주아지로 나누고 있다. 그러나 이와 같은 국내 부르주아지에 대한 양면적인 해석은 두 부문 모두를 지나치게 과장하고 있는 것이다.

국제자본과 동맹을 맺은 "국제화된 부르주아지"는 중심부와의 연계에도 불구하고 여전히 국내적 축적에 이익을 갖고 있다. 이 사실은 산업체의 공동소유에 근거한 동반관계의 경우에는 부인할 수 없이 명백한 것이고, 다국적기업에 단순히 봉사만 하는 사람들에게도 제한적으로 적용할 수 있다. 국내 부르주아지는, 설사 국제자본이 자신들의 주요한 동반자가 된다고 할지라도, 민족주의를 버릴 수 없다. 페르난데스는 그들이 "부분적으로는 중개자이자 부분적으로는 자유인"인 모호한 지위를 갖고 있다고 파악하면서, 이러한 이중적 지위의 유지가 "부르주아지의 실질적인 내부권력을 뒷받침하고 있다"(1975: 326)고 주장하고 있다.

국내자본은 동맹을 형성할 수 없을 정도로 절망적이라는 주장은 '초국가적 핵심(transnational kernel)'의 새로운 성원들이 비협조적이라는 주장처럼 과장된 것이다. 독립적인 국내기업들이 일부 산업에서 사라지는 동안, 국내적으로 소유된 산업의 전반적인 파괴는 보통 경험적으로 입증되기보다는 주장되어진다. 중심부에서 볼 수 있듯이, 집중화의 진전은 결국 주변부에서 소자본을 없애버린다. 그러나 만약 발전된 자본주의 국가의 경험이 어떤 교훈을 준다면, 그러한 진전은 격동적이기보다는 냉정한 것처럼 보인다. 사실 국내 부르주아지가 어떤 산업에서는 '비교우위'를 갖고 있거나, 또한 최소한 국내적 소유계급의 구성원뿐만 아니라 다국적기업이나 그들의 토착 고용인들까지도 수행할 수 없는 국내적 수준에서의 축적에 필요한 어떤 역할들이 존재할 수도 있다.

기실 다국적기업의 능력에만 사로잡혀, 동맹에 참여하는 동안 어느 정도 협상력을 유지하거나 다국적기업이 침투할 가능성이 적은 경제영역을 발견해 내는 국내자본의 능력을 제대로 인식하지 못해 왔다. 민족적 산업 부르주아지가 생존하기 위해 필요한 경제적 기반에 대한 냉정한 검토는 종속적 발전에 대한 어떤 경험적 분석에 있어서도 가장 명백한 필수요건 중의 하나인 것이다.

민족적 산업부르주아지의 정치적인 지위는 적어도 그들의 경제적 지위 만큼이나 모호하다. 결코 지배적인 정치적 지위를 차지할 수 없을 뿐만 아니라 실제로 '계획'(cf. Cardoso, 1971: 194)조차 갖고 있지 못한 하나 의 계급으로서, 종속적 민족부르주아지는 맑스(Karl Marx)가 분석한 19 세기 프랑스 부르주아지, 즉 "자신들의 사회적인 힘을 온전하게 보존하기 위해 자신들의 정치적인 힘이 파괴되어야만 한다"(Marx, 1963: 67)는 사 실을 받아들일 수밖에 없는 계급의 지위(cf. Evans, 1974)로 떨어지기 쉽 다. 종속적 발전의 몇 가지 사례들은 실제로 1852년 프랑스의 소농 (peasantry)과 같은 부르주아지 외부의 집단들이 실질적인 정치능력을 갖 고 있는 한, '보나파르트' 정치모델을 따르게 될지도 모른다. 그러나 브라 질과 아르헨티나에 대한 오도넬의 설명(1973)에서처럼, 종속계급에 대한 정치적 배제가 아주 철저한 곳의 경우에, 페론 이후의 보나파르티즘은 적 절한 명칭이 아니다.

국내자본의 정치적인 힘은 축적과정에서의 지배적인 역할로부터 나올 수 없기 때문에, 그것은 국가기구에 종사하는 '기술관료'와의 연계가 갖 는 특성에 따라 좌우된다. 이러한 관계에 대한 평가는 다양하다. 카르도소 와 팔레토(1973: 136)는 종속적 발전(시장의 국제화)의 상황하에서 부르 주아지가 자기 마음대로 어떤 정치적 조직도 갖지 못하게 되고, 결과적으 로 국가에 대한 부르주아지의 통제 또한 '전적으로 구조적인' 것이라고 주장함으로써, 보나파르트 모델을 제시하고 있는 것 같다. 기술관료는 자 신들의 정책이 자본축적의 메커니즘과 갈등을 일으키지 않는 한, 이를 지 속적으로 추진해 나간다. 그리고 이러한 사실은 국내자본의 정치적 전략 보다는 다국적기업의 정치적 전략에 대한 설명이 더 타당한 것처럼 보이 게끔 한다.

페르난데스는 부르주아지의 정치적 상황에 대한 또 다른 해석을 제시 하고 있다. 그는 바로 민족부르주아지의 경제적 취약성 때문에 "국가권력 은 부르주아 권력의 주요한 구조이자 실질적인 동력으로서 출현하고," 이

에 따라 종속적 발전은 "부르주아지의 지배적 부문과 국가 사이의 근대화
되고 합리화된 접합"과 관련된다고 주장한다(1975: 308). 이러한 페르난
데스의 '부르주아 독재(bourgeois autocracy)' 모델은 기술관료와 사적자
본 사이에 갈등이 일어날 가능성을 과소평가하고 있는 것 같지만, 대부분
의 종속적 발전 사례에서 보나파르트 모델보다 더 타당하다고 할 수 있다.
　부르주아 독재하에서 반대 계급의 이익을 중재하는 보나파르티스트 국
가 행정부는 전체로서의 부르주아지의 이익이 문제가 될 때, 종속집단들
로부터의 어떠한 반대도 허용치 않는 국가기구에 의해서 대체된다. 그러
나, 여전히 국내자본은 지배적이 되지 못한다. '민족적 산업부르주아지'는
틀림없이 다국적기업의 이익이 위태롭거나 또는 국가기구 자체내에 기업
가집단들의 이익이 관련되어 있을 때, 국가를 통제하는 자신의 능력이 모
호해지는 하나의 계급 '분파' 내지 '부문'[5]으로 간주된다.

3. 국가

　민족부르주아지와 맺고 있는 모호한 관계와는 상관없이, 주변부의 자
본축적에 대한 국가의 중심적 역할에는 이론(異論)의 여지가 없다. 하나의
과정으로서 제국주의와 조직으로서의 다국적기업은 국제체계의 중심부의
입장에서 축적에 관심을 집중한다. 가장 발전된 주변부국가들에서조차 국
내 소유계급은 국내산업에 대한 지배권을 획득하는 데 실패했다. 국가가
국내 축적에 대한 우선적 중요성을 강조하여 국내 산업화를 효율적으로
추진할 수 없다면, 주변부의 산업화를 추진할 어떤 유능한 후원자도 존재
하지 않는다.
　경제발전에 대한 기업가적 국가의 중심적 역할은 새로운 현상도, 종속
적 자본주의 발전에 독특한 것도 아니다. 유럽의 후발산업화에서의 국가

---

5) 종속적 발전에 대한 분석에서 '계급부문(class segments)' 개념이 갖는 유용성은
칠레의 지배계급에 대한 Zeitlin과 그 동료들의 연구에 잘 설명되어 있다(Zeitlin,
Ewen und Ratcliff, 1974; Zeitlin and Ratcliff, 1975; Zeitlin, Neuman, and
Ratcliff, 1976).

역할에 관한 거쉔크론(Alexander Gerschenkron, 1952)의 고전적인 연구에서부터 트림버거(Ellen K. Trimberger, 1972)의 일본과 터키의 기업가적 국가관료에 대한 분석에 이르기까지, 비교사적 연구는 국가를 하나의 거시적 구조로서 진지하게 고려하는 것이 갖고 있는 중요성을 보여 주었다(Skocpol, 1979). 만약 폴라니(Karl Polanyi, 1944)의 '자유방임'국가의 신화에 대한 의문과 초기 영국 국가의 강도(strength)에 대한 월러스타인(1974a)의 강조가 올바르다면, 국가는 초기 산업혁명에서도 중심적 역할을 수행했던 것이다.

산업화의 다른 사례들에서도 국가의 중요성이 제시되었지만, 종속적 발전과정에서의 국가주도는 특징적이다. 종속적 사회구조의 탈절된 특징은 관료의 역할을 지배계급으로부터 더 독립적이도록 한다. 아민이 말하는 바와 같이, "주변부에서 자연적 공동체의 불완전한 특성은 국내 관료에게 중심부에서 관료적 집단들이 갖는 것과는 다른 명백한 상대적 비중과 특수한 기능들을 부여한다"(1976: 202). 동시에 다국적기업의 국내경제 침투는 외부 환경에 대처하는 국가의 전통적 역할이 정상적인 '정치적 수완(Statecraft)' 과 같이 많은 주의를 요구하는 내부 경제적 영역을 가지고 있음을 의미한다. 문제는 다국적기업의 국제적 합리성이 국내 축적의 필요성과 갈등을 일으킬 때, 그것을 바꾸는 것이다. 국가는 지속적으로 억압 또는 회유를 통해서 다국적기업으로 하여금 하지 않으면 안될 역할을 수행하도록 해야만 한다. 다국적기업의 힘과 유연성에 비춰 볼 때 이들의 반응을 확보하는 최선의 방법은 투자에 대한 기대이윤을 보다 매력적이도록 하는 것이지만, 이러한 순수한 유인책 역시 또 다른 문제를 안고 있다. 그것은 보통 민족부르주아지 또는 국가 중 어느 하나의 희생을 통해 국내적 잉여의 일부를 다국적기업에게로 이전시키는 것을 의미한다. 다국적기업을 억압하는 것에 대해 너무 지나치게 믿는 것 또한 비용이 많이 든다. 다국적기업은 기업가적 모험을 포기할 수도 있을 뿐만 아니라, 국내외적으로 정치적인 반대를 동원하려고 할 것이다. 억압과 유인의 적절한 혼합을 취하는 것은 그다지 쉬운 일이 아니다.

국가기구는 국내적 축적의 문제들이 위기에 처해 있을 때 다국적기업에 기꺼이 반대해야만 한다. 무기력한 매판국가는 게임으로부터 배제되는 것이다. 심지어 가장 호전적인 국가조차도 협상을 위한 몇 가지 도구를 필요로 한다. 가치있는 천연자원, 확장된 국내시장, 또는 착취할 수 있는 노동세력 등이 결여된 어떤 주변부 사회는 거의 협상할 위치에 있지 못한 다. 국가기구의 능력 또한 중요한데, 국가는 잉여의 충분한 몫에 대해 통 제를 하고 있어야만 하고, 이를 통해 그 자신의 활동에 대한 지지뿐 아니 라 유인들도 제공할 수 있게 된다. 결국 국가는 기술적인 지식과 관련된 정보에 대한 주요한 역할을 담당하는 것이다.

국가와 다국적기업 간의 관계는 가장 최근에 종속이론의 전통 속에서 이루어진 몇몇 경험적 연구의 초점이었다. 칠레의 구리에 대한 모란 (Moran, 1974)의 연구와 베네수엘라의 석유에 대한 터그웰(Tugwell, 19 75)의 연구는 시간이 지남에 따라 협상의 과정을 검토하는 것이 유용하다 는 것을 보여 주었다. 그들의 연구는 최소한 이들 산업에서 지난 50년 동 안 국가의 협상지위가 향상되는 방향으로의 변화가 있었음을 지적하고 있다. 이러한 변화는 제국주의의 정치적인 분산화가 증대되고, 국가기구 자체내의 학습이 점진적으로 이루어졌다는 점에 그 뿌리를 두고 있는 것 처럼 보인다. 각각의 경우에 국가는 유인과 위협을 결합시켰고, 그 결과 수익의 몫을 더 크게 증가시켰던 것이다.

똑같은 시나리오가 제조업에 있어서 국가-다국적기업의 관계 발전에도 충분히 적용될 수 있으나, 그것을 입증하기는 더욱 어렵다. 모란(1975)에 의하면, 기술이 안정되어 있고 대규모 고정자산투자가 필요한 원료자원 개발과 관련된 산업에서는 국가가 유리한 위치에 설 수 있는 최상의 기회 를 갖지만, 무형자본의 중요성이 보다 강조되고 지속적인 생산혁신이 원 칙인 산업부문에서는 다국적기업이 보다 강력한 지위를 점하게 된다. 만 약 그의 견해가 옳다면, 국가-다국적기업의 협상에 대한 어떤 철저한 분 석에서도 국가의 일반적인 능력과 자원뿐 아니라, 협상이 이루어지고 있 는 산업들의 스펙트럼도 함께 고려해야 할 것이다.

물론 간단한 협상은 그 유일한 대안이 단지 국가에게만 개방되어 있는 것은 아니다. 베네수엘라와 칠레에서 모두 협상과정의 목표는 국가가 문제의 산업들을 계승하는 것이었다. 국가기업은 또한 브라질 철강산업의 사례에서처럼, 다국적기업으로 하여금 새로운 모험을 수행하도록 설득하는 데 실패하고 말 것이다. 그 기원이 무엇이었든지간에, 국가기업들은 국가-다국적기업의 협상에 새로운 영역을 추가시킨다. 그것들은 낮은 비용을 투입하는 형태로 다국적기업에 대해 특별한 유인들을 제공할 수 있거나 또는 국내 사적 자본보다 훨씬 더 강력하면서 새로운 경쟁의 원천을 소유한 반항적인 다국적기업을 위협할 수도 있다. 그러나 국가기업의 창출은 단순히 협상에 대한 국가능력의 증가만을 의미하지는 않는다. 다국적기업의 존재가 제국주의의 영향을 변화시키는 것처럼, 국가기업의 등장은 종속적 자본주의국가의 제도적 특성을 변화시키는 것이다.

    라틴아메리카에서, 그리고 정도는 덜하지만 아시아와 아프리카의 이전 식민지들에서, 국가기업들은 오랫동안 존속해 왔다. 전통적인 하부구조적 활동 또는 몇몇 경우에 있어 원자재의 생산은 그들의 주된 활동이 되었고, 그들은 다른 부분의 관료들과 대략 유사하게 행동하였다. 근대적인 사기업 모델에서 생겨났고, 사적 자본을 위해 이전에 유보된 수출과 직접적인 생산활동에 참여하는 새로운 국가기업들은 더욱 더 기업가적인 모습을 보여 준다(Amin, 1976: 346, Cardoso, 1974). 그것들은 "고전적인 행정 관료로부터 국가부르주아지로의 변화"를 의미한다고 주장되기까지 한다.

    일단 '국가부르주아지'의 개념이 도입되면서, 새로운 가능성은 국가와 민족적 산업부르주아지뿐만 아니라 국가와 다국적기업의 상호작용을 설명하기 위해서 등장한다. 만약 그런 관계가 존재한다면, 국가부르주아지는 국내 자본축적의 가장 자연스러운 대리인이 될 것이다. 다국적기업을 괴롭히는 국제적인 관심을 유지시킬 필요에 의해서도, 또한 국내 사적 자본가들을 제약하는 자원의 한계에 의해서도, 손해를 입지 않으면서 국가부르주아지는 '정복자 부르주아지'의 역할을 이어받을 수 있을는지도 모른다. 그러나 "국가부르주아지가 존재할 수 있는가?" 정의상(by definition) 부르주아지는 그 자신이 잉여를 전유한다. 그러나 국가기구의 일부로서 국가기업의 관리자들은 그들 자신의 특수한 이익이 아니라, 전체 자본의 일반적인 이익이라는 측면에서 축적과정을 주도해 나가려고 한다.

만약 국가부르주아지가 축적을 주도해 간다면, 산업구조는 자연스럽게 국가자본주의로 나아가야만 한다. 그러나 만약 국내 사적 부르주아지의 지지가 없다면, 이러한 국가관리자들의 정치적 기반은 무엇인가? 국가기업의 관리자들이 전체로서의 부르주아지로부터 철저히 차단되어 있음으로 해서, 그들이 '국가자본주의'를 통해 국내 사적자본에게 어떤 손해를 끼치지는 않는 것처럼 보인다. 아민은 "국가부르주아지가 사적 부르주아지를 결코 제거할 수는 없고, 단지 그들을 흡수하거나 동화시키는 데 만족한다"(Amin, 1976: 347)고 하면서 국가부르주아지와 사적 부르주아지간의 공존을 주장하는 견해를 밝히고 있다. 게다가 국가기업들이 다국적기업을 압박하려고 노력하지만, 그들은 다국적기업이 제공하는 투입을 잃지 않는 것이 갖는 중요성에 대해 국가기구의 다른 부분보다 더 민감하다.

우리는 국가부르주아지를 민족적 산업부르주아지의 대체물로 파악하기보다는, 다국적기업 및 사적자본과 함께 공통의 계획에 참가하는 일종의 계급 '분파'로서 간주한다. 각각의 집단은 그 계획을 서로 다른 제약에 대한 복종으로 파악하고 있다. 또한 각각은 다른 집단의 이익과 상충되는 특수한 이익들을 가질 수도 있다. 그러나 그것들은 모두 국내적 수준에서 빠른 속도의 축적에 대해 공통적인 관심을 갖고 있다.

종속적 자본주의 국가의 이미지는 단지 축적의 대리인으로서의 역할에만 근거할 수는 없다. 그것은 또한 사회적 통제의 대리인이기도 한 것이다. 스카치폴(Theda Skocpol)이 지적했듯이, "국가는 우선 그리고 근본적으로 사회로부터 자원을 추출하고, 이를 억압적이고 행정적인 조직들을 만들고 지탱하는 데 배치한다"(1978: 33). 다국적기업에 대처해야 할 필요성이 국가의 기업가적 측면을 강화하는 것처럼, 종속적 자본주의 국가의 극단적으로 배제적인 특성은 국가의 억압적 측면을 강화시킨다. 유럽적 산업화의 맥락에서 대의제 민주주의는, 레닌에게 있어서조차 자본주의 발전을 위한 "가능한 최선의 정치적 외피(shell)"인 것처럼 보였다. 그러나 부르주아 민주주의와 자본축적과의 관련은 더이상 유효하지 않다. 페르난데스가 밝히고 있듯이(1975: 312-316), 종속적 부르주아지는 "유럽과 북아메리카의 부르주아-민주주의적 경험으로부터 동화된 이데올로기와 유토피아를 재현하고 재규정"하지 않을수 없게 되었다. 대신에 그들은 "부르주아 지배의 강화와 그것의 특별히 권위주의적이고 전체주의적인 사회세력, 즉 부르주아 독재로의 변형을 지지"해야만 한다.

억압으로 나아가려는 경향은 부분적으로 배제에 대한 경제적 해석으로부터 나온다. 노동세력 임금의 어떠한 인상도 수출지향적인 일상화된 제조활동을 위한 거점으로서 주어진 주변부 국가가 갖고 있는 매력을 위협한다. 동시에 소득의 집중은 국내시장에서 가장 동적인 부분인 사치성 소비재 시장을 활성화한다. 국내경제의 탈절된 특징 때문에 "노동자의 임금과 생산력 발전수준 사이에 정합관계는 전혀 존재하지 않는다"(Amin, 1976: 192).

억압은 '쉬운 수입대체'의 단계를 거치고 더 나아가 종속적 산업화 과정을 추진하려고 하는 국가들에게 특별히 필요하다. 오도넬은 60년대 말에 아르헨티나 및 브라질과 일부 저발전된 라틴아메리카 국가들을 대조시킴으로써 이를 잘 설명하고 있다(1973: 53). 더 발전된 주변부 지역에서 억압적 기구는 틀림없이 이미 활성화된 도시민중 부분을 배제하기 위해 설치된다. 그 목적은—단지 부분적으로 조직화되었고 국가의 통제하에 있다 할지라도—노동계급을 도시화되고 조직화되기 이전의 정치적 지위로 후퇴시키는 것이다. 억압은 그러한 후퇴를 강요하기 위한 유일한 방법이다.

종속적 발전의 상황에서 억압의 필요성은 민주주의에 대한 요구가 작을 동안에 아주 크다. 의회체제가 담당하는 기능 중의 하나는 부르주아지들 간의 견해차를 해결하기 위한 토론의 장을 제공하는 것이다. 초기 산업혁명기간 동안 자산계급 구성원들 사이에서 어느 정도의 정치적 합의는 자본축적에 대한 그들의 '계급계획'을 실현시키는 데 있어 필수적이었다. 그러나 축적이 다국적기업, 국가기업, 그리고 국내 사적자본의 3자동맹에 의존할 때, 합의를 이루기 위해 의회적 수단을 사용하는 것은 부적절하다. 다국적기업도, 국가부르주아지도 자신들의 경제적 중요성에 상응하는 정치적 대표권을 가지려고 할 것이기 때문이다. 국내 사적 부르주아지에게는 소자본에 대한—그들의 경제적 지위에 비해 상대적으로—불균형적인 정치적 대표가 실질적인 문제가 될 수 있다. 대표하는 정치적 실체의 결여는 국내 사적 부르주아지가 내부적인 정치적 합의를 이루는 것을 더욱 어렵게 만든다. 그러나 축적과정에서 그들의 역할이 지배적이라기보다는 보조적이기 때문에 전반적인 합의가 그다지 중요하지는 않다.

도시 노동계급의 억압, 다국적기업과의 효과적인 협상, 국가부르주아지 부분에 의한 기업가적 주도가 자본축적의 주요한 요소가 될 때, 부르주아지 내부에서 합의 형성이 아닌, 강제적인 통제가 나타난다. 페르난데스의 견해에 따르면, "자본주의 발전과 독재 사이에 강한 합리적인 관련"(1975: 292)이 나타난다. 경제적 영역에서 국가부르주아지를 보충하기 위해 직업적인 관료집단은 억압적 기구의 설치를 필요로 하고, 군부는 유력한 후보가 된다고 할 수 있다.

군부통치는, 군부가 국가의 폭력독점애 대한 즉각적인 파수꾼이기 때문에 좋은(good) 선택이 될 뿐만 아니라, 대중동원에 대한 부인에도 불구하고 종속자본주의국가는 민족주의로 흐를 가능성이 있기 때문에 적절한(apt) 선택수단이 된다.

억압과 마찬가지로, 민족주의는 자본을 증식시키고 질서를 유지하는데 유용하다. 민족주의는 국내축적에 우선권을 부여하기 위한 이데올로기적 기반을 제공하고, 이에 따라 다국적기업과의 논쟁에서 또한 유용하다. 그것은 사적 자본의 시각에서 국가부르주아지의 활동을 정당화할 수 있도록 해주고, 특히 미래의 물질적 보상에 대한 '발전주의자'의 전제가 그 신용을 잃어 감에 따라, 국가가 일반대중과 공통적 입장을 제기할 수 있는 유일한 근거이기도 한 것이다(cf. Portes, 1977).

종속적 발전의 모순은 종속적 자본주의 국가의 역설적인 특성에 반영된다. 종속적 자본주의 국가는 자신의 축적전략이 국제경제와의 관계에 의해서 규정되고, 우선적으로 다국적기업과의 협동에 의지하는 민족주의 국가일 뿐만 아니라, 지배계급의 이익에 대한 보호가 억압을 통해 적나라하게 드러나는 국가이다. 그러나 그 국가는 경제적 측면에서 일반대중을 배제하고 있는 것처럼, 정치적 참여에서도 대부분의 민족적 부르주아지를 배제시킨다. 자신이 갖고 있는 모순에도 불구하고, 또는 아마도 그것 때문에, 국가는 종속적 발전을 촉진시키는 주요한 도구가 되었던 것이다.

4. 종속적 발전에 대한 분석

제국주의는 종속적 발전의 분석을 위한 이론들로 여전히 남아 있다. 사회주의의 침략 또는 국가집단주의를 제외하고(cf. Amin, 1977a), 국제경제는 항상 생산과 교환의 자본주의적 관계에 의해 더 철저하게 지배되고 있다. 국제적으로 자본에 대한 통제는 여전히 서구(그리고 일본)의 일부 산업화된 국가들에 집중된다. 중심부와 주변부 모두에서 생산은 여전히 자본—특히 중심부 국가의 기업들에 의해 통제된 자본—축적을 지향하고 있다. 중심부 국가들의 정치적이고 군사적인 자원들은 여전히 주변부에 투자된 자본을 유지하고 보호하기 위해 사용되고 있다. 기실 제국주의적 양상의 변화에도 불구하고, 홉슨(Hobson)과 레닌이 설명한, 제국주의의 핵심적 특징들은 여전히 남아 있는 것이다.

브라질의 사례에 대한 분석을 통해, 제국주의는 전 세계적인 자본축적 체계 및 그것이 가져오는 민족국가와 사회집단 간의 구체적 관계, 그것의 추상적 논리 등에 대해 언급하는 과정에서 논의될 것이다. 종속은 제국주의에 의해 창출된 관계들—주변부 국가들이 중심부 국가들에 연계된 관계들—의 특정한 하위구성이 낳은 결과에 초점을 맞춤으로써 제국주의의 아이디어를 보충한다. 종속이론의 주요한 공헌은 어떻게 제국주의가 내부적 사회구조에 영향을 끼치는가에 대한 분석을 제공했다는 점이다. 그렇게 함으로써 종속이론은 주변부 국가들 간의 변화와 종속의 한 특수유형인 종속적 발전에 대한 분석에 주목하려고 한다. 정체(stagnation)나 정권교체(devolution)를 경험하지 않은 어떤 주변부 국가도 '종속적 발전'을 경험했다고 간주될 수 있지만, 그 용어는 어느 정도의 산업화로 일컬어지는 경제적 분화의 증대에 따른 국내적 수준에서의 자본축적 사례들을 위해 여기에서 남겨두었던 것이다.

단지 전체로서 제국주의 또는 종속에 관한 것이 아니라, 종속적 발전에 대해 초점을 맞추는 것은 결정적인 사례(the crucial cases)가 거의 없다는 것을 의미한다. 챠드, 네팔 그리고 파라과이에는 단지 간접적인 관심만이 주어질 뿐이다. 더 크고 발전된 제3세계의 국가들은 검증되고 있는 위치에 있다. 브라질, 멕시코는 확실히, 나이지리아, 인도네시아, 이란은 거의 십중팔구, 그리고 인도와 자이레는 아마도, 주변부에서 자본주의 발전의 결과를 탐구하는 대상이 되는 국가들이다. 그 사례들은 종속적 발전을 가능하게 하는 제도적이고 상황적인 조건들을 보여 주고 있고, 이 나라들을 통해서 종속적 발전의 한계 또한 규정될 것이다.

각각의 사례는 국제경제 안에서 분명한 지위를 갖고 있고, 그 역사적 발전의 특수한 환경에 의해서 형성된다. 브라질은 큰 규모, 낮은 인구밀도, 그리고 풍부한 천연자원의 보유 등 엄청나게 유리한 조건들의 결합으로 유명하다. 지리적으로 브라질은 다른 대부분의 제3세계 국가들을 닮기보다는 오히려 미국이나 소련과 유사하다. 이러한 의미에서 브라질은 종속적 발전의 한계를 검증하는 데 있어 이상적인(ideal) 사례이다. 브라질은 반주변부의 어떤 나라도 해낼 수 있는 한도까지, 산업화를 추진할 수 있어야만 한다. 그러나 종속적 발전의 한계를 평가하기 위해 브라질을 사례로 사용하는 것은 단지 여기서는 2차적인 목적일 뿐이다. 주된 목표는 종속적 발전, 특히 지배계급 내부구조의 기초가 되는 제도적 장치들을 기술하는 것이다.

지금까지 종속과 제국주의에 관한 최근의 문헌을 인용하면서, 종속적 발전의 사회구조적 기반에 대한 모델을 제시하였다. 그러한 문헌들에 있어 페르난데스와 카르도소 같은 몇몇 주요한 공헌자들이 브라질 사람이기 때문에, 만약 그것이 어느 곳에서든지 적용된다면, 그 모델은 브라질에도 적용되어야만 한다. 그리고 그것의 주요 전제는 다국적기업, 국가, 국내 산업부르주아지를 포함하는 동맹이 종속적 자본주의 발전에 필수조건이라는 것이다.

반주변부에서 지배계급은 자본축적과 일반대중의 종속에 공통적인 관심을 갖고 있지만 각자 자신들의 이익은 또한 모순적이기도 한, 세 부류의 상호의존적인 파트너들로 구성된 것처럼 보인다. 이러한 시각은 지배계급 내부의 갈등을 종속적 발전의 주요한 특징으로 파악하고 있는 종속 이론의 해석과 대조적인 입장을 취하고 있다. 최근의 해석은 국내 산업가들과 다국적기업들 또는 국가와 다국적기업들 사이에 어떤 화해할 수 없는 차이도 없음을 가정한다. 다국적기업의 전 세계적 합리성과 국내 부르주아지의 이익 간의 모순은, 반주변부에서 지속적인 자본축적이 불가능하게 작동될 정도로 동맹이 비호의적이지는 않은 일반적 상황에서라면, 잠재적으로 해결될 수 있는 것으로 파악된다.

또한 지배계급의 내부구조를 3자동맹으로 파악하는 것은, 종속적 발전이 제국주의에 대한 국내자본의 무조건 항복을 나타낸다는 견해를 거부하는 것을 뜻한다. 동맹내부에서 다국적기업의 지배는 당연한 것이 아니라 산업부문에 따라, 그리고 시기에 따라 가변적인 것으로 보인다. 국내자본의 종속적 지위 또한 당연하게 받아들여지는 것은 아니다. 오히려 국내 산업부르주아지는 다국적기업과의 협상을 통해 자신의 능력을 강화시키는 어떤 정치적·경제적 이점들을 갖게 된다는 것이 가정된다고 할 수 있다.

3자동맹의 관점에서 이루어진 분석은—그것들이 양극적인 갈등에 기초하든 또는 2자 간 동맹에 기초하든지간에—지배계급에 대한 이분법적 모델들에 반대하고 있다. 만약 3자동맹이 존재한다면, 지배계급의 분열은 민족부르주아지(국가와 사적 자본) 대 다국적기업, 또는 국가주의 대 사적 자본(국내자본과 다국적기업) 간의 갈등구도로 환원될 수 없다. 또한 국내 부르주아지를 하찮은 존재로 간주하여 제외시키거나 혹은 국가가 단지 국내 부르주아지의 도구라고 가정해 버림으로써 2자동맹으로 축소시킬 수도 없다.

종속적 발전의 외피가 다국적기업, 국가 그리고 국내자본의 동맹에 의해 형성되었다는 견해를 수용하는 것은, 종속과 산업화에 대한 많은 기존의 다른 시각들과는 구분되는 새로운 입장을 제시한다. 그것은 확실히 이중적인 동맹이다. 그러나 적대와 협력 사이의 균형은 아직도 탐색되어야만 한다. 3자동맹 안에 노동분업이 존재하지만, 그것은 구체화되어야 할 필요가 있다. 협력자들 간에 틀림없이 지속적인 협상이 존재하지만, 협상이라는 용어는 상세히 설명되지 않았다. 그러한 관계들에 대한 추상적인 분석은 보상이 감소되는 지점에 쉽게 도달하게 된다.

다음 장에서는, 브라질의 사례에 비추어서 지금까지 제시된 이러한 생각들이 보충되고, 세련되게 되고, 변형될 것이다. 그 목적은 본질을 밝히기 위해서 상세히 파헤쳐지는 어떤 모델에서와 마찬가지로, 틀림없이 지나치게 추상적이고 기계적인 것처럼 보이는 종속적 발전에 대한 논의로부터 많은 구체적인 역사적 상황 중 일부를 파악하는 분석으로 이동하는 것이다. 운동과 변화의 의미를 첨가하는 것은 동맹의 현재적인 특징을 구체화하는 것보다 더 중요할 수도 있을 것이다. 여기서 종속의 다른 구조적 단계들과 관련된 변화과정에 대해서는 단지 일시적인 관심만이 주어졌을 뿐이다. 다음 장은 종속적 발전을 유지하는 계급구조들이 이전 시기의 특징들을 여전히 지닌 채, 새로운 형태를 취하면서 변화하고 있다는 것을 보여 주려고 한다.

오늘날 브라질은 종속적 발전의 전형, 즉 주변부에서의 자본주의 팽창이 갖는 역동성을 탐구하는 데 있어 이상적인 사례처럼 보인다. 그러나 브라질은 한때, 1차산물의 수출과 제조업상품의 수입으로 특징지어지는 고전적인 주변부의 역할에 아주 잘 어울리는 것처럼 보였던 가난한 국가였다. 최근 동맹의 기원은 브라질이 농업부문에서 일련의 지역적인 시도를 전개했던 때로 거슬러 올라간다. 어떻게 이 혜택받지 못한 커피생산자가 종속적 발전의 모범적인 사례로 바뀌게 되었는지에 대해 어떤 인식을 갖는 것이 브라질 사례를 분석하는 첫 번째 단계인 것이다.

□ 참고문헌

Adelman, Irma and Cynthia Morris. 1973, *Economic Grouth and Social Equity in Developing Countries,* Stanford: Satanford University Press.

Amin, Samir. 1976, *Unequal Development: An Essay on the Social Formations of Peripheral Capitalism.* New York: Monthly Review Press.

_____. 1977a, "Capitalism, State Collectivism and Socialism," *Monthly Review,* June, 29(2), pp.25-41.

_____. 1977b, "Self-Reliance and the New International Economic Order," *Monthly Review,* July-August, 29(3), pp.1-21.

Baran, Paul. 1968, *The Political Economy of Growth,* New York: Monthly Review Press.

Barnet, Richard and Ronald Müller. 1974, *Global Reach: The Power of the Multinatoinal Corporations,* New York: Simon and Schuster.

Cardoso, Fernando Henrique. 1971, *Política e Desenvolvimento em Sociedades Dependentes,* Roi de Janeiro: Editora Zahar.

_____. 1974, "As Tradições de Desenvolvimento-Associado," *Estudos Cebrap,* 8, pp.41-75.

_____. 1977, "The consumption of Dependency Theory in the United States," *Latin American Research Review,* 12(3), pp.7-25.

Cardoso, Fernando Henrique and Enzo Faletto. 1973, *Dependência e Desenvolvimento na America Latina: Ensaio de Interpretação Sociológica.* Rio de Janeiro: Editora Zahar.

Chase-Dunn, Christopher. 1975, "The Effects of International Economic Dependence on Development and Inequality," *American Sociological Review,* 40(6), pp.720-739.

Cyert, Richard and James March. 1963, *A Behavioral Theory of the Firm.* Englewood Cliffs, New Jersey: Prentice Hall.

Dean, Warren. 1969, *the Industrialization of São Paulo, 1880 ~1945.* Austin: University of Texas Prees.

Dos Santos, Teotonio. 1970, "The Structure of Dependence," *American Economic Review,* 60(5), pp.235-246.

Emmanuel, Arrighi. 1972, *Unequal Exchange.* New York: Monthly Review Press.

_____. 1974, "Myths of Development versus Myths of Underdevelopment," *The New Left Review,* 85, pp.61-82.

Evans, Peter. 1974, "The Military, the Multinationals and the 'Miracle': The Political Economy of the 'Brazilian Model' of Development," *Studies in Comparative International Development,* 9(3), pp.26-45.

Evans, Peter and M. Timberlake. 1977, "Dependence and the Bloated Tertiary: A Quantitative Study of Inequality in Less Developed Countries," Presented at the annual meeting of the American Sociological Association, Chicago.

Fernandes, Florestan. 1975, *A Revolução Burguesa no Brasil*, Rio de Janeiro: Zahar Editores.

Fernandez, Raul and Jose F. Ocampo. 1974, "The Latin American Revolution: A Theory of Imperialism, Not Dependence," *Latin American Perspectives*, 1(1), pp.30-61.

Frank, André Gundar. 1967, *Capitalism and Underdevelopment in Latin America*, New York: Monthly Review Press.

Furtado, Celso. 1969, *Um Proheto para a Brasil*, Rio de Janeiro: Editiora Saga S.A.

Gerschenkron, Alexander. 1952, "Economic Backwardness in Historical Perspective," in Bert Hoselitz(ed.), *The Progress of Underdeveloped Countries*, Chicago: University of Chicago Press.

Girvan, Norman. 1973, "The Development of Dependency Economics in the Caribbean and Latin America: Review and Comparison," *social and Economic Studies*, March, 22(1), pp.1-33.

Goodman, Louis W. 1975, "The Social Organization of Decision-Making in the Multinational Corporation," in D. Apter and L. W. Goodman(eds.), *The Multinational Corporation and Social Change*, New York: Praeger.

Grahan, Richard. 1968, *Britain and Modernization in Brazil: 1850~1914*, Cambridge: Cambridge University Press.

Johnson, Harry. 1969, *Comparative Cost and Commercial Policy Theory for a Developing World Economy*, Stockholm: Almquist and Wiksell.

Kahl, Joseph. 1976, *Modernization, Exploitation and Dependency*, New Brunswick, New Jersey: Transaction Press.

March, James and Herbert Simon. 1958, *Organizations*, New York: John Wiley and Sons.

Marini, Ruy Mauro. 1972, "Brazilian Subimperialism," *Monthly Review*, 23 (9), pp.14-24.

Marx, Karl. 1963, *The 18th Brumaire of Louis Bonaparte*, New York: International Publishers, Originally published 1852.

Moran, T. H. 1974, *Multinational Corporations and the Politics of Dependence: Copper in Chile*, Princeton: Princeton University Press.

_____. 1975, "Multinational Coporations and Dependency: A Dialogue for Dependentistas and Non-Dependentistas," Washington: Johns

Hopkins School for Advanced International Studies(mimeo).

O'Donnell, Guillermo. 1973, *Modernization and Bureaucratic-Authoritarianism,* Berkeley: University of California Press.

Polanyi, Karl. 1944, *The Great Transformatnion,* Boston: Beacon Press.

Portes, Alejandro. 1976, "The Sociology of National Development," *American Journal of Sociology,* 82(1), pp.55-85.

_____. 1977, "Ideologies of Inequality and their Major Types and Evolution in Latin American History," Paper presented at the annual meeting of the American Sociological Association, Chicago.

Pereira, L. 1970, *Ensaios de Sociologia do Desenvolvimento,* São Paulo: Livraria Pioneira Editora.

Queiroz, Maurício Vinhas de. 1972, "Grupos Economicos e o Modelo Brasileiro," Tese de Doutoramento, University of São Paulo, São Paulo.

Simon, Herbert. 1965, *Administrative Behavior,* New York: The Free Press.

Skocpol, T. 1979, *States and Social Revolutions in France, Russia and China,* Cambridge: Cambridge University Press, forthcoming.

Sunkel, Oswaldo. 1973, "Thransnational Capitalism and National Disintegration in Latin America," *Social and Economic Studies,* 22, pp.132-176.

Trimberger, Ellen Kay. 1972, "A Theory of Elite Revolution," *Studies in Comparative International Development,* 7, pp.191-207.

Tugwell, Franklin. 1975, *The Politics of Oil in Venezuela,* Stanford: Stanford University Press.

Vernon, Raymond. 1963, *The Dilemma of Mexico's Development,* Cambridge: Harvard University Press.

_____. 1966, "International Investment and International Trade in the Product Cycle," *Quarterly Journal of Economics*, 80, pp.190-207.

Wallerstein, Immanuel. 1974a, *The Modern World System: Capitalist Agriculture and the Origins of the European World-Economy in the Sixteenth Century,* New York: Academic Press.

_____. 1974b, "The Rise and Future Demise of the World Capitalist System: Concepts for Comparative Analysis," *Comparative Studies in Society and History,* September, 15(4), pp.387-415.

_____. 1974c, "Dependence in and Interdependent World: The Limited Possibilities of Transfomation within the Capitalist World-economy,"

African Studies Review, 17(1), pp.1-26.

Wells, Louis T. 1972, *Product Life Cycle and International Trade,* Boston: Harvard Graduate School on Business Administration, Harvard University.

Zeitlin, Maurice. 1974, "Corporate Ownership and Control: The Large Corporation and the Capitalist Class," *American Journal of Sociology,* 79(5), pp.1073-1119.

Zeitlin, Maurice, L. A. Ewen, and R. Ratclkff. 1974, "New Princes for Old? the Large Coporation and the the Capitalist Class in Chile," *American Journal of Sociology,* 80(1), pp.87-123.

Zeitlin, Maurice and R. Ratcliff. 1975, "Research Methods for the Analysis of the Internal Structure of Dominant Classes: The Case of Landlords and Capitalists in Chile," *Latin American Research Review,* 10(3), pp.5-61.

Zeitlin, Maurice, W. L. Neuman, and R. Ratcliff. 1976, "Class Segments: Agrarian Property and Political Leadership in the Capitalist Class of Chile," *American Sociological Review,* 41(6), pp.1006-1029.

제9장

신흥공업국의 경제성장에 대한 이론적 접근

성장의 정치경제학: 신고전주의적 시각과 종속론적 시각*

스테판 해가드

　　두 개의 패러다임―놀랍게도 이 양자 사이에는 아무런 커뮤니케이션이 없었다―이 신흥공업국의 경제발전에 대한 사고를 지배해 왔다. 신고전주의적 견해와 종속론적 시각이 바로 그것이다. 이 양자 모두는 정치와 제도를 소홀히 취급하는 동일한 약점을 노정하고 있다. 정치학자들은 신고전주의적 분석틀을 정치와 제도를 모델화하는 데 사용해 왔다. 그러나 이러한 작업은 다원주의적인 정치적 가정들이 그럴싸하게 받아들여지고 있는 미국에 관한 연구에 주로 한정되었다. 경제학자들에 의해 씌어진 신흥공업국에 관한 대부분의 경험적 문헌들은 정책결정에 관한 주의주의적 (voluntarist) 견해를 여전히 담고 있다. 정책은 단지 올바른 선택을 결정하는 문제이며, ‘올바르지 못한’ 정책은 잘못된 사고 혹은 정치적 ‘의지’의 결여를 반영하는 것이라고 한다. 이러한 접근법은 합리적인 행위자(rational-actor) 가정에 기초한 이론에 대하여 커다란 궁금증을 갖게 한다. 만약 신고전주의적 정책들이 우월한 것이라면 왜 그리 빈번하게 채택되지 않은 것일까? 이에 대한 답변은 정책결정자들이 직면하는 정치적 유인(incentives)에서 종종 찾아 낼 수 있다.

　　신흥공업국에 관한 종속론적 문헌들의 약점은 그와 반대되는 결함, 즉

---

* Stephan Haggard, *Pathways from the Periphery: The Politics of Growth in the Newly Industrializing Countries*, Ithaca: Cornell University Press, ch.1(신윤환 옮김).

국제적이고 계급구조적인 정책결정요인들에 초점을 맞추는 경향으로부터 나온다. 비슷한 상황에 놓인 국가들이 외적인 압력에 대응하여 서로 다른 정책을 추구하는 경우는 흔하다. 이러한 경우들을 설명하기 위해서도 우리는 어떻게 국내정치적 요인들이 외적인 압력과 정책선택 간에 개입하는지에 관한 이론, 다시 말해 정치적 행위자들이 직면하는 유인책의 문제를 제기하는 이론을 필요로 한다.

1. 신흥공업국과 신고전주의의 부활

후발국의 수입대체 산업화(ISI)에 대한 옹호론은 해밀턴이나 리스트까지 거슬러 올라갈 수 있을 만큼 그 연원이 오래되지만, 전후 그 논쟁은 라틴아메리카의 수입대체 산업화를 강력하고 영향력 있게 옹호한 라울 프레비쉬에 의해 재개되었다고 하겠다. 프레비쉬는 세계경제로의 통합의 이점에 대한 회의론을 초기산업(Infant-industry) 논의와 결합시켰다. 1차산물 생산자들은 단기적으로는 가격변동과 더 장기적으로는 교역조건의 악화에 직면했다. 프레비쉬가 제시한 처방은 보호를 통한 산업화였다. 프레비쉬의 견해가 1950년대 경제발전분야에서의 다른 선구자들의 견해와 아주 밀접하게 상응한다는 사실을 우리들은 자꾸만 망각하고 있다.[1] 미국과 다자간 원조기관들은 이러한 프로그램에 대하여 적대적이지도 않았다.

그러나 1960년대 중반에 이르러 이러한 정책들은 공격받기 시작했다.[2]

1) Raul Prebisch, *The Economic Development of Latin America and Its Principal Problems,* New York: United Nations, 1950. 프레비쉬의 지적 편력에 대한 회고는 다음을 보라. "Five Stages in the Development of My Thinking," in Gerald M. Meier and Dudley Seers(eds.), *Pioneers in Development,* New York: Oxford University Press, 1984. 구조주의적 견해에 대해서는 다음을 보라. Hollis Chenery, "The Structuralist Approach to Development Policy," *American Economic Review,* 65, May 1975, pp.310-316; Ian M. D. Little, *Economic Development: Theory, Practice, and International Relations,* New York: Basic Books, 1982, pp. 77-85; Albert O. Hirschman, "The Rise and Decline of Development Economics," in Essays in Trespassing, New York: Cambridge University Press, 1981, pp.1-24.

수입대체 산업화에 대한 신고전주의적 비판자들은, 개발도상국들의 많은
문제점들은 국제체제적 요인들이나 구조적 경직성에서가 아니라 오도(誤
導)된 정부개입에서 그 원인을 찾을 수 있다고 주장했다. 그 주장은 다음
세 가지 요소를 강조한다. 첫째는 국제노동분업에 참여함으로써 얻는 이
점이며, 둘째는 수입대체 산업화의 비용과 그것으로 인한 왜곡이며, 셋째
는 시장순응정책을 추구한 나라들이 이룩한 업적이다.

　자유주의적 사고는 선진국과 개발도상국들 간의 교역과 투자가 발전을
저해한다는 명제를 거부한다. 개발도상국의 생산자들이 영속적인 가격하
락에 직면해 있다는 주장과 모순되는 증거가 축적되어 왔고, 단기적인 시
장변동도 생각했던 것보다 덜 파괴적임이 밝혀졌다.[3] 개방은 저발전국
(LDC)의 산업화를 방해한 것이 아니라 오히려 테크놀로지에 대한 적응·
습득, 그리고 기업가적 성숙을 고무했다. 교역과 투자에 관한 새로운 이론
들은 해외직접투자가 주는 순이익도 강조했다.[4] 사실 '후발국(latecomer)'
이라는 사실만으로 뚜렷한 이점들을 갖게 되었다. 이용가능한 기술은 새
로운 선도부문들과 자본축적의 중심, 전후방(前後方) 연관 효과, 그리고
궁극적으로는 수출을 위한 기초를 제공할 수 있었다.[5]

　19세기의 선임자들과 마찬가지로 오늘날의 자유주의자들도 국제경제
의 정치적 차원을 무시하는 경향이 있다. 그들은 비대칭적인 경제적 상호
의존이 국가들 간의 권력관계의 불균형을 야기할 수 있다는 사실에 대해
별 관심을 기울이지 않았다.[6] 민족주의적 처방들이 국력을 잠식하는 데

2) Prebisch, "Five Stages," pp.180-182.
3) 이를 검토하는 논문으로는 다음을 보라. Sheila Smith and John Toye, "Three
　Stories about Trade and Poor Economies," *Journal of Development Studies*, 15,
　April 1979, pp.1-18.
4) Raymond Vernon, "International Investment and International Trade in the
　Product Cycle," *Quarterly Journal of Economics*, 80, May 1966, pp.190-207.
5) Walt W. Rostow, "Growth Rates at Different Levels of Income and Stages of
　Growth: Reflections on Why the Poor Get Richer and the Rich Slow Down,"
　Why the Poor Get Richer and the Rich Slow Down, Austin: University of Texas
　Press, 1980, pp.259-301.
6) Albert Hirschman, *National Power and the Structure of International Trade*,
　Berkeley: University of California Press, 1945, pp.13-52.

반하여, 올바른 경제정책들은 성장에 기여함으로써 국력을 증대시켰다. 많은 저작으로 시장경제를 옹호한 해리 존슨(Harry Johnson)은 다음과 같이 주장한다.[7] "한 나라가 얼마나 절대적으로 강력하든 약하든간에, 그 나라는 상대적으로 더 강력한 생산활동에 집중함으로써 가용(可用)권력을 극대화할 수 있다."

자유주의자들도 국제경제관계에 착취적 측면이 있음—예컨대 독점이 교역의 이득을 편파적으로 흘러들어가게 하는 데 이용된다든가 하는 경우—을 인정했다. 그러나 그들은 이러한 관계를 전형적인 것이라기보다는 예외적인 것으로 취급했다.[8] 심지어 시장이 불완전하게 작동하는 곳에서조차 교역에 대한 개입은 최적의 정책이 아니다. 시장을 포기하는 것이 아니라 국제시장과 국내시장의 보다 효율적인 작동을 보증해 주는 개혁을 실시하는 것이 당면과제였다. 자유주의적인 국제질서는 기술의 확산에 기여하고 시장기회를 확대함으로써 (저발전국의) 상향적 유동성을 촉진한다. 벨라 발라싸(Bela Balassa)는 비교우위에 대한 그의 '단계'적 접근을 개괄하면서 다음과 같이 자신이 발견한 결과를 쓰고 있다.

(일본의) 비교우위는 고도로 자본집약적인 수출부문으로 이동해 갔다. 이에 따라 한국과 대만처럼 상대적으로 높은 인적 부존자본을 갖춘 발전도상국들은 상대적으로 인적자본 집약적인 생산품을 수출함으로써 일본이 물려 줄 자리를 차지할 수 있으며, 브라질과 멕시코처럼 상대적으로 풍부한 물적 부존자원을 갖춘 나라들은 상대적으로 물적자본 집약적인 생산품을 수출함으로써 일본의 자리를 계승할 수 있다. 끝으로 보다 낮은 발전단계에 있는 나라들이 미숙련노동 집약적인 상품들을 수출함으로써 중진국들을 밀어내고 있다.[9]

7) Harry G. Johson, "Technological Change and Comparative Advantage: An Advanced Country's Viewpoint," *Journal of World Trade Law,* 9.1, 1973; Jan Tumlir, *National Interest and International Order,* London: Trade Policy Research Center, 1978.
8) 다음과 비교하여 보라. Richard Cooper, "A New International Economic Order for Mutual Gain," *Foreign Policy,* 26, Spring 1977, pp.66-120; Gerald Helleiner, "World Market Imperfections and the Developing Countries," in William Cline(ed.), *Policy Alternatives for an New International Economic Order,* New York: Praeger, 1979, pp.357-389.
9) Bela Balassa, *A Stages Approach to Comparative Advantage,* World Bank Staff

민족주의적 정책에 대한 비판의 두 번째 요점은 그러한 정책이 수반하는 국내적 비용에 관한 것이다.[10] 상이한 학자들이 상이한 왜곡현상들을 강조했지만, 수입대체 산업화의 상호연관된 문제점들을 일종의 증후군으로 취급하는 데 이들은 대체로 일치하고 있다.[11] 외적인 측면에서, 수입대체 산업을 설립하기 위한 자본재와 원자재에 대한 필요성이 수입대체 산업화를 수입집약적으로 만들지만, 수출에 대한 편파적인 차별은 만성적인 국제수지문제를 야기한다. 이러한 불균형은 외환거래에 대한 통제를 증대시키고, 긴축과 완화 사이를 방황하는 거시적 경제정책에 호소하게 만들었다. 전통적인 원자재 수출로부터의 소득과 함께 외국원조와 직접투자, 상업차관 등이 이 전략의 주요한 지주가 되어 버렸다. 수입대체 산업화는 외적인 취약성을 감소시키기는 커녕 오히려 그것을 증대시킨다.

내적인 왜곡현상들은 이러한 외적인 문제들에 필적한다. 과잉보호된 수입대체 산업들은 구조적으로 과점화되고 과잉설비와 비효율성, 높은 가격과 저질상품으로 특징지어진다. 이러한 내적 왜곡은 자연히 분배상의 결과에도 영향을 미친다. 교역정책과 환율정책은 농산물에 비하여 제조품의 가격을 앙등시킴으로써 빈민들이 집중되어 있는 농촌지역에 불리하게 교역조건을 형성했다. 농업부문으로부터의 실질적 자원이전이 필연적으로 둔화되면서, 중앙은행으로 하여금 공업부문에 보조금을 지급하게 하려

Working Paper 256, Washington, D.C., May 1977, p.27.

10) '협조주의자'의 정치와 '분리주의자'의 전략에 대해서는 다음을 참조. John Gerard Ruggie(ed.), *The Antinomies of Interdependence,* New York: Columbia University Press, 1983.

11) 이에 관한 영향력 있는 연구로는 다음을 들 수 있다. M.D. Little, T. Scitovsky, and M. Scott, *Industry and Trade in Some Developing Countries,* London: Oxford University Press, 1970; Anne Krueger, *Liberalization Attempts and Consequences,* Cambridge, Mass.: Ballinger for the National Bureau of Economic Research, 1978. 이 양자는 다음과 같은 교차국가적 연구에 요약되어 있다. Bela Belassa, *Policy Reform in Developing Countries,* New York: Pergamon, 1977과 *The Newly Industrializing Countries in the World Economy,* New York: Pergamon, 1981; Carlos Diaz-Alejandro, "Trade Policies and Economic Development," in Peter Kenen(ed.), *International Trade and Finance: Frontiers for Research,* New York: Cambridge University Press, 1975, pp.93-150.

는 유혹은 증대하고 이는 인플레이션을 악화시켰다. 이처럼 농업을 희생
시켜 공업을 중시함으로써 국내시장의 확대에 제약을 가하게 되고 농촌
지역에서 이농현상을 격발했다. 비록 수입대체 산업화의 동기가 고용의
증대에 있었다고 하지만, 사실 자본집약적인 생산과정의 장려는 노동력을
흡수할 수 있는 공업부문의 능력을 제한했다. 그 결과 이중적인 노동시장
이 형성되어, 상대적으로 고임금을 받는 고용이 광범한 불완전 고용 및
실업과 공존하게 되었다. 결국 결과는 도시빈민층의 형성과 왜곡된 소득
분배였다.

새로운 신고전주의 정치경제학은 또한 수입대체 산업화의 주요한 정치
적 결과, 즉 불로소득(rent)의 추구를 고무하는 국가개입의 경향을 중시했
다.[12] 수입허가에 대한 국가의 통제와 외화할당제는 자원의 비효율적 배
분뿐만 아니라 부패와 밀수, 암시장의 형성을 유도했다. 수입대체 산업들
에 부여되는 보호는 필수적인 발전목표에 부합하는 정도로 제한하고, 궁
극적으로는 철회해 나감으로써 기업들이 경쟁적 지위를 갖출 수 있도록
하는 것이 이상적일 것이다. 그러나 실제에 있어, 높은 수준의 보호가 지
속되었다. 합리적인 수입대체 산업화 전략은 대부분의 개발도상국의 능력
을 훨씬 넘어선 정치·행정적 능력을 요구했다. 반면 시장지향적인 정책들
은 행정개입이 부재한 상황에서 경제결정을 분권화시켰고, 비생산적인 불
로소득 추구활동을 억제함으로써 정책을 탈(脫)정치화시켰다.

동아시아 신흥공업국들의 성공은 신고전주의의 이론적 주장에 경험적
증거를 제공함으로써 세 번째 비판의 물줄기를 열었다. 수출촉진을 통해
이룩한 성장률이 수입대체 산업화 체제가 성취한 성장률보다 우월함을
보여 주는 증거들이 축적되어 왔다.[13] 높은 무역의존도에도 불구하고 동

---

12) Jagdish Bhagwati, *Anatomy and Consequences of Exchange Control Regimes*, Cambridge, Mass.: Ballinger for the National Bureau of Economic Research, 1978.

13) 그 예로는 다음을 보라. Bela Balassa, "The Newly-Industrializing Developing Countries after the Oil Crisis," in *The Newly Industrializing Countries in the World Economy*, New York: Pergamon, 1981; James Riedel, "Trade as the Engine of Growth in Developing Countries, Revisited," *Economic Journal*, 94, March 1984, pp.56-73; Colin I. Bradford, Jr. and William H. Branson(eds.),

아시아 신흥공업국들은 경제적으로 혼란스러웠던 1970년대에 내부지향
적인 라틴아메리카 신흥공업국들을 상당히 능가하는 성장을 이룩하였다.
뿐만 아니라 동아시아 신흥공업국에서의 소득분배는 선진국의 기준으로
보더라도 상대적으로 균등하다고 하겠다. 이러한 성과는 한국과 대만에서
의 광범위한 토지개혁과 홍콩과 싱가포르에서의 저소득 농업부문의 부재
등에도 부분적으로 기인하지만, 기본적으로는 수출주도형 성장이 노동력
을 흡수한 공헌이라고 하겠다.

　그러나 동아시아의 성장에 관한 신고전주의적 해석에 대한 도전이 없
는 것은 아니다. 가장 날카로운 비판은 경제학자와 정치학자, 지역전문가
등 이론적으로 절충적인 그룹으로부터 제기되었다.14) 그 비판은 다음 두
가지 방향으로 나타났다. 하나는 성장을 촉진하는 데 있어 국가의 역할에
관한 것이며, 다른 하나는 수출주도형 성장의 성공에 있어 특정의 국제적
맥락의 중요성에 관한 것이다.

　이들 비판자들은, 동아시아 신흥공업국에서의 산업구조의 변화유형은
적어도 부분적으로는 발전국가가 택한 산업전략의 결과로서 이해되어야
한다고 주장한다. 동아시아는 각국이 가진 비교우위를 적절히 이용하긴
했지만 시장지향적 정책만을 통한 것은 아니었다. 한국, 대만, 싱가포르는
다양한 부문특정적인(sector-specific) 개입들을 통해 그들의 산업계획을
지원했다. 보호정책과 마찬가지로 금융-재정적 유인책(誘因策)은 새로운

　　　Trade and Structural Change in Pacific Asia, Chicago: University of Chicago
　　　Press, 1987.
　14) 이에 관한 대표적인 저작으로는 다음을 들 수 있다. Gordon White and Robert
　　　Wade(eds.), *Developmental States in East Asia,* Institute of Development Studies
　　　Research Report 16, Brighton, 1985; Alice H. Amsden, "The State and
　　　Taiwan's Economic Development," in Peter B. Evans, Dietrich Rueshemeyer,
　　　and Theda Skocpol(eds.), *Bringing the State Back In,* New York: Cambridge
　　　University Press, 1985, pp.78-106; A.H. Amsden, *Asia's Next Giant: South
　　　Korea and Late Industrialization,* New York: Oxford University Press, 1989;
　　　Leroy Jones and Il Sakong, *Government, Business, and Entrepreneurship in Economic
　　　Development: The Korean Case,* Cambridge: Harvard University Press, 1980;
　　　Chalmers Johnson, *MITI and the Japanese Miracle,* Stanford: Stanford University
　　　Press, 1981.

부문들의 발전에 주요한 역할을 수행했다. 산업적 유인의 구조는 결코 중립적이지도 균형적이지도 않았으며, 한국과 대만에서는 높은 수준의 보호가 비교우위를 이미 확립한 부문들에 대해서도 계속 제공되었다. 교역이론에 대한 새로운 연구들은 산업의 목표설정(industrial targeting)이 몇몇 시장에서는 최적의 정책이 될 수 있다는 것을 시사하여 수정주의적 견해에 잠정적인 지지를 보이고 있다.15)

신고전주의 경제학자들은 이러한 관찰에 대해 몇 가지 반론을 제기한다. 비록 동아시아 신흥공업국들에서의 개입이 광범위한 것일지는 모르나, 그것은 아프리카나 남부 아시아, 라틴아메리카 등에서의 개입에 비하면 덜 광범위하다는 점을 지적한다.16) 더구나 신흥공업국들이 시도한 부문특정적인 정책수단들은 전반적인 발전에 효과를 거의 미치지 못했거나, 아니면 적극적인 불이익만 가져왔다는 것이다. 산업정책을 옹호하는 자들은 의도된 결과를 성취하기 위한 특정의 목표를 갖는 정책이 존재했다는 사실로부터 그들의 신념을 비약했다고 주장한다. 이들은 그 인과관계를 증명하지도, 이론적인 근거를 제시하지도 못했다. 그들은 공공재의 제공, 사적 부문들로 하여금 위험을 무릅쓰게 하고자 하는 유인, 그리고 일관되고 신뢰할 수 있는 거시경제정책의 더욱 실제적인 영향력에 대한 산업정책의 효과를 측정해 내지도 못했다.17)

신고전주의적인 설명에 대한 두 번째의 도전은 수출비관론(export pessimism)의 부활로부터 제기되었다. 회의론자들은 수출주도형 성장에 대한 옹호론은 '합성의 오류(fallacy of composition)'에 의존하고 있다고 논박한다.18) 그러한 모델은 소수의 국가군에 의해 추구될 때는 잘 작동할 수

15) Paul Krugman(ed.), *Strategic Trade Policy and the New International Economics,* Cambridge: MIT Press, 1986.
16) Jagdish Bhagwati and Anne Krueger, "Exchange Control, Liberalization, and Economic Development," *American Economic Review,* May 1973, p.420.
17) 산업정책 문헌에 대한 비판으로는 다음을 보라. Gray Saxonhouse, "What Is All This about Industrial Targeting in Japan?" *The World Economy,* 6, September 1983, pp.253-273.
18) William Cline, "Can the East Asian Model of Development Be Generalized?" *World Development,* 10, February 1982, pp.81-90.

있다. 그러나 그것이 일반화된다면 개발도상세계로부터 흘러나오는 제조
품 수출의 홍수는 그것을 흡수할 수 있는 선진공업국의 정치적 능력을 압
도해 버릴 것이다. 월프강 헤이저(Wolfgang Hager)는 자본, 상품, 기술의
자유시장들을 통해 남과 북 '두 세계'가 결합한 결과에 관하여 가장 엄격
한 평가를 내리고 있다. "우리(선진공업국－역자)는 자유롭지 못한 노동
시장과, 아직 자본배분에 있어서 상대적으로 자유로운 시장을 특징적으로
가지고 있다. 다른 한편의 세계는 자유로운 노동시장과…소수의 기업가와
관료들에 의한 중앙계획 혹은 전략적 합의에 의하여 자본할당이 이루어
지는 체계를 가지고 있다."[19] 현존하는 기술을 이용함으로써 신흥공업국
들은 충분히 저렴한 단위노동비용을 가지고 선진공업국의 생산성에 비견
할만한 수준의 생산성을 획득할 수 있었다. 유럽이나 미국의 산업노동자
들이 '조정(adjustment)'이라는 미명 아래 시장의 힘 앞에 내던져질 것을
요구하는 것은 곧 전후 복지국가의 붕괴를 초래하는 것이 될 것이다. 헤
이저에 따르면, 유일한 현실주의적 대응은 이들 서로 다른 두 사회경제체
제들 간의 교역을 그런대로 '유지해 가는' 정치적인 대응이다. 그러나 선
진공업국의 저성장과 강화된 보호주의는 수출주도형 성장의 지속적인 재
현 가능성에 대해 도전하고 있는 듯하다.[20]

　동아시아 신흥공업국들은 신고전주의의 몇몇 중요한 처방의 정당성을
입증하였다. 한국과 대만은 보다 충분하게 비교우위를 개발할 수 있도록
허용한 정책들의 결과로서 '도약(take-off)'에 성공했다. 이러한 정책들은
환율개혁과 선택적인 수입자유화를 포함하는 것이었다. 수출촉진정책이
택한 유인책들의 유형은 결코 중립적이지 않았지만, 수입대체 산업화를
추구한 나라들보다는 덜 왜곡된 것이었다. 새로운 수출비관론은 완전하게

19) Wolfgang Hager, "Protectionism and Autonomy: How to Preserve Free
    Trade in Europe," *International Affairs,* 58, Summer 1982, pp.413-428. 또한 다
    음을 보라. Organization of Economic Cooperation and Development, *The
    Impact of the Newly Industrializing Countries on Production and Trade in
    Manufactures,* Paris: OECD, 1979. 이는 신흥공업국에 초점을 맞춘 최초의 연구
    들 가운데 하나이다.
20) 예컨대 다음을 보라. Paul Streeten, "A Cool Look at 'Outward-looking' Strat-
    egies for Development," *The World Economy,* 5, September 1982, pp.159-170.

정당화되지도 못했다. 신흥공업국의 제조품에 대한 선진국시장은 점증하는 보호주의에도 불구하고 계속 확대되었다.[21] 쿼터제에 기초한 무역규제의 한 형태인 규율적인 판매협정도 동아시아 신흥공업국들이 보호장벽을 교묘히 피해갈 수 있는 충분한 여지를 남겨 놓았다.[22] 그러한 규제들이 협상을 통해 마련되는 까닭에, 약소국은 장기적인 이득을 위해 흥정을 하고 애매한 협정을 밀어붙이고 자유무역을 선호하는 그룹들과 다국적인 동맹을 맺거나 간단히 속임수를 쓸 수도 있다. 나아가 쿼터제는 동아시아 신흥공업국들로 하여금 새로운 생산라인을 다변화하고 질을 높이도록 하는 고약한 효과가 있었다.

필자의 중심 논지는 수출주도형 성장으로의 방향전환은 신고전주의적 해석이 일반적으로 무시해 온 경제적, 법적, 제도적 개혁을 수반한다는 것이다. 비록 우리가 정책개혁의 결과에 대한 수정된 신고전주의적 견해를 받아들인다 해도, 주목받지 못한 수수께끼는 분석을 힘들게 한다. 만약 수출주도형 성장이 우월한 전략이었다면, 왜 다른 지역에서는 정책개혁이 그토록 흔치 않게 그리고 주저하면서 추진되어 왔는가? 어디서 개혁은 실시되었으며, 왜 그것은 일련의 모순적인 개입을 수반했는가? 데이비드 모라위츠(David Morawetz)의 문제제기처럼, 왜 황제의 새옷이 콜롬비아에서는 만들어지지 않는가?[23]

비록 한국보다 더 작은 나라들이 장기간에 걸쳐 수입대체 (산업화)정책을 추구해 왔지만, 그리고 보다 큰 신흥공업국들 간의 세계경제에 대한 개방의 폭은 서로 큰 차이가 있긴 하지만, (한 나라의―역자) 규모는 자주 한 요인으로서 언급되고 있다. 경제학자들은 불로소득 추구행위의 심각성을 지적하지만, 그것은 정책이론의 하나라기보다는 종종 결과론적인 관찰이었을 뿐이다. 불로소득 추구행위의 현실적 중요성을 입증하려는 아무런

21) Helen Hughes and Jean Waelbroeck, "Can Developing-Country Exports Keep Growing in the 1980s?" *The World Economy*, 4, June 1981, pp.127-147.

22) David Yoffie, *Power and Protectionism: Strategies of the Newly Industrializing Countries,* New York: Columbia University Press, 1983.

23) David Morawetz, *Why the Emperor's New Clothes Are Not Made in Colombia,* Baltimore: Johns Hopkins for the World Bank, 1981.

노력도 없었으며, 왜 불로소득 추구활동이 몇몇 경우에서는 정책을 제압했으며, 다른 경우에서는 극복되었는가에 대해 타당한 설명도 없었다.[24]

오도된 정책들에 대한 설명들은 주로 민족주의와 이데올로기, 그리고 단순한 비합리성으로 상호연관된 요인들을 중심으로 구축되는 경향이 있었다. 로버트 베이츠(Robert Bates)는 이러한 논의의 근본적 모순을 이렇게 지적하고 있다. "사람들은 경제적인 약삭빠름과 정치적인 어리석음을 동시에 보이고 있다고들 이야기한다."[25] 개인들은 시장유인책들에 대해 경제적 합리성과 장기적 안목을 가지고 있는 것으로 가정된다. 그러나 정치인들은 모두 근시안적 비효율성을 가장 많이 보유하고 있는 자들처럼 보인다. 이러한 불일치는 설명을 요구한다.

2. 종속적 발전

자유주의적 발전관에 대한 급진주의적 도전이 맑스주의 정치경제학의 전통에서 지적 영감을 끌어낸 다양한 이론가 그룹으로부터 제기되어 왔다. 주로 라틴아메리카의 주요 신흥공업국 사례들을 참조로 하여 사고를 발전시켜 온 종속이론가들이 이러한 접근의 전형이라 하겠다. 물론 그들은 제국주의 이론가들과 세계체제론적 시각의 제창자들 및 비맑스주의적이라고 자처하는 구조주의적 국제정치경제 이론가들과 많은 점에서 기본 가정들을 공유하고 있다.[26] 근본적인 이론적 가정 두 가지가 종속이론의 전통 위에 서 있는 이론작업을 특징짓는다. 첫째, 국제경제는 위계적인 질서를 가진 지배체계로서 간주된다. 마치 계층화된 사회체계에서처럼, 불

---

24) Douglas Nelson, "Endogenous Tariff Theory: A Critical Survey," *American Journal of Political Science,* 32, August 1988, pp.796-837.

25) Robert H. Bates, *Markets and States in Tropical Africa: The Political Bases of Agricultural Policies,* Berkeley: University of California Press, 1981, p.2.

26) 초기 종속론적 사고에 관한 유용한 개괄로는 다음을 들 수 있다. Gabriel Palma, "Dependency: A Formal Theory of Underdevelopment or a Methodology for the Analysis of Concrete Situations of Underdevelopment?" *World Development,* 6, November 1978, pp.881-924.

평등을 재생산해 내는 다양한 정치적 메커니즘과 경제적 메커니즘들이 존재한다. 둘째, 주변부의 발전의 성격은 주변부가 국제노동분업에 편입된 방식의 함수이다. 이러한 '외적 지배의 가정'은, 외적인 요인들이 개발도상국들의 경제를 특징짓는 파행성에 대해 책임이 있다고 본다.

초기 종속이론가들―안드레 군더 프랑크(Andre Gunder Frank)는 최선의 표적이다―은 잉여의 추출이 직접적으로 경제적 정체를 가져온다는 매우 정형화된 모델을 가지고 작업을 했다.[27] 비록 이러한 초기 주장들에 대한 북미 사회과학계의 논쟁이 1980년대까지 지난하게 계속되었지만, 이미 1970년경부터 라틴아메리카 신흥공업국의 사례들은 정체주의적 가정을 다시 평가하도록 강요하고 있었다.[28] 종속론적 사고는 점차 주변부의 산업화, 특히 남미의 대규모 신흥공업국들의 산업화에 대한 설명이 가능한 방향으로 수정되었다.

페르난도 카르도소(Fernando Henrique Cardoso)의 주도하에 종속문헌의 '새로운 물결'은 국가와 외국기업 및 국내기업의 관계에 대해 초점을 맞추었다.[29] '국가'는 기존 사회질서를 지탱하는 정치적 제도이자 '국가

---

27) Andre Gunder Frank, *Capitalism and Underdevelopment in Latin America,* New York: Monthly Review Press, 1967.

28) Fernando Henrique Cardoso and Enzo Faletto, *Dependency and Development in Latin America,* Berkeley: University of California Press, 1979. 이 저작은 원래 1973년에 출간되었다.

29) Fernando Henrique Cardoso, "Associated-Dependent Development: Theoretical and Practical Implications," in Alfred Stepan(ed.), *Authoritarian Brazil,* New Haven: Yale University Press, 1973. 이러한 '새로운 물결'에 대한 가장 중요한 기여는 에반스에 의해 이루어졌다. Peter Evans, *Dependent Development: The Alliance of Multinational, State, and Local Capital in Brazil,* Princeton: Princeton University Press, 1978. 또한 다음도 참조하라. Gary Gereffi, *The Pharmaceutical Industry and Dependency in the Third World,* Princeton: Princeton University Press, 1983; Douglas C. Bennett and Kenneth E. Sharpe, *Transnational Corporations versus the State: The Political Economy of the Mexican Automobile Industry,* Princeton: Princeton University Press, 1985; Richard Newfarmer(ed.), *Profits, Poverty, and Progress: Case Studies of International Industries in Latin America,* Notre Dame: University of Notre Dame Press, 1985. 이상에 대한 개관으로는 다음을 보라. Stephan Haggard, "The Political Economy of Foreign Direct Investment in Latin America," *Latin American Research Review,* 24, 1, 1989, pp.

부르주아지'의 제도적 집합장소이며, 동시에 국영기업을 통해 생산에 참여하는 기업가이다. 외국 및 국내'자본'은 이윤의 극대화를 추구하는 기업이자 계급분파로서 취급된다. 사회학적이고 경제학적인 용어들로 외국기업에 대한 종속관계를 개념화하려는 노력은 미묘하게 서로 다른 두 가지 주장을 만들어 냈다. 근본적인 동맹적 이해관계의 기초 위에서 산업화의 특정유형을 설명하는, 보다 광범위한 수준에서의 설명은 정치적인 설명이었다. 이러한 전략의 경제적 귀결은 자본주의 국제체제에의 통합이 가져오는 유해한 결과들에 관한 두 번째 논의들에서 설명된다.

　종속에 관한 첫 번째 논의들은 형식에 있어서 기능주의적인, 국가-사회관계의 사회학적 모델을 원용했다. '종속적 발전'－본질적으로 다국적기업들이 확대된 역할을 수행하게 되는 수입대체의 국면－전략은 특정의 다국적 계급동맹으로부터 나온 것이다. 예컨대 피터 에반스(Peter Evans)는 국가엘리트, 외국기업 및 국내기업이 '삼자동맹(triple alliance)'을 형성한다고 보았다.30) 카르도소 역시 군부, 부르주아지, 그리고 민족적 발전에 외국자본이 적극적으로 참여하는 것을 선호하는 중간계급들의 일부들로 구성되는 동맹을 논의하였다.31)

　그 어떤 정치적 동맹과 마찬가지로 그 파트너들의 동기는 협력과 경쟁의 혼합이라고 할 수 있다. 보다 폭넓은 '동맹'의 존재는 결코 관계의 구체적인 조건에 대한 계속적인 협상을 배제하지 않았다. 민족기업들은 시장에서의 자신의 위치를 지키기 위하여 정부에 정치적으로 접근하였다. 관료와 국영기업의 관리인들은 자신들의 제도적 이익을 갖고 있으며, 정치엘리트들은 민족주의와 경제성장이라는 서로 경쟁하는 주장들 사이에 균형을 추구함으로써 자신들의 목표를 극대화하고자 하였다.

　그럼에도 불구하고 종속론자들(dependistas)은 외국기업을 지배적이고 억압적인 파트너로서 간주하였다. 삼자동맹내에서 다국적기업이 향유하는 힘은 다국적조직에 내재한 융통성, 그들이 국민경제, 특히 그것의 가장

　　184-208.
　30) Evans, *Dependent Development*.
　31) Cardoso, "Associated-Dependent Development."

역동적인 부문들에서 차지하는 비중 및 그들이 활동하는 시장을 특징짓
는 불완전성 등으로부터 유래하였다. 시장의 불완전성을 강조하는 해외투
자이론들은 새로운 종속론적 사고의 전개에 있어서 매우 중요한 것이었
다.[32] 이러한 이론들은, 현지경쟁자들에 대한 기업특정적인 이점으로 해
외투자비용을 상쇄할 수 없는 한, 해외투자가들은 그 비용을 고려하여 해
외진출을 억지한다고 지적하였다. 이러한 이점들에는 금융혜택, 기술, 생
산품의 차별화, 마케팅 능력, 관리기술 및 규모의 경제 등이 포함된다.

이러한 이점들은 다국적기업에게 시장에서 현지기업들에 대항할 수 있
는 힘을 부여하는 것이 아니었다. 국민경제에서 다국적기업이 차지하는
지배적 위치는 민족적 정책에 대한 근본적인 제약을 가하기도 하였다. 그
결과, 게리 저러피(Gary Gereffi)의 지적처럼 "종속경제의 발전대안들 가
운데서 선택은 제약받거나 방해받았다. 왜냐하면 이러한 대안들은 종속상
황에 함축된, 세계시장에 대한 우선적 고려와 갈등을 일으킬 가능성이 크
기 때문이다."[33]

삼자동맹내의 빈발하는 갈등에도 불구하고, 이들 세 동맹자는 급속한
(자본)축적에 공통의 이해를 갖는다. 그 결과 권위주의와 불평등을 포함
한, 예측가능한 정치적·사회적 지형이 필연적으로 나타난다. 예컨대, 에반
스는 다국적기업이 지배하는 수입대체(산업화)의 제2단계는 이미 활성화
된 도시민중부문의 배제, 나아가 억압까지도 '요구'한다는 기능주의적 논
의를 전개하였다. 즉 "종속적 발전의 맥락에서, 민주주의의 필요성은 작
은 데 반하여 억압의 필요성은 크다"[34] 는 것이다. 카르도소 역시 브라질
에 관하여 비슷한 논의를 전개했다. "축적과정은 민중계급들이 이용할 수
있는 방어수단과 압력수단을 박탈할 것을 요구하였다"[35]는 것이다. 기예
르모 오도넬(Guillermo O'Donnell)의 모델은 '관료적 권위주의(bureau-

32) Stephen Hymer, *The International Operations of National Firms: A Study in Foreign Investment,* Monographs in Economics 14, Cambridge: MIT Press, 1976; Charles Kindelberger, *American Investment Abroad,* New Haven: Yale University Press, 1969.
33) Gereffi, *The Pharmaceutical Industry and Dependency*, p.61.
34) Evans, *Dependent Development,* p.48.
35) Cardoso, "Associated-Dependent Development," p.147.

cratic authoritarianism)'를 설명함에 있어, 민중부문의 동원, 기술관료의
역할 증대, 군부의 위기인식과 같은 국내적 요인들에 보다 중심적인 역할
을 부여하고 있다.36) 그럼에도 불구하고 그의 가설들 중에 가장 논란이
많은 가설은, 외국기업이 결정적인 역할을 수행하는 수입대체 산업화의
'심화' 국면이라는 '지상명령'과 군부의 정치개입을 연관짓고 있다.

이러한 정치사회학적 논의는 '종속적 발전'의 부정적인 사회·경제적
결과에 대해 설명하는, 다국적기업에 대한 비판적 접근에 의해 보완된다.
필자는 이러한 논의들에 대해 다른 곳에서 개괄한 바 있으므로 여기서는
간략히 정리하는 데 그친다.37) 종속이론가들은 불평등의 발생과 경제발전
에 장애가 되는 외국기업들의 행위에 대해 특별히 초점을 맞추고 있다.

불평등은 상이한 방식에 의해 발생했다.38) 외국기업들에 의한 자본집
약적인 생산과정의 도입은 노동시장의 파편화에 기여했다. 즉 이는 숙련
노동자 및 반(半)숙련노동자에 대한 수요를 창출하는 반면에 전통적인 노
동력 흡수 산업들을 소멸시키거나 소홀히 취급하는 결과를 낳았다. 산업
의 역동성이 대다수 국민들의 구매력 수준을 넘어서는 내구성 소비재와
같은 상품의 생산에 의존하기 때문에 대중들은 소비자로서 배제될 수밖
에 없다. 심지어 국가는 임금을 억제하고 분배구조를 왜곡하여 우호적인
상품시장을 창출하거나 확대시키려고 한다. 외국기업에 대한 종속에서 기
인하는 경제적 문제점들은 수없이 많다. 부적절한 생산품, 소비유형, 기술
및 생산과정의 도입, 산업집중, 국내 생산자들의 배제, 바람직하지 못한
교역행위와 희생의 전가(transfer pricing) 등이 바로 그것이다. 세련된 연
구들이 이러한 명제들을 입증하려고 시도하였고, 상당수의 명제들을 확인
했다는 사실은 종속론적 연구프로그램에 대한 타당성을 입증해 준 셈이

---

36) Guillermo O'Donnel, *Modernization and Bureaucratic Authoritarianism*, Berke-
ley: Institute of International Studies, University of California, 1973).

37) Richard Newfarmer(ed.), *Profits, Poverty, and Progress*; Thomas Biersteker, *Dis-
tortion or Development: Contending Perspectives on the Multinational Corporation*,
Cambridge: MIT Press, 1978. 더 상투적인 견해로는 다음을 들 수 있다. Ri-
chard E. Caves, *Multinational Enterprise and Economic Analysis*, New York: Cam-
bridge University Press, 1982.

38) Biersteker, *Distortion or Development*, pp.1-26.

되었다.[39)]

종속이론을 비판하는 작업은 일종의 최악의 학문적 시도가 되어 버렸다. 무척이나 조야한 정식화들에 대해 격렬한 공격이 퍼부어졌으며, 종속이론의 전반적인 기여와 보다 세련화된 수정(이론들)은 무시되었다.[40)] 이러한 점은 지난 10년간 세계경제의 변화가 개발도상국들에 남긴 명백한 충격을 고려할 때 특히 이상한 것이다. 필자는 본 논의와 관련이 깊고 또한 필자의 생각에 도외시되어 온 네 가지 점에 대해서만 살펴보고자 한다.

첫째, 종속론자들이 다국적기업의 활동 탓으로 돌리는 많은 왜곡과 분배상의 결과들은 신고전주의 경제학자들이 발전전략의 보다 폭넓은 선택의 효과로 돌리는 것들과 아주 유사하다. 외국인 투자의 어떤 결과들은 국내정책과는 무관하게 작동한다.[41)] 예컨대 다국적기업들이 기술종속을 조장하는 데 관심을 갖는 것은 수입대체 산업화와 수출지향적인 투자 양쪽 모두에서 사실이다. 그러나 종속이론가들에 의해 조명된 많은 왜곡들 ─몇 가지 예만 들면 농업의 경시, 불평등, 부적절한 생산과정과 소비유형 등─은 수입대체 산업화 정책 및 다른 일련의 국내정책에 대해서 책임을 물을 수 있다. 종속적 발전모델의 가장 영향력있는 두 제창자─카르도소와 에반스─모두가 브라질 연구가라는 것은 우연의 일치가 아니다. 라틴아메리카를 벗어난 비교분석은 다국적기업의 활동이 정책 선택과 경제적 산출 사이에 개입하는 하나의 변수에 불과하다는 점을 시사한다. 종속은

---

39) Newfarmer, *Profits, Poverty, and Progress*.

40) 종속에 관한 교차국가적 연구에 대한 비판으로는 다음을 참조. Robert W. Jackman, "Dependence on Foreign Investment and Economic Growth in the Third World," *World Politics,* 24, January 1982, pp.187-193. 경제학자의 견해로는 Sanjaya Lall, "Is 'Dependence' a Useful Concept in Analysing Underdevelopment?" *World Development,* 3, November-December 1975, pp.799-810. 세련화된 맑스주의적 비판으로는 Bill Warren, *Imperialism: Pioneer of Capitalism,* London: New Left Books, 1980. "새로운 물결"의 종속이론가들에 대한 직접적이고 명확한 비판으로는 Divid, G. Becker, *The New Bourgeoisie and the Limits of Dependency,* Princeton: Princeton University Press, 1983, pp.3-16, 323-342를 들 수 있다.

41) Richard Newfarmer, "International Industrial Organization and Development: A Survey," in Newfarmer(ed.), *Profits, Poverty and Progress,* pp.13-62.

국내정책의 원인이 되는 만큼이나 그것의 결과인 것이다.

두 번째 관찰은 종속 그 자체의 개념에 관한 것이다. 동아시아에 종속이론 패러다임을 확대 적용시켜 보려는 노력들42)을 포함하여 신흥공업국 산업화에 대한 종속론적 분석들을 다국적기업의 역할에 초점을 맞춰왔다. 이러한 전술은 외국인 직접투자의 중요성을 과대평가하는 한편, 어떻게 국제체제가 국가행위를 제약하는가에 대한 매우 협소한 관점에 의존한다. 1970년대에 동아시아 신흥공업국들이 직면했던 구조조정이라는 주된 도전은 갈수록 정치화되어가는 국제교역체제를 헤쳐가는 것이었다. 1970년대까지만 해도 상업차관은 신흥공업국의 외적자본의 원천으로서 외국인 직접투자를 훨씬 능가하였다. 보다 장기적인 관점에서 본다면, 공급쇼크와 전 세계적인 거시경제적 동향은 개발도상국에 대해 다국적기업보다도 더 심대한 영향을 끼쳤다. 이러한 사실들이 종속이론의 기본적인 통찰을 무효화하지는 않지만, 국제적 제약들에 대한 보다 분화된 개념이 필요하다는 것을 시사한다.

셋째, 종속론적 시각은 묘하게도 국제체제를 비정치적으로, 즉 경제적으로만 본다. 많은 종속문헌들이 정치·군사적 관계의 독자적인 중요성을 무시한다. 그러나 정치·군사적 관계들은 국내정책을 수립하는 데 중요한 영향을 미쳐 왔다.

마지막으로, 유사한 종속적 상황에 대한 대응과정에서 보이는 국가의 폭넓은 변용과 국내정치의 중요성에 주목할 필요가 있다. 국제구조라는 경제적인(parsimonious) 관념을 개관하려는 시도는 국가의 전략과 능력에 있어서의 다양한 편차를 간과해 버린다. 예컨대 한 정식화에서 월러스타인은 동유럽의 사회주의국가들뿐만 아니라 남아프리카의 발전된 천연자원 수출국들 및 라틴아메리카와 동아시아의 신흥공업국들까지도 모두 반(半)주변부에 포함시켜 버렸다.43) 많은 종속론적 사고들은 제도와 과정을

42) Folker Frobl, Jurgen Heinrichs, and Otto Kreye, *The New International Division of Labor: Structural Unemployment in Industrialized Countries and Industrialization in Developing Countries,* New York: Cambridge University Press, 1980.

43) Immanuel Wallerstein, "Semi-peripheral Countries and the Contemporary World Crisis," *Theory and Society,* 3, 4, 1976, pp.461-483.

무시하는 매우 조야한 기능적·경제주의적 정치이론에 의존했던 것이다. 물론 세밀화된 부문연구들에 의한 수정이 있었지만, 외적 제약을 중시함으로써 국내전략을 형성하는 정치적 요인들에 대한 검토를 무시하는 결과를 낳았다.

자유주의적 시각과 종속론적 시각은 양자 모두 공통된 무능력을 공유하고 있다. 즉 국내 정치세력들이 어떻게 경제정책을 제약하며 외적 환경에 대응하여 국가를 적응시키는가 하는 문제에 대해 무시하는 경향이 그것이다. 그 이유는 다시 한번 강조할 가치가 있다. 부활한 신고전주의는 규정적이고 심지어는 변형시키는 추진력을 갖고 있다. 저발전 그 자체로부터 유래하는 왜곡들에 대해서는 거의 주의를 기울이지 않으면서, 정부가 유도한 왜곡에 대해서는 비판적으로 평가하는 하나의 규범적 규준으로서 파레토 최적의(Pareto-optimal) 정책들이 사용된다. 이러한 시각은 강한 주의주의, 즉 만약에 '올바른' 정책선택이 이루어진다면 경제적 성공은 널리 복제될 수 있다는 신념을 수반한다. 의심할 바 없이 많은 후발국들은 시장지향적인 개혁들로부터 이득을 얻을 수 있다. 그러나 동아시아의 모델이 있는 그대로 수출될 수 있을 것 같지는 않다. 동아시아 신흥공업국들의 성공은 특정한 독자적 정책들에 의존했을 뿐만 아니라, 신흥공업국들이 맨 먼저 이러한 정책들을 채택할 수 있도록 허용한 특수한 정치적이고 제도적 맥락에 의존한 것이었다.

그와는 대조적으로, 종속론적 시각은 이른바 '구조주의적 패러독스'라고 불릴 수 있는 약점을 안고 있다. 종속론적 모델은 국제적 제약을 극복하기 위한 발전의 경로와 관련하여 국제적 제약을 찾아내는 데 도움이 되는 것으로 생각되었다. 그러나 종속론적 사고의 결정론적 요소는 국제적 제약에 대항하는 국가전략의 중요성을 과소평가한다. 국가들은 그들의 성격으로 인하여 '종속적'이라고 불리우며, 그들의 행동과는 무관하게 종속을 유지한다.[44] 종속국가와 다국적기업 간의 협상에 대한 연구는 이러한

44) 여기서 나는 Kenneth Waltz, *Theory of International Politics*, Reading, Mass.: Addison Wesley, 1979, pp.33-37에서 이루어진, 제국주의 이론들에 대한 유사한 비판에 따르고 있다.

견해가 정확하지 않음을 간단히 보여 준다. 국제환경은 경직된 결정적 구조로서가 아니라 그 안에서 국가들이 배울 수도 있으며 그들의 활동반경을 확대시켜 나아갈 수도 있는 가변적인 제약요인들의 집합으로서 보아야만 한다.45)

    만일 삼자동맹이 국가, 국내기업, 외국기업 간의 광범한 부문별 노동분업으로 간주될 수 있다면, 모든 개발도상국들은 삼자동맹의 어떤 형태로서 성격지어진다. 그렇다면 모든 선진국 경제들도 그렇다고 할 수 있다. 종속에 대한 집착은 중심적인 이론적 문제로부터 주의를 흐트러뜨린다. 어떤 조건하에서 국가는 전략적 부문들에서 외국인 투자를 대체하며, 국내자본이 그렇게 대체하는 것을 지원하며, 이들에 대한 국가의 규제를 강화하는가? 이러한 문제에 대한 답변은 비교정치적 시각을 요구한다.

---

45) 예컨대 다음을 보라. Theodore Moran, *Multinational Corporations and Politics of Dependence,* Princeton: Princeton University Press, 1974, pp.153-172.

발전국가의 논리*

지야 외니스

　지난 10년간 발전이론과 정책은 신고전주의 패러다임과 이 패러다임과 거의 동일시되는 신자유주의적 경제조치들에 의해 철저히 지배되어 왔다. '구조주의' 발전이론은 1950년대와 60년대 초를 풍미하던 정설이었다. 구조주의와 관련된 중심사고는 시장의 실패는 저발전경제의 뿌리깊은 특징이며, 그 결과 국가가 이를 시정하기 위해 중요한 역할을 수행하게 된다는 믿음이었다. 1960년대 말과 70년대 초에 부활하기 시작한 신고전주의는 다음과 같은 세 가지 근거에서 구조주의를 공격하였다. 첫째, 수입대체 산업화를 촉진하기 위한 광범한 국가개입은 비효율적인 산업들을 창출하였는데, 이 산업들은 국제경쟁력을 획득할 전망이 거의 없이 단지 존립하기 위해 영속적인 정부보조를 요구하였다. 둘째, 광범한 정부개입은 상당한 규모로 '불로소득 추구활동(rent seeking)'을 만연시켜, 경제단위들의 관심이 생산적인 활동보다는 정부보조금의 보다 많은 할당과 보호를 획득하기 위한 로비활동에 쏠리게 하였다. 셋째, 현재의 맥락에서 가장 중요한 것으로서 제3세계로부터 출현한 가장 성공적인 나라들, 즉 한국, 대만, 홍콩, 싱가포르 등 동아시아 4개국의 경험적 증거는 이들 나라가 비상한 경제성장률을 성취했으며, 더욱이 이러한 성장률은 상대적으로 평등한 소득분배를 수반하고 있었다는 것을 보여준다. 이들 경제가 이룬 독특한 성취는 시장 유인(誘因)과 강력한 사적 부문에 의해 추진된 외부지향

---

* Ziya Önis, "The Logic of the Developmental State," *Comparative Politics,* vol.24, no.1, October 1991(신윤환 옮김. 편집상의 이유로 pp.109-110, 123-125만 발췌 번역했음).

적인 발전모델을 채택했기 때문이라는 것이다.[1]

그러나 현재 우리는 동아시아의 발전경험에 대한 재해석에 기초하여 신고전주의 패러다임에 대한 역비판이 제기되고 있음을 본다. 동아시아의 경제성장에 있어 무역자유화, 사기업과 제한된 국가역할이 제공하는 경제적 혜택을 중시하는 신자유주의적 입장을 반박하는 많은 연구들이 출현하고 있다. 폭넓게 '제도주의적(institutionalist)' 접근법이라고 분류할 수 있는 이러한 역비판의 중심명제는 '후발 발전' 현상은 국가가 국내 및 국제시장의 힘들을 제어하고 이를 국가목표 달성에 동원하는 전략적 역할을 수행하는 과정으로서 이해해야 한다는 것이다. 이러한 시각은 동아시아의 발전을 현재의 비교우위에 기초하여 이윤획득 가능성을 극대화한 결과로 보는 견해에 반대하여, 산업화에 초점을 맞춘다. 다시 말해 시장의 합리성은 산업화의 우선순위에 의해 제약되어 왔다는 것이다. 시장메커니즘의 작동에 대해 방향과 추진력을 제공하는 강력하고 자율적인 국가야말로 급속한 산업화의 견인차였다. 시장은 정부관료에 의해 형성된 장기적이고 국가적 차원에서의 투자의 합리성이라는 관념에 의해 지도되었다. 탁월한 발전경험의 기초를 제공한 것은 국가와 시장 간의 '합동작전'(synergy)이었다.

제도주의적 시각은 산업화 과정에서 시장의 주된 역할을 평가절하하는 구조주의적 발전경제학의 한계를 극복하고자 한다. 다른 한편 그것은 구조주의에 대한 극단적인 반동으로서 경제에 대한 국가개입의 영역은 가능한 한 제한되어야 한다는 지론을 가지고 성공적인 산업화의 모든 사례들을 자유시장의 산물로 해석하는 신고전주의의 부활 또한 극복하고자 한다. 제도주의적 시각은 여러 측면에서 비생산적인 신고전주의와 구조주

---

1) 신고전주의 발전이론을 동아시아의 맥락에 적용한 대표적인 연구로는 다음을 들 수 있다. Bela Balassa, "The Lessons of East Asian Development: An Overview," *Economic Development and Cultural Change*, 36, April 1988, pp.273-290; Walter Galenson(ed.), *Foreign Trade and Investment: Development in the Newly Industrializing Asian Economies*, Madison: University of Wisconsin Press, 1985. 정통적 관점으로부터 구조주의의 쇠퇴와 신고전주의 발전이론의 부활을 논한 것으로는 I.M.D. Little, *Economic Development: Theory, Policy and International Relations*, New York: Basic Books, 1982를 보라.

의간의 논쟁을 지양하고자 한다. 매우 조야한 수준에서 양자택일적 대안
으로서 시장지향적 발전과 국가주도적 발전을 제시하는 것은 비역사적이
고 문제를 오도하는 것이다. '후발 공업화'의 성공적인 사례들은 모두 상
당한 정도의 국가개입과 관련이 있다. 그러므로 문제의 핵심은 급속하고
효율적인 산업화를 유도하는 시장지향과 정부개입의 적절한 혼합을 찾아
내는 것이다. 또한 어떠한 제도적·정치적 장치들이 경제에서의 시장지향
과 국가개입의 적절한 혼합과 양립할 수 있는가도 주요한 쟁점이다. 이러
한 제도주의적 역비판의 맥락에서 우리는 국가 대 시장이라는 이분법으
로부터 시장지향적 혹은 자본주의적 경제가 조직되는 방식에서의 차이들
로, 또한 어떻게 이러한 조직상의 차이들이 수행된 정책들과 그에 따른
경제적 성취 사이의 차이에 기여하는가로 문제가 근본적으로 이행하고
있음을 볼 수 있다.[2]

(중략)

동아시아의 발전주의 국가들에 대한 제도주의적 설명은 국가 자율성과
국가능력에 대한 비교정치경제학에서의 보다 일반적인 논쟁들의 주요한
갈래를 형성한다.[3] 그 중심적인 통찰의 하나는 '강한 국가(strong state)'
관념에 부수되는 구체적인 의미를 향하고 있다. 발전국가(developmental
state)론은 다음과 같이 상정한다. 강력한 국가들은 고도의 관료적 자율성
과 능력에 의해서뿐만 아니라 국가엘리트들과 시민사회내의 자율적인 권
력중심들 간에 상당한 정도의 제도화된 상호작용과 대화가 존재한다는
것에 의해 전형적으로 특징지어진다. '전제적(despotic)' 국가권력과 '하부

2) 이러한 점에서 동아시아의 경험에 대한 제도주의적 해석과 기본적으로 서유럽
   에 초점을 맞춘 다음의 연구들 사이에는 그들의 개념틀에 있어서 밀접한 유사성
   을 상정할 수 있다. Peter A. Hall, *Governing the Economy: The Politics of State
   Intervention in Britain and France,* New York: Oxford University Press, 1986;
   Peter J. Katzenstein, *Small State in World Markets: Industrial Policy in Europe,*
   Ithaca: Cornell University Press, 1985; John Zysman, *Goverment, Markets and
   Growth: Financial Systems and the Politics of Industrial Change,* Ithaca: Cornell
   University Press, 1983.
3) Peter Evans, Dietrich Rueschemeyer, and Theda Skocpol(eds.), *Bringing the
   State Back In,* New York: Cambridge University Press, 1985.

구조적(infrastructural)' 국가권력의 구분은 강력한 발전국가를 이해하는 데 있어서 중요하다. '전제적 권력' 혹은 차라리 '억압적 자율성'이라 부를 수 있는 것은 고도로 집중화된 권위주의국가들과 관련이 있다. 이러한 국가들에서는 국가엘리트들이 경제활동과 정치활동을 광범하게 규제하고 시민사회내 집단들과의 일상적이고 제도화된 협상 없이 결정을 내린다. 이에 반해 '하부구조적 권력'은 사회에 침투하고 사회관계를 조직하고 사회에서의 협상과 협력의 과정을 통해 정책들을 수행하는 국가의 능력을 의미한다.[4)]

'전제적 권력'을 가진 고도로 집중화된 권위주의국가들이 그들의 정책에 대한 동의를 이끌어 내고, 사회를 조직하고 사회와 협력하며, 장기적인 발전을 위해 자원을 동원할 수 있는 '하부구조적 권력'을 반드시 갖는 것은 아니라는 점이 강조되어야 한다. 사회적 압력으로부터의 어느 정도의 자율성은 효과적인 국가개입을 위한 전제조건이다. 그러나 전제적 권력과 하부구조적 권력의 구분은 '국가 자율성'과 '국가능력' 사이에 직접적이고 단선적인 조응은 존재하지 않는다는 것을 함의한다. 장기적인 경제구조의 변화라는 관점에서 볼 때, 가장 성공적인 국가들은 전형적으로 자율적인 권력중심들과 협력하고 그를 통해 작용할 수 있었던 국가들이었다.[5)] 발전국가의 자율성은 "약탈국가(predatory state)의 맹목적이고 절대주의적인 지배와는 완전히 다른 성격을 갖는다.…그것은 국가와 사회를 연결하고, 정책과 목표에 대한 계속적인 협상과 재협상을 위한 제도적 통로를 제공하는 일련의 구체적인 사회적 유대에 기초한 자율성이다. 이러한 자율성의 특수한 성격은 국내적 요인과 국제적 요인의 역사적 전환의 산물로서 간주되어야 한다."[6)]

피터 에반스가 제3세계의 강력한 발전국가들을 성격짓기 위해 사용한

---

4) Michael Mann, "The Autonomous Power of the State: Its Origins, Mechanisms and Results," in John A. Hall(ed.), *States in History,* Oxford: Basil Blackwell, 1986, pp.109-136.

5) John A. Hall and John G. Ikenberry, *The State,* Minneapolis: University of Minnesota Press, 1989.

6) Peter Evans, "Predatory, Developmental and Other Apparatuses: A Comparative Analysis of the Third World State," *Sociological Forum,* 4, 1989.

(사회에) '침투된 자율성(embedded autonomy)'이라는 관념은 선진 산업 경제에서 보여지는 강력한 국가에 대한 코포라티즘적 연구문헌에서 자신의 대응자를 갖는다. 코포라티즘 문헌에서 국가는 노·사 대표자 협의체(peak association)를 비롯한 코포라티즘적 장치들을 창출하고 공고화하는데 있어 주요한 역할을 수행한다. 코포라티즘적 장치들은 인플레이션을 억제하는 소득정책과 순조로운 산업구조의 변화를 위한 부문조정정책의 수행을 용이하게 한다. 코포라티즘적 구조를 수립하고 공고화하는 국가의 능력은 다음 두 가지 기본 속성에 의존한다. 첫째, 국가는 정책을 수립하고 수행하는 과정에서 특수 이익집단(special interest groups)에 의해 압도되지 않을 정도로 충분히 자율적이어야 한다. 둘째, 국가는 정책을 권위적으로 부과하는 데 따르는 비용이 그 정책이 가져올 혜택을 초과할 수 있다는 것을 인정할 정도로 약해야 한다. 또한 국가는 자신의 가장 확실한 자원인 합법적인 강제를 자신이 통제하지 않는 조직들에게 기꺼이 이관해야 한다.

선택적 개입주의는 강력한 국가의 근본적인 특성이다. 그러한 국가는 자신의 관심을 생산성과 이윤의 증대에 거의 배타적으로 집중하고, 장기적인 경제구조의 변화를 위한 전략적 요구들에 자신의 개입을 제한할 수 있다. 국가가 경제구조의 변화과정에서 전략적 역할을 떠맡는 데에는 거대한 공공부문이나 공기업부문이 필요한 것은 아니다. 사실 보조와 통제를 수반하는 공공부문의 거대한 규모는 특수한 이익집단들을 배양하고 확산시킨다. 이들 집단의 불로소득 추구활동은 국가의 효과적인 개입능력을 심각하게 약화시킨다. 이와 마찬가지로 과도하게 비대한 공기업부문은 정실관계의 출현에 의해 중앙정부의 힘을 크게 잠식한다.

발전국가의 개입유형은 다음 세 가지 주요 구성부분으로 구체화된다. 첫째, 산업생산의 직접적인 소유와 통제는 교육, 훈련, 연구를 통한 경제적 하부구조를 구축하는 과정과 비교해 볼 때 2차적인 중요성을 갖는다. 둘째, 국가는 협조적인 노·사관계를 진작하는 데 있어 주요한 역할을 수행한다. 셋째, 가장 중요한 것으로서 국가는 비교우위의 창출에 있어서 주도적인 역할을 떠맡는다. 국가는 경제성장과 산업의 적응을 위한 조건들

을 창출하는 데 개입하지만, 직접적인 통제의 사용은 자제한다. 이 과정의
주요한 특징은 국가가 시장과 함께 작동하며, 때로는 시장을 촉진한다는
사실이다. 시장은 특정 산업들을 국제경쟁의 압력에 노출시킴으로써 산업
정책의 한 수단으로 이용된다. 발전국가는 시장을 장기적인 경제구조 변
화의 한 수단으로 체계적으로 운영한다. 선택적인, 그러나 전략적인 개입
을 할 수 있는 국가의 능력은 강력한 행정능력에 기초한다. 다시 말해 중
요한 것은 관료기구의 규모가 아니라 그것의 응집력인 것이다. 발전국가
는 관료엘리트의 소속감과 연대의식을 높이는 장기근속에 대한 보상과
높은 선발기준 및 개인능력 중심의 충원패턴 등 베버주의적인 특징을 갖
는 잘 조직되고 상대적으로 작은 규모의 관료구조에 의해 특징지어진다.

발전국가 모델에서 구체화된 제도적 시각은 신고전주의 정치경제학과
공공선택이론에 대한 진지한 비판을 전개함으로써 비교정치경제학 문헌
에 또 다른 중요한 기여를 했다. 사실 제도주의와 공공선택 학자들은 양
자 모두 높은 수준의 국가 자율성 혹은 관료의 자율성이라는 공통의 기초
로부터 출발한다. 제도주의적 시각을 연상시키는, 국가엘리트는 하나의
독자적인 이익집단을 구성한다는 관념은 공공선택학파의 문헌들에 도 잘
반영되어 있다. 그러나 공공선택 분석가들은 국가 자율성이 실제에서 사
용되어지는 방식에 대해서는 거의 결정론적인 관념을 받아들이고 있다.
그들은 관료와 정치인들의 자율적 행동은 필연적으로 해악스러운 국가행
위와 잘못된 자원의 분배를 결과한다고 주장한다. 따라서 관료적 자율성
과 약탈국가 모델 간의 직접적인 상관성이 가정된다. 그러한 약탈국가에
서는 국가엘리트들이 투자가능한 자원을 대규모로 추출해 내지만 그 대
가로 '공공재(collective goods)'를 제공하지 않기 때문에 그들은 경제구조
변화에 장애물이 된다. 이러한 추론의 논리적 결과는 헌법적 제한이 정부
의 팽창을 봉쇄할 필요가 있다는 것이다.[7] 여기에 공공선택이론과 제도주
의적 접근 간의 핵심적인 차이가 놓여 있다. 제도주의적 접근은 국가 자

---

7) 정치경제학의 공공선택 학파에 대해서는 William A. Niskanen, *Bureaucracy and
Representative Government*, Chicago: Aldine-Atherton Press, 1971; James Bucha-
nan, *Essays on Political Economy*, Honolulu: University of Hawaii Press, 1989를
보라.

율성의 행사에 관해 어떠한 선입견도 갖지 않는다. 오히려 국가행위는 발전에 긍정적인 결과를 가져올 수 있다고 주장한다. 일반적으로 자율적인 국가행위가 해악을 가져오는가, 이득을 가져오는가는 역사적이고 구조적인 조건들에 의존하는 것이지 제1원리들로부터 연역될 수 있는 것은 아니다. 나아가 제도주의적 접근은 국가 자율성을 영속적인 혹은 절대적인 조건으로서가 아니라 매우 우연적인, 혹은 역사적으로 특수한 현상으로서 취급한다. 국가 자율성의 정도는 한 개별사회의 서로 다른 역사적 시기에 따라, 그리고 각 나라마다 매우 다르다. 논의를 좀더 구체화시키자면, 동아시아의 맥락에서 관료엘리트는 그 자신을 국가적 목표와 동일시하고, 이러한 국가적 목표를 실현함에 있어 비상한 능력을 과시하였다. 관료적 자율성은 경제에의 국가개입의 아주 효과적인 형태와 연관된다. 그러나 효과적인 국가행위를 보증하는 것은 관료적 자율성 그 자체가 아니라, 그것이 효과적인 국가행위로 전화되는 것을 보증하는 일련의 부가적 요인들 전체인 것이다.

끝으로 발전국가론의 기초가 된 제도주의적 분석틀은 신고전주의 발전이론의 1차원적이고 너무 일반적인 논리에 대한 진지한 비판을 제공한다. 신고전주의 발전이론은 역사적·제도적·정치적 맥락을 무시한 채 자유시장을 확립하기 위해 고안된 일련의 특수한 정책들을 강조한다. 또한 제도주의적 논리는 동아시아 나라들의 높은 GNP 성장률과 관련하여 시장을 증대시키는 전략적 산업정책들과 동일시되어 왔다. 그러나 분석은 그러한 정책들이 특수한 정치적·제도적 전제조건들에 의해 용이하게 수립되고 수행되어 왔다는 것을 보여 준다. 이러한 진술은 동일한 정책들이 그와 관련된 제도적·정치적 구조와 맥락이 부재할 경우 역(逆)생산적이거나 최소한 비효과적일 것이라는 함의를 내포한다. 제도주의적 시각은 발전과정에서 정부와 시장 간의 상호작용에 있어 중층적 논리의 중요성을 지적하고, 오늘날 발전도상국들에 유용한 정치·경제적 발전의 중층적 궤도에 주의를 환기시키고 있다.

□ 옮긴이

김상우 서강대 정치외교학과 박사과정   **박찬욱** 서울대 교수, 정치학
김세걸 서강대 정치외교학과 박사과정   **신윤환** 서강대 교수, 정치학
김웅진 한국외국어대 교수, 정치학   **염홍철** 전 청와대 정무비서관
김진균 서울대 교수, 사회학   **정근식** 전남대 교수, 사회학

□ 엮은이

김웅진 1982년 Unversity of Cincinnati 정치학 박사
현재 한국외국어대학교 정치외교학과 교수
주요논저: 『과학패권과 과학민주주의』(서강대학교출판부, 2009)
「집단사고로서의 연구방법론: 과학적 지식의 탈과학적 구성경로」, ≪21세기 정치학회보≫ 23집 3호(2013) 외 다수

박찬욱 1987년 University of Iowa 정치학 박사
현재 서울대학교 정치학과 교수
주요논저: 「내각구성에 관한 이론과 실제: 서구 의회민주주의 국가를 중심으로」, ≪국제정치논총≫ 33집 2호(1993)
"Constituency Representation in Korea," *Legislative Studies Quarterly*, 13: 2 (1988) 외 다수

신윤환 1989년 Yale University 정치학 박사
현재 서강대학교 정치외교학과 교수 겸 동아연구소 소장
주요논저: 『인도네시아의 정치경제: 수하르또 시대의 국가, 자본, 노동』(서울대학교출판부, 2001)
「동남아문화 산책: 신윤환의 동남아 깊게 읽기」(창비, 2008) 외 다수

한울아카데미 | 212

개정판 **비교정치론 강의 2**

ⓒ 김웅진 외, 1997

엮은이 | 김웅진·박찬욱·신윤환
펴낸이 | 김종수
펴낸곳 | 도서출판 한울

초 판 1쇄 발행 | 1992년 9월 21일
개정판 14쇄 발행 | 2021년 11월 22일

주소 | 10881 경기도 파주시 광인사길 153 한울시소빌딩 3층
전화 | 031-955-0655
팩스 | 031-955-0656
홈페이지 | www.hanulmplus.kr
등록번호 | 제406-2015-000143호

Printed in Korea.
ISBN 978-89-460-8134-5 93340

* 가격은 겉표지에 표시되어 있습니다.